U0476437

愚生论教

王豫生 著

海峡出版发行集团 | 海峡文艺出版社

图书在版编目(CIP)数据

愚生论教/王豫生著. —福州：海峡文艺出版社，2023.7
　ISBN 978-7-5550-3224-3

　Ⅰ.①愚… Ⅱ.①王… Ⅲ.①教育－文集 Ⅳ.①G4－53

中国版本图书馆 CIP 数据核字(2022)第 230278 号

愚生论教

王豫生　著

出 版 人　林　滨
责任编辑　李永远
出版发行　海峡文艺出版社
经　　销　福建新华发行(集团)有限责任公司
社　　址　福州市东水路 76 号 14 层
发 行 部　0591－87536797
印　　刷　福建新华联合印务集团有限公司
厂　　址　福州市晋安区福兴大道 42 号
开　　本　787 毫米×1092 毫米　1/16
字　　数　500 千字
印　　张　27.25　　　　　　　　　　插页　4
版　　次　2023 年 7 月第 1 版
印　　次　2023 年 7 月第 1 次印刷
书　　号　ISBN 978-7-5550-3224-3
定　　价　98.00 元

如发现印装质量问题，请寄承印厂调换

邓垦老人题辞

躬耕

豫生同志雅正
九十叟邓垦

作者近照

作者手稿

序言：钱塘，这片教育的热土

人说，雪融无痕，风过无影。其实，青山知道，雪融，乃为滋养大地，所以青山为雪白头；绿水知道，风至，乃为传播花香，所以绿水迎风皱面。

钱塘，这片教育的热土，吸来了几代人，一批批教育教学精英，他们或如雪般融入钱塘，滋养了这片土地，或似风般来过钱塘，传播了钱塘的精神……

几代钱塘人就这样悄悄地到来，默默地耕耘，静静地离去，没有鲜花，没有掌声，没有碑牌，但他们早已融入了钱塘、滋养了钱塘，成就了钱塘的威名。

如这许多前辈一样，为秀梅女士默默地来，被钱塘吸引，为钱塘效力，呕心沥血十五年，为钱塘的第一束紫藤，为钱塘的一人一场感恩，也为钱塘的角角落落留下了思考和足迹。

本书，既是钱塘办学史的珍贵资料，也是钱塘精神的传承载体，它不仅是钱塘人的精神财富，也是我们教育人的共同财富。

王豫生

序一
扎根中国大地的教育研究

潘懋元

2022年初,豫生同志专程到厦门来访,并送上《愚生论教》一书清样,邀请我代为作序,欣然命笔。

初识豫生同志,还是在二十世纪七十年代末期。那时他风华正茂,青春焕发,充满活力,时常随同张格心、黄明、汪志馨等领导到厦门大学调查研究。为加快福建高等教育的发展,在共建厦门大学艺术教育学院、经济学院、政法学院、台湾研究所等事务及土地征用以及后来的教育部、福建省、厦门市共建厦门大学等方面做了许多具体工作。在此后三十年间,特别是在其任职福建省教委副主任后,更是每年都要到厦门大学听课、开座谈会,解决一些实际问题。直至2010年,在福建省人大常委会工作期间,他还带领福建省终身教育促进会的同志们,专门到厦门大学教育研究院,共同商讨终身教育的推进和拓展工作。那时其虽已显沉稳睿智,但仍不失敏锐与进取。半个世纪以来,豫生同志始终活跃在福建教育的战线上,令我印象深刻的是,在其烦冗的行政工作之余,还笔耕不辍,著书立说。他撰写的70万字通史性《福建教育史》和数十篇论文,充满思辨,文采焕然,令人敬佩,思绪良多。

收录在《愚生论教》一书中的文章,从《二十四个大学生是怎么失足的?》到《新情势下福建省县域中小学高品质发展对策研究》,历经近50年,凡60余篇,涵盖了豫生同志从事教育事业半个世纪以来绝大部分公开发表的论文。其中不乏基于当代中国教育改革开放的大政方针的宏观研究,如《关于普及九年义务教育若干问题的思考》等;还有基于中国东南部福建省经济欠发达地区向小康蜕变发展中的区域性教育建设与发展的中观研究,如《福建省相对优质高等教育资源发展的主要任务》等;更多的则是基于学校管理诸方面的微观研究，如《健全和完善高校党委全委会机制的若干探讨》等。文中所言对我国教育的认识，不乏真知灼见，对福建省教育改革的推进有独到之举，许多见识与做法在地方教育和地方院校中推出与实施是需要胆识与智慧的。数十篇的论文真实地表达了他对教育的深入思考，生动展示了他管理教育的精神风采。文章内外，字里行间，集中表达了豫生同志的教育理想、教育理念与教育理论思考，也鲜明地流淌出豫生同志的教育情结、教育情怀和教育情愫。当然，这些伴随着改革开放进程而发表的教育文章，现场感强，从一个侧面反映了福建教育在改革、建设、发展过程中的多彩风貌，是福建教育发展的一轴历史画卷，也是福建教育改革的一个历史诠释。

尤其值得一提的是，豫生同志带领福建农林大学团队在江苏昆山与香港庄启程先生的维德集团共同创办了维德学院。这个自2001年始进行的校企合作办学机制的研究与实践，是我国改革开放以来早期开展实验教育的有益尝试和有效探索，历时四年，完成了一个集实验性、实践性、综合性、整体性、群体性于一体的研究项目，体现了豫生同志对教育改革理解的深刻和对实验教育改革的深入，与今天正在大力推行的产教融合改革异曲同工，只是这个改革进行得更早，实践得更完善，成效更明显，值得总结、借鉴与推广。

豫生同志的文章立足于福建教育的现实和基础，立足于教育发展的矛盾和困难，立足于教育改革的求索和探讨，以工作中的实际问题为导向，以马克思主义思想为武器，体现了一种"从实践中来到实践中去"实事求是的研究精神，一种从面对问题到解决问题积极进取的研究态度，一种从实验探索到有序推行科学思维的研究方法，从点上的总结推动面上的进展，从面上的思考推进点上的深入，形成了一种从行到言及思的"行知"思维方式和一种由思而言至行的"知行"工作方法。在今天，契合时代的脉搏、踏上时代的步伐，在构建新中国教育体系的伟大进程中，要"扎根中国大地办好教育"，就要扎根中国大地做好教育研究。

愿豫生同志及其同业者共同努力，再接再厉！

潘懋元

2022年10月

（潘懋元：著名教育家，全国教书育人楷模，全国高等教育学理事会理事长，厦门大学原副校长、教授、博士生导师，是年103岁）

序二

李建平

初秋时节,王豫生同志专程来访并送上其《愚生论教》书稿,不由得唤醒了我对福建教育往事的诸多回忆,心生感慨:虽说我们都已年逾古稀,豫生却仍心系教育,孜孜矻矻,笔耕不辍,可敬可佩!

豫生与我相识于五十多年前的福建师范大学。我学的是政教,他念的是中文,住宿都同在清华楼,晚上都同在校广播电台组织开展学校宣传工作。毕业后我留校任教,他到福建省教育厅任职。半个多世纪过去了,我们秉持了师范教育的初心与使命,在福建教育热土上持续贡献了我们的微薄之力。

豫生数十年如一日,始终热爱、专注、执着地耕耘在教育战线上。从其参加福建省委三届五次全会关于教育改革决定的起草,到二十世纪九十年代普及九年义务教育的攻坚战中农村中小学特别是十二个国家、省定贫困县中小学的建设工作,再到高等院校合并以及高等教育大众化的推进等,都可看见他贡献的智慧、洒下的汗水。也正是在世纪交替之初,其出任福建农林大学党委书记,实施相距200多公里分处福州、南平两地的福建农业大学与福建林学院的实质性合并的领导工作。经过六年的努力,不仅实现了两校平稳有序的深度融合,而且学校的教育质量和教学水平、科研能力都有了大幅度的提升,大学排名从2000年合并初期的全国第99位,逐年跃升到第64位,不仅赢得了声誉,更为福建农林大学向更高层面的发展奠定了坚实的基石。

百年大计,教育为本。教育,是一项事业,事业的意义在于奉献;教育,是一种修行,修行的意义在于求真。豫生自大学毕业后,一直从事教育、执着教育、深耕教育、奉献教育。他的工作岗位主要在福建省教育厅,历任处长、副厅长、省委教育工委副书记,中间曾挂职建阳地区教育局副局长,任职福建农林大学党委书记、福州大学党委书记等;离开教育厅后,又任福建省人大科教文卫委主任,兼任福建省教育学会会长。可以说,他的教育管理足迹,伴随了改革开放以来福建省的教育发展历程;他对教育本真的不懈探索、追求与践行,在一定程度上推动了福建省的教育改革发展。

教育工作,是一项常做常新、永无止境的工作,是一项极为复杂、极其艰难的工作。豫生在教育管理工作中,善于学习、勤于实践、韧于探索、勇于求新,充分展现出了一位脚踏实地、认真履职的教育管理者的良好形象。他在工作中,注重深入基层、立足实际,注重深度调研、全面了解,注重深挖本质,提升理念。因而,一路走来,他不断实践,不断思索,并不断地把实践和思索的成果诉诸笔端,形成论文,发表于报刊。其论文不仅提出了教育改革、建设与发展中的主要问题,而且还提出了解决问题的方法和方案,其中不乏真知灼见,许多意见和做法在我省的教育实践中得以实施,许多意见被后来的全国教育改革与发展证明了是有创新性、预见性和前瞻性的。后来,我还读到了豫生历经十年编撰的70余万字通史性《福建教育史》。该书填补了福建省乃至于我国地方教育史研究的空白,更是令人感佩至深。

在本书结集之前,豫生已经先后完成出版了《愚生说教》《教育行走者札记》等著作。这些著作及本书《愚生论教》所有内容,都来源于他的教育管理实践与思考,可谓随思而作、有感而发。豫生不"愚",而是一位在教育管理领域奋力前行、聪慧睿智的跋涉者。从"说教"到"论教",体现了他在长期的教育管理实践中,对教育从现象到本质、从个别到一般、从无序到规律、从自发到自觉的逐步深入的具象感受与理性认识,展现了一位不倦前行的教育行走者教育管理的实践提升与思想升华的轨迹。

本书内容所涉时间跨度长,从二十世纪八十年代初延续至今;论述角度广,有学前教育、基础教育、高等教育、成人教育和终生教育,包含乡村教育和城镇教育,有依法治教和依法治校,有学校党组织建设、思想政治建设、教师队伍建设、校园文化建设和基础设施建设,等等,内容丰富,探讨深入,思想深刻。其中有许多想法建议走在当时国内、省内前列,有的还被省委省政府采纳实施。如:提出民办高校规范化管理方案中,向民办高校派送党委书记,当时这在全国是首创,目前福建省还在继续实施;全国最早提出中师办学条件标准化概念,涉及内涵、标准、配备、实施、效益等各方面;最早提出教育行政有效管理的命题并作深入探讨;最早总结形成福建省华侨捐资兴学的七大趋势;最早对集资办学和非义务教育阶段学校收费进行深入思考,并率先在福建试点;最早提出成人教育应当为建立和完善劳动力市场服务的观点;深入思考福建省实现"普九"以后学校布局调整方案,建议乡村初中学校建在镇里;提出高等教育相对优质教育资源的发展思路,对全省高校布局提出从哑铃状向扇形发展的构想;对我省职业教育整体性发展提出了以高职教育为主体的六大体系建设的设计方案；在全国范围内较早地对民办独立二级学院的建设做了深入的探索与思考；《二十四个大学生是怎么失足的？》得到时任省委书记项南同志的批示并被省委宣传部全文转发；在高校党建和学生思想工作方面，对健全和完善高校全委会机制进行了实际运行的探索与总结，并对高校二级学院总支工作提出了"四导"机制等；兼任福建省教育学会会长十余年间，每年针对基础教育的重点热点问题设立一个主题开展深入调研，形成较有见地的对策文章，十几年坚持下来，基本上覆盖了基础教育的方方面面。

一段文字，一段记忆，一段历史，一段发展。感谢豫生，把展现他教育管理生涯的所见、所思、所感、所行的文章汇编成书，并全都以当年刊发时的原样呈现出来，不做改动，让读者得以管窥福建教育改革发展的一段重要历史，也为后来者的教育管理实践与思想认识升华提供了一份很好的参考与借鉴。当然，豫生的老骥伏枥，壮心不已，更为我们提供了一股前行的精神动力！

是为序。

（李建平：著名经济学家，福建省杰出人民教师，中国《资本论》研究会顾问，福建师范大学原校长、教授、博士生导师）

目 录

二十四个大学生是怎么失足的？ ………………………………… 1

关于集资办学和学校收费中需要探讨的问题 …………………… 7

成人教育应当为建立和完善劳动力市场服务 …………………… 10

农村教育综合改革探讨 …………………………………………… 14

华人华侨、港澳台胞在闽捐资兴学趋势探索 …………………… 20

增创新优势，进一步发展电大教育 ……………………………… 24

关于普及九年义务教育若干问题的思考 ………………………… 31

加快中等师范学校办学条件标准化若干问题的思考 …………… 36

坚持依法治教　确保按期"普九" ……………………………… 42

论新时期自学考试的改革与发展 ………………………………… 46

成人中专教育的改革与发展论略 ………………………………… 52

《社会主义市场经济与成人高等教育》序 ……………………… 56

文技校应当成为农村社会主义精神文明建设的重要阵地 …………… 58

《外国名人爱国故事丛书》序 ………………………………………… 61

力倡自学风，为国育英才 ……………………………………………… 63

努力开创高校图书馆工作的新局面 …………………………………… 64

在改革开放中奋进的福建普通高等教育 ……………………………… 70

实施可持续发展战略建立高等教育改革和发展新模式 ……………… 79

关于"两基"实现后我省基础教育布局调整的思考 ………………… 84

《探索与实践》序 ……………………………………………………… 90

教育行政有效管理探索 ………………………………………………… 91

解放思想 抓住机遇 加快发展我省高校科技事业 …………………… 96

论充分发挥高校党总支政治核心作用
　　——关于"四导"工作的思考 …………………………………… 100

体制创新赋予高等教育无限生机 ……………………………………… 108

福建省相对优质高等教育资源发展的主要任务 ……………………… 112

合并高校干部人事制度改革的实践与思考 …………………………… 120

大力营造四种氛围 不断加强思想工作 ……………………………… 127

文明学校的创建与现代大学精神的培植 ……………………………… 135

福建省欠发达农村全面建设小康社会面临的难点分析 ……………… 139

校企合作办学创新机制的研究与实践 ………………………………… 148

终身教育法规的社会作用和个体价值 ………………………………… 154

民办二级独立学院的探索与实践

  ——以福建农林大学东方学院为例 …………………… 159

在大学生中加强"三个意识"教育的思考 ……………………… 167

菌草技术发明与发展的社会学价值 ………………………………… 177

培养四种素质　锻造健全人格 …………………………………… 185

和谐社会条件下高等教育的机遇与使命 ………………………… 193

加强民办高校规范化管理的思考 ………………………………… 200

关于高教为海峡西岸经济区建设服务的思考 …………………… 204

健全和完善高校党委全委会机制的若干探讨 …………………… 209

福建职业教育发展体系的构建 …………………………………… 215

科学发展观视角下的人大教科文卫调研工作探究 ……………… 221

关于福建省学前教育发展情况的调研报告 ……………………… 225

《从七星溪走来》序 ………………………………………………… 232

提高地方立法质量的有益探索

  ——从《福建省文物保护管理条例》的修订说起 ………… 234

全面提升学校管理质量的若干举措 ……………………………… 237

福建中小学教师评价的发展变化、存在问题及改革构想 ……… 241

福建中小学教师评价及基础教育教师绩效测评体系研究 ……… 260

《印象钱塘·福州钱塘小学百年校史》序 ………………………… 282

论数字化管理系统在学校管理中的应用 ………………………… 283

《厦门教育史话》序 ………………………………………………… 292

《厦门大学咖啡文化》序 …………………………………………… 293

《邮苑晚晴集》序 …………………………………………………… 294

福建省基础教育课程改革的若干问题 ……………………………… 298

《福建省著名中学校长丛书》序 …………………………………… 304

加强福建省中小学校园文化建设的思考 …………………………… 307

福建省中小学德育工作的成效、问题及对策 ……………………… 314

福建省中小学班主任工作现状、问题及对策研究 ………………… 327

福建省中小学校党建工作现状、问题及对策研究 ………………… 341

福建省中小学提高教学质量工作经验、影响因素及改进对策研究 … 359

福建省基础教育评估工作现状及进一步推进对策研究 …………… 372

关于福建省基础教育建设高质量新课程新教材新教法体系的工作与建议 …… 382

传初：福建省加快学前教育发展的回顾、反思与前瞻 …………… 394

新情势下福建省县域中小学高品质发展对策研究 ………………… 410

二十四个大学生是怎么失足的？*

当代的大学生，是当代青年中比较优秀的部分。他们的本质、主流是好的，是积极向上的。即使少数后进的学生，也在不断地向好的方面转化。这个估计是大家一致肯定，并做过多方面分析的。但是，我们也都看到，大学生中确实也存在不少问题，需要引起高度重视。

为此，我们对八〇年至八二年三年间，我省高等院校受到退学以上行政处分的大学生的情况进行初步的了解，试图从一个侧面（比较极端的侧面）来分析大学生中存在的问题及其原因。这些学生（我们权且称之为"失足大学生"），虽然是极少数，不具有普遍性，但却有一定的典型性。对他们的思想状况进行分析，可能更直接地看到当前大学生思想上存在的问题、特点；更清楚地看到产生这些问题的症结。对我们今后进一步加强大学生的思想政治工作，防患未然，对症下药，做好后进学生的思想转化工作，探索思想政治工作的规律，是会有帮助的。

据统计，从八〇年初至八二年底，三年间，我省高等院校中因严重违纪犯法受到退学、开除行政处分的大学生有二十四人（其中：八〇年二人，八一年九人，八二年十三人），大体可分为五种情况：

1. 收听敌台广播，写信与敌挂钩的有一人，占百分之四。XX大学生物系七九级学生洪XX，由于受敌台宣传迷惑而致中毒……并因盗窃等罪，于今年四月被开除学籍，劳教一年。

2. 报复行凶杀人，聚众打架斗殴的有十人，占百分之四十。XX师专数学科七八级学生吴XX，因对该校教师胡XX不满，八〇年六月十九日下午，手持三角刮刀，闯进胡老师宿舍，向其左胁部猛刺，致使胡老师身负重伤。吴同学被开除学籍，并因故意杀人罪被判处无期徒刑。XX大学化工系七九级学生

---

* 本文系中共福建省委宣传部闽委宣〔1983〕017号通知附件。

李X，因膳后用水与同学陈X发生争吵，遂纠集本校学生五人，闯进陈X宿舍，关闭房门，由三人看门盯人，李X与另一学生殴打陈X，致使陈X多处负伤，同时还威胁陈说："如果你要把事情扩大了，没有你的好处。"八一年六月，李X被勒令退学。今年十一月二十一日，XX大学数学系八〇级学生王XX，因对同学叶XX有意见，伙同本班同学刘XX，及化学系八〇级学生李X、陈XX等五人，唆使社会歹徒六人窜进数学系八〇级自修的梯形教室，用电工刀、锁链条、木棒等凶器大打出手，当场打伤学生九人，其中重伤二人（内一女学生生命危急，后经抢救脱险），现五个学生全部受到退学、开除学籍处分，其中主要策划者和教唆者王XX交公安局逮捕法办。

3. 走私贩私、盗窃钱财的有四人，占百分之十七。XX学院运动系七九级学生杨XX，八〇年暑假到青岛等地走私贩私，倒卖手表，非法牟利；八一年六月、七月、八月又多次伙同流窜犯到XX学院及本院职工宿舍盗走三用机、手表、衣物、布料等价值三千二百多元，被开除学籍、逮捕法办。XX师范大专班物理科七九级（扩招）学生陶X，伙同本校学生洪X，八〇年底撬开本校教学实验楼，窃取三用机、录音机、收音机、万用表及磁带、电子元件等六百八十二件，价值二千四百多元。陶X被开除学籍，拘役六个月。

4. 道德败坏，品质恶劣的有六人，占百分之二十五。X学院医疗系七七级学生蔡XX，在毕业实习期间，多次回家擅自行医，并利用看病的机会，对女病人进行猥亵、侮辱和玩弄，丧失了一个医学生的基本条件，今年六月受到勒令退学的处分。XX师专英语科八〇级学生黄XX，多次假同学叶XX的名义，向四位女生投递"情书"，又在黑板上写字警告叶XX，还投递匿名信，辱骂与"情书"有关的女生，制造混乱，因而成为导致叶XX自杀身亡的一个因素，今年六月被勒令退学。

5. 长期旷课，学业荒废的有三人，占百分之十三。X学院农机系七九级学生刘XX，入学后不安心学习，不遵守纪律，虽经多次教育，仍不改悔，仅八一至八二学年第一学期中，又多次旷课，到外地为朋友购买物品，筹办婚礼，甚至到社会上承包业务，抽取佣金，旷课时数高达一百二十五节，最后被退学处理。

在这二十四名被退学的大学生中，年龄最大的三十五岁，最小的仅十八岁，其中共产党员一人，受到最重刑事处分的是无期徒刑。

造成这些大学生违纪犯法，甚至走进罪恶深渊的原因是复杂的、多方面的。主要原因有：

1. 历史原因。他们大都出生在二十世纪六十年代中前期……他们在思想上对许多问题认识模糊；或者不知所从，一片混乱；或者自认为看破红尘，万事不信，比如吴XX，就在他行凶报复当天的日记里，直言不讳地写道："我看透了人与人的关系，该是了结一生了——为了复仇。"总之，他们思想上留下的历史痕迹和烙印是很深的。

2. 社会原因。人们的社会存在，决定人们的社会意识。这些大学生的思想问题，同社会各种因素的影响是分不开的。由于国内外还存在着阶级斗争，特别是我省地处东南沿海，面对台澎金马，又实行对外开放政策，敌人电台、电视等"心战"宣传，西方资产阶级文化思想、生活方式趁机渗透；由于林彪、"四人帮"十年破坏造成的党风、民风、社会风气不正，以及这几年来社会上资产阶级自由化倾向、无政府主义思潮、个人主义、追求实惠、金钱万能等思想的抬头，都在不知不觉、潜移默化地腐蚀、毒害着学生思想；我们宣传工作中的某些不当，如个人奋斗、自我设计等也都对学生产生消极的影响。如洪XX，正是因为收听敌台广播，受了敌人金钱、物质利益的引诱和政治欺骗手段的煽动，就向敌人写信挂钩，要求"资助"经费的。同时，也因为他缺乏正确的立场、观点，去分析资产阶级的文化思想，"戴着灰色眼镜看世界"，"用片面的、偏激的眼光看待社会上的一切"，认为世界上"什么都是荒唐的，只有我的存在才是根本"，"个人的绝对自由是人存在的本质，是道德的出发点和基础"，觉得"人不为己，天诛地灭确有道理"，因此，什么电子计算机、手表、衣裤、书籍、学习用品，以及印刷厂的铅字、铅板，他到处偷；他冒领同学的汇款，着手伪造公章；甚至闯进邻居家中，企图奸污女青年。不择手段，不知羞耻，"拼命追求我需要的满足"。又如刘XX不务正业，长期旷课，到社会上滥交朋友，结肝胆，讲义气，也是受了社会上落后的封建残余思想的影响。他把遵守学校纪律看作"忠"，把同社会上落后青年交朋友视为"义"，认为自古以来，"忠义不能两全"，"刘备讲义，为报关、张兄弟仇，不惜失江山"，"我旷课为了朋友，被处分也值得"，因此，不听教育，一意孤行。

3. 家庭原因。父母是子女人生的第一任教师，家庭教育对一个人的影响是深刻的，也是深远的。一些大学生的失足坠落，同其家庭教育的影响是分不开的。如吴XX，他出生在一般干部的家庭，幼年时受到祖母的宠爱，因全家的娇惯，他成了家里的小霸王，凡是他提出的要求，没有得不到满足的，养成一种我字当头、自私自利的思想。上学后，这种恶习进一步发展，要想占有同学的东西，要不到就偷，而这时，父母的教育又采用打、骂这样一种极端的方法，不仅没有见效，反而促其弃家在外结交肝胆朋友，寻求精神慰藉，再加上"文革"中其父挨斗，更使他萌发了既不怕父亲，又要为父亲复仇的思想，变得孤僻、蛮横与冷酷，以致后来走上了犯罪的道路。洪XX的父亲本身就有偷窃行为，其兄也被劳教过两年，其父兄思想言行对他的影响，显然是不可低估的。有的学生违纪犯法之后，其父母不是真正从教育、爱护出发，严肃地对子女进行批评、帮助，而是百般纵容、包庇。甚至在学校已经决定对学生进行行政处分的时候，还滥用职权，寻找种种关系，进行干涉。这些都只能助长犯错误的学生的气焰，越陷越深。

4. 学校教育原因。这些学生在中小学学习期间，没有经受过系统的道德品质规范和修养的教育以及训练，高中阶段又由于片面追求升学率，放松思想政治工作，致使这些学生缺少良好的道德观念，更不待说养成良好的道德风尚和习惯，他们缺乏理想、进取心，缺乏判别是非、美丑的能力，缺乏法制观念。比如刘XX就荒谬地把"义气"作为"学生的天职之一"，经常说："三好生、先进、落后、奖励、处分，好比一堆西瓜、芝麻，我这个人讲风格，让你们抱走三好生、先进、奖励的西瓜，我只拣个处分、落后的芝麻，你们不要太为难我了。"当老师对他旷课出外承包业务，赚取外快问题进行批评帮助时，他甚至说："现在党不是允许一部分人先富起来吗？"有的人百般无聊，张口就骂人，动辄挥拳头，随地大小便；有的男生长头发，花衣服，甚至脚着女式高跟鞋招摇过市，不以为耻，反以为荣，迷失了方向。吴XX、洪XX犯罪被捕后，非但没有感到自己行为的丑恶和羞耻，反而满腹牢骚，不以为然，甚至抵触、"顶牛"。洪XX在公安干部审讯时公然拍起桌子。吴XX在十三次的审讯中，就有十一次以一语不发或"不知道"的形式拒绝回答。当法庭宣判其无期徒刑后，问他是否还要申诉时，他竟然回答说："对于你们的判决，我没有什么好申诉。"真是可怜又可悲。

而在大学教育中，我们的思想政治工作从内容到方式方法上还不能完全适应这些青年大学生的特点和要求，我们的政工队伍，政治辅导员的思想理论水平、工作能力也不能适应工作要求，不能及时地抓住苗头，因势利导，搞好转化工作，扩大教育效果。如黄XX假叶XX之手，制造混乱，致使叶XX跳楼自杀（当然还有其他原因）的事件，叶XX在自杀前曾流露出悲观厌世的思想情绪，而学校对这些思想动态反应不灵，没有及时采取防范措施，以致酿成恶果。陶X在行盗之前也曾向同学谈过打算，但是既无人向教师反映，更无人加以制止。而XX大学十一月二十一日发生的殴打学生事件，在场的教师非但没有挺身而出加以制止，反而伺机逃离了现场，虽然他不是政治辅导员，但也不能不说是严重的失职。

5. 学生自身原因。这里主要指的是生理的和心理的。这些大学生一般年龄都在十八岁至二十二岁之间，从生理上看，他们的身体发育已经成熟或基本成熟，他们的思维、性格等开始了一个完全不同于少年特点的新时期（虽然不少的人还存在稚气），依赖性逐渐减少，寻求自我独立性日益增加。从心理上看，他们感情奔放，思维敏捷，想象丰富，敢想敢干，情绪较少年时期有了较大的自控性，但也时常表现出不稳定性，这种不稳定性在后进学生身上表现得更为突出、更为明显。比如刘XX，学校老师抓得紧一些，表现就较好一些；而一旦接触社会，与那些肝胆朋友在一起，就又变得放荡不羁了。又如吴XX，他行凶杀人是在六月份，三月份曾报复性地偷收了一个女同学的内衣，并极无聊地将大便拉在课桌上；然而，四月份，就在这两个错误之间，他却干了一件人们意想不到的好事，从小溪里救起了一个落水儿童。这不正是不稳定性的突出表现吗？在青年学生中，既存在着真善美的精华，也存在着假恶丑的残渣，只是每个人的含量比重不一样罢了。同时，不同时期、不同环境也会起变化。我们的思想政治工作，就是需要我们去发现、发掘和发扬他们的精华、健康部分，去其糟粕、病态部分，引导他们朝积极、向上方面转化。有人认为，如能及时抓住吴XX下水救人的事情，对他进行引导和帮助，可能会制止他破罐子破摔，从而避免一场不幸的流血事件，不是完全没有道理的。

通过对这二十四名失足大学生的初步分析，我们觉得有这样一些有益的启示：

1. 被退学、开除的大学生人数及违法犯罪的严重程度，三年来呈发展的趋向，必须引起我们的高度重视。从数量上看，八〇年二人，八一年九人，比八〇年增加了三点五倍；八二年十三人，又比八一年增加了百分之四十四点四。从违法犯罪性质的严重程度上看，八二年不仅有刑事犯罪，还出现了带有政治性的案件；参与违纪活动的（主要是打架斗殴），也从单人发展到数人，从校内发展到与社会歹徒勾结，造成学生多人流血受伤的案件。虽然这些学生是极少数，甚至不到在校生数的千分之一。但是，应该看到，类似的违纪事件绝不是极个别的。只是程度不同而已，更何况他们违纪犯罪的思想基础是带有一定普遍性的。这些都告诉我们，这几年，我们虽然也抓了大学生的思想政治工作，取得一定效果，但是，进一步加强学生的思想政治工作，仍然是一项十分必要、十分重要、十分艰巨的任务。

2. 在这二十四个失足大学生中，七九级、八〇级学生有十九人，占总数的百分之七十九，他们基本上都是六十年代初、中期出生的。从加强思想政治工作出发，我们认为，当前研究、探讨大学生思想特点，加强政治思想工作的规律，重点应放在这一年龄结构的学生上。这不仅因为这个时期出生的学生经历了一个特定的历史阶段，具有一定的特殊性，而且因为今后三五年里，大学的在校生主要还是这一年龄段的学生。

3. 在这二十四个失足大学生中，因打架斗殴、盗窃钱财、道德败坏、品质恶劣等而受到处分的达二十人（即前所列举的二、三、四种情况），占百分之八十三。

即使犯其他错误的人，也大都同时犯有这一类的错误。这些错误总的说，都是属于思想道德品质范畴的；他们的思想根源，都是个人主义、无政府主义和金钱万能等的资产阶级腐朽没落的思想意识影响、腐蚀的恶性发作。尤其值得我们注意的是，这种追求所谓"个人价值"、"追求名利"、"追求金钱"的思想，在学生中有很大市场，并有相当一部分的学生缺乏良好的道德观念。因此，当前对大学生的思想政治工作的主要内容之一，应着重放在教育学生树立共产主义的道德观方面，加强社会主义精神文明教育，为学生确立科学的世界观和人生观打下良好的基础。

4. 这些失足大学生，他们走向失足，都不是偶然的，都有一个思想演变的过程。他们大部分或多或少地沾染了资产阶级的恶习，在学校表现不好，不遵守纪律，生活作风散漫，学业荒废，有的留过级，有的人一身犯有数错，并且因此受到过学校多次批评教育，至行政处分。这就告诉我们，在注意加强全体学生思想政治工作的同时，一定要注意防微杜渐，切实抓好后进学生的思想转化工作，这是我们搞好高校学生思想政治工作的重要课题之一。

附：

中共福建省委宣传部闽委宣 [1983] 017 号通知*

各大专院校党委、各中等学校党支部：

现将省人民政府文教办公室教育处整理的《二十四个大学生是怎么失足的？》一文转发各高等学校和中等学校的党、团组织一阅。转发的意思，不是说该文所作的分析没有商榷的余地了，而是为了：

一、引起学校党团组织的注意，下决心把青年学生的思想政治工作抓在自己手里，要了解这代青年的共同特点，了解每个青年的具体想法，他们想些什么，打算做些什么，哪些想法是值得鼓励的，哪些想法是不健康的，需要帮助的，不要等到问题发生了，才被迫匆忙作出处理。党团组织在一个学校多少年对自己联系的学生不接近，不谈心，不调查，茫然无知，因而思想工作不能做到有的放矢，是许多学校产生思想混乱的主要原因。

二、大学生的思想形成同中学的思想教育有密切的关系。有些中学为了片面追求升学率，随意把音乐、体育、美术、历史、地理课砍掉，一些党团组织对有利于进行共产主义教育的下工厂、下农村参观、访问、联欢等活动也随便取消，使共产主义的理想教育、道德教育形成真空，这种做法是完全错误的，必须迅速改过来。

---

* 通知全文系时任省委书记项南同志批示。

关于集资办学和学校收费中
需要探讨的问题 *

随着社会主义市场经济的发展和教育改革的深化,教育投入和学校收费问题日益突出,新情况、新问题不断出现。为了保证教育改革的顺利进行,促进教育事业与经济、社会协调发展,下面就有关集资办学、学校收费中一些值得研究探讨的问题谈谈自己的想法。

一

集资办学是我国的优良传统,也是法律规定的"可为"的行为。中共十四届三中全会的《决定》和总理的政府报告都强调要坚持集资办学,但一些地方、部门却在农民减负中把集资办学取消了。集资停下来后,教育,特别是义务教育的发展受到了严重的影响。具体表现为:因审批手续确实不合理,危房得不到及时消除;许多学校建设出现半拉子工程,造成时间和效益上的极大浪费,影响了事业的发展。

集资办学停下来后不仅影响学校,还在社会上造成许多对教育的不良影响。如:对教育战略地位认识的提高受到影响,部分群众中产生"集资办学不行,建庙可以"的错误观念和行为;几年来激发起来的群众集资办学热情受到挫伤。我们认为,各级政府及各部门的思想要统一到中共中央、国务院的一系列决定上来,明确集资办学不是乱摊派,搞好集资办学、提高农民文化技术程度是从根本上提高农村经济发展水平和减轻农民负担的重要措施,不论从眼前还是从长远看,与农民的根本利益是一致的,是从最根本上减轻农民负担的有效措施。还要坚持集资办学的优良传统,保护群众集资办学积极性,继续宣传集资办学

---

* 原载《教育评论》1994年第6期。

的先进个人和单位,在社会上形成一个良好的舆论导向。要了解问题、分析问题,提出实事求是的建议。农村群众正确认识教育存在一个相当缓慢的过程,必须对其进行引导。要坚持集资办学尊重群众自愿的原则,不搞一刀切,注意做好发动工作。同时,要严格管理,防止借集资建校之名进行其他用途的集资活动。

二

学校收费出现一定混乱状态,主要原因是政府投入不足,而且这种状况在相当长的时间内难以有根本的改观。目前这种治标不治本的纠正学校乱收费的办法既难以为继,也不能根本解决问题,必须引起高度的重视,有些问题还必须在观念上进一步澄清,从实际出发出台一些政策。

1.教育是一种产业,有投入产出的问题。由于教育投入是显性的,而且数额大,因而往往被视作一种消费。教育产出又是隐性的,其周期长、经济效益体现不直接,常常包含在各种经济活动中。也就是说,在各种经济、政治、文化、社会活动中,都有教育含量的体现,这种教育含量的巨大效益并未取得社会共识,包括领导,因而也就往往不被人们所承认。学校收费是天经地义的事,教育的收费是生产成本,不是物价,无论什么学校都需要成本、需要投入,家庭也有责任进行教育投资。长期形成的福利性教育,视家庭教育投入的责任为增加负担,这是一种误解。其实即使国外的义务教育也是要收费的,只是以个税转移的形式体现。从我们目前的实际情况看,家庭教育负担所占比例很小:仅占2%,而国外发达国家家庭用于教育占8%,作为发展中国家的印度也占5%,建议国家将个税直接用于义务教育,与国际接轨。

2.目前,经济领域已由计划经济向市场经济转轨,这一转轨给办学带来的问题是,办学的物质成本市场化了,如学校办公用品,实验仪器、药品等都由市场来决定价格,而且几年来这些物品的价格上涨幅度都高于平均的物价上涨幅度。然而,现在中小学的生均公用经费拨款及收费管理仍然沿袭高度集中的计划经济体制下的行政管理模式,而且没有随着物价上涨指数而大幅度增拨,明显不能适应办学成本市场化的现状,这种情况的延续非常不利于教育事业的发展。在现阶段,学校收费还不能完全市场化,也不是一种"物价",教育的产品是人不是物,学校教育具有公共性,政府还必须加强管理。我们认为,解决这一问题就要从根本上建立起适应市场经济的生均公用经费拨款机制和学校收费管理机制。其主要内容是:确立合理的生均公用经费成本标准,并随办学物资成本价格变动而变动。在现阶段,至少应随物价上涨指数而逐年增拨,可采取义务教育阶段生均公用经费由政府拨给,非义务教育阶段生均公用经费通过政府拨给和收费结合的办法解决。明确学校收费不属物价控制范围,应由政府教育主管部门监控。收费管理要与基础教育的"地方负责,分级管理"体制相一致,由地方政府为主负责。

3. 深化教育改革是加快教育事业发展的根本出路。教育改革的一个重要方面就是要解决国家对教育包得过多的状况,其中使非义务教育阶段学校逐步走上收费上学的轨道是一项重要内容。做好这项工作,有利于教育事业的发展,也有利于引导群众生活水平提高后的消费去向。因此,目前应加强收费管理,要对高中阶段以上学校因改革而增加的收费项目和标准留有余地,使收费管理与加快教育改革协调起来,为深化教育改革创造一个比较好的环境。就是在义务教育阶段,也要考虑满足社会上部分家长希望子女接受更好教育的愿望,如加强外语、计算机、音乐、美术等专门课程。对这部分学生,在家长自愿的情况下,有条件的学校可以适当收取额外服务费用。不然,就出现社会这方面培训非常发达的现象,既增加了家庭负担又增加了学生负担。与其让个人借此谋利,不如让有条件的学校借此改善办学条件。

4. 改革开放以来,教育的外部环境发生了很大的变化,特别是与义务教育密切相关的人口流动变大。原来制定义务教育规划时,基本上以满足本区域长期居住人口接受义务教育为对象,现在经济繁荣,人口流动很大,出现非当地的常住人口的义务教育怎么完成的问题。我们认为,在政府无力满足跨区域人口义务教育要求的时候,应当通过收取一些费用来解决。我们的教育应当顺应社会的变化,不能不顾社会的变化封闭办学。

5. 学校教育的功能不仅在向学生传授课本知识,而应当是全方位的。学校有义务、有责任向学生介绍我国优秀文化传统和世界上先进的优秀文学作品和读物,以加强精神文明建设。这项工作以往做少了,学校应当担负起这一责任。在这个过程中,学校组织学生征订和阅读一些名著、观看百部爱国主义影片非常有必要,只要学校不借此营利就不能当作乱收费。

成人教育应当为建立和完善
劳动力市场服务*

党的十四届三中全会的《决定》明确地提出把建立和完善劳动力市场作为培育市场体系的重点之一。作为为社会从业人员提供文化技术培训服务的成人教育,要适应社会主义市场经济的发展,就应当抓住为建立和完善劳动力市场提供多层次全方位服务这一核心。这是当前推动成人教育发展与改革的关键所在。

建立劳动力市场的作用就是运用市场调节劳动力供需关系,推动人才的合理流动,实现劳动力资源的合理配置。它与传统计划经济中的劳动力资源配置方式明显不同。这种不同,在作为综合改革试验区的福建已经表现得比较明显,劳动者的自由择业权明显扩大,完全由国家计划决定的劳动力调配已经范围很小了,通过自觉与不自觉建立起的劳动力市场而实现的劳动力流动日愈活跃,主要是:

一、非国有企业的迅速发展成为劳动力流动的一个主要流向。

二、农村剩余劳动力向非农产业的转移,劳动力在城乡之间的转移,以及劳动力在地区之间的转移随着改革开放的进程不断加剧。

三、已在岗的劳动者转换岗位呈迅速发展的趋势。

四、随着经济发展和对外开放的日益扩大,国际间的劳务合作也在迅速发展。这一系列的变化,实质是劳动力资源配置的变化。劳动力作为最重要的资源,其充分开发和合理配置,达到最大限度地利用,是劳动力市场建立和完善的方向。随着社会主义市场经济的建立和发展,劳动力资源配置的市场化进程必然加快,同时还会不断出现新情况、新问题。

劳动力市场上流通的是人的劳动能力,包括体力和智力两个方面。成人

---

* 原载《中国成人教育》1995年第3期。

教育为劳动力市场的建立和完善服务，根本上说是为劳动力资源的合理配置提供智力支持。这是成人教育与社会主义市场经济的一个结合点，或者说是接轨点。劳动力资源的配置市场化过程将深刻地影响成人教育的发展。具体地说：

——对成人教育作用的发挥产生影响。劳动力资源配置的市场化，使得成人教育在各类教育中最有条件、最有优势与市场经济接轨。成人教育在开发劳动力资源上的特殊作用将会越来越能得到发挥，功能也将越来越齐全。经济腾飞之时，就是成人教育发达之时。

——对成人教育目标的确定产生影响。如农村成人教育不能仅仅停留在培训大量农村所需的技术人才和劳动者，还要考虑为农村剩余劳动力的适量合理转移提供所需的文化、技术培训。对职工的培训不仅要考虑在岗文化、技术提高的需要，还要考虑为职工在市场经济条件下转岗加剧提供服务。

——对成人教育内容的更新产生影响。劳动力流动空间的不断扩展，必然带动成人教育内容的不断扩展，特别是科技的发展，成人教育内容需要不断更新。伴随着改革开放的进程，成人教育除了要重视尽可能多地开展职业技术教育和岗位培训外，还必须加大就业观念、职业道德、劳动力市场建立适应性等的教育。

——对成人教育体制的转轨产生影响。劳动力市场的建立，各种职业的培训与训练机构必将日益发达，行业、企事业单位、社会团体和公民个人兴办成人教育学校和机构的积极性将得到进一步激发。同时，办学形式必然日益多样化，成人教育学校、机构之间的竞争必然加剧，联合办学、一校多能、学校兼并等现象，都有可能、也都应允许出现。

——对成人教育体系的建立产生影响。随着经济建设转移到依靠科技进步和提高劳动者素质轨道上的速度加快，广大从业人员对接受文化、技术的再教育、再培训的要求更加迫切，成人教育必然往高层次、多形式方向发展。针对不同的需要，无论是学历教育还是非学历教育，成人教育的形式，脱产进修、岗位培训、短期培训、函授、自学考试、电视教育、夜校等将日益合理分化，构成一种在时与空都能全方位覆盖的教育与培训网络。

——对成人教育管理的改革产生影响。原有以部门为主的管理体制，必须转变成为成人教育学校和机构以服务劳动力市场为核心建立起自我发展、自我约束的管理体制，才能适应成人教育大发展的新形势。这就要求政府部门对成人教育学校和机构的直接行政管理形式进行改革，使之成为政府运用市场机制、通过制订和完善法规、实行宏观调控、形成社会评估体系等形式实现间接管理。

劳动力市场的建立和完善对成人教育影响是深刻的全面的。这种影响对成人教育的改革和发展既是机遇又是挑战，是成人教育实现向适应社会主义市场经济转轨的契机。当前成人教育要紧紧把握劳动力市场的供求关系、做好人力资源开发工作，为人力资源的合理配置奠定基础。

1. 遵循产业发展规律建立成人教育发展新机制

成人教育要为劳动力市场的建立和完善服务，本身就应该运用市场经济的机制，遵循产业发展规律。一是谁受益、谁投资。发展成人教育最大的直接受益者是行业、企事业和受教育者本人。必须引导行业、企事业单位独立或联合举办以职工培训为主的成人有机构。受教育者因技术水平提高、转岗能力增强等，其个人将会在晋级、择业、收入等方面得到收益。因此，科学确定其合理的投入，是应该的，也是世界上成人教育发展的一个规律。国家也是受益者，也应当是一个投资主体，但它的投资不是、也不可能面向所有成人教育学校和机构，只能是有重点地投向特别需要支持的产业的成人教育与培训，主要是教师的培训、农村从事农业生产的劳动者的培训。二是谁举办、谁受益。由于社会劳动力从事职业的广泛性，大量的不以某一行业、企事业为直接服务对象的成人教育学校和机构，要由政府、主要是鼓励社会各方面包括公民个人来举办。成人教育不同于普通教育，受教育者得到的收益是显性的，有可能根据受教育的可能收益来确定其缴费（投入）的行为。由此，举办者可以根据劳动力市场的供求关系，比较明确地考虑办学中的投入与产出关系。但成人教育不能以求得最大的利润为办学宗旨或作为办学质量衡量标准。三是优胜劣汰。成人教育学校和机构之间出现平等竞争的局面，是成人教育蓬勃发展的标志。也只有鼓励平等的竞争，才能促进成人教育的健康发展。在竞争中出现联合、兼并是必然的。适者不仅能生存，还应让其发展壮大。在适应劳动者市场建立中，体现办学特色和坚持以质取胜是办学的关键。

2. 根据劳动力市场供求关系的变化调整成人教育的目标和内容

劳动力市场的建立，为成人教育提供了了解和掌握劳动力供需变化信息的重要渠道。成人教育应当根据劳动力市场所提供的劳动力供需变化调整成人教育的目标和内容。就当前说，要重视劳动力转岗、农村剩余劳动力合理转移和与境外劳务合作等方面的培训。

3. 努力使成人教育与国际接轨

随着社会主义市场经济体制的建立，经济领域与国际接轨正在各个方面展开。作为直接为经济建设服务的成人教育，对此应认真予以考虑。成人教育与国际接轨，一是在成人教育的内容和方法上要与国际接轨，对采用国际统一标准生产的企业和正在与国际接轨的行业（如财会等），要适时地根据国际上的统一要求对职工和准备上岗的人员进行培训。二是要借鉴和吸收国际上发展成人教育的有益经验，特别是国际上大企业进行职工培训的经验。要加强成人教育国际交流与合作，加强与港、澳、台地区的合作与交流，有条件的可以引进一些国外的人力和资金来发展我们的成人教育，加快与国际接轨的步伐。

4. 加强成人教育法规建设

政府对成人教育的管理由直接行政管理变为宏观调控管理，这其中制订和不断完善有关成人教育的法规是关键。当前，一方面要尽快制订有关各种成人教育学校和机构设立、管理方面的法规，在鼓励社会各方面举办成人教育的同时，使成人教育学校和机构的管理规范化、法制化，避免出现多头管理、无人统筹、政出多门的混乱局面。另一方面，要通过立法明确企业对在职职工进行岗位培训和继续教育的责任。与此同时制订一个科学的成人教育学校和机构办学质量和效益的评估体系，建立起对不同层次不同类型成人教育学校和机构进行合理的正常评估制度，是引导成人教育健康发展的一个重要手段。通过建立科学的评估体系，形成一个社会举办、社会参与管理的成人教育发展机制。

农村教育综合改革探讨*

经过多年的实践，全国农村教育综合改革的基本思路明确了，现在的关键是要进一步解放思想，大胆试验，勇于改革，在扎实工作的同时，根据实际创造并提炼新的经验和做法。

转变观念。从现阶段看，主要是围绕农村教育如何适应社会主义市场经济体制的逐步建立来转变观念。一是要继续转变教育部门单独办农村教育的观念，树立大教育大家来办的观念。大教育集中在农村，全国人口的80%也集中在农村，80%的学生也在农村。农村是大头，需要各级党委、政府领导切实把教育摆在优先发展的战略地位，在各部门、全社会的共同关心和支持下办好。另一方面，大教育不能全部由政府包下来，要根据各自的特点，形成农村基础教育以政府办为主，职业教育与成人教育以部门、企事业、社会力量为主办的局面。二是要转变只重视抓基础教育的观念，树立农村教育应为当地经济建设服务的观念。"两基"是今后教育发展的重中之重，必须切实抓紧抓好。但这并不意味着要把全部工作精力集中在"两基"上，特别是在加强义务教育上不能仍走单纯升学的旧路子。"三教"要渗透沟通，要让初中的学生也学习一定的农村实用文化技术，为适应现代的农村生产、生活做些准备。否则，会出现在普及义务教育步伐加快的同时流生增加、群众认为学了没有用等现象和观念，影响义务教育的发展和质量。三是要树立为大农业服务的观念。农业是国民经济的基础，无农不稳，农村教育综合改革首先而且主要是为农业发展服务。目前，农村经济发展有了很大的变化，传统农业正向现代农业转变，这就要求发展"二高一优"农业，强调贸、工、农一体，强调要适时转移剩余农业劳动力，强调两个文明一起抓等。因此，农村教育为农村经济建设服务，要有全方位服务的意识，要适应农村经济、社会发展的变化，这样才能使改革的效益不断提高。

---

* 原载《教育评论》1995年第3期。

当然，在这个过程中农业部门也要从单纯就农业抓农业，转移到依靠科技进步和提高劳动者素质的轨道上来。

协调教育内部关系。基础教育、职业教育和成人教育是农村教育的重要组成部分，必须按照各自的性质和特点，围绕农村建设的需要，确定自己的改革和发展任务。"三教"统筹的主要内容是三块教育，农村都需要，应当认真抓好。三块教育各有特点和作用，要根据当地社会发展水平，使之结构合理、协调发展。三块教育要在办学条件、教育设施、师资等方面互相沟通，要定位在为农村经济、社会发展的服务上。在这个总目标下，各类教育在实现自己的发展任务中，要改革课程设置和教学内容、方法，因地制宜，多种形式，合理配置教育资源，发挥整体优势，提高综合效益。各县应集中力量办好一所综合性的培训中心，以此为骨干向乡、村辐射，积极开展技术培训，促进普通初中分流。这样，既有利于全面组织适龄儿童入学，严格控制流生，保证学生达到规定的受教育年限，又有利于使他们学有所得，学以致用，能够掌握与初中阶段相适应的文化知识和劳动技能，为农村培养有初级技术的劳动者。教育结构上也要协调，农村三块教育的发展要有合理的比例。在集中精力加快"普九"步伐的时候，要考虑如何实现国家提出的让50%~70%的初中毕业生进入中等职业教育或职业培训中心的目标。经济发展程度高的地方要超前考虑普及高中阶段教育问题以及全日制的职业学校和各种形式的培训互相沟通、衔接等问题。同时，在教育资源配置上也要协调。对三块教育在办学人力、物力、财力上要统筹，着眼于提高效益。在乡（镇）一级实行"三教"统筹，可采取以下模式：（1）双中心型。乡里分别办好一所普通初中，一所职业（成人）教育学校，这两所学校可视为本乡的基础文化教育和职业技术教育中心。（2）三类教育分设型。在一部分经济条件好的乡，分别设立普通初中、职业初中和农民文化技术学校。（3）三位一体型。少数经济困难地区，依托乡镇初中举办初级职业技术教育和农民文化技术教育，寓"三教"于一校，发挥乡初中一校多功能作用。这些形式各有各的适用环境，各地可以借鉴，重要的是要从实际出发选准自己的形式。

强调教育部门之间的结合。农科教结合的主旨是在当地政府的统筹协调下，落实科教兴农战略，使农业、科技、教育部门密切结合，发挥各自的优势，大面积地提高劳动力的素质，增强农村吸收和运用科技的能力，有效地促进农村经济发展。部门之间结合的好坏，取决于政府的认识高度和统筹程度，核心是体制。也就是政府通过什么形式使三个部门在有关的工作部署、计划制定、财力投放等方面有机结合起来。有的地方以农业部门为主，有的地方以教育部门为主。重要的不是以谁为主，而是看当地政府怎样最有力推进这项工作。我们要充分发挥部门优势,以多种形式为农村培训人才,开发项目,推广技术,传播精神文明。要主动地和农业、科技部门配合,要有协作精神,多一些服务观念,少一些等待意识。其实,农、科、教三家共同点很多,都是现代化建设的基础,处于重要战略地位,属于国家重点保护和投入的产业,完全应该能结合得很好。现在的关键是要从各地实际出发,积极建立与社会主义市场经济体制相适应的结合机制。我认为,主要是要建立和健全以下四个机制:一是强化农科教结合的输入机制。采取各种优惠政策,促使更多的科研单位、大中专院校和科技人员面向农村经济的主战场,为农村经济的持续发展提供源源不断的科技动力。二是改善农科教结合的吸纳机制。在稳定和完善家庭联产承包责任制的基础上,通过积极鼓励农民发展适度规模经营,实行区域化种植(或养殖),为增强吸纳农业科技能力创造基础条件。三是通过调整产业结构,发展高产优质高效农业和乡镇企业,开发和建立区域性支柱产业,为促进农村对科技的吸纳能力开辟新领域,培植新载体。同时,建立农科教结合的市场机制。以人才交流中心和科技咨询等服务组织为依托,通过举办科技成果交流会、科技信息发布会、人才交流会以及科技成果拍卖活动,发展农村高新技术产业和信息产业,逐步使技术、人才、信息市场社会化、网络化、规范化。四是健全农科教结合的调控机制,做好组织协调,资金引导,制定市场规范等工作。这些机制的建立和完善可以加快农科教结合,促进农村经济的繁荣和发展。

燎原、丰收、星火三种计划衔接。"燎原计划"的实施不能脱离农村工作的背景,更不能脱离农业、科技部门的工作思路,使这一计划与"丰收"、"星火"计划衔接是保证顺利实施的重要条件。三种计划能否配套实施,一个关键就是看教育部门,特别是职业、成人学校是否熟悉和掌握当地"燎原"、"丰收"、"星火"计划的具体实施项目、内容,然后根据项目来带动课程、专业的设置,以及教学内容、形式的安排,主动地与之配合和参与进去。几年来,在三种计划结合探索中出现的一些模式很值得大家相互借鉴。(1)职教主体型。即以县职业教育中心或职业中专为龙头,职业高中和乡镇职业班为主体,形成农、工、商专业兼备的覆盖全县的职业教育网络,为第一线培养中、初级技术人员和管理人员。在管理上,实行"三统"、"三分"。即:统一领导、统一规划、统一管理办学,分口预测人才需求,分口提供办学经费,分口使用人才。(2)成教主体型。即以镇成人教育中心为依托,以成人教育为载体,将先进的实用技术,通过成人教育渠道,直接输送到农民手中。(3)中心实体型。即在乡镇党委、政府的统筹下,建立融教育培训、试验示范、科技推广和经营服务为一体的多功能的综合实体,通过这个农科教各方的集结点,带动全乡镇实行紧密结合。(4)集团承包型。即由政府领导亲自负责,把财政、金融、物资、商业、科技、教育等部门融为一体,形成规模大、实力强的推广农业科学技术力量,加速科学技术直接转化为生产力。(5)科教服务型。即建立科教服务体系,发挥科教的潜能,服务于农村经济建设。

强化三级办学。从整个农村教育来说,强化三级办学,有利于各级根据经济发展状况,培养自己所需人才,推广所需技术;有利于各地从本地区的条件和特点出发。确定教育任务、层次、内容和规模;有利于调动各地区各部门的办学积极性,解决办学中的资金、师资、基地等问题。根据分级办学和县、乡、村承担任务的原则,要求县办好一所中等骨干职业学校,一所综合性的成人教育中心或职业教育中心,乡要办好乡镇农民文化技术学校和普通初级职业中学,村要办好村级农民文化技术学校。形成以县为龙头,乡镇文技校为主体,村文技校为延伸点的农村三级办学体系,并做到上挂下联,相互配合,相互渗透,提高农村职业、成人教育的办学水平和效益。

专业互补。农村职业教育、成人教育的专业设置,按经济的三大产业可分为:面向第一产业的专业;面向第二产业的专业;面向第三产业的专业。目前,在农村职业教育、成人教育中,存在重面向第二、三产业的专业,轻面向第一产业专业的倾向,农、林、牧专业招生有下滑的趋势。外部原因是农业劳动力大批转向第二、三产业,农业生产效益相对比较低,学生不愿学农、务农;内部原因是专业设置、教学内容和教学方法不同程度地脱离农村实际,学制太长,加上有些学校办学条件差,师资水平低,基地、设施不足,造成质量不高,学生学不到真本领,回去不能致富。削弱面向第一产业的专业,可能会对农业生产造成不利影响。因此,我们必须注意三类专业设置的互补性,要对面向第一产业的专业采取保护性措施。这不是说要限制其他两类专业的发展,而是要利用其他两类专业发展的有利条件,在收费上放开一些,搞得更活一些,政府通过有效手段加大对第一产业专业设置的投入,对学习农业的学员少收费或不收费。面向第一产业设置的专业也要改革,要把握第一产业发展的趋势,提高其科技含量,使其朝着"两高一优"方向发展。要考虑第一产业发展的特点,使学制、教学内容、方法针对农时季节更灵活、更实用,真正为广大农村群众接受。实行农村教育综合改革,要使教育同农村产业结构的调整和农村工业化、现代化的进程相适应,促进三类产业合理、协调发展,更好地为农村现代化建设服务,也要把农村职业教育、成人教育逐步发展成为智力型的第三产业。

扩充学校功能。教学、科研、生产服务是学校,特别是中等专业学校和高等学校的主要功能。当前,在进行农村教育综合改革中,一方面要使学校的三种功能形成一个有机的整体,另一方面要适时地扩充其传统的功能。教学不能仅重知识传授,更要重动手能力的培养和实践环节。科研不能只重出学术成果,还要重成果的转化、推广、运用。生产不能仅限于创收，仅限办企业，要全方位开拓，使之集科研成果、推广基地、中介服务、出产品等为一体。近年来，农村出现"公司+农户"的新的经济形式。有条件的农村职业学校和成人学校在搞好农村人力培训的同时，可以发展成为"学校+企业（农户）+公司"的形式，通过"育一批人才，引一个项目，兴一个产业，富一方群众"，走产教、校企及经营和服务相结合的路子，发展壮大自己。高校、中专要为农村职业学校、成人学校专业建设和基地建设提供指导，推广农村实用技术和农业生产方面的科研成果，为农村培训各方面人才。通过技术转让、技术咨询和技术服务，帮助农村的乡镇企业引进、开发新技术、新产品、改造低产田，发展"两高一优"农业。各高校可根据自己的特色和优势，找准参与农村教育综合改革工作的立足点。

三种体制应并存。深化办学体制改革，继续探索以政府为主，社会各界积极参与的多种形式办学路子，是当前改革的重点。农村教育综合改革是一项大工程，要有完善的普及义务教育体系，要有发达的职教、成教网络。在政府财力有限的情况下，要采取国家、集体、个人一齐上的办法。沿海地区、经济发达地区的农村实施教育综合改革要有利于调动事业单位、社会团体和公民（个人）依法办学的积极性。对民办的学校（包括各类职业技术培训机构），在国家法律允许范围之内，采取鼓励发展、经费自筹、管理自主、上学自费、就业自谋的政策。在农村，主要是引导兴办中等职业技术教育和各种培训机构。要继续支持各民主党派和中华职教社、陶行知研究会等社会团体在农村的办学工作。政府可以对公办学校实行多种办学形式，采取"公办民助"、"民办公助"、"联办共建"等形式，发动农村群众、集体组织、社会力量参与办学，可以允许有实力的学校兼并其他同类学校，创办连锁学校，提高办学规模效益。

理顺各种关系。农村教育是一个整体，在改革中及在为农村经济社会服务上也要从整体来考虑。总的说，要处理好三个关系：

一是与两个文明建设的关系。农村的改革开放和现代化建设进程加快，农民的生活逐步奔向小康，走向富裕，原有的自给自足、闭关自守的小农经济观念逐步为主动面向市场、讲究效益的观念所取代。与此同时，许多农民也出现了种种思想困惑，封建迷信等社会陋习在不少地方又有出现，见利忘义等思想在少数人身上有所抬头。因此，一方面农村教育必须充分发挥自身的文化教育功能，加强同农村文化建设的结合，努力促进农村的精神文明建设。另一方面，各类学校要加强德育工作和校园文化建设，营造培育"四有"新人的小环境，努力增强学校在农村精神文明建设中的示范和辐射作用，使学校成为当地社会主义精神文明建设的重要阵地。二是改革和发展的关系。对农村教育综合改革，一定要明确改革是为了更协调地发展，是通过改革谋求发展新路。因此，要注意促进各种有利于事业发展的保障条件得到改善，如教育投入的增加，尊师重教风气的形成，教师待遇的改善，校内管理体制改革的推进等。要以农村教育综合改革为动力，推进"两基"进程和其他教育事业的发展。三是改革和效益的关系。进行农村教育综合改革，最终目的是为了合理配置农村教育资源，提高农村教育资源使用的综合效益。这种综合效益，是指既要有质量效益、人才效益，也要有经济效益、改革效益。在师资力量的使用上，应挖掘潜力，相互兼课；在设备的利用上，可以一校所有，多校使用等等。只有创造出最大的综合效益，改革才能持续、健康地发展下去。

以上是我个人的一些想法，供大家讨论问题时参考。

华人华侨、港澳台胞
在闽捐资兴学趋势探索*

十余年来,华人华侨、港澳台胞在福建捐资兴学金额达12亿元,全省有50多个县区2000多所学校接受侨胞和港澳台胞捐资办学,其中捐资千万元以上的有29人,他们以新的特点、新的形式谱写华人、华侨、港澳台胞捐资兴学史的新篇章。

一

华人华侨、港澳台胞在福建捐资兴学呈现出以下的趋势。

由捐资兴建单项校舍向全方位建校发展。改革开放初期,华人华侨、港澳台胞捐资兴学主要是帮助家乡建设以教学楼为主的部分校舍,如一间教室、一幢楼、一个体育场馆等,缓解建校资金困难。在这种捐建校舍持续发展的同时,捐资金额快速增长和用途多样化,已出现了全方位建校的捐资兴学热潮。一是捐资整体建校越来越多,在侨乡由华人华侨、港澳台胞投巨资兴建一所完整学校的势头正在发展,即由捐建校舍向综合配套方向发展,如配套建设办公楼、实验楼、体育场馆、学生宿舍、教师住宅等。二是捐资建房与捐资添购教学仪器设备相结合。即捐资者逐步重视和着眼于改进教学手段,提高教育教学质量,或捐资在国内购置仪器设备,或从境外直接引进先进教学设备。三是注重调动师生教与学的积极性,在许多学校设立了奖教奖学基金,这种基金,有的用于提高教师待遇,吸引优秀教师到校任教;有的用于鼓励优秀中学生报考师范院校,奖励品学兼优学生,激发学生积极向上;有的还用于扶持家境困难的学生。四是有部分捐资者不仅考虑到把学校建起来,还从长远出发为学校发展设立

---

* 原载《教育评论》1995年第6期。

永久性的基金，解决学校进一步发展和提高教育质量所需的部分资金，从一次性捐助向长期资助发展。

由在家乡捐资兴学向跨地域捐资兴学发展。华人华侨、港澳台胞捐资兴学，最初多局限在祖居地、本乡本土。多数华人华侨、港澳台胞的祖居地是改革开放受益较多的地方，也是经济比较发达的地方。随着捐资兴学的发展，除了继续使侨乡的教育向现代化纵深方向发展外，部分卓有远见的捐资者看到局限于本乡本土、宗亲族氏办学受到人口、地理、经济、文化等因素的局限，不能最大限度地产生效益，造福更多人，开始跨地域的捐资办学。各地注意从地区间经济、教育发展的不平衡性出发，加强引导工作，鼓励有实力的捐资者在贫困、落后地区兴学。因此，不少华人华侨、港澳台胞捐资者，一类是在其家乡之外选点捐资建校或捐校舍；另一类是由侨胞捐资，由地市县政府统一规划，结合扶贫支教，创办一批学校，改变地区间教育发展的不平衡，特别是发展贫困、山区的基础教育；再有一类是面向全市、全县，办好若干高质量的学校。华人华侨、港澳台胞捐资兴学不再局限于小家乡概念，逐步从更广的教育发展布局出发，向构建布局合理、结构优化的学校体系的方向转变，反映了捐资者爱国、爱乡情感的深化。

由捐资兴办普通中小学向兴办各级各类学校发展。在捐资兴办普通中小学方兴未艾之时，捐资兴办全日制的幼儿园、职业学校和非全日制的成人教育与培训学校也日益兴盛。如全省25所中等师范学校中，就有4所（石狮鹏山师范、安溪培文师范、永春和平师范、福清元洪师范）是由华人华侨、港澳台胞捐资兴建的，或接受部分捐献，为我省普及初等义务教育培养了大量合格小学师资。石狮市以培训教师为主的教育中心，也是捐建的。此外，还有少数的捐资办学正在向系列化、集团化方向发展。如石狮育青学校，包括了幼儿园、小学、中学、职业中专等；安溪慈山学校系列、福清市的元洪系列，形成我省侨乡教育的一个特色。值得注意的是，进入九十年代，捐资兴办高等学校的意愿逐步在增强。

由个人捐资向群体捐资发展。在广大华人华侨、港澳台胞中，不乏商贾巨富，但多数是经历了一代以至几代的艰苦创业，立下了一定基础的家业。十余年来，在越来越多的华人华侨、港澳台胞个人投巨资兴办学校的同时，也出现以群体性汇集成大额资金捐资兴办学校，使学校建设一步到位的趋势。如新近落成的仙游第二华侨中学即是由8位华侨联合捐资兴建的。这种群体性捐资一是通过海外同乡会发动组织，或是由德高望重的华侨联络同乡，联系捐资在家乡兴学；二是通过海外的校友会等社团发起，筹款捐建母校或复办、新建学校，如华南女子职业学院即由原华南女子文理学院设在海外的校友会多方筹款创办；三是通过海外部分热心家乡教育事业的文化、工商、科技界名人在华侨中的影响，在华侨中多方筹集资金，积少成多，回到国内兴办教育。虽然有些群体性捐资数额远不如个别华侨巨富个人捐资的数额，但代表了广大海外侨胞的心意，尤其应该珍惜他们为祖国创造的良好环境，把学校办好，让广大侨胞放心。

由第一代华人华侨、港澳台胞捐资兴学为主逐步向由在海外生长的第二代、第三代捐资为主发展。广大华人华侨、港澳台胞捐资兴学经久不衰，其重要的原因是这种传统美德在他们中间绵延不断，代代相传。在海外生长起来的第二代、第三代的华人华侨、港澳台胞在承继了先辈的产业的同时，也承继了他们的爱国、爱乡之情。对改革开放以来祖国建设取得成就的认同，特别是祖国在世界的地位不断提升，促使他们热心资助家乡教育等公益事业的积极性进一步高涨，这就形成了捐资兴学的又一重要特点。他们有的承继先辈意愿，完成着父辈未了的心愿，沿着父辈的"足迹"继续兴办学校；有的通过回闽省亲，寻根访祖，了解到家乡教育的落后，毅然捐资兴学；有的是在父辈报国之志的激励下，以青出于蓝而胜于蓝之势，显现出更大的魄力和决心。在此，特别要提到的是，老一代华人华侨、港澳台胞的榜样作用及言传身教起了重要的作用，他们在捐资兴学中，注意带动后代。因此，两代人、三代人共同捐资兴学，感人事迹层出不穷。如一位侨胞在回乡为其捐建的学校落成剪彩时，将其儿孙全部带回，并在典礼上向公众宣布，其捐建学校未完成的工程由子孙完成。

由捐资渠道单一向多样化发展。以往，华侨捐资兴学多由海外带回资金，投入学校的建设。实行改革开放政策后，随着外向型经济的发展，"三资"企业的增多，许多海外华人华侨、港澳台胞回大陆投资，发展产业，捐资兴学的渠道也相应变化。随着不少"三资"企业规模扩大，实力增强，利用在大陆举办实业的所得，捐资兴学的势头日趋增长。有的利用"三资"企业所得设立各种奖教奖学基金和学校发展的基金，维持所办学校的发展所需。有的则由其在国内所办企业直接捐办学校，为家乡服务或开展企业教育。在这一趋势中，"三资"企业为提高员工素质，增强竞争力，与有关方面合作办学，直至独立办学趋势已在发展当中。

由单纯捐资向参与办学发展，近年来，国家包办教育的体制已被打破，民办学校蓬勃发展。一部分华人华侨、港澳台胞捐资兴学的意愿相应发生了变化，希望能合作办学，甚至独立办学的意愿明显增强。在这个变化过程中，最初表现于不少捐资者关心学校的发展、资金的使用情况、捐建学校的教育质量，利用各种机会对捐建校的管理、教学提出许多建设性的意见。此后，部分捐建校设立了学校董事会，让捐资者参与学校的管理有了比较稳定的形式，有办好学校的责任感。这种变化是捐资兴学发展的必然，是不以人的意志为转移的内在规律。

二

华人华侨、港澳台胞捐资兴学出现的这些新特点、新趋势,为我们进一步发挥侨乡优势,加快教育发展提供了机遇;也为深入发挥侨乡优势,建设教育强省提供了启示。在今后一个时期,要本着大力鼓励、加强引导和管理、规范办学、提高质量的方针,认真研究解决好以下几个问题:

首先,要加强办学体制改革步伐,鼓励和引导华人、华侨、港澳台胞在捐资兴学过程中开展多种形式的合作办学,保护捐资者参与学校管理的积极性,使之成为借鉴国际上先进教育教学经验的一条重要途径,加快学校的教育教学改革步伐。凡是有条件的华人华侨、港澳台胞捐建的学校都可以设立由合作双方参加的董事会,赋予其选聘校长、师资和决定学校发展、管理学校的自主权。即捐建校可以由教育行政部门管理,也可以作为合作办学试点,因势利导、因校制宜,灵活采取有利于学校健康发展的管理体制,以进一步调动华人华侨、港澳台胞捐资兴学的积极性。努力办好一批骨干性、示范性捐建校。对于所有的华人华侨、港澳台胞捐建的学校,要加大扶持配套力度,争取早建校,早开办,尤其要支持办好一批在海外侨胞中有影响的侨建、侨办学校,在师资调配、领导选配上适当倾斜,使一部分学校达到一流设备、一流师资、一流水平、一流质量,成为在海外有影响的现代化学校,发挥其在捐资兴学中的典范作用。

第二,正确引导华侨捐资办学的方向。要从一个地区教育结构、布局的调整出发,在尊重捐资者意愿的前提下,引导他们到教育发展落后,特别是普及九年义务教育任务艰巨、经济相对困难的贫困农村、山区捐资兴学,还要引导华人华侨、港澳台胞向公办学校捐资,充分利用原有的办学基础,通过多种合作形式,改善公办学校的办学条件。应当鼓励和引导华人华侨、港澳台同胞结合当前教育改革和发展的重点,在实现"两基",发展职业教育和成人教育,加强高等学校重点学科、重点实验室建设等方面多做贡献,推动全面实施《中国教育改革和发展纲要》的步伐。

第三,要进一步做好对捐资者的表彰、奖励工作,给予他们应有的荣誉。随着捐资金额差距的扩大,应建立以省、地(市)、县(市)三级表彰奖励机制,使捐资者都能不同程度地得到应有的荣誉。要大力弘扬著名爱国侨胞的精神,做好第二代和第三代华人华侨、港澳台胞的工作,使这一优良传统代代相传。

第四,要在各级党委、政府中进一步确立教育优先发展的战略地位,认真贯彻实施《中国教育改革和发展纲要》,在全社会形成尊师重教的良好风尚,加快教育的改革和发展,努力实现教育强省的战略目标,这是争取广大华人华侨、港澳台胞进一步捐资兴学的根本。特别是侨乡,其往往又是经济比较发达地区,更应立足于把自己的事情办好,不等不靠,不能借此减少财政的拨款。主动做工作,多做工作,使侨乡的优势成为率先成为教育强省的优势。

增创新优势,进一步发展电大教育*

广播电视大学是采用广播电视、卫星电视、音像教材、文字教材等多种媒体进行开放性远距离教育的一所没有围墙的大学。电大教育既不同于传统的普通高校,也不同于一般的成人高校,它覆盖了全省城市、乡镇,办学15年来,已取得了巨大的效益。在我省社会主义市场经济蓬勃发展的大好形势下,电大教育应怎样以新的姿态,增创新优势,取得更大的发展呢?

国务院《关于〈中国教育改革和发展纲要〉的实施意见》指出:"成人学历教育应向多样性、职业性方向发展。各类成人学校要加强同普通学校、职业学校的联系与使用,提高办学效益,努力办出成人教育特色。要充分利用各种远距离教学形式为中小城市、乡镇企业、农村以及边远和经济发展程度较低地区服务。"我觉得电大教育事业要取得更大的发展,应该是立足省情,适应我省社会经济发展需求,增创电大教育新优势,增强开放程度,积极采用现代教育技术,形成覆盖全省、服务基层的多层次、多规格、多功能、多形式的办学体系,为更多的人提供各类教育服务,为建设教育强省做出贡献。

一、电大教育面临的形势与任务

省委、省政府提出的建设教育强省的目标,向全省各级各类教育(包括电大在内的)提出了更新、更高的要求。各级电大教育工作者应该充分认识到,这既是对电大教育的挑战,也是加快发展电大教育事业的一个不可多得的机遇。适时抓住了这一良机,电大教育事业就能够得到更快、更好的发展。

改革开放15年来,我省各级各类教育事业蓬勃发展,取得了令人瞩目的成就。高等教育事业在不断充实、整顿、完善、提高中,也得到了较大发展。普通高校发展到33所,成人高校发展到20所。在校生分别达到了6.5万人

---

* 选自《社会主义市场经济与现代远距离教育》,福建教育出版社1995年出版。

和3万人，并分别为社会培养了12.3万名和6.9万名大学生。在事业发展的同时，各项改革也稳步深入，尤其是多种渠道、多种形式联合办学的蓬勃开展，给多年来不断探索的成人高教体制改革带来了新的活力。这对于打破条块分割的办学体制、优化高等教育结构与布局等都起到了积极的促进作用。

广播电视大学是在改革开放中迅速发展起来的。这种远距离开放性的教育形式，是我国高等教育事业的重要组成部分。它的创办和发展，完全适合我国人口众多要办大教育的国情，充满着生机和活力。从我省电大教育的办学成果看，15年来，已为我省各条战线培养了4万多名大专毕业生。我省每万人口中就有电大大专毕业生12.7人。每百名大学毕业生中，从电大毕业的就占21人。特别是今年我省电大由于扩大联合办学，从应届高中毕业生中招收普通专科班3000多人，超过了1986~1993年8年间电大普通专科班的招生总数。目前，全省电大大专学历教育在校生总数达到1.3万多人，提前一年实现了省教委对电大教育的"八五"规划目标。

纵观15年来我省电大从无到有、迅速发展壮大的历程，我们看到，今天电大教育已经建立了良好基础，这是党的改革开放政策带来的，也是广大电大教育工作者辛勤劳动的结果。同时，也要看到，在增创教育新优势，建设教育强省的进程中，广大电大教育工作者将担负更加繁重的使命：一要促进事业发展，为经济建设培养更多更好的高级专门人才；二要加大改革力度，进一步探索多形式办学的新路子；三要积极采用现代信息技术，进一步增强现代远距离教育优势，扩大广播电视教育的覆盖面，提高办学效益；四要进一步改善办学条件，提高师资队伍的政治思想素质和业务水平，全面提高教育质量和办学效益等等。上述任务已经非常具体地摆在了我们的面前。

二、积极采用现代科技，为建设教育强省服务

形势喜人，形势逼人，目标已经明确，任务摆在面前。怎么办？最根本的问题是观念的更新。面对着瞬息万变的市场经济、巨大的教育人口重负以及教育经费和教育任务的巨大反差，走传统教育的老路是难以实现我们的目标的。经济建设要依靠现代科学技术，建设教育强省也要依靠现代科学技术。教育要积极采用现代科学技术，开辟出一条多快好省发展大教育的新途径。在这方面，中国电大教育闯出了一条穷国办大教育的新路。电大以现代电子信息技术为主要手段，把教学信息覆盖到全国城乡；在全国范围内组织了庞大的教育系统网络，通过现代化的管理技术，办学15年来，培养了167.8万大专毕业生，占同期全国普通和成人高校毕业生总数的15.3%；而且人年均培养费用只为普通

高校本、专科生人年均教育事业费的35%~45%。这就是电大教育的优势。电大成功的实践，提供了一种采用现代科技发展大教育的新形式。

国务院《关于〈中国教育改革和发展纲要〉的实施意见》中指出："积极发展广播电视教育和学校电化教育，推广运用现代化教学手段。到2000年基本建成全国电教网络，全国70%左右的县要建立起教育电视台（收转台），70%左右乡镇中心小学以上的学校和少数民族寄宿制学校要能够直接收看教育电视节目。"最近，省委、省政府决定："要建好、办好教育电视台，充分发挥其社会教育的功能。"这是我省教育增创优势的重大举措之一。福建教育电视台采用微波传送、闭路播放的技术，把教育信息覆盖到全省64个县及部分乡镇。这使全省教育拥有了独立的教育频道和教育网络，也使我省教育技术的推广运用，一下子跃到全国各省的前列。如何用好教育电视台、为建设教育强省服务是摆在我们面前的重大课题。电大教育要在原有的基础上发挥更大的作用，要趁此机遇，使我省广播电视教育再上新台阶。

中国电大教育的发展依赖于全国性教育信息的统一播出。电大最早是靠中央电视台的微波传送播出，后来又采用了卫星电视播出电大课程。如今电大的课程有中央电视台第二套、中国教育电视台一套和二套，共3个频道播出。1995年增加了全省性的闭路电视网络播放教育节目，实现了全省性教育资源的统一配置。高质量的教育信息可以直接送达全省各县（市）及乡镇的千家万户，这既是我省教育的创举，也是我省运用现代教育技术的新发展。电大教育除这些硬件的发展之外，还有软件发展问题，要进一步探讨、研究、制作出高质量的教育电视节目，这是当务之急。当然，电大教育还有多方面的优势需要加强，如全省性的系统网络建设问题，加强联合办学、充分调动各地的人力、物力、财力为教育服务问题，这就必须加大改革步伐，从更多的方面增强创新的优势。

三、深化改革，推进电大更上一层楼

抓住当前的有利时机，积极地推动电大教育的发展，是对电大教育工作者，特别是各级领导的一次重大考验。大家要集中精力认真研究改革发展中遇到的新情况和新问题，提高驾驭全局的能力，要努力从改革中找出路，建立起适应新形势要求的办学机制。在教学手段不断现代化的大好形势下，我们还要牢牢地记住全面贯彻党的教育方针、全面提高教学质量，培养"四有"合格人才是高等学校的根本任务。学校如同工厂一样不能出"废品"、"次品"，否则就会失去信誉和"市场"，非垮不可。因此，希望各级电大要坚持把"以质取胜"贯穿在今后教学工作的全过程，想方设法，克服困难，办出电大特色和新水平。

要进一步探索以高等职业技术教育为主，并向多样化、职业性方向发展的新路子；面向农村、面向边远、经济发展程度较低的地区；面向乡镇企业以及中小型企业，开设适应当地经济和社会发展所急需的专业；充分发挥现代远距离教育的优势，重视教师队伍和音像教材系统的建设，重视地（市）、县（市）电大教育网络的建设，加大电大教育深化改革的力度。

（一）理顺办学体制，加强县级电大工作站建设

县级电大工作站是我省电大教育系统中的基层办学单位。从1979年以来，我省已建立了64个县（市）电大工作站，这些电大工作站先后培养大专毕业生1.6万多名，占全省电大大专毕业生数的41%，为当地的经济和社会发展做出了积极的贡献。随着经济和社会事业的发展，县级电大的办学体制也出现了一些新情况、新问题，需要进一步理顺。"撤站建校"，作为电大教育发展的一个阶段，正逐步地摆上议事日程。"撤站建校"的指导思想是：要树立大教育观，立足本县，调动地方的积极性，为全县教育整体发展服务。从电大教育的性质、任务及其现代化教学手段的功能出发，电大教育已突破了传统教育条块分割的框框。它属于整个大教育体系，其最根本的任务是提高全民族的科学文化素养，从而进一步发展社会生产力。它的本质特征是采用现代教育技术发展大教育。因此，县级电大撤站建校，应在调查研究的基础上，立足本县，实事求是地根据本县的社会、经济发展的需求，本着依靠现代科技，发展全县教育的精神，规划好本县电大的办学规模，抓好电大办学的组织机构建设。要把"撤站建校"的过程当做促进电大教育的改革与发展的过程。

1. 达到建校标准的县级电大工作站，检查验收合格的，经过审批可撤站建校

撤站建校是加快电大教育事业发展的需要，也是克服当前县级电大中诸多困难和矛盾的措施之一。省教委已就县级电大撤站建校的条件问题，颁发了暂行规定。撤站建校要实事求是，要鼓励有条件的县（市）改善办学条件，实现撤站建校。

2. 撤站建校要坚持标准

去年省教委组织开展了县级电大教育评估工作，并对宁德、南平两个地区电大评估进行了检查验收。从验收的情况看，各县发展不平衡，有的县办得很有特色，但也有的个别县工作站办学条件差，甚至达不到最基本的办学要求。因此，对各地撤站建校只能循序渐进，绝不能盲目攀比，坚持条件成熟一个审批一个。

3. 统筹、规划办学是撤站建校的基础

撤站建校的根本目的是为了提高办学的整体效益。因此，各县电大工作站要从当地经济发展的实际需要出发，加强与职业教育、成人教育的统筹协调。条件较好的县电大工作站撤站建校后可以电大分校为主，联合职业学校、成人学校，共同组建综合性的多功能、多媒体的办学实体；一个班子、一套人马、几块牌子，通过优势互补、资源共享等提高办学的综合实力、综合效益，并向农村和边远山村辐射，形成网络。一些办学条件差、达不到规定标准的县（市）电大工作站，不能单独成立电大分校，可以作为一个办学单位与职教中心、成教中心实行合作办学。

（二）综合治理，扩大规模，提高办学效益

电大办学 15 年来，取得了巨大的成就。面对着蓬勃发展的社会主义市场经济和大量求职、谋生以及变换岗位工作的人口群，电大要如何满足经济发展的需求和人们对教育的需求呢？关键的出路在于深化改革，要进一步解放思想，综合考虑发展问题，不能单从一个角度出发提出要求。

1. 要进一步明确电大的培养目标

电大教育 15 年，培养了大批实用型大专人才，今后还要坚持这个方向。人才培养有工程师型、师范型、工艺型（应用型）和职业型等。电大要把主要目标放在工艺型、应用型和职业型人才的培养上。当然电大也可以培养工程师和教师，但是，我国的市场工艺型人才确实是太少了。当前，我们的产品缺乏更新换代，在激烈的市场竞争中显得十分被动。像我们引进的桑塔纳，10 年不变，而国外的小车却一年一更新，不断提高工艺水平，一年一个型号。所以，要适应市场经济的要求，培养工艺型人才重要。我们有世界最先进的科学技术，但工艺水平却很低，加工粗糙，产品质量上不去，因此效益也上不去。电大和其他成人教育，开设新专业，培养更多适应市场经济需要的人才。

2. 要加强教学管理，提高教学质量

教学管理是学校管理的中心环节。教学管理不善，就难以发挥电大系统办学的优势，先进的电教设备、现代化的远距离教育手段就难以发挥应有的效益。在教学管理的各个方面，如制订计划、组织教学、质量管理、教材建设、教务行政等等，省校、分校、工作站乃至教学班，都存在一个优化教学管理的问题。这里要强调的是，上一级电大要多为下一级电大办学单位搞好服务。加强电大教学管理要研究的内容十分丰富，上上下下，方方面面都要围绕进一步提高教育质量这个中心，狠下工夫。

3. 要横向沟通，扩大开放性

电大教育是一种社会化、开放性的教育。国家教委《关于进一步改革和发展成人高等教育的若干意见》提出："积极探索函授、广播电视教育和国家考试沟通的制度，以利诸种形式间的扬长避短、优势互补、提高效益，保证质量。"电大与函授、自考，电视中专与农业广播电视学校之间各有长短、各有优势。这些基本上属于同一层次、同一要求、教育目标也大体一致的教育，其教学过程中有很多是可以互相融通的。因此，要建立互相承认学分的机制，实现相互沟通。这种横向沟通，扩大了开放性，让学生进出自由，可以互相承认学分、插班，也可以办自考助学班，学生修完规定学分就可以发给毕业文凭。所以，改革就是从总体发展上充分发挥多种形式的综合体的作用，使各类教育互相配合，互相支持，互相沟通，共同发展。

4. 纵向延伸，扩大广播电视教育的覆盖面

电大教育15年的办学重心基本上是在城市，随着乡镇企业的崛起和农村市场经济的逐步发展，如何把教育延展至农村，为发展农村经济服务，这是摆在我们面前的重大课题。我省的教育目标是：到2000年，城乡从业人员都应受到必要的职业训练，广大从业人员的文化素质、职业技能和职业道德普遍提高，90%以上的农村劳动者要掌握1门以上的实用技术。国务院发布的《关于中国教育改革和发展纲要的实施意见》中也指出："各类大专层次的高等教育应当适当扩大规模，注意充分利用电视、广播、函授等办学形式，为广大农村、乡镇企业以及中小型企业生产第一线培养人才。"电大教育要充分利用现代化教育的优势，把办学的重心向广大农村转移，原有已发展起来的40多个乡镇办学点要不断加强、巩固，努力提高教学质量。要通过撤站建校，完善县级电大的办学条件、办学机制，把县级电大的办学功能辐射到农村乡镇，充分发挥乡镇文化技术学校的作用，发展乡镇的电大教育，为乡镇企业培养实用型人才，为农村开展实用技术教育服务。

5. 学历教育与非学历教育并举

电大教育要进一步发展，就要兴办学历教育和非学历教育。特别是非学历教育，在社会主义市场经济体制下，更要引起重视，力争有更大的发展。市场经济是瞬息多变的，电大教育要适应这一形势，要符合劳动力市场和各种需求，要更适合求学者们实际的状况，如只要有一技之长，便可进三资企业求职；有一张会计证就可以找到工作等。因此，我们要大声疾呼大力发展非学历教育，并把非学历教育纳入学分管理的轨道，通过学分的积累，今后也可以承认非学历教育的学历，进而逐步地推行完全学分制。

（三）联合办学是电大教育发展的大趋势

广播电视大学从诞生之日开始就是由教育部与广播电视部联合办学，并得到国家各部、委、办的大力支持，才发展、壮大的。因此，调动、挖掘、依靠社会的各种教育资源（如人力、物力、财力等）是发展电大教育的基本思路。

初创时期的地方电大，有的才一两个工作人员，但其办学规模却达到了一两千人，这就是调动了地方的大厂、矿、企业，联合师范、师专、职业大学等，在全国性统一播出的电视教学资源支配下，通过现代化管理手段，共同办学的结果。

现在电大教育的办学条件正不断完善，但与日益扩大的办学规模相比，办学条件依然十分困难，但国家不可能像创办普通高校那样也给电大教育以巨大的人、财、物投资。电大不可能也不应该办成普通高校的模式，这也不是举办广播电视大学的初衷。电大要充分利用现代信息技术的优势，利用系统网络的优势，与当地的普通高校、其他成人高校、工厂、机关、企业单位联合办学，充分利用各部门的场所、设备、师资、专业技术力量以及经费等，举办相应专业的教学班，这是扩大电大办学规模的途径之一。联合办学，并不是合并，也不存在谁吞并谁的问题。联合办学是教学信息资源的统一利用，教学场所、设备的统筹使用，师资力量的协调配合，使各类教育形成一个整体，促进扬长避短，优势互补，进而提高教学质量，提高办学效益。

关于普及九年义务教育若干问题的思考[*]

完成"两基"任务,这是教育工作的"重中之重"。从实施"两基"的情况看,扫盲工作基础较好些,"普九"的难度则大些。其难点集中在两个方面,一是贫困县,二是人口大县。贫困县经济基础薄,学校办学条件差,教育投入资金不足是一大难点;人口大县面临人口增长高峰期,新初中布点不足,适龄学生入学难是又一紧迫的难题。这些问题都有待各级政府、各有关部门同心协力去解决。这里,我结合调研情况,就当前普及九年义务教育应着力抓好的五个方面问题谈一些意见。

关于合理布局问题。为保证"普九"规划的实施,各地在加快初中布点和撤并小学分散教学点、创办寄宿制小学等方面做了大量工作,取得了明显成效,这项工作目前各地仍在加紧进行。但必须清醒地看到,学校的布局具有很强科学性,布局不合理,既影响"普九"的进度,也影响将来教育的进一步健康、协调发展,造成不必要的投资浪费。需要特别引起重视的有两点:(1)要实事求是地预测当地人口的自然增长情况。确定学校布点和规模,所依据的参数只能是当地适龄儿童和青少年需要入学的实际人口数,而不是计划生育本子上的人口数。由于客观实际存在的"黑户口"现象,许多农村地区没有户口的少年儿童数量庞大。对于他们,教育系统既不能,也无法将其拒之于学校门外。这就需要我们既要掌握户口本上的适龄入学人口数,也要摸清"黑户口"的适龄少年儿童数。要逐村、逐乡、逐县地了解当地"全额"入学人数,调查并预测当地小学生入学后五年及100%升入初中的实际人口数。这些,光乡镇长了解还不够,教育局长和有关校长更要心中有数。同时,还要充分考虑到其他的种种因素,比如"小县大城关"、"造福工程"等人口迁移增容状况等,都应当

---

[*] 原载《教育评论》1996年第1期。

成为我们考虑布点的依据之一。确保全额入学是完成"普九"的先决条件,各地应以此为依据逐校规划当地中小学校每个学年、每一年段的学生规模和班级数,在此基础上科学合理地提出当地中小学校整体布局方案,确保学校布点既能满足"普九"需要,又能达到学校规模效益。(2)学校布局应结合乡镇建设发展进行统筹规划。要把我们的初中、小学的学校布点和建设纳入乡镇建设规划中去统筹考虑,尤其应把初中作为乡镇建设中最具规模的项目加以规划,这是值得我们研究的新课题。对于新布点的学校,能建一校的,就不建两所学校,这里有个办学效益问题。过去我们教育部门有个说法,即1—1.2万人口的地方建一所中学,那么1.8万人口的地方怎么办呢?这就值得我们去研究。办两所学校,投入资金增大,财政负担也大;两校两个班子、两套教师队伍;乃至盖两堵围墙、两个操场、建两个厕所等等,显然是浪费资金,没有效益。建两所学校,两校都达不到效益规模和班级数;建一所学校,能满足需要,既达到效益规模,又能集中有限的财力以改善学校教学设施、仪器设备等办学条件,实现标准化,提高教育质量。中学应规划建在乡镇所在地,有些地方一定要建两所学校,也应尽可能建在乡镇。中学建在乡镇所在地,至少有几个好处:其一,节省教育投资,提高办学效益,特别是规模效益。其二,有利于学校建设和管理,教师派出到位率高,开展教学教研交流活动规范,有利于提高教学水平。其三,有利于学生之间交往和对外交流,改变观念,拓展知识面,促进良好素质养成。其四,有利于乡镇的两个文明建设,乡镇有了一所设备完善、教学教育质量较高的中学,其文明度和知名度都将得到提高。只要乡镇切实把学校作为两个文明建设的"窗口"来抓,其促进乡镇发展的作用是不可估量的。

关于教育规划问题。目前,不少学校,特别是农村中小学校规划不尽合理,校园内教学区、活动区、生活区相互混杂,既影响校容,又影响长远的发展。一些学校因为先期规划没做好,而不得不拆除本可以使用的设施,重新进行规划建设,造成了不必要的浪费。对此,各地应有搞好规划的紧迫感和责任感,必须明确整体规划正确方能达成合理布局,规划一步到位,学校建设效益可明显提高。各地要集中精力抓紧教育规划工作,其他建设工作宁可放慢,教育规划工作也要先行。规划搞好了,可以按照规划分期分批建设。一是校园布局规划要一步到位。地县教育部门要根据规划的整体性原则,对辖区内的中小学校进行统筹规划,形成整体的思路,确保校园规划一步到位。在调研中,我们看到有些学校,基建项目没有统筹规划,今天有钱上一个项目,明天有钱再建个什么,弄得学校内部到处是"歪门斜道"。教学用房、学生宿舍及其设施排列和朝向不尽科学,未按规范要求进行合理布局。我们现在进行规划,就要特别在标准化、科学化和规范化上下功夫。校园布局要科学化,教学用房、实验室用房、运动场所要尽可能按设置标准建设；教师住宅应尽可能规划建在校园以外；教学区与生活区应尽可能分离，科学安排，规范合理。二是学校用地规划要一步到位。在搞好校园布局规划的同时，要着眼于长远的发展，高度重视学校用地的规划。规划用地，要以学校发展规模和国家规定的标准化要求为依据。在此基础上，尽可能争取土地，规划好学校用地范围，如一时征地完不成，可分期征，但务必要划定红线。土地是不可再生资源，我们教育部门的同志要以为后人负责，为教育事业长远利益负责的高度责任感来做好这项工作。要特别注意：在规范校园建设时，都要有"留有方寸地，让与子孙学"的观念，不要以牺牲学生最大限度占有活动空间，来换取教师的部分利益（即在校内兴建教师宿舍）；更不要以牺牲学校用地，来满足城市建设的部分需求。在学校周围已确实无法征地的情况下，新上的基建项目也要尽可能地往四周盖，以防止校园用地被蚕食。即使目前一些属于学校的土地仍未投入使用，也不能荒废闲置，要尽快地用起来。可以发动学生义务劳动，平整一些土地，增加学生的活动场所等。学校扩班要尽可能考虑在原有设施的基础上加层，即使新建校舍，也要努力往高层发展、以最大限度地利用空间，节省土地。

关于基建质量问题。学校土建工程质量问题，事关"百年大计"，必须明确规定土建质量的标准要求。不同类别的学校，土建标准应有所不同。作为窗口学校的，要按高标准来建；作为一般学校的，则可按普通标准来建。标准低决不等于质量低，从这个意义上说，无论是窗口学校还是普通学校，质量的要求都是一致的。归纳起来就是要做到：造价不高，设计水平高；档次不高，建筑质量高；占地不多（按规定标准），校园环境美。要确保土建项目至少15年不落后，设计要美观大方、适用，要适合教育的特点，适合学生身心发展的特点，而不是追求豪华。在土建施工中每一项都要确立质量标准要求，而不是应付型的，今年建、明年修，低水平的重复和反复。施工中要抓两个环节，一方面设计、审批手续要完备，施工要有质量监督。另一方面，要按省里基建规定程序办，项目立项、审核、批准、动工、验收规范有序。一旦新的设施建成后，原来的危房必须立即拆除。危房不拆除，造成事故的，当地政府领导要负主要责任，教育部门和学校的领导也要负一定的责任。

关于投入问题。几年来，有关方面对"普九"的经费投入逐年增加，为改善中小学办学条件做出了很大努力，但要满足"普九"的实际需要，经费的缺口仍然很大。据测算，福建省实施"普九"工程，需投入资金50亿元，这样大的缺口，唯有通过多渠道筹措才能解决。首先，各级政府要加大投入。实施"普九"工程，光有省的积极性是不够的，还要调动地、县的积极性。按照中央要求，中央、省、地、县四级政府都要设立"两基"专项资金。目前，中央和省都已设立，但仍有不少地、县没有设立这块专项资金，有的地方对"两基"的专项投入，甚至还少于省的专项补助，这不符合"分级办学、分级管理的体制要求，客观上给"普九"造成很多困难。各地务必要做好宣传工作，使政府在考虑财政切块时，将"普九"的专项资金列为重要的一项，真正使县级政府承担起实施"两基"的主要责任。在各级财政增加投入的基础上，还要采取多种措施，通过各种渠道筹资，还要争取华侨及社会各界人士捐资办学。广东提出"储、借、贷"的思路，福建省也要利用贷款筹措资金，但贷款必须由政府出面，不能要求学校去贷。其次，投资体制的改革要抓紧进行。目前，省对各地的投入基本上是沿袭过去的补助办法，这种补助方式曾经在改善基础教育办学条件等方面发挥了重要的作用，但也有不利的方面，最突出的就是容易滋长地方政府"等、靠、要"的思想。因此，今后要逐步改补助为奖励，即地方政府先增加投入，省再根据各地投入情况进行奖励，地市财政投入得多，省也相应多奖励。各地、市对县，县对乡镇也应当相应进行这一改革，把地方政府的积极性充分调动起来，形成争先为教育增加投入的新局面。在当前资金普遍紧张的情况下，各地要尽可能加大基建投入，在基建项目的安排上，要做到有计划地分步实施。比如，省里的分步实施方案是先国家级贫困县，再省级贫困县，后其他县。各地也有个计划性的问题，要区别轻、重、缓、急，分步实施。在资金的使用上，要确保集中使用，保证重点工程建设所需，要集中财力、物力去解决"普九"工程中最突出的难点，并确保资金投入，提高项目效益。资金投向要讲求"投入产出"效益，切忌把项目摊子铺得太大，面面俱到，反而什么也干不成。要舍得丢掉一些项目，才能有失有得。只能建成一个项目就不要铺成10个项目，否则都完不成。

关于效益问题。投入与效益是紧密联系的，在当前财力有限的情况下，讲究效益，意义尤其重大。要讲究规模效益，没有一定的规模，办学的效益难以提高。在广大农村，目前还有不少的分散教学点，规模很小，效益很低。这几年各地都在做拆并和创办寄宿制学校的工作，但情况复杂，矛盾很多，难以加快步伐。究竟怎样加大力度，方式方法上可以探讨，但无论如何是必须要抓紧的。当然，讲规模不是无限制地扩大，规模超负荷容易造成牺牲应有的教学质量。这有一个需要把握度的问题，这个度就是基本的办学规模要求。各地要以此为原则，并结合当地实际，制定各级各类学校的规模要求。规模严重失调的地方，要调整结构布局，对规模小的适当拆并、规模大的适当增加布点，或重新划分招生区域，从而提高规模效益。在结构布局的调整上要掌握三个原则：一是农民志愿；二是要积极引导；三要以更高的标准去吸引。要讲求速度效益，一旦建设项目确定，就要争时间，抢速度，以超常规的办法组织建设。该集中财力，就必须想尽一切办法去集中资金,确保资金提早到位。此外,项目基建进度加快,可节约资金,避免原料涨价。在基建立项的同时要统筹规划使教学用房、实验室等,要先充分考虑资源共享及设施多功能用途,然后再确定土建项目建多少、怎么建、建成后管理要跟上。许多发达国家都十分重视综合效益,教学设施的使用率极高,他们尚且如此,我们穷国办大教育更要如此。

加快中等师范学校办学条件标准化若干问题的思考*

中等师范学校（下称中师）是培养小学、幼儿园教师的摇篮，加快中师办学条件标准化步伐，对提高教师队伍素质，促进基础教育，特别是九年义务教育的发展，具有重要的现实意义和深远的历史意义。

一、中师办学条件标准化的内涵

中师办学条件标准化，是指中师实现国家规定的培养合格的小学、幼儿园教师所必须具备的办学条件标准的过程。我认为，标准化的内涵应包括硬件和软件两个方面，既有办学所必需的校园面积、校舍建设和教学仪器设备、图书资料等硬件上的要求，又有学校领导班子、教师队伍建设、学校科学管理等软件上的要求，两者互为作用，缺一不可。

要实现中师办学条件标准化，首先是硬件要硬。中师具备办学所必需的校园面积、校舍建设和教学设备等条件，是培养合格小学、幼儿教师的基本前提，也是保质保量完成"普九"任务，巩固"普九"成果的必然要求。从总体上看，近年来各地中师办学的硬件条件普遍得到了改善。但是，由于历史欠账多，基础较薄弱，办学的硬件条件仍不能适应事业发展的需要，无论是生均占有校舍面积，还是先进的教学仪器设备，都还与加快中等师范教育的发展存在差距。必须采取强有力措施，千方百计把硬件促上去，这是前提和基础。

其次是软件不软。我们强调硬件，但丝毫不能轻视软件的作用。无论是教师队伍的整体素质，还是学校管理水平都与中师事业发展息息相关，没有必要的软件保证，硬件再硬，实现办学条件标准化的意义也难以得到充分体现。

---

* 原载《教育评论》1996年第4期。

许多实践证明，有了强有力的领导班子，有了高素质的教师队伍，有了现代化的教育思想、管理手段和管理水平，学校才能够办好，即便办学的硬件条件差一些，也能够通过努力迅速得到改善，增强办学能力，提高教学质量。

因此，在理解中师办学条件标准化的内涵上，切不可将标准化建设仅仅理解为只是硬件的标准化，只要上一些基建项目，添一些设备就能够实现标准化。只有把硬件和软件摆在同等位置，并举并重，才能够真正把中等师范教育办学水平推上一个新阶段。

二、中师办学条件标准化的标准

80年代中期，国家教委相继颁发了《中等师范学校校园规划面积定额》和中师有关学科教学设备配备目录等，在中师标准化建设中发挥了积极作用。近年来，随着现代化教学手段的日益普及，原来制定的一些办学条件标准已不能适应新形势的要求，迫切需要建立一个新的标准体系。我认为，这一新的标准体系，既要参照国家教委制定的标准，又要考虑各地经济、社会的发展水平和教育的实际，充分体现中师办学的特点，使标准化建设的成果在今后若干年内不落后，同时还要充分考虑地方财政承受能力，来确定通过地方和学校的共同努力能够实现的目标。它必须体现三个方面的特征：一是现实的要求，应体现校园布局的合理性和校园文化建设的重要性。二是时代的要求，应体现90年代中师办学的新要求，适当提高生均建筑面积标准，主要是专用教室、礼堂、图书馆和艺术教学等用房。三是软件的要求，应体现对学校领导班子和教师队伍思想道德及业务水平等方面的明确要求。

中师办学条件标准化首先是相对办学规格而言的。从福建省的实际看，目前小学在校生还在增长，现有小学、幼儿园师资队伍中还有不少代课教师，仍在一个长时期内大量需要中师毕业生，中师规模还要在现有的基础上有所增加。从长远的、发展的观点看，提高小学教师中的大专比例是个方向，但近期内，要求增加小学教师中的大专比例，则应主要走在职进修、自学提高的路子。我们在考虑中师办学条件标准化问题时，必须立足于中师的办学规格，而不是中师办大专的规格。"普九"的参照系数是人口，而中师的参照系数是小学幼儿园的办学规模。每所中师的办学规模，各地（市）应根据当地的小学教育、幼儿教育对师资的总体需求进行科学核定。一旦定下来后，就要求在一段时期内相对稳定。此外，还有个学制问题，学制延长或缩短都会给标准化建设人为地制造困难，或造成紧缺的教育资源不应有的浪费。以上因素的变动影响学校规模的变动，不宜朝令夕改，随意扩大或缩小。发展速度也同时，各地（市）

还应充分发挥和调动各县（市）支持师范学校建设的积极性，以县（市）为主管理的师范学校，所在的县（市）政府要承担起学校标准化建设的责任。以地（市）为主管理的师范学校，学校所在的县（市）政府也要关心和支持师范学校的建设，在用地及建设的税费等方面予以优先优惠，给予支持。受益的县（市）政府也要通过一定的渠道支持师范学校建设，并尽力承担部分费用。地、市教育部门特别要把标准化工作纳入自己的工作范围，既要做好各级政府加强师范教育的参谋助手，又要切实负起具体管理的责任。要确定一名领导为中师办学条件标准化建设项目负责人，实行目标管理，做到有规划、有动员、有部署、有检查，逐校抓落实。对标准化建设的进展情况要建立反馈、监督、检查、评估和表彰等制度，确保规划的实施。各中师学校主要负责人要亲自抓项目实施，并指定相应的机构，主动配合教育行政部门把标准化建设工作抓紧抓实。

对中师标准化建设，省里不但不应推卸责任，还要尽可能挤出一些经费，增加对各地（市）的补助和奖励；并切实加强指导、检查、评估、总结、表彰等宏观管理，更好地为各地服务。

三、中师办学条件标准化的责任。

要尽快实现中师办学条件标准化的目标，必须明确责任，调动各方面的积极性，使各责任人按照各自分工，各司其职，各负其责，积极主动地协同工作，共同努力把标准化工作搞好。

从目前福建省中师管理体制看，除少数中师建设的责任在省和县外，地（市）政府担负着中师办学条件标准化建设的主要责任。各地（市）政府应把中师纳入当地经济、社会总体发展规划中去，切实承担起中师建设的规划和投入的责任。同时，各地（市）还应充分发挥和调动各县（市）支持师范学校建设的积极性，以县（市）为主管理的师范学校，所在的县（市）政府要承担起学校标准化建设的责任。以地（市）为主管理的师范学校，学校所在的县（市）政府也要关心和支持师范学校的建设，在用地及建设的税费等方面予以优先优惠，给予支持。受益的县（市）政府也要通过一定的渠道支持师范学校建设，并尽力承担部分费用。地（市）教育部门特别要把标准化工作纳入自己的工作范围，既要做好各级政府加强师范教育的参谋助手，又要切实负起具体管理的责任。要确定一名领导为中师办学条件标准化建设项目负责人，实行目标管理，做到有规划、有动员、有部署、有检查，逐校抓落实。对标准化建设的进展情况要建立反馈、监督、检查、评估和表彰等制度，确保规划的实施。各中师学校主要负责人要亲自抓项目实施，并指定相应的机构，主动配合教育行政部门把标准化建设工作抓紧抓实。

对中师标准化建设，省里不但不应推卸责任，还要尽可能挤出一些经费，增加对各地（市）的补助和奖励；并切实加强指导、检查、评估、总结、表彰等宏观管理，更好地为各地服务。

四、中师办学条件标准化的过程

实现中师办学条件标准化是个循序渐进的过程，在这一过程中，首先要求转变观念。办学条件标准化是中师教育发展的要求，是社会发展的客观要求，尤其是中师学校自身改革和发展要求。因此，应变"要我标准化"为"我要标准化"，变单纯"伸手向上"为"眼向四方、自力更生"；变"一家办师范"为"大家办师范"，齐心协力将标准化工作搞好。

标准化过程，对各地有个总的时限要求。以福建省为例，各地在确定实现标准化的具体时限上可充分体现因地制宜的原则。对大多数学校，应积极扶持，力争使之在1998年前基本实现标准化；对少数条件较差、地市投入困难较大的学校，各地在实行重点扶持的同时，允许其在1998年前基本完成标准化建设的大部分指标的前提下，再经过1—2年的重点建设，延长到2000年实现。这样才能避免走过场，也与当前国家实施"两基"的总体精神相一致。

办学条件标准化的过程，也是多渠道筹措办学资金的过程。近年来，福建各地通过增加财政投入，多渠道筹措资金，普遍加快了中师办学条件标准化步伐。泉州市人民政府决定投入500万元基建费，与华侨捐资1050万元相配套，建设南安师范学校系统工程；永春县人民政府筹措1600多万元，与华侨捐资1000万港元相配套，建设永春师范学校。实践证明，实现标准化，既要有政府的积极性，也要有社会各方面的参与和支持。只要把所有的力量都调动起来，实现标准化的资金是可以解决的。

当前，在保证师范学校投入上，必须充分重视两个方面的工作：一是政府投入要大幅度增加。省级应增加师范教育的投入，增加中师办学条件标准化的专项经费。各地市作为实施标准化建设项目的主要责任方，在财政预算安排时，应将中师标准化的专项资金作为重要一项，大幅度增加投入，以保证满足各中师学校标准化建设的需要，使各地、市政府承担的主要责任真正转化为现实。二是多渠道筹资要迈出更大步伐。要在各级政府增加财政投入的同时，采取多种措施，加大多渠道筹措资金的力度。要继续加大华侨及社会各界捐资办师范的宣传，制订更加优惠政策，吸引海外侨胞和社会力量加大对中师的捐助。同时，要进一步拓宽思路，开辟新的筹资渠道。如利用贷款筹措改善中师办学条件资金，这在当前是可行的，但贷款必须由政府出面，不能也不应由学校去借贷。一些地方开辟的用于教育的地方性税费，也可以划出一定比例，用于中师办学条件标准化建设，通过多种形式、多种渠道，来解决标准化建设的资金需求问题。

五、中师办学条件标准化的实施

中师办学条件标准化建设的实施是一项复杂的系统工程，必须在各地、市政府的统筹协调、学校主管部门的具体组织和各中师学校的密切配合下进行。总的原则是统筹规划、分步实施、分工负责、多方筹资，具体实施中要重视以下环节。

规划要科学。首先，实现期限的规划要可行。学校主管部门要立足当地实际和学校自身的基础，结合国民经济和社会发展"九五"计划和2010年规划，对中师的建设和发展作出切实可行的规划，将各校的规格、规模定下来。先定规模，论证学校究竟要用多少地，应有多少建筑设施，需要多少资金投入，通过什么渠道加以筹措解决，再对所属各中师学校实现标准化的时限进行合理规划，区别不同情况，提出不同要求。既要克服标准过低，敷衍应付的倾向，又要防止要求过高，脱离实际的现象，使学校实现标准化的规划切实可行，通过努力都能达到。其次，校园布局规划要规范。进行校园布局规划，要特别在标准化、科学化和规范化上下功夫，校园内的教学用房、实验室用房、运动场所要尽可能按设置标准建设；除已建在校内的宿舍外，从现在起，教师住宅原则上不应再建在校内，要尽可能规划建在校外；提倡由当地政府统筹规划，建设教职工住宅新村。教学区与生活区要尽可能分离，科学安排，规范合理。

步骤要具体。实施标准化过程，是一个分步实施、分校到位的过程。在这过程中要有分年、分校、分项实施的具体要求和实际步骤。例如，教学用房、仪器设备、图书资料总体上缺多少，分解到各校，每年应增加多少；教师数量缺额多少，分解到各校，每年应补充多少等等，学校的主管部门对此都应有具体的步骤和切实有效的解决办法。只有建立在这一基础上，才能保证在实施标准化进程中做到心中有数，步步扎实。

资金要保证。实现标准化，资金保证是前提。各校主管部门要按照申报的承诺，想方设法保证标准化建设的资金需求，特别要克服"等、靠、要"的思想。省里的中师办学条件标准化资金可逐步改补助为奖励，打破平均主义，改变"撒胡椒面"的办法，即学校主管部门先增加投入，省再根据各地投入情况和完成情况进行奖励。谁先完成，先奖给谁；谁资金先到位的多，就先奖励谁。

六、中师办学条件标准化的效益

在当前中师办学条件标准化建设投入仍然有限的情况下，讲求效益，意义尤其重大。我们要向投入要效益，向管理要效益，向标准化过程的各个环节要效益。

资金普遍紧张，是我们教育工作在相当长时期内会碰到的问题。在安排资金上要有周密的计划性，要区别轻重缓急，分步实施。在资金使用上，要相对集中，保证重点项目所需，以解决各校标准化建设中最突出的难点问题；对确定的重点难点项目，要争时间、抢速度，确保资金及时到位，提高项目的速度效益。在资金投向上，要讲求投入产出效益，切忌把项目摊子铺得太大，面面俱到，反而一事无成。要舍得去掉一些项目，有失才有得。

进行标准化建设，多盖一些房子，多添置一些设备是必要，但如何统筹考虑学校教学、实验用房的资源共享，提高使用率，也是一个非常重要的问题。比如，一周五天有10个单位时间，一个实验室如果这10个单位时间都排满，这样的综合效益就高。如果同样的实验室一定要建多间就会造成有效资源的浪费。有了现代化设施，还要有先进的管理方法，许多发达国家都十分重视综合效益，对教学设施的使用率极高。他们尚且如此，我们穷国办大教育，更应当如此。

坚持依法治教　确保按期"普九"*

记者：近年来，为保证"普九"规划的实施，各地在加快初中布点和撤并小学分散教学点，创办寄宿制小学等方面做了大量工作，成效显著。学校布局具有很强的科学性的，布局不合理，既影响"普九"进度，又影响教育的进一步健康、协调发展，造成不必要的投资浪费。请您谈谈今后学校布局应注意的主要问题。

王豫生：关于学校布局，当前特别要引起重视的有两点。

一是要实事求是地预测当地人口的自然增长情况。确定学校布点和规模，所依据的参数只能是当地适龄儿童和青少年需要入学的实际人口数，而不是计划生育本子上的人口数。有些农村地区没有户口的少年儿童数量庞大，这就需要我们既要掌握户口本上的适龄入学人口数，也要摸清"黑户口"的适龄少年儿童数。要逐村、逐乡、逐县地了解当地"全额"入学人数，调查并预测当地小学生入学后五年及100%升入初中的实际人口数。同时，还要充分考虑到其他的种种因素，比如，"小县大城关"、"造福工程"等人口迁移增容状况等。确保全额入学是完成"普九"的先决条件，各地应以此为依据逐校规划当地中小学校每个学年、每一年段的学生规模和班级数，在此基础上科学合理地提出当地中小学校整体布局方案，确保学校布点既能满足"普九"需要，又能达到学校规模效益。

二是学校布局应结合乡镇建设发展进行统筹规模。把我们的初中、小学的学校布点和建设纳入乡镇建设规划中去统筹考虑，尤其应把初中作为乡镇建设中最具规模的群体加以规划。对于新布点的学校，我建议注意考虑两点意见：第一，能建一校的，就不建两所学校。这里有个办学效益问题。过去我们教育部门有个说法，1~1.2万人口建一所中学，那么1.8万人口的地方怎么办呢？

---

*　原载《福建教育》1996年第5期。

办两所学校，投入资金增大，财政负担也大；两校两个班子、两套教师队伍，显然是浪费资金，没有效益。第二，中学应规划建在乡镇所在地。有些地方一定要建两所学校，也应尽可能建在乡镇。中学建在乡镇所在地，至少有几个好处：其一，节省教育投资，提高办学效益，特别是规模效益。其二，有利于学校建设和管理。其三，有利学生之间交往和对外交流，改变观念，拓展知识面，促进良好素质养成。其四，有利于乡镇的两个文明建设。

记者： 目前，不少学校，特别是农村中小学校规划不尽合理，校园内教学区、活动区、生活区相互混杂，既影响校容，又影响长远发展。一些学校因为先期规划没做好，而不得不拆除一些本可以使用的设施，进行重新规划建设，造成了不必要的浪费。对此，您有哪些看法？

王豫生： 对教育规划问题，应引起高度重视。必须明确整体规划正确，方能达成合理布局。规划一步到位，学校建设效益可明显提高。各地要集中精力抓紧教育规划工作，其他建设工作宁可放慢，教育规划工作也要先行。这里，我强调两点。

一是校园布局规划要一步到位。地县教育部门要根据规划的整体性原则，对辖区内的中小学校进行统筹规划，形成整体的思路，确保校园规划一步到位。我们现在进行规划，就要特别在标准化、科学化和规范化上下功夫。校园布局要科学化，教学用房、实验室用房、运动场所要尽可能按设置标准建设；教师住宅应尽可能规划建在校园以外；教学区与生活区应尽可能分离，科学安排，规范合理。

二是学校用地规划要一步到位。要着眼于长远的发展，高度重视学校用地的规划。规划用地，要以学校发展规模和国家规定的标准化要求为依据，尽可能争取土地，规划好学校用地范围，如一时征地完不成，可分期征，但务必要划定红线。要特别注意：第一，在规范校园建设时，都要有"留有方寸地，让与子孙学"的观念，不要以牺牲学生最大限度占有活动空间，来换取教师的部分利益；更不要以牺牲学校用地，来满足城市建设的部分需求。第二，在学校周围已确实无法征地的情况下，新上的基建项目也要尽可能地往四周盖，以防止校园用地被蚕食。第三，即使目前一些属于学校的土地尚未投入使用，也不能荒废闲置，要尽快地用起来。第四，学校扩班要尽可能考虑在原有设施的基础上加层，即使新建校舍，也要努力往高层发展，以最大限度地利用空间，节省土地。

记者： 学校土建工程质量问题，事关"百年大计"，必须明确规定土建质量的标准要求。听说您对此非常关注，能否谈谈您的见解？

王豫生： 不同类别的学校，土建标准应有所不同，作为窗口学校的，要按高标准来建；作为一般学校的，则可按普通标准来建，但标准低决不等于质量低。无论是窗口学校还是普通学校，质量的要求都是一致的，必须做到：造价不高，设计水平高；档次不高，建筑质量高；占地不多（按规定标准），校园环境美，确保土建项目至少15年不落后。这就要求严把土建质量关，在具体操作时做到：首先设计要美观、大方、适用，要适合教育的特点和学生身心发展的特点，而不是追求豪华。其次，在土建施工中每一项都要确立质量标准要求，而不是应付型的，今年建，明年修、低水平的重复和反复。施工中要抓两个环节，一是设计、审批手续要完备，施工中要有质量监督。二是按省里基建规定程序办，项目立项、审核、批准动工、验收规范有序。一旦新的设施建成后，原来的危房必须立即拆除。危房不拆除，造成事故的，当地政府领导要负主要责任，教育部门和学校领导也要负一定的责任。

记者：几年来，省对"普九"的经费投入逐年增加，为改善中小学办学条件做出了很大努力。但要满足"普九"的实际需要，经费缺口仍然很大。依您的看法，如何才能解决这一问题？

王豫生：据测算，我省实施"普九"工程，需投入资金50亿元，这样大的缺口，唯有通过多渠道筹措才能解决。

首先，各级政府要加大投入。按照中央要求，中央、省、地、县四级政府都要设立"两基"专项资金。目前，中央和省都已设立，但仍有不少地、县没有设立这块专项资金，有的地方对"两基"的专项投入，甚至还少于省的专项补助，这不符合"分级办学，分级管理"的体制要求。请各地做好宣传工作，使政府在考虑明年的财政切块时，将"普九"的专项资金列为重要的一项，真正使县级政府承担起实施"两基"的主要责任。

在各级财政增加投入的基础上，还要采取多种措施，通过各种渠道筹资。要争取华侨及社会各界人士捐资办学。广东提出"储、借、贷"的思路，我们省也要利用贷款筹措资金。但贷款必须政府出面，不能要求学校去贷。贫困县要抓住"贫三项目"的机遇，通过利用"贫三项目"贷款700万元（美元）资金改善中小学的办学条件，调整教育规划，合理布局，改革学校管理体制，提高教育质量，实现"普九"目标。

投资体制的改革要抓紧进行。目前，省对各地的投入基本上是沿袭过去的补助办法。这种补助方式有不利的方面，最突出的就是容易滋长地方政府"等、靠、要"的思想。因此，今后要逐步改补助为奖励，即地方政府先增加投入，省再根据各地投入情况进行奖励。各地、市对县，县对乡、镇也应当相应进行这一改革，把地方政府的积极性充分调动起来。

在当前资金普遍紧张的情况下，各地要尽可能加大基建投入。在基建项目的安排上，要做到有计划地分步实施。比如，省里的分步实施方案是先国家级贫困县，再省级贫困县，后其他县。在资金的使用上，要确保集中使用，保证重点工程建设所需；要集中财力、物力，去解决"普九"工程中最突出的难点。在资金投向原则上要讲求"投入产出"经济效益，切忌把项目摊子铺得太大。要舍得丢掉一些项目，才能有失有得。

记者：投入与效益要紧密联系的。在当前财力有限的情况下，讲究效益，尤其意义重大。目前，关于提高效益应做好哪些工作？

王豫生：首先，要讲究规模效益。没有一定的规模，办学的效益难以提高。在我省的广大农村，目前还有不少的分散教学点，规模很小，效益很低。这几年各地都在做拆并和创办寄宿制学校的工作。怎样加大这一工作力度，方式方法上可以探讨，但无论如何是必须要抓紧的。当然，讲规模，也不是无限制地扩大。这有一个需要把握度的问题，这个度就是国家教委基本的办学规模要求。各地要以此为原则，并结合当地实际，制定各级各类学校的规模要求。规模严重失调的地方，要调整结构布局，对规模小的适当拆并，规模大的适当增加布点，或重新划分招生区域，从而提高规模效益。在结构布局的调整上要掌握三个原则：一是农民自愿；二是要积极引导；三要以更高的标准去吸引。

其次，要讲求速度效益。一旦建设项目确定，就要争时间，抢速度，以超常规的办法组织建设。该集中财力，就必须想方设法集中资金，确保资金提早到位；项目基建进度加快，可节约资金，避免原材料涨价。

第三，要讲求综合效益。基建立项同时要统筹规划使用教学设施，教学用房、实验室等要先充分考虑资源共享、设施多功能用途后，再确定土建项目建多少、怎么建。建成后管理要跟上。有了现代化的设施，还得要有先进的管理方法。

论新时期自学考试的改革与发展 *

我国的自学考试制度,酝酿于 70 年代末,诞生于 80 年代初。从试点到全国推广至今已走过了 16 个年头,16 年来成绩斐然,并得到了很快的发展。如今,随着社会主义市场经济体制的逐步建立和不断发展,自学考试也面临着诸如人的价值观念、就业、生源、专业知识等方面的变化和挑战。如何抓住当前教育发展的大好时机,及时应对好自考工作遇到的新情况新问题,进一步促进自考事业的改革与发展,成为我们面临的一个重要课题。

一、进一步扩大开放是自学考试事业繁荣的前提,将为自学考试改革与发展创造良好的外部环境和条件

开放是目前我国高等教育打破封闭型办学办考模式,使办学办考面向现代化、面向世界、面向未来的一个发展趋势。我国自学考试经过 16 年的发展,已有 2000 多万人投身到这一行列,形成当今全国规模最大的开放式高等教育形式,起到了普通高校和成人高校不可替代的作用。自学考试最显著的特点,也是其最大的优势就是开放,面向全体公民开放,面向社会各界开放,面向一切有志自学成才者开放,被誉为"没有围墙的大学"。从现有的情况看,自学考试的开放性主要体现在报考对象上。报考者可以不受年龄、性别、民族、学历、地域、职业、婚姻、身体条件的限制,凡是有志成才者,皆可自愿参加。这是自学考试区别于其他教育形式,也是优于其他教育形式最显著的特点。参加自学考试的考生,从职业状况看,有干部、工人、农民、解放军指战员、待业青年等各阶层人士;从学历文凭看,有初中文凭,有高中以上文凭(包括中专、大专、本科和研究生);从政治面貌看,有党员、团员、民主党派,也有一般群众;从年龄结构看,有白发苍苍的老人,也有风华正茂的青年和稚气未脱的

---

* 原载《福建自学考试》1997 年第 1 期。

少年；开设的考点从内地到边疆，从沿海到港澳，甚至监狱高墙内也设有考场。它的开放性还体现在不实行学期或学年制，没有入学考试的"门坎"，学习方式自由灵活。

当前，自学考试在扩大开放方面有许多工作要做。首先，必须扩大服务面，使自学考试面向 21 世纪，向世界敞开胸怀。在制定政策时要从大教育的框架出发，立足于未来。要努力拓展对港澳台地区的自学考试业务，扩大自学考试在境外开考的范围，积极探索同国外学校教育或考试机构合作开展职业资格考试和学位证书课程考试的可行办法，主动与世界大教育接轨。

其次，自学考试要扩大自身功能。比如，在社会助学领域实行"多条腿"走路的方针，在坚持"办考与办学分离、教学与考试分离、命题与辅导分离"的原则基础上，鼓励多种力量办学。高等院校、民办高校可以办学，企业部门、私营企业家可以办学，甚至港澳台同胞、海外侨胞也可以捐资办学，形成一股全社会重视自考、关心自考、支持自考的良好风气，形成公办与民办争奇斗妍的局面。

通过开放，自学考试可以为广大没有机会上大学的有志之士提供接受高等教育的机会，解决我国普通高校办学力量不足与社会要求迫切的矛盾；通过开放，自学考试可以极大地调动广大干部群众自学成才的积极性；通过开放，自学考试可以为广大干部群众提供接受继续教育、终生教育的机会。更明确地讲，自学考试的开放真正体现了"平等自由竞争"的精神，给所有具备实力的考生创造机会，让大家处在同一条起跑线上。开放同时也激活了自学考试这一从传统教育脱胎而来的教育机制，使其具有强大的生命力。所以，在新形势下，自学考试仍然要走开放的道路，并且还要继续扩大开放度，增强适应性。

二、在自学考试与其他教育形式之间加强沟通，建立起广泛的横向联系，为自学考试的改革与发展提供有益的借鉴

当前，我国高等教育存在着互不往来、自我封闭的误区，造成了专业设置重复、教育投入浪费、教育效益不高的现象。要走出这种误区，各类教育形式之间需要互相沟通，尤其是自学考试应率先打破条条块块的限制，加强与其他教育形式的横向联系，促进各种教育形式之间的沟通，优势互补、协调发展，以提高教育的整体效益。需要沟通的另一个理由是，社会上要求学习的人愈来愈多，广大学员因各人所处的年龄段和社会环境、工作环境的不同而采取不同的学习方式。尤其是如今人们对学习的认识已发生了质的变化，不再把学习看成仅仅是在学校里一次性完成的事，而是当作贯穿人一生的活动，继续教育和终生教育的观念正被越来越多的人所接受。对于成千上万不同类别和选择不同

学习方式的学员而言，需要一种共通的教育联合体来容纳他们，满足他们各自的需求。因此，各类教育形式的沟通已是大势所趋。

沟通应该全方位、多层次地进行。首先，自学考试要积极开展与电大、函大、夜大、业大、职大等成人教育形式的合作，特别是与电大、函大加强沟通。1995年，国家教委在全国进行了"电大注册视听生"的试点工作，具有高中毕业程度的考生无须经过入学考试，就可以在电大注册学习。福建省也承担了"电大注册视听生"的全国统考工作任务。该试点由电大负责招生、教学、自考系统负责考试，既发挥了远距离教学媒体的优势，又充分利用了自考权威性、公正性和客观性的特点，这是一个很好的沟通试验。我们要不断总结经验，使之日臻完善。其次，自学考试要积极开展与普通高校的沟通。可以说，自学考试从诞生之日起就与普通高校有着千丝万缕的联系，它充分挖掘和利用了普通高校的教育资源。比如自学考试在命题、大纲教材的编写乃至辅导、实践性环节考核等领域与普通高校已形成沟通之势，关键是在新形势下如何继续寻找自学考试与普通高校新的切入点和结合点来丰富沟通的内涵。

自学考试与成人教育、普通高等教育的沟通必须在统一标准和规格，统一专业培养目标的前提下，逐步做到统一计划、大纲、教材，进而统一考试标准。做到教学相互可衔接，学分相互认可。

沟通需要一个过程，不能一蹴而就，应在实践中不断探索，逐步实现。目前，不妨对一些条件比较成熟的领域先行试点。比如，对现有的成人高等教育中同一专业范围的学员，在不改变学籍（考籍）的前提下，允许他们根据各自的工作条件，转换适合自己情况的学习方式，所得成绩或学分可相互认同，进而逐步过渡到同一专业、同一层次相同的课程考试成绩也互相承认、顶替。可考虑将自学考试的免考对象扩大到各类学员或者实行转专业处理；可考虑允许"五大"生在原学专业的基础上，直接参加该专业自学考试本科段考试，取消要加试若干课程的限制；对普通高校专科生报考自学考试第二学历或本专业本科段的学员报考条件也可重新确定，等等。当然，沟通并非代替，而是充分利用和借助相互的一些教育资源和管理手段，发挥好教育的综合效益。

三、充分发挥以国家考试为导向的开放教育形式的功能和作用，促进教育与经济的协调发展，使自学考试改革与发展有所突破、有所深化、有所建树

1.要以发展学历考试为主，促进广泛的个人自学和社会助学活动，培养和选拔大量社会急需的各类专业人才

除继续努力搞好中专、大专、本科各层次的学历考试外，参照国家最近出台的有关在职人员申报硕士研究生学位的规定精神，可以积极慎重地筹备、

增开自学考试的研究生层次的学历考试。这不仅是必要的，而且是可能的。

2. 有计划地开展非学历考试

当前，可积极创造条件开展各种等级与水平考试，为社会提供各种服务，逐步建立功能齐全、服务广泛的考试体系。认真做好正在全国实施的计算机四个级别的等级考试和外语水平考试，并在总结经验的基础上大力发展财会、律师、公务员等学科领域的等级与水平考试。

3. 建立严格的劳动技能考核制度，举行以岗位职务培训为主的专业证书、职业资格证书考试

自学考试要配合社会产业结构和就业制度的调整，通过实行各种证书制，协助教育行政部门和各行业系统做好择岗、上岗、转岗培训和各层次的职业技术教育考试，但要掌握好考试标准，对考试的方法和内容可适当做些调整，减少普通科目，适当加深专业知识成分。这样既满足了社会和经济发展的需要，提高了在职干部职工的文化素质，也为自学考试的改革与发展开辟广阔的前景。

4. 对成人高校实行指导监督和举行评估、抽查、验收、认定学历等考试

国务院国发（1983）78号文件规定，自学考试的任务包括"对已经批准和教育部同意备案、审定的成人高等学校的考试工作，根据需要进行必要的指导和监督，组织未经教育部门同意备案和审定的成人高等学校统一考试"。前者主要是为了确保成人高等学校的教育质量而进行的评估考试，后者属于认定学历的抽查考试。无疑，这两种考试同样会促进自学考试教育功能的更好发挥。

5. 与民办高校衔接，以自学考试为导向，促进民办教育的发展

现在许多民办学校不能发国家承认的文凭，但是可以通过自学考试取得这种文凭。自学考试如能与各级各类的民办学校相衔接，既发挥了国家考试的导向作用，又发挥了自学考试的教育功能，提高了办学、办考效益。

6. 努力实现与国际大教育接轨

这是自学考试面向未来，走向世界，为培养跨世纪人才服务的战略性选择。从福建看，可积极加强与境外合作，承办好国际注册会计师考试、MBI考试等。注意吸收并借鉴国外先进的考试制度和教育管理手段，发展本国的高等教育。

7. 遵循产业发展规律，建立自学考试发展新机制

可让助学先行，在教考分离的前提下逐步放开，提高自学考试的社会效益和经济效益。由于考生的广泛性和分散特点，造成集中面授的难度，所以要由政府出面牵头规划，按照国家规定，鼓励社会多种力量办学，根据受教育者的可能收益和教育成本来测算和确定其缴费的多寡。助学单位可以根据社会上

人才的供求情况，来理顺办学中的投入与产出的关系。

四、对自学考试制度本身进行认真的考察和分析，纠偏补缺，促使自学考试改革与发展趋于成熟

实践证明，自学考试制度是发展中国家办大教育的一种有效形式，党和国家决定建立这项制度是正确的决策。但是，由于自学考试制度是新生事物，建立的时间不长，受到主客观多种因素的限制，在许多方面还存在着不尽人意之处，需要进一步予以完善。

1. 加强自学考试的宏观计划管理

自学考试不是权宜之计，而是要长期坚持办下去的事业。自学考试的规模很大，需要加强开考专业、人才培养规格和层次的管理，以及考生规模的管理和统计、预测工作的管理。自学考试制度要完善，必须克服盲目性，从盲目走向计划。应把自学考试这种新的教育形式纳入国家培养专门人才的总体规划，将自学考试作为一个系统或整体，在全国范围内统筹协调，使这一系统得以优化，取得最佳的总体效益。

2. 从单一规格走向多种规格

自学考试要完善，就要从实际出发，开考多种专业，实行多种规格，满足多种需要。自学考试应有广泛的适应性和灵活性，一方面应满足许多应考者需要达到学历规格的要求，另一方面要能满足更多的应考者按照行业和岗位需要选考若干门有关课程的要求。为此，应实行多种证书制度，高层次人才与中低层人才培养并举。

3. 从人治走向法治

自学考试要完善，首先要法制化。由于自学考试没有真正立法，一些地方人治干扰较严重。必须尽快在国务院发布的《高等教育自学考试暂行条例》的基础上，制订出一部适合我国国情的考试法，用法律形式将自学考试制度固定下来，它将是《宪法》中"鼓励自学成才"的具体化。"考试法"应对自学考试的性质、地位、作用、职能、管理机构、考试办法、考试纪律、奖励与处罚，以及与其他各类国家考试的关系做出明确的规定，使自学考试做到有法可依，有章可循。

4. 加强自学考试的质量管理，强化自学考试的教育功能

为了进一步完善自学考试的质量保障体系，要下功夫抓好命题质量；要切实抓好考风考纪；要改革和完善自学考试各个环节的工作；要进一步健全和

充实助学机构，加强自学考试工作队伍建设，不断提高业务素质和管理水平，增强办考能力。为了强化自学考试的教育功能，提高自学考试的教育质量，还要大力加强对社会助学的指导与管理，进一步完善指导和管理的制度，积极促进社会助学的健康发展。

成人中专教育的改革与发展论略*

成人中专教育是伴随着我国经济体制改革和教育体制改革而产生、发展起来的一种充满生机和活力的教育形式。尤其是近年来，由于改革开放进程的不断加快和市场经济体制的确立，成人中专进一步呈现出持续发展的好势头，其办学模式的多样性和办学方法的灵活性，日益为社会所瞩目。褒者有之，贬者有之，不知其就里而欲探究者亦有之。故此，对成人中专的改革与发展进行一些理性的思考，以期达成共识。

成人中专的产生与发展适应了经济发展和社会进步的需要，主要体现在以下几个方面：（1）改革开放以来，随着经济体制和教育体制的改革，生产力的解放和发展，整个产业结构调整速度的加快，第三产业的兴起，以及农村加速了向城市化发展的进程，各行各业急需大量的初、中级人才，广大劳动者补充、更新知识来适应生产发展对他们的要求。基于这种时代发展变化的大背景，与经济发展和社会进步水平相适应，以培养初、中级人才为己任，而且主要担负职后教育的成人中等专业技术教育随之应运而生并迅速发展。（2）传统的职前教育使劳动者掌握一定的文化知识和技能，但是生产发展对科学文化的需要不会停止在一个水平上，劳动者对科学文化的需要，也不会停止在一个水准上。随着经济的发展，劳动就业制度的改革，劳动者择业自主性的增强，也需要通过再就业前的技术培训来帮助其实现择岗的需要。所以，仅靠职前教育是不能满足社会需要的，要适应生产发展和劳动者的需求，还必须不断地开展相应层次的职后教育。（3）随着九年义务教育的普及，初中毕业生除一部分继续升学外，大部分将在社会就业，不掌握一技之长，就很难成为合格的劳动者，也难更好地参加社会竞争。在这种情况下，发展成人中专，就能够为他们提供就业前培训，并为职业技术教育创造有利的条件，让他们通过短期的培训和继续教育，

---

* 原载《教育评论》1997年第2期。

掌握一技之长，成为合格劳动者或者初级专门技术人才。（4）发展中等职业技术教育是培养和造就数以亿计的工业、农业、商业等各行各业有文化、懂技术、业务熟练的劳动者的主要途径，也是实现经济建设转到依靠科技进步和提高劳动者素质的轨道上来的一项不可缺少的有效措施。成人中等专业技术教育利用现有的办学条件，积极承担部分学生初中毕业后继续求学的任务，对具有初中毕业或相当于初中毕业文化程度的学生实施专业或专门技术教育，使之成为各类中级专业人员或技术人员及其他劳动者，这有助于九年义务教育后学生在高中阶段教育的发展，也是改革中等教育结构的一项重要举措。

成人中等专业教育经过十余年的努力，取得较大的发展，已形成一定的规模，并继续呈现良好的发展态势。同时，办学形式呈多样化，远距离教育（广播电视和函授）已覆盖了所有县（市、区）；私立学校、社会力量和部门办学也正在健康发展。以福建省为例，12年来全省成人中专累计已开设了160个专业，共培养近10万名毕业生，为福建省经济建设和社会发展做出了不可低估的贡献。

从总体上说，成人中专已经奠定了比较坚实的基础，但是，要进一步发展成人中专，目前也存在不少的问题，主要表现在四个方面：

一是对成人中等技术教育的认识还不到位。从教育外部看，有些人和社会上某些单位对成人教育的作用和地位认识还不一致，较普遍地存在着轻视成人教育的观念，将成人教育摆在可有可无的位置。从教育内部看，一些人尚未树立起大教育的观念，仍然将之看作是某种需要和点缀。这些模糊的观念严重阻碍了成人中等技术教育的发展。近两年来，社会上出现了盲目追求高学历文凭的现象，致使办学混乱，在很大程度上影响了成人中专的生源，给成人中专的发展造成一定的影响。

二是与其他教育种类相比较，成人中专大多数仍处于起步或初期的发展阶段。由于基础薄弱再加上经费投入不足，许多学校办学条件（校舍、师资、实验基地等）尚需进一步改善，甚至有一部分学校尚无独立的校舍，导致学校难以发展，规模偏小。

三是由于社会认识上的偏颇和招生工作中的一些复杂因素。成人中专生源起点普遍较低，有的学校特别是面向农村的成人中专以及农业类的专业生源不足，招生任务难以完成。

四是学校管理需要进一步加强。近几年，行业、公民个人创办的成人中专占有一定的比例，这些学校缺乏办学经验，管理比较薄弱，甚至少数办学者指导思想不明确，若不及时加强管理，就会直接影响教学质量，从而影响成人中专的声誉，也影响成人中专的发展。

社会主义市场经济体制的建立，为教育的改革和发展提供了机遇和动力。同时也要求加快教育改革步伐，使教育与经济更加紧密地结合起来，建立起具有我国特色的社会主义教育体制。为此，今后一段时期，成人中等教育仍然必须面向经济建设和社会发展的需要，深化改革，加速培养适应社会主义市场经济体制需要的中等专门技术人才，努力提高成人中专教育的办学质量和效益，建立起规模适度、布局合理、结构优化、具有地方特色的开放型的成人中专教育体制，努力实现教育与经济的协调发展。

坚持走以政府、行业办学为主体的办学路子。政府、行业办学始终应是成人中专办学的主体，一要办好县级成人中专，并发挥政府规划、统筹作用引导成人中专参与农科教结合，实行三教统筹，发挥县成人中专学校的龙头作用，推动乡、村成教办学网络的形成。福建省每年初中、高中的毕业生约有30万人（随着普及的进展还将更多）进入社会，成为各条战线生产劳动的后备力量，这就要求成人中专学校应发挥自己优势，利用师资、设备、场地等办学条件，对他们进行职业技术教育，既可提高劳动者素质，又能解决成人中专的生源问题。同时，还可以加强与农业、科技部门的协作，依托现有办学条件较好的乡（镇）文技校，逐步形成一个以县（区）成人中专为龙头的办学网络，积极为农业生产、乡镇企业的发展和农村剩余劳动力的转向服务。二是有关部门、行业应把成人中专纳入整个事业发展的计划中，将提高从业人员本岗位需要的工作能力和生产技能，以及提高职工的素质作为成人中专教育的重点。同时，应发挥所属学校办学条件好，师资雄厚等优势，面向社会，参与竞争，开展联合办学，扩大服务的范围，为成人中专发展服务。

完善各方面参与办学的新体制。社会主义市场经济体制的建立，必然要求办学体制实现多元化，建立以政府、社会各界、企业、公民个人共同参与办学的新体制。成人中专适应社会发展和经济建设的需要，改变了政府包揽、教育部门包办的格局，形成在政府的管理下，主要依靠行业、企事业单位、社会团体以及公民个人举办的局面，走出一条多渠道、多形式、多层次办成人教育的路子，今后应继续坚持两条腿走路的方针，鼓励民办学校发展，并逐步形成政府、行业（企事业）、公民个人几方面办学的合理协调发展的体制。可凭借办学者的知识和教育经验，借窝生蛋。即短期内靠租、借校舍创办，采取以生养校和其他多种办学形式发展，最后筑窝生蛋。也可由企业家办学，或由企业投资建校，以企业运作形式办学，为企业发展服务。即依靠办企业或培训积累一定的资金，建校舍，聘教师和管理人员，初具规模后再招生，培养出来的学生成为企业发展的人才，为企业的发展提供直接有效的服务。同时，要完善分级办学分级管理的体制。可实行省和辖区双重管理，省、地（市）教育行政部门和业务主管部门主要运用立法、规划、督导检查、信息服务和政策指导等手段进行宏观管理，给学校更多办学的自主权，使学校管理达到规范、科学、有效。

建立同社会主义市场体制相适应的学校办学管理体制。必须进一步深化成人中专改革，加强学校的管理，不断改革学校的办学条件，增强学校办学的活力与动力，推动成人中专整体上档次，上水平。一要抓好常规教育教学管理，保证学校全面贯彻教育方针，全面提高教育质量。在注重事业发展和深化体制改革的同时，也要注重抓好教学、教研的改革和管理。要建立健全学校教育、教学的各项规章制度，使学校管理尽快实现规范化、科学化，使学校教学、教研工作形成制度化。二要推行"产教结合"，主动参与经济建设，培养多规格人才。学校应按教育必须为社会主义现代化建设服务，必须与生产劳动相结合的方针，在办好学历教育的基础上，积极挖掘潜力，发挥本身的优势，大力举办岗位培训、实用技术培训及各种短期业务技术培训，开展信息咨询，并且要兴办经济实体，努力使教学、科技推广、咨询、经营服务紧密相结合，增强自我发展的活力，促进科技成果向现实生产力的转化。三要强化质量意识，加强教学全过程管理。成人中专毕业生的质量是关系到成人中专教育改革和发展成败存亡的大问题，必须在办学的全过程中，不断地强化全体管理人员、教学人员以及全体学员的质量意识。四要加强师资队伍建设，提高学校教育教学的总体水平。有条件的成人中专学校要实行校长负责制、教师聘任制，打破铁饭碗。聘请专职教师要严格按照教师任职资格条例的要求。对兼职教师要坚持理论水平、教学能力、实践经验并重，尤其是专业课教师一定要聘请具有本专业中级职称以上的实践经验丰富的人员担任。同时，对现任教师通过培训进修不断提高他们的教学水平。五要强化教育督导手段，完善督导机制，形成合理的监督评估体系。地（市）教委要把检查评估成人中等专业教育质量作为一项经常性的工作，把一次性集中评估变成经常性的检查和督导，形成制度。省一级教育行政部门要进一步完善评估指标体系，适当增加指标量化项目，提高指标的可操作性。各校要把学校的年度计划和工作总结与评估指标有机结合起来，提高各校工作成效的可比性。对领导不够重视，办学指导思想不端正，办学方向不明确，办学条件简陋，办学质量低、效益差的学校，及时进行调整或撤并；对办学各方面条件好，教学质量高，社会效益明显的学校要给予奖励，以此保证成人中等专业教育事业的健康发展。

《社会主义市场经济与成人高等教育》序 *

　　成人高等教育是社会发展和教育改革的产物，是现代教育的一个重要标志，也是促进社会经济发展和科学技术进步的重要力量之一。它担负着对高中后从业和非从业人员进行多种教育、培训和培养各类专门人才的重要任务，在提高劳动者素质、促进社会主义物质文明和精神文明建设、开发人力资源方面起着积极的作用。改革开放以来，福建成人高等教育蓬勃发展，在规模、结构、质量、效益上取得明显的进展，已为社会输送本专科毕业生8万多人，相当于同期普通高校毕业生的46%。成人高教已经成为适应社会主义市场经济建设需要、培养高级专门人才的重要渠道，是我省高等教育事业的重要组成部分。

　　社会主义市场经济体制的建立和现代化的实现，最终取决于国民素质的提高和人才的培养，因此，必须把教育摆在优先发展的战略地位。这正在逐渐成为全党、全国上下的共识。去年召开的全国教育工作会议和之后召开的全省教育工作会议，进一步突出了这一指导思想。省委、省政府针对我省教育发展总体上相对滞后于经济发展的实际，提出了全面贯彻实施《中国教育改革和发展纲要》、建设教育强省的战略目标和措施，这对于我省教育来说，既是个大好的发展机遇，也是个严峻的挑战。包括成人高等教育在内的各级各类教育，都面临着这个跨越世纪的课题。

　　迎接挑战，建立与社会主义市场经济体制相适应的成人高教新体系，这是在新的历史时期里加快成人高教改革和发展的核心问题。社会主义市场经济体制的逐步建立对成人教育的影响是必然的，也是全方位的。随着我国社会主义市场经济体制和政治、科技体制改革的深化，社会生活的日益丰富多样，人们接受高等教育愿望的提升，成人高教深化改革、加快发展的迫切性日益突出。这里必须强调的是，改革是成人高教发展的根本出路和动力，必须大力开展

---

* 选自《社会主义市场经济与成人高等教育》，厦门大学出版社1995年出版。

成人高等教育体制、教育结构、教育思想、教育目标、教学内容和方法等方面的改革，使人才培养不仅在数量和结构，而且在素质和层次上满足经济和社会发展需要，真正做到结构、规模、质量和效益的协调发展。此外，还要积极探索成人高教如何走出一条自主发展、自我约束、以内涵发展为主的办学路子，开创社会力量创办和参与办好成人高教的新局面。处于改革开放前沿的福建，应当在深化成人高等教育改革，加快成人高教发展，探索与改革开放大局相适应的成人高教发展新路子方面，作出更多大胆、有益的尝试。

教育改革需要卓越的胆识和勇气，更需要以科学的理论为指导，需要实事求是的科学精神。在市场经济大潮涌动、改革开放日新月异的背景下，成人高教发展中的一系列理论与实践问题，已摆在我们成人高教工作者的面前。我们期待着从成人高教的内部和外部的方方面面，揭示新时期成人高教改革发展的规律，为理顺关系、科学决策、宏观调控提供咨询和指导，为构架 21 世纪我省成人高教发展的基本框架提供依据。这本《社会主义市场经济与成人高等教育》的出版，是我省成人高等教育工作者积极探索、认真思考的初步成果，反映了我省成人高教发展的基本状况和作者对成人高教发展的基本认识。愿这本文集的出版，能为我省成人高等教育的改革与发展，发挥积极的作用。我愿藉此文集出版之际，希望全省成人高教界的同志们重视和加强研究并以这本文集的出版为新的起点，在改革的实践中不断地发现问题、研究问题，为推动我省成人高教事业发展更上新台阶作出新的贡献。

文技校应当成为农村社会主义
精神文明建设的重要阵地 *

农业是国民经济长期稳定发展的基础,农业、农村、农民问题始终是关系到全局性的根本问题。而农民教育问题是基本核心问题。党的十四届六中全会通过的《中共中央关于加强社会主义精神文明建设若干重要问题的决议》,明确提出了今后15年我国精神文明建设的指导思想和奋斗目标。实现这一目标,约占全国人口80%的农民和广大农村起着决定性的作用。

近年来,我省农村精神文明建设紧紧围绕经济发展和奔小康目标,贴近群众,加强教育,突出特色,重在建设,呈现出了积极向上的发展态势,有力地促进了农村经济和社会事业的发展。但同时也存在着一些消极落后的现象。如:一些地方封建迷信、封建宗族活动严重,修庙建庙、迎神打醮之风蔓延,比富斗富、豪饮狂赌之风滋长;一些农民价值取向、价值评价标准产生错位,道德认识、道德行为出现混乱等。产生这些现象,除集体经济薄弱,队伍素质不高、政策力度不强,工作方法陈旧等方面的原因外,根本的一条就是缺乏对农民正确有效的教育和引导,缺乏坚强巩固的农民教育阵地。

乡村农民文化技术学校是农村经济体制改革和教育体制改革中应运而生的新型农民学校。融农民政治教育、文化教育、技术教育三大教育功能于一体,决定了农民文化技术学校在提高农民思想道德素质和科学文化素质方面极其重要的地位和作用,应当在加强农村社会主义精神文明建设中有更大的作为。结合当前农村工作和文技校建设的实际,笔者认为,要真正发挥农民文技校的重要作用,必须切实抓好三个方面的工作。

---

* 原载《福建成人教育》1997年第8期。

一、必须切实把文技校建设纳入乡村社会主义精神文明建设的规划之中

乡村农民文技校直接面向广大农民开展思想教育、文化教育和技术教育，广泛地作用于农村经济和社会的诸多领域，是植根于乡村，多形式、多功能、全方位传播现代文明、培养合格劳动者的直接有效的教育基地。建设好农民文化技术学校，不仅关系到农村经济和社会发展，关系到农村脱贫致富奔小康目标的实现，而且关系到农村精神文明建设能否上档次、上水平、出成效。乡镇政府要从这一高度上，增强对文技校重要地位和作用的认识，切实把文技校的建设和发展纳入当地精神文明建设规划，作出统筹安排。乡村主要领导要紧紧抓住这一农民教育的阵地，把学校的发展作为分内事，强化对文技校的领导责任，下大决心、花大力气把文技校办出水平和特色，使其充分发挥农民教育的各项功能，为农村的精神文明建设和农业发展、农村经济振兴、农民脱贫致高奔小康服务。

二、必须充分发挥文技校在农村精神文明建设中的教育功能

农民文技校作为农民教育最直接的办学形式，应当进一步在贴近农民群众，为农民提高思想、文化、技术素质提供更加有效的服务。在加快文技校建设和发展的进程中，要特别注重强化文技校的三个基本教育功能：

一是强化文技校的思想教育功能。文技校是农民学政治的阵地，应及时向农民宣传时事，宣传党和政府的重大方针、政策和国家的法律、法规，让广大农民了解党和政府关于农村工作的各项任务，理解政府治国、治民的方针，引导广大农民坚定走建设有中国特色社会主义道路的信念，提高农民的思想觉悟。要采取多种形式对农民进行法制教育、思想道德教育、移风易俗教育、人口教育，开展丰富多彩的社会文化生活，宣传、倡导健康文明的生活方式和高尚的道德情操，提高农民的法制观念和思想道德水平。

二是强化文技校的文化教育功能。文技校是农民学文化的阵地，应大力开展扫除文盲和扫盲后继续教育，帮助农民掌握文化，具有读书、看报、写信、记账等文化基础，提高广大农民的文化素质。

三是强化文技校的技术教育功能。文技校是农民学技术的阵地，应当立足当地实际，大力举办各种农村实用技术培训班，及时将适用的科学技术和先进的科技成果送到农户和农民手中，使他们掌握开发农业资源、发展农业生产的技术，帮助他们走上脱贫致富的道路。要注重把教学、教研、实践活动，推广

新技术和优良品种等服务融为一体，建立校办厂（场）或生产实验实习基地，为农村人才培养、生产示范、科技试验与推广等提供应有的服务。

三、必须注重文技校与农村精神文明建设各个方面的结合

　　文技校是农村成人教育的主体部分，也是农村教育与农业经济建设、精神文明建设联系最直接的基地之一。在教育外部，是实行农业、科技、教育结合的前沿阵地；在教育内部，是乡村一级基础教育、职业教育、成人教育实施三教统筹和沟通不可缺少的部分。因此，乡镇农民文技校要积极、主动地发挥自身特色，加强与内外部的结合。

　　一是要注重三教统筹。注重同农村小学、职业初中、普通初中的沟通、衔接，努力在办学条件、教学设施、师资等方面优势互补，实现合理配置教育资源，发挥整体优势，提高综合效益。现阶段要积极承担初中后"3+1"或"3+X"的教学培训任务，开办业余初中，招收未受九年义务教育的少年；有条件的乡村文技校可适当举办职高班、成人中专班，为实现"普九"，加快职业教育的发展，培养农村紧缺的初、中级实用技术人才服务。

　　二是要注重农科教结合。积极参与经济建设主战场，做好传播新知识，推广新技术，培养新人才，建设新农村的工作，参与"绿色证书工程"培训和其他有关资格证书培训，配合实施"星火计划"、"丰收计划"和"燎原计划"，以项目为结合点，使农科教结合落到实处。

　　三是注重与各职能部门在农村的各项工作结合。农村文化阵地薄弱，农民文化生活贫乏，是当前农村精神文明建设中亟待解决的问题。文技校要主动利用现有的教育阵地，切实同农业、科技、文化、体育、计生、共青团、妇联等部门在农村开展的各项活动结合起来，融为一体。如妇联的"双学双比"、"巾帼建功"，共青团的"青年科技示范带头人"培训等，文技校都要发挥自身优势，主动参与配合，集各方力量，协同开展丰富多彩的社会文化生活教育，牢固占领农村思想教育和文化阵地。

　　总之，随着社会主义市场经济体制的逐步建立和"两个文明"建设的深入开展，农民文化技术学校日益显示出它的重要作用。各级党委政府应把办好农民文化技术学校作为建设农村社会主义精神文明的重要举措，以实施科教兴农战略、实现两个根本性转变的实际行动，高度重视，抓好落实，使之真正成为农村社会主义精神文明建设的重要阵地。

《外国名人爱国故事丛书》序 *

爱国主义，是人们千百年来巩固起来的对自己祖国的一种最深厚的感情。它主要表现在人们对祖国的大好河山、文化、人民以及历史和优良传统的热爱，反对国家分裂，维护民族团结和国家统一，以及在祖国受到外敌侵略时所表现出来的团结对敌、共赴国难的精神，它深深地植根于自己的民族，自己的祖国。这是最普遍的、最基本的，也是最易于让人理解接受的爱国主义理论。

爱国主义思想还应发展为面向全人类的文明进步的情感内容，这是对普遍的、基本的爱国主义感情的一种提高与升华，它不是狭隘的民族主义和民族利己主义。这就要求我们要站在对自己祖国最深厚的感情的基础上，去为人类的进步而努力，去了望人类文明的曙光。

真正的爱国主义精神应该是从人民、从国家、从人类的利益出发，去完成一次又一次的高尚情操的体验，从而使自己热爱祖国的崇高感情得到发展，使人类的文明在一个更高的起点上向前推进一步。

在世界历史长河中，各国都涌现出一批心怀祖国，热爱人民，为祖国的生存和发展而英勇献身的爱国英雄。尤其是那些受压迫、受侮辱的民族，为了民族解放和人民的自由，爱国英雄更是层出不穷。同样，在人类走向文明的历史进程中，又有许许多多甘受寂寞折磨、贫穷困扰的仁人志士，为了使人类摆脱愚昧、落后的局面，呕心沥血，奋力拼搏。他们深深地爱着祖国，也深深地爱着整个世界、整个人类。

爱国，这是一个谁也不能妄自非议和菲薄的主题。无论什么时候，无论什么民族，人们总不忘记告诫子辈们要培养和珍惜那一份叶对根的深情。在自己祖国的边界狼烟四起时，爱国主义所集中体现出来的是民族自尊心和自信心，为祖国独立富强而战，英勇献身的精神，因此，人们的爱国情怀就快速地淋漓尽致地挥写在历史的长卷中，让世人，也让后代一眼就辨识出谁是民族的

---

* 选自《外国名人爱国故事丛书》，福建教育出版社1997年出版。

英烈，谁是家园的保护者。可以说，弥漫的硝烟里，刀光剑影中，爱国者比较容易以其伟岸的身躯和不屈的灵魂来昭示自己的赤胆与忠心。可是，当侵略者的旗帜不再招摇，掠夺者的铁蹄不再践踏故土庄园的时候，我们能把"爱国"这两个字抛之脑后吗？不能。和平的日子才是锤炼赤子之心的大好时机。于是，人类的历史上便有了一批又一批默默在自己岗位上为人类奉献一切的爱国者，从童话大王安徒生到科学巨人阿基米德，从卓别林到泰戈尔，他们为了人类的文明与进步，毫不保留地投入自己的满腔热忱，无怨无悔地奉献，他们是爱人类者，也是真真诚诚的爱国者。

爱国者，没有出身贵贱之分，当法国的女英雄贞德以一个平民女子的身份为了祖国的尊严，不施粉黛而驰骋沙场时，她的灵魂属于法兰西，也属于全人类；当林肯以一个美国总统的名义指挥着他的千军万马捍卫国家疆土完整的时候，他的精神代表着每一个美利坚合众国公民同时也代表着普天下大众的意愿。他们都无上光荣！

忧国忧民是一种美德，也是爱国情感的一个重要组成部分。爱之愈深，忧之愈切，内心情感的博大往往在得到外化时，可以感天地，泣鬼神；可以使花溅泪，鸟惊心。因此，当我们读到马克·吐温笔下犀利、尖锐的语言时，不能不感到他那颗无私的、赤诚的心，对民族、家园、人类的深深眷恋。因此，不管是贝多芬含泪的旋律，还是凡·高七彩的画笔，我们都可以从那强烈的情感中，看到游子报母般的三春晖。

前辈们爱国，我们也爱国，我们的下一代更应爱国。为了使人们更多地了解人类历史中的爱国思想，"外国名人爱国故事丛书"从更广阔的角度，努力展现世界各国那些动人的爱国故事，希望能使读到它的人，在读过之后，思想有所触动，内心有所蕴积。

丛书以人物类型来划分，主要分为：平民百姓、政治人物、文坛巨匠、文化名人等四种类型。所选的人物，遍及亚、非、拉、欧、美等洲，有一定的代表性，其中《大地儿女》反映的是平民百姓为了抗击外来侵略，争取民族独立而奋勇献身的爱国精神；《血与火的洗礼》反映的是世界政坛风云人物为了祖国的自由、富强而不断抗争的故事；《神圣的殿堂》主要抒发的是几位文坛大师的拳拳报国之情；《为了人类进步》则是文艺、科学等领域的名人在人类的进步文明的事业上孜孜追求的爱的情怀的叙写。

"位卑未敢忘忧国。"这是前人给我们留下的宝贵的箴言，我们也希望这一套小丛书能带来某种心灵的颤动，即使是细微的，也是我们美好的心愿。

1997年4月23日

力倡自学风，为国育英才*

自学考试，是具有中国特色的当代新型开放教育，它以国家学历考试为导向，推动国民素质的全面提高。实践证明，这一制度的成功实施，意义极其深远。

古往今来，我国人民自学成才的例子不胜枚举。囊萤、映雪、悬梁、刺股，早已成为历代传颂不衰的佳话。近代投笔从戎的民族英雄——郑成功；现代弃医从文的文学家、革命家——鲁迅、郭沫若等都是自学成才的榜样。世界上许多杰出人物，也并非都是大学生，其中不少是靠刻苦自学成就一番功业的。可见，要成才，上大学深造是一种途径，自学也是一种途径。今天的自学考试，乃是对古今中外考试优良传统的继承与借鉴，是一个新生事物，也是对前人自学精神的发扬光大。

人的一生，接受学校正规教育的机会有限，时间比较短暂，而自学则是常见的、持久的、相伴终生的一种方式。通过自学学到的知识往往更活、更扎实，更能与现实生活相结合。随着知识经济时代的来临，继续教育、终身教育、未来教育等观念正日益深入人心。这些教育形式的实质就是强调培养人的自学能力，适应未来社会的挑战。为此，我们要大力倡导自学之风，鼓励广大干部群众走自学成才的道路。

面临世纪之交，党和国家提出"科教兴国"的宏伟战略，这为自学考试的发展提供了广阔的天地。社会要进步、经济要腾飞，离不开人才作后盾。通过自学考试为国家选拔培养合格的建设人才，是每一位教育工作者的神圣职责。各级政府和教育行政部门要充分认识自学考试在建设教育强省中的地位与作用，加强领导、深化改革、扩大服务面、提高教育质量，使更多的人自学成才。

自学考试功在当代，培育英才利及千秋。

---

* 原载《福建自学考试》1998年第6期。

努力开创高校图书馆工作的新局面＊

福建省的大专院校有 30 多所，图书馆也就有 30 多座，经常地开展一些图书馆工作的交流，做一些总结、回顾，对工作做一些探讨，是很有必要的。

一、高校图书馆工作两年来的成绩回顾

我们应该充分肯定这些年来全省高校图书馆建设的成绩，因为这不仅仅是省委、省政府高度重视教育的结果，也不仅仅是学校领导重视图书馆工作的结果，更是全体图书馆工作人员辛勤工作的成果。从现实的情况来看，这两年的高校图书馆建设是改革开放以来比较好的时期。

第一，图书馆工作的地位有了新的提高。这两年多来，各高校都在认真贯彻全省第三次图情工作会议精神的基础上，提高了对图书馆工作重要性的认识，加强了领导。多数学校都把图书馆的建设纳到学校改革和发展的规划中，在馆舍的建设和馆藏的建设两个方面更显突出。就馆舍的建设方面来说，绝大多数的图书馆建筑都是改革开放以来兴建的。我们可以看到，福建林学院的图书馆是新的，南平师专的图书馆是新的，福建师范大学福清分校的新馆也已经立项了。事实说明，这些学校的领导能把图书馆当作学校一个很重要的基础设施来建设，把它作为上水平、上质量的重要环节来落实。另外，图书馆现有的人员结构和职称结构都比过去有了比较大的变化。

第二，图书馆的现代化建设取得了新的进展。对于图书馆的网络化建设，这里存在一个认识问题，必须认识到校园网络化建设和图书馆现代化建设的关系。因为作为一个学校基础设施的校园网络，图书馆本来就被包涵在这个共同的保障体系之中，它不是一个单纯意义上的网络，不能把它看作是单列的，是另外一回事，跟图书馆没关系。网络本身是政府投资的公共设施，校园网络

＊ 原载《文献信息论坛》1998 年第 2 期。

实际上为图书馆的现代化建设奠定了基础。从全省范围来看，省政府正在实施"118工程"，亦即"一个平台，一个窗口，八大支柱"，它的最终建成，将给全省的信息化带来根本的变化，为高校图书馆的现代化建设提供进一步的保障。从这个意义上说，图书馆现代化建设的进展应说是非常显著的。在今后的工作评估中，我们不仅要看图书馆本身的设备建设如何，更要看这个单位面向社会设备利用有多少，为社会提供服务有多少，并将其作为评估的主要参数。从图书馆自动化方面来看，大部分图书馆采用了计算机管理。个别图书馆可能还没有，按我看，只要在现存的学校共有资源中稍作调整，就能解决这个问题，并不太难。只是现在学校各部门之间也存在着部门割据的现象，没有联通。有位学校领导对我说，他现在计算机不够用，我给他统计了一下，分散在各个系、各个处以及实验室的计算机的总量已经达到600多台，整个学校才二三千人。如此比例，你要按人手一机可能不够，按全部586的标准来配备也不够；但是，如果按计算机开出时数来说，是足够排你这三千人的用场。因为相当一部分时间都是关机的，所以这就不够了；相当一部分计算机都是单一功能使用的，有的甚至只当打字机用，所以这就不够了。如果能够联通起来，应该说是够的。从以上两方面看来，全省高校图书馆的现代化建设的发展是比较显著的，尤其是在本科院校这个层次，目前除了福建林学院和漳州师院，本科院校的内联网基本上已经实现了。在各图书馆内部，计算机局域网和图书馆管理集成系统也都在逐步地建立。有些学校走得更前一点，建立了一定规模的电子阅览室。这里面，也有个如何用资金的问题。比如，同样是世界银行的贷款项目，我看了几个师专，有的就已经实现了电子阅览室，有的买来的机器还放在那里。前几天我看了泉州师专图书馆，那一套设备就搞得不错。同样是世行项目，同样的比例、同样的额度，采取什么措施？往哪里投？这就是学校决策的问题。这些设备进来以后如何使用？也同样是学校管理者的问题。

第三，办馆条件有了新的改善。从有关统计来看，到1997年，全省馆舍面积达到16万平方米，比1994年增加了1.6万平方米。在购书经费方面，按41所高校（含部分成人高校）计算有1300多万，虽然还很不够，但比1994年已有所增加。馆藏的文献总量达到1200多万册，比1994年增加了100多万册。另外，还增添了一些设备。

第四，图书馆的精神文明建设得到了进一步加强。优质服务窗口和青年文明岗等以爱岗敬业行为规范为核心的各种创建活动，使得广大工作人员"一切为了读者"的优良作风得到了更好的发扬，也使得我们的人员队伍建设、馆风建设和职业道德建设都呈现出新的局面。

第五，馆际协作工作有了新的进展。大家从工作实践当中，感觉到有这个内在的需要,有了这个共同的自觉性,就产生了一种良好的状况。我们已经组织进行 1996 年和 1997 年两年的外刊预订协作,编制了全省的期刊联合目录。目前,我们正在着手筹建高校图书馆地区采编中心和进行全省高校联合目录的数据库建设。这些工作,既符合社会发展、形势发展对我们提出的要求,又是广大图书馆工作者共同努力的结果。

当然,也存在着一些需要进一步改进和完善的地方。归纳起来,主要存在四个方面的问题,首先,大家对图书馆的地位和作用的认识还很不一致。其次,客观存在着经费不足的问题,这不仅体现在经费的总量上,而且还受书价上涨因素的影响。再次,图书馆自我建设、自我提高、自我发展的机制和能力还很不足,到目前为止,图书馆的建设和藏书购置基本上百分之百是国拨经费,很少出现学校将创收部分挤出一部分来加强图书馆建设。第四,对文献资源的开发利用,让它产生社会效益与经济效益,还未很好地提到改革日程上来。

二、转变观念,更新机制,努力开创高校图书馆工作的新局面

怎样做好高校图书馆工作?一般来说,就是要保证为学校的教学科研提供服务,从当前来说,还要适应市场经济环境的挑战。我们应该如何更进一步地做好服务?如何迎接市场经济的挑战呢?这是要解决的两个主要问题。

做好为教学科研提供服务的工作,首先面临的是更新观念的问题。对于图书馆这个概念,要有个新的观念。我记得在图书馆界有这么一个三合一的字,"图书馆"三个字简写成一个方框,内有一"书"字;意指把书圈起来,藏在四壁之中。如按这样的理解,图书馆的概念,就只强调藏的一面,主要指标是你藏有多少书。而现在呢,图书馆的概念恐怕就要有比较大的变化!每到一所图书馆,包括我出差到基层的中小学,便会问:"你们有多少书?"这成了一个习惯。我曾经访问过英国一个高校的图书馆,第一句话也问:"馆藏有多少书?"但是人家回答我们:"重要的不是有多少书,重要的是我能为师生提供所需的一切书籍!学生所需要的书目,我们都能提供服务。这就是图书馆的职能。"

再从图书馆的收藏对象来说,也发生了极大的变化,就是文献类型的多样化。图书馆馆藏的载体已不仅仅局限于图书。现在的载体是多种多样了,包括网上信息资源,包括影像、音像、图片等,这些都应成为图书馆馆藏的内容。这种变化应该引起对图书馆概念的再理解。同时,还伴随着一种服务方式的改变,即读者对图书馆的利用已经演变成为一种互动的方式。过去图书馆是一种死的资讯,现在呢,人面对的是信息流,是一种互动的资讯交流,图书馆由此变成一个很重要的信息交流的枢纽或信息发布中心。这就要促使观念有所转变

以求适应。

为学校的教学科研提供良好的服务，牵涉到一个设施更新的问题。在这方面我们的条件虽然有改善，但还是不够的。一个未来的图书馆阅览室是什么样子？在台湾，同行们做了比较大的探索。我们在台湾的新竹科技园看到一个资讯中心，它不叫图书馆，称作资讯中心。它提供一种不是我们常见的传统图书馆的馆内环境，而是尽力往未来图书馆方面去考虑、去设计。在那里，不仅各种媒体的信息在信息化的阅览室里都能提供，而且阅览室自身也进行了许多精心的设计，诸如馆内的色彩、周边的环境、书怎么排、人怎么坐、资料怎么查询等。未历其境，我们是很难想象和设计到的。

这方面的工作我们不是不能做，有一些我们是可以做的。比如说书架的形式，就可以突破传统观念，遵循人体工程学的原理加以灵活设计。室内设计的成本并不高，重要的是要有"一切为了读者"的职业精神和周到细致的工作态度。馆员对自己的工作充满着热情，充满着责任感，有时以自力更生的方式就可以解决。当然，有些设施的更新也要考虑到现实状况与实际可能，要有一个循序渐进的过程。只要把这几个关系处理好，就能从图书馆的精神文明建设方面促使服务工作上一个水平。由此，图书馆不仅仅给人家一种知识，还要给人家一种氛围，一种情趣，一种思想陶冶。

图书馆怎样去适应社会主义市场经济的环境呢？这里有个更新机制的问题，首先是管理机制的建立问题。如何调动工作人员的工作积极性，发挥全体工作人员的作用，在这方面，我们已经历了多年的改革。如，实行定额管理、目标管理、工资总额承包管理等等，都在不同程度上调动了工作人员的积极性。现在也在继续深化改革的过程中，比如说实行人员分流，也可以在图书馆内部进行，通过增加一些新的工作任务，以达到减员增效的目的。以往我们的管理的思维模式通常是，增加一项工作，马上提出来四个问题：第一要有机构，第二要有编制，第三要有经费，第四要有办公地点。没有这些条件就没办法做。又如，怎样合理地配置我们的职位，能不能把图书馆的一些岗位腾出来，让给学生勤工俭学呢？我们设置了勤工助学基金，已经在全省院校安排了，这一项基金仅省政府就安排了1000万元。图书馆应当把握这种机遇，藉此再转换一些机制，腾出一些初级的劳动岗位工作让学生来处理，我们就能够集中更多的专业馆员从事那些更高层次的工作。

其次，我们的服务机制也可进一步完善，服务范围可以进一步拓宽。像参考咨询工作，就有各种类型、各种层次的咨询服务，有待我们投入相应的人力来开展和深入。比如，现在毕业生分配制度已经改革，政府提供了就业市场、供需见面会等诸种形式，图书馆能不能对学生的就业提供一些咨询呢？我在国外的大学图书馆里看到了他们专门收集各大财团的资料，为学生的就业提供咨询。当然这类工作的开展，主要依靠挖掘现有人员的潜力，不是以增加编制来加以解决的。所以，我认为这依然是管理机制上的问题。

我们把工作拓展了，不要以为有些事情分得太细，不是图书馆分内的事，可以顺其自然、得过且过。应当以我们的努力去获取同学、老师的理解和支持。当有一个人为一篇论文在我们图书馆获得了很难得的资料，得到了很好的帮助，相信这个学生即使毕业了，都会感激你。当提供了这类服务以后，我们的一个学生能够通过我们的咨询服务找到就业门路，我想他也会感激你一辈子。那么，这样的工作就会带来机制的转变。

再次，从图书馆的技术服务系统来说，长期以来，我们图书馆的采编工作，一直是单一学校的采编运作。怎么走向有效的社会合作、馆际的合作？图书采购怎样由单纯的买卖关系，逐步地走向市场招标？我们一定要运用市场机制提供的有利条件，特别是现在的图书发行形势下，我们完全有可能通过招标来解决图书采购问题。当然，以单独的一个学校出面，招标总量是有限的，来投标的人也是有限的，因此所能得到的效益也是有限的。我们应该联合起来走进市场，我们完全可以做这方面的工作。

在流通机制上，同样也有可以改进的地方。图书借阅已走向开架，是一大进步。现在能不能向更广泛的服务对象开放，对学生开放，对教师开放，对全省的高校开放，对社区的人民群众开放，这会给事业增添新的活力。用图书馆网的模式面向整个社会服务，就应该跨出条条框框。高校图书馆应该与公共图书馆联合，省图书馆应该也可以与高校联网。都是公共的事业，也应该有这种联合提供服务的网络体系，为全省人民服务。这在文献资源的使用上，能节省很多支出。当然，这时就不能说这书是某校的资产，不能动，那又是某校的资产不能动。向社区的群众服务，需要有一个明确的指导思想，图书馆是政府建设的，图书是政府购的，政府的钱是纳税人的钱，所以为纳税人服务是天经地义的。在这个意义上，不是把这些书变成某个单位、某个部门的，甚至让某个人来占有，而是由他们来负责管理。大家若有这个共识，负责任地把这些书管好用好，使它们产生更大的社会效益和经济效益，这样的工作才更有意义。

图书馆要与社会主义市场经济相适应，就应面对改革开放的大背景，来考虑我们的改革和发展的问题。国家成立了信息产业部，把信息做为一个很重要的产业来发展。既然我们把图书馆称为信息源，有没有可能把这个信息源通过运作，使它在某些地方，某些部分成为产业呢？我觉得这方面也可以做一些探索。我们拥有大量的藏书，这些藏书就可加以开发利用，为社会做出它应有的贡献。同时，也在发挥社会效益的前提下，按照市场的规则，产生市场效应和经济效益。比如，出版社要出版光盘产品，它的资料哪里来呢？还不是大量从图书馆来。我们可以编制出具有特色的数据库和读物来，与其进行合作，再通过发行渠道，走向社会，这就可能成为一种产业。我们很多图书馆的同志，都有很高的学术造诣，完全有能力、有水平来进行这方面的开发，应该鼓励和创造条件把大家组织起来一起做。

在改革开放中奋进的
福建普通高等教育*

改革开放 20 年,我省高等教育走过了从拨乱反正、恢复发展到深化改革、加快发展,不断提高教育质量和办学效益的不平凡的历程。20 年来,我省高教战线认真贯彻党的十一届三中全会以来的路线、方针、政策,以邓小平同志提出的"尊重知识、尊重人才"和"教育要面向现代化、面向世界、面向未来"为指导,根据省委、省政府做出的"以智取胜"和实施科教兴国战略,建设"教育强省"的战略部署,解放思想、积极探索,使高等教育在改革中发展、在发展中提高,为我省改革开放和社会主义现代化建设做出了重要贡献。

一、高等教育进入了蓬勃发展的新阶段

20 年来,根据党的十一届三中全会以来的路线、方针、政策和邓小平教育理论,我们确立了高等教育在社会主义现代化建设中的地位,明确了高等教育改革和发展的方向和目标任务,高等教育进入了蓬勃发展的新阶段。

从 70 年代末到 80 年代中期,邓小平同志从我国社会主义现代化建设大局出发,发表了一系列关于教育工作的论断,确立了教育优先发展的战略地位;要求教育必须面向现代化、面向世界、面向未来;必须坚持社会主义办学方向,培养"四有"新人;必须深化教育改革,促进教育发展;要求各级领导必须要像抓经济工作那样抓教育工作,动员全社会来关心、支持教育等等,为我国的教育改革和发展指明了方向,为解决教育事业发展中的新情况、新问题提供了科学的世界观和方法论。在党的十一届三中全会以来的路线、方针、政策和邓小平理论的指导下,改革开放的 20 年成为我国教育事业发展最好的时期。

---

* 原载《福建高教研究》1999 年第 1 期。

福建省委、省政府认真贯彻落实党的十一届三中全会精神，在邓小平理论的指导下，从70年代末80年代初抓教育的整顿恢复开始，采取了一系列重大的战略决策和政策措施，高等教育在我省经济社会发展中的战略地位得到逐步落实，高等教育的改革和发展进入了一个崭新的时期。1982年7月，省委召开三届五次全会，专门研究教育工作，做出了《关于加强教育工作的决议》，提出了"以智取胜"的经济社会发展战略，决定采取有力措施，增拨高教经费和基建投资，调整高教结构，采取多种形式，加快高等教育的发展，以尽快扭转我省高等教育同国民经济和社会发展不相适应的局面。在高等教育事业得到较大发展的新形势下，为了进一步贯彻《中共中央关于教育体制改革的决定》，1998年9月，省委、省政府做出了《关于加强和深化高等教育改革的决定》，在加强宏观管理、扩大高等学校办学自主权、调整教育结构、改革高校内部管理体制、改革教学和科研工作等8个方面提出了改革要求。为了适应我省深化改革、扩大开放的需要，1993年4月，省政府批转了省教委提出的《关于加快普通高等教育改革和发展的若干意见》和《关于加快成人高等教育改革和发展的若干意见》，对普通高等教育提出了6个方面的35条改革发展意见。1994年10月，省政府召开全省教育工作会议，省委、省政府做出了"关于贯彻实施《中国教育改革和发展纲要》的决定"，明确了到20世纪末教育改革和发展的目标、任务，提出必须采取有力措施，落实教育优先发展的战略地位，增创教育新优势，把福建建设成教育强省。在省委、省政府的高度重视下，改革开放20年来，我省高教战线的同志们解放思想，积极探索，勇于实践，开创了高等教育蓬勃发展的新局面。

在改革开放的新形势下，我省注重贯彻实施国家的有关教育法规，积极推进高等教育走上依法治教、依法促教的轨道。1980年，全国人大常委会通过了新中国第一部有关高等教育的专门法律《中华人民共和国学位条例》。此后，国务院陆续制定颁布了《高等教育管理暂行规定》《普通高等学校设置暂行条例》等行政法规。1995年3月，全国人大通过了《教育法》。根据国家有关法规，省人大和省政府制定了一些地方性法规和规章，省教委也制定了一些高等教育管理的部门规章，如专业设置、学历学籍管理、教师管理等方面的规章制度等，有力地保障和促进了高等教育事业的发展。

二、初步形成了布局、层次、学科结构较为合理的高等教育体系

20年来，我们主动适应改革开放和社会主义现代化建设的需要，挖掘潜力，发挥优势，调动各方面的办学积极性，多形式、多渠道发展高等教育事业，

初步形成了布局、层次、学科结构较为合理的高等教育体系。

20年来，伴随着我省改革开放和社会主义现代化建设事业的发展，我省普通高等教育事业也得到了长足的发展。1978年以来根据社会需要，我省通过恢复和增设了一批普通高等学校，使高等教育事业逐步得到发展。仅1978年12月，我省就恢复增设了8所普通高校。经过20年的发展和调整，目前，我省有普通高等学校29所，比1978年增加了21所；在校本、专科生达7.8万人，比1978年的2.1万人增长了近3倍。1978年恢复研究生教育，首批招生90人；1997年招生1026人，在校生2773人，比1978年增加了30倍。普通高等学校有专任教师8646人，其中高级职务教师占35.22%；专任教师与学生的比例从1978年的1：4.6提高到1998年的1：9。普通高校在校生校均规模从1978年的1284人提高到1997年的2690人。20年来，我省普通高校为我省社会主义现代化建设培养了本专科毕业生27.2万人。我省每万人在校大学生1978年为12.7人，1997年为23.9人，居全国第13位，其中省属高校每万人在校生19.19人，居全国第7位。

在事业发展中，我们坚持不懈地进行高等教育结构的调整工作，以适应我省经济结构及产业结构、技术结构发展的需要，增强人才培养的适应性。20年来，我省高等教育从恢复文、理、农、林、医、师等传统学科起步，根据经济社会发展需要，努力发展了一大批工科、财经、政法、管理等方面的学科、专业，特别是我省发展外向型经济需缺的学科专业，如外语、外贸、电子等专业得到了发展和加强。近几年来，根据我省产业结构调整和重点支柱产业、高新技术产业发展的需要，采取措施，扶持发展了生物技术与工程、机械电子工程、石油化工等方面的学科、专业。全省高校设置专业数从1978年的124个发展到目前覆盖哲学、经济学、法学、教育学、文学、历史学、理学、工学、农学、医学、管理学等11大门类的约380种专业、550个专业点，形成了学科门类齐全、层次结构较为合理的普通高等教育体系，在人才培养规模、种类、层次等方面已基本满足我省社会主义现代化建设的需要。

三、坚持以改革总揽全局，高等教育焕发了前所未有的生机

20年来，适应经济、政治、科技和文化体制改革的需要，我们坚持以改革总揽高等教育全局，不断深化办学与管理体制改革，使高等教育焕发了前所未有的生机和活力。

高等教育发展的根本出路在于改革。20年来，我省高教战线解放思想，积极探索，在办学与管理体制改革上取得了显著的成绩，许多方面的改革走在

全国前列。我省是全国最早开展联合办学的省份之一。1980年12月，省政府与电力部签订《关于福州大学实行联合办学协议书》，成立了省、部、校三方参加的联合办学委员会，商定从1982年开始，福州大学的16个专业每年为电力部招生300名，电力部拨给福州大学基建设备投资1500万元。1982年12月，省政府与煤炭部签订《关于由福州大学长期协作培养人才的协议书》，商定从1983年开始，福州大学每年为煤炭部招收本科生160名，煤炭部拨给福大基建、设备投资500万元。福大还先后与一机部、交通部、水利部、石油部、建材部联合办学。1983年3月3日，《中国教育报》在试刊上发表了《福州大学联合办学取得效果》的报道，并配发了短评，给予了充分肯定。从1983年开始，先后与厦门大学联办政法学院和艺术教育学院，累计投资已达6000多万元。为了进一步支持厦门大学发展，使厦门大学更好地为福建经济建设服务，1995年7月，省政府和国家教委决定共建厦门大学。从1996年至2000年，福建省每年再增加投入400万元（与联办经费合计每年约900万元），并以多种形式支持厦门大学的建设和发展。1996年3月，省政府和国务院侨办签订共建华侨大学协议书，从1996年至2000年，福建省每年安排150万元，支持华侨大学机电控制及自动化、地震工程及防护工程等两个重点学科建设。此外，厦门市政府和国家教委共建厦门大学，泉州市政府与国务院侨办共建华侨大学，福州市政府与福州大学开展合作办学等都取得了显著的成效。在党中央、国务院领导的关怀下，在省委、省政府的重视下，经有关各方的共同努力，1994年10月，集美学村内的集美航海学院、厦门水产学院、福建体育学院、集美财政高等专科学校、集美师范高等专科学校等5所高校合并组建集美大学，这是不同管理体制、不同科类、不同经费来源渠道高校之间实行合并的有益探索。经过4年多来的努力，集美大学实质性合并取得了重大进展，省政府已分别与交通部、农业部签订了航海学院、水产学院划转协议书，省教委也分别与省财政厅、厦门市政府签订了财经学院、师范学院办学协议书。

20年来，适应社会主义市场经济发展需要，我省以人事制度和分配制度改革为重点，不断推进高等学校内部管理体制改革。按照各类不同高校的办学实际，合理确定教学、科研任务，对教职工实行岗位责任制和聘任制；根据教师的工作实绩，拉开分配档次，打破了平均主义。遵照"事企分开，两权分离"的原则，基本实现了高等学校后勤服务系统的企业化管理，逐步走上了后勤服务社会化道路。通过改革，极大地调动全省高校广大教师教书育人的积极性和创造性，教学水平和科技工作水平有了新的提高。

高等学校并轨招生、缴费上学的改革走在全国前列。1993年，我省开始在福州大学管理学院进行学生缴费上学的试点，1995年除师范和少数国家经济建设急需的特殊、艰苦专业外，全省普通高校全面实行并轨招生、缴费上学的改革，这项改革比《中国教育改革和发展纲要》提出的目标提前了2年。

四、培养了一大批高质量的高级专门人才

20年来，我们坚持全面贯彻教育方针，全面提高教育质量，落实教学的中心地位，改革教学思想、教学内容和教学方法，为经济社会发展培养高质量的高级专门人才。

根据经济建设、社会发展和科技进步的需要，20年来，我省高校认真贯彻党的教育方针，把提高教育教学质量放在核心位置，不断改革教学思想，转变教学观念，在改革人才培养模式，加强素质教育，改革人才培养制度、调动教学积极性等方面取得了明显成效。从80年代初开始，我省高校按社会发展需要和办学实际，坚持进行教学计划和教学大纲的修订工作，不断调整人才的培养规模，增强人才培养的适应性。我省还根据不同层次、不同种类高校的办学实际，在教学工作和教学改革上采取整体规划、分类指导、逐步推进的办法，鼓励和支持各校办出水平、办出特色。1987年，省教委召开本科教学质量研讨会，下达了《关于加强大学本科教学的意见》；1991年，集中力量抓专科教育。近几年来，我省采取措施，大力扶持研究生教育的发展。我省十分重视教学制度的改革，许多高校实行了"主辅修"、"双专业"、"双学位"、"双证书"等，逐步形成了一套较科学、规范的管理制度，在培养复合型人才上取得了一定的经验。目前，我们正在认真组织实施高等教育面向21世纪教学内容和课程体系改革计划，在组织校级立项的基础上，1997年评审确定了40个省级立项项目，投入专项经费，拟用3~5年时间，集中优势力量，开展集体攻关，力争在各主要专业领域内形成一批新颖的人才培养方案、优化的课程结构、先进的教学内容、优秀的教材以及多媒体教学软件等改革成果。经过努力，1989年以来，我省普通高校共获得国家级优秀教学成果奖11项，教学成果二等奖15项，省级教学成果一等奖72项，二等奖117项，评出省级优秀课程115项。从目前情况看，我省高校的教学工作状态是好的，教学改革已成为凝聚广大教师人心的主要力量。教学质量呈上升的态势，教学建设正在积极开展。1998年10月底，我们召开了全省普通高等学校教学工作会议，研究提出了"关于普通高等学校面向21世纪深化教学改革、提高人才培养质量的若干意见"，全方位地部署了我省高校跨世纪的教学改革工作。

五、高等教育的综合水平上了一个新台阶

20年来，我们集中力量，努力抓好重点大学、重点学科、重点专业、重点课程和重点实验室等五个方面的重点建设，带动了高等学校教学、学术队伍建设和教学、科研设施建设，使高等教育的综合水平上了一个新台阶。

学科的水平代表了学校的水平，学校的水平也代表了一个地区高等教育的水平。20年来，我们通过集中力量抓好高等教育的重点建设，为提高办学水平打下了较好的基础。我省是全国较早开展重点学科建设的省份之一，1984年，我省通过评审确定了发育生物学、英语、电机电器、结构工程、病理解剖学、遗传育种、作物栽培、昆虫学、林学等9个首批重点学科，连续3年共投资300万元给予重点扶持，并让这些学科首批招生。在此基础上，从1990年开始，我省继续部署开展重点学科、重点专业、重点实验室和重点课程建设，在经费投入、师资队伍建设、职称评聘、招生、出国进修讲学等方面采取特殊政策和措施，支持它们的建设和发展。特别是1995年省委、省政府决定组织并实施"211工程"，在积极支持厦门大学进入全国"211工程"建设的同时，确定了重点建设福州大学，从1996年到2000年，计划筹资2.53亿元进行重点建设，使其进入全国"211工程"重点建设的行列。目前，两所高校已分别通过部门预审并被批准立项。根据我省经济和社会发展需要以及学科实力，我们还重新确定了省属高校重点建设的20个学科和1个生物技术实验中心。从1996年到2000年，每年安排投入4000万元，现已完成投资1.2亿元。在省教委支持下，福建建筑高等专科学校成为全国高等工程专科学校专业教学改革试点学校并被原国家教委确定为示范性学校。鹭江职业大学目前正在申报全国示范性职业大学。经过重点建设，我省许多高校建立了一批高水平的学校梯队和一批高质量的实验室，出了一批成果，有力地促进了全省高校办学综合实力的提高。

经过近20年的建设，我省高等教育办学水平上了新的台阶。1995年11月，经国务院学位委员会批准成立了福建省学位委员会，使我省学位与研究生教育走上了新的发展道路。全省普通高校现有博士点53个（其中省属高校17个），硕士点217个（其中省属高校122个）；有生物学、化学、经济学、海洋学、农学等5个博士后流动站（省属1个）；国家理科、文科人才培养和科学研究基地10个（省属高校6个）；国家重点实验室1个，国家开放实验室2个，国家级重点学科7个，省重点学科20个及1个实验中心。普通高等学校中有中科院、工程院院士8人（省属高校2人）。办学水平的提高，进一步增强了我省高校的综合实力和社会服务能力。

六、高等学校在推动全社会的科技进步上取得了显著的成绩

20年来,我们认真贯彻落实邓小平同志提出的"科学技术是第一生产力"的思想,提高了高校科技工作的地位,重视加强和改进高等学校的科技工作,高等学校在推动全社会的科技进步,为社会主义现代化建设服务上取得了显著的成绩。

高等学校是我省科技事业的一个重要方面军。我省高校认真贯彻"科技是第一生产力"的思想,把加强和改革科技工作作为为经济社会发展服务的一条重要途径,作为提高办学水平和教育质量的一个重要手段,不断提高科技水平和社会效益。通过努力,20年来,我省高校科技工作的地位不断提高,科技体制改革不断深入,科技经费不断增加,已建成了一支具有较高素质的科技队伍,建设起了一批具有较高水准的科研基地,取得了一批具有较高水平的科技成果,产生了显著的经济效益和社会效益。特别是在"八五"期间,我省高校承担国家攻关项目12项,"863计划"5项,"攀登计划"4项;在国家基金项目中,重点、重大项目10项,面上项目和青年基金项目195项,占全省的85%;在省基金课题中,高校共承担651项,占全省的79%;在省重点科技项目中,高校承担和参与22项,占全省的85%。全省高校先后获国家三大奖共12项,占全省的30%,其中获国家自然科学奖4项,占全省的80%。在779项省科技进步奖中,高校共有180项获奖,占全省的23%,其中省科技进步一等奖全省共6项,高校获3项,占全省一半。特别是1995年,福建农大获得了一项国家科技进步一等奖,这是我省至今为止获得最高奖励等级的科研成果,显示了我省高校的科技水平和实力及在基础研究、高科技研究方面的重要作用。目前,我省高校承担的国家基金项目约占全省的85%,承担的全省自然科学基金项目约占全省任务的80%。还承担省计委下达的省重点科技攻关项目的80%的任务。我省高校在社会科学研究上也取得了丰硕成果,在理论探索和实践研究上为我省深化改革、扩大开放和建立健全社会主义市场经济做出了重要贡献。仅1998年省政府颁发的第三届社科奖一等奖18项中,高校占了16项;二等奖58项中,高校占了43项;三等奖221项中,高校占了141项。省政府1998年11月成立的"福建省国民经济与社会发展'十五'计划专家咨询委员会"中,我省高校的8位经济学科的博导、教授为综合组成员,还有10位为产业组和社会发展组成员。

我省高校重视科技应用和开发,加速科技成果转让,为经济建设做出了积极的贡献。如获国家科技进步一等奖的福建农大"甘蔗品种的引进、鉴定和利用"成果,现已在各地推广了100多万亩,累计经济效益达10亿元;获省

科技进步一等奖的福州大学"低温氨合成催化剂"成果，1995年产销量达全国合成氨催化剂的1/4，新增产值5.1亿元；华侨大学的"新档板塔盘在醋酸乙烯生产上的应用"，在福建化纤化工行业应用后，每年就创效益近千万元。5年来，高校还鉴定836项科技成果，获得80多项专利，其中一些通过转让，也在实际应用中产生了显著的经济效益。

"八五"以来，我省高校积极创造条件，建立了一批重点实验室或研究机构，其中有一批属国家级的实验室和研究机构。省政府要重点抓好的3个国家级科技重点建设项目，有两个在高校，如国家计委在福州大学建立的化肥催化剂国家工程研究中心，这是全国高校18个国家工程研究中心之一，也是省内目前唯一的一个国家级工程研究中心。

七、我省高等教育跨世纪面临的挑战

20年来，高等教育改革和发展的实践积累了丰富的经验，带来了深刻的启示，要求走向新世纪的高等教育必须全面适应现代化建设对各类人才培养的需要，全面提高人才培养的质量和效益，为我省实现跨世纪的经济社会发展规划做出更大的贡献。

20年来，在党的十一届三中全会以来的路线、方针、政策和邓小平理论的指导下，我省高等教育在改革和发展上取得了显著成绩。这些成绩的取得，得益于改革开放的大环境，得益于实施"科教兴国"战略，把教育放在优先发展的战略地位，得益于福建省委、省政府高度重视高等教育工作，采取了一系列重大的政策措施，也得益于全省高教战线的同志们脚踏实地锐意改革、奋发创新。20年来的改革和发展，既为我们提供了许多成功经验，为今后的发展打下了良好的基础，也为我们带来了不少的教训与一些需要认真探索解决的困难和问题。特别是在迈向新世纪的征途中，高等教育如何适应现代经济、政治、科技、文化发展的挑战，如何建立起新办学机制、新的人才培养模式等等，是我们面临的紧迫而又艰巨的任务。在今后一个时期内，我省高等教育战线必须以党的十五大精神和邓小平理论为指导，认真贯彻实施《高教法》，根据实施"科教兴国"战略，建设教育强省要求，全面适应现代建设对各类人才培养的需要，全面提高办学的效益和质量，努力使办学规模更加适当，结构更加合理，质量和效益明显提高，更好地为我省的新一轮创业服务。

——根据经济社会发展需要，适度扩大办学规模。我省将挖掘潜力，走内涵发展的路子，到2000年普通高等学校在校生9.5万人，比1995年7.2万人增加2.3万人，平均每年递增5.8%。

——大力调整学科、专业结构和层次结构,提高办学的社会效益。加强对专业设置的宏观调控,重点发展一批为我省重点支柱产业和高新技术产业服务的学科和专业。要采取措施,努力提高办学层次,发展研究生教育,加强本科教育,适当压缩专科教育,努力为我省改革开放和社会主义现代化建设培养一大批高层次的创造性人才。

——认真组织实施"211工程",进一步加强重点建设,大力提高高等学校知识创新能力。支持厦门大学"211工程"建设,争取到21世纪初,把厦门大学建设成国内一流、国际上有较大影响的社会主义的综合性大学。抓紧开展福州大学"211工程"工作,努力完成各项建设任务,争取到21世纪初,在教育质量、科学研究管理水平和办学效益等方面达到国内省属同类高校的一流水平,成为具有鲜明特色的以理工为主多学科综合发展的新型大学。继续抓好重点学科、重点专业、重点实验室和重点课程建设,发挥示范带头作用,带动全省高校的学科专业建设、师资队伍建设,提高整体办学水平和知识创新能力。

——加大力度,积极推进高等教育办学与管理体制改革。要进一步解放思想,主动适应经济建设、社会发展和科技进步的需要,面向社会,进入市场,加快高等教育办学体制、管理体制、科技工作体制、经费筹措体制、招生与就业体制、高等学位内部管理体制改革,建立起与社会主义市场经济体制相适应,社会各界积极参与、支持高校办学的高等教育新体制。

——加强对大学生的综合素质教育,努力提高教育质量。通过组织实施"高等教育面向21世纪教育内容和课程体系改革计划",转变教育思想,改革教学内容和教学方法,加强大学生的综合素质教育,促进教育质量上一个新的台阶。

——多渠道筹措办学经费。要进一步落实已出台的筹措教育经费的各项法律规定和政策,增加投入,加快教师住房建设,努力改善办学条件,加速高等教育的现代化建设。

实施可持续发展战略建立
高等教育改革和发展新模式*

实施可持续发展战略，将对经济建设、社会发展和科技进步的各个领域产生巨大而深刻的影响。高等教育作为我国现代化建设的重要支柱和战略重点，在实施可持续发展战略中具有重要的地位和作用。本文就高等教育在实施可持续发展战略中的作用和高等教育自身实现可持续发展问题做一些研究和探讨。

我国可持续发展战略是在总结40余年来的社会主义建设的基本经验，认真吸取工业化国家发展的经验教训的基础上，适应当今世界发展趋势，根据国情提出的。实施可持续发展战略，就是要求在现代化建设中必须把控制人口、节约资源、保护环境摆在重要位置，实现经济建设与人口、资源、环境的协调发展。这一战略的实施，对高等教育的改革和发展提出了新的要求：一、要求高等教育的改革和发展必须从我国正处于社会主义初级阶段的国情出发，遵循高等教育规律，树立起可持续发展的观念，正确处理好需要与可能、当前与长远、整体与局部、数量与质量的关系，促进教育与经济社会的协调发展，使高等教育在更好地为社会主义现代化建设服务中，实现自身的可持续发展。二、要求高等教育必须把工作的重心放在提高人才培养的质量和办学效益上，适应现代化社会、经济、科技、文化发展趋势，适应现代化建设对各类人才培养的需要，进一步调整和优化教育结构，改革人才的培养模式，逐步实现教学内容、教学方法和教学手段的现代化，为经济社会发展培养基础扎实、知识面广、能力强、素质高的可持续发展人才。三、要求高等教育必须加快办学与管理体制改革步伐，开展多种形式的联办、共建和合作，调动社会各界参与、支持办学的积极性。同时，要调整高等教育布局，倡导和推进高等学校校际的教学、科研协作和共建，合理配置和充分利用现有的教育资源，实行资源共享、优势互补，以相互促进，

---

* 原载《教育科学》1999年第1期。

共同提高。四、要求进一步改善高等教育的教学、科研条件,集中力量抓好重点学科、重点实验室、重点课程建设,抓好教学、学术梯队建设和文理科教学、科研基地建设,增强综合竞争实力,为持续、稳步地推进高等教育事业发展打下良好的基础。五、要求加快高等教育的法制建设,进一步增强依法治教、依法促教的力度,规范高等教育活动,促进高等教育在法制化的轨道上健康、有序地发展。

实施可持续发展战略,给我国经济建设和社会发展带来了一场深刻的变革,它既促进了经济体制和经济增长方式的两个根本性转变,也促进了人们科学地认识和正确处理好人与自然、人与社会之间的关系,以实现社会的全面进步。这是一项全局性的发展战略,认真组织好贯彻实施工作,是社会各界的共同职责。教育,特别是作为教育"龙头"的高等教育,在实施可持续发展战略中具有十分重要的地位和作用。

高等教育担负着实施可持续发展战略,培养和造就千百万高级专门人才的重任。教育是实施可持续发展战略的先导和基础。我国实施可持续发展战略的主要内容之一,就是要执行计划生育的基本国策,控制人口,改善人口结构,提高人口素质。要做到这一点,根本在于发展教育,提高全民族的科技文化素质。高等教育的根本任务是培养高级专门人才,发展高等教育事业,建立起能满足社会公众持续接受高层次教育的高等教育体系,加强各级各类高层次人才及可持续发展相关领域所需人才的培养,使我国巨大的人口资源转化为人才优势,使沉重的人口负担转变为经济发展的动力,从而为我国实施可持续发展战略提供较高水准的人力基础。

高等教育是实施可持续发展战略的一支重要的科技力量。实施可持续发展战略,关键是要依靠科技进步。我国实施可持续发展战略的着眼点是控制人口、节约资源和保护环境。控制人口必须坚持计划生育和提高人口的质量;节约资源必须反对浪费、实行资源的再生利用和开发替代资源;保护环境是要努力改善生态环境,治理环境污染,搞好水土保持,增强环境对生产发展的承载能力。要做到这些,都必须依靠科技进步。高等学校是发展科学技术和进行科技开发的一支重要力量,在基础科学研究和高新技术研究上具有较好的基础,在科技人才、科研力量和科研成果上也具有明显的优势,应在可持续发展战略的理论研究、技术应用、信息咨询等方面为提高组织实施可持续发展战略的水平做出应有的贡献。

高等教育是进行可持续发展战略教育的一个重要阵地。实施可持续发展战略,需要政府的法规调控,也需要社会公众的广泛参与。特别是需要统一思想,加强教育,摒弃陈旧的经济社会发展观和急功近利的价值观,树立起经济社会可持续发展的观念，进一步增强对人类和社会发展的责任感和历史感，增强全民族的人口质量意识、资源节约意识、环境保护意识，这是促进可持续发展战略健康、稳步实施的先决条件。高等学校培养的人才是现代化建设的骨干力量，遍布各行各业，在校期间必须对他们进行必要的可持续发展战略教育，多形式、多渠道地开展人口、资源和环境教育，使他们成为初步掌握经济社会发展规律，能自觉地实施可持续发展战略的高级专门人才。同时，高等学校还可利用信息资源丰富、知识密集、教育手段先进的优势，通过编写科普读物、制作音像资料等形式，面向社会各阶层开展可持续发展战略的宣传教育活动。

高等教育的可持续发展是整个社会可持续发展的重要组成部分。实行可持续发展战略，要求高等教育战线必须进一步解放思想、更新观念、深化改革、积极发展，逐步建立起与经济社会发展相协调、相适应的改革和发展的新模式，实现自身的可持续发展，不断提高教育质量和办学效益，为社会主义现代化建设做出更大的贡献。

一、建立起高等教育事业发展的新模式

实施可持续发展战略，要求高等教育在发展上既要不断适应社会主义现代化建设的需要及人们日益增长的持续接受高等教育的需求，又要遵循教育规律，树立起整体的、综合的发展观念，坚持规模、结构、质量、效益协调发展的方针，坚持走以内涵发展为主的道路，合理确定高等教育的发展规划及高等学校的办学规模，大力调整人才培养的布局结构、层次结构和学科、专业结构，促进不同种类、不同层次的高等学校不断办出水平、办出特色，努力使人才培养的数量、质量满足当前和长远经济社会可持续发展的需要。

二、建立起高等学校人才培养的新模式

可持续发展战略的一个显著特点，是要求我们在经济社会发展中，必须把提高经济建设的质量和人们生活的质量放在突出的位置上。与此相适应，要求高等教育必须根据培养可持续发展人才的要求，牢固地树立起质量意识，以加强大学生的综合素质教育为重点，下大力气改革人才的培养模式，培养和造就适应21世纪需要的各类高级专门人才。

改革高等学校的人才培养模式，是深化教育教学改革的关键，其主要内容是通过改革教学内容和课程体系，改革人才培养的途径和办法，构建大学生科学合理的知识、能力和素质结构，提高人才培养的综合素质。它要求我们必须

在继承和发扬中华民族优秀的教育思想和传统，总结长期以来形成的高等教育教学改革的经验的基础上，大胆吸收和借鉴当今世界先进的教育教学思想，认真分析当前教育教学中不适应时代发展的弊端，牢固地树立按社会需要培养人才的思想，树立起人才的全面发展观，走"产学研"三结合的人才培养道路，拓宽专业面，改革专业培养模式，大力加强综合素质教育。在教育教学中进一步注重大学生思想道德素质、文化素质、业务素质和身心素质的综合发展，加强思想品德、大学语文、外语、计算机、体育等方面的基础教育，加强自觉、思维、实践、创新能力的培养，以增强人才培养的适应性，全面提高教育教学质量。

三、建立起高等学校办学的新机制

实现高等教育自身的可持续发展，要求高等学校必须根据社会主义市场经济的发展需求，转变办学思想，改革办学模式，建立起主动适应社会需要的自我发展、自我提高、自我调节和自我约束的新的办学机制，增强办学的生机和活力。这一新的机制内容十分丰富，我认为主要应包括以下几个方面：按社会需要培养人才的发展机制；按经济结构，包括产业结构、技术结构发展变化调整人才培养结构的调控机制；接受社会监督的人才培养质量评估机制；社会参与办学、支持办学的机制；要求和激励师生积极开展教学活动的机制；主动参与社会竞争的科学研究和科技开发机制；多渠道、多形式的经费投入机制。

四、建立起高等教育宏观管理的新模式

高等教育要实现持续、稳定、健康发展，必须实行依法治教、依法管理。为此，必须根据《高教法》的要求，依法规范高等教育的举办者与管理者、组织者与实施者、教育者与受教育者之间的关系，特别是要正确处理好政府和高等学校之间的关系，分清责、权、利，依法规范高等教育管理活动，建立起高等教育宏观管理的新模式。

加强对高等学校的宏观管理，要求政府及教育行政主管部门必须依法落实高等学校在办学中的法人地位，转变职能，简政放权，改革高等学校管理的内容和方法、手段，实行科学、规范、有效的宏观管理。教育行政主管部门要通过运用法规、计划、拨款、评估等手段和提供政策指导、信息服务，把管理工作的重点放在对高等学校的办学条件、办学水平和教育教学质量的宏观调控上，包括检查高等学校贯彻执行国家教育法规和教育方针政策情况；调整高等教育

布局；依法审定申请设立高等学校的基本条件；评估高等学校的办学水平、教育教学质量；审计教育经费的使用情况；提供人才需求状况的服务等等。同时，教育行政主管部门还应加强政策研究和决策研究，建立健全咨询、审议，评估机构，以促进教育管理的民主化和科学化。

五、建立起高等学校科学研究和技术开发的新模式

实现可持续发展，要求高等学校必须以市场和经济社会发展需要为导向，改革科学研究和技术开发体制，建立起主动进入经济建设主战场，积极参与社会经济和科技竞争，在服从和服务于经济建设中不断提高科技水平和社会效益的科技工作新模式。

高等学校必须认真贯彻"经济建设必须依靠科学技术，科学技术工作必须面向经济建设"的战略方针，转变科技工作的思路，深化科技管理体制改革，坚持科技工作与经济建设相结合，与人才培养相结合，使高校的科技工作真正做到为经济建设、科技进步服务，为学科建设、更新教学内容服务。高等学校的科技工作要把解决经济和社会发展的重大问题作为首要任务，致力解决经济社会生活中的难点、热点问题，争取取得一批较重大的科技成果；要按照"稳住一头、放开一片"的方针，优化结构，分流人才，抓好学术带头人和学术梯队建设，稳定持续地进行基础研究和高新技术研究，争取在若干研究领域继续保持领先水平，努力攀登科技高峰；要通过高水平的科学研究，促进高层次的人才培养，促进教学水平的提高，使科技工作既出高水平的成果，又出高质量的人才；要采取政策措施，通过组织开展多种形式的"产、学、研"的合作，积极开拓资金渠道转化途径，大力加强科技成果推广应用和技术服务，有选择地发展起一批校办科技产业，提高经济社会效益。

实行可持续发展战略，对高等教育改革和发展提出了新的课题和新的任务。高等教育工作者必须进一步解放思想，更新观念，认真研究新情况、新问题，提出新思路、新办法，促进高等教育在更好地为实施可持续发展战略服务的同时，作为这一战略的一个重要的组成部分，实现自身的可持续发展，为社会主义现代化建设做出更大的贡献。

关于"两基"实现后我省基础教育布局调整的思考*

1998年,福建省已按预定目标实现了"两基",即基本普及九年义务教育,基本扫除青壮年文盲,并通过了国家教育督导检查组的验收,成为全国第九个实现"两基"的省份,这标志着福建省教育事业发展登上了一个新的台阶。但是,由于客观困难和指导思想方面存在的不足,基础教育在进一步深化改革,改善办学条件,提高教育教学质量和办学效益,巩固"两基"成果等方面还存在不少的困难和问题。"两基"之后怎么办?这是摆在我们面前的迫切任务。必须从当前的教育形势出发,客观、深入地考察分析当前的教育工作,总结这几年的经验,发现存在的问题,提出今后几年教育结构、布局调整,师资队伍建设,深化教育教学改革,提高教育教学质量和办学效益的思路。特别要把全面推进素质教育,全面深化教育改革作为一项重要任务摆上议程。

一、当前我省基础教育特别是农村基础教育面临的主要问题

一是经济发展比较落后,财力有限,办学条件的改善和教师待遇的提高任务艰巨。

二是学校布局、教育结构亟须调整,以进一步优化教育资源配置,提高办学效益。一些地方小学的原有布点不合理,贫困山区单、双人校所占比例过高,新的小学、初中校布点缺乏科学规划,办学效益有待提高。在新的人口形势下,由于出生率下降,学龄人口减少,这一矛盾更加突出。最近,省教委课题组在调研中发现,连城县全县仅32.6万人口,却有26所中学,470所小学(其中单双人校就达276所),小学的校均规模不足百人;沿海地区教育人口流动性大,

---

* 原载《调研内参》1999年第3期。

大量乡村学童涌入城镇条件较好的中小学寄读，造成城镇学校爆满，班规模一扩再扩，而农村学校生源不断萎缩，办学困难。

三是城乡、沿海和内地教育的水平、质量、师资、条件差距较大。且有进一步扩大的趋势，严重影响了山区和农村地区"普九"工作成果的巩固。这种分化，给基础薄弱的山区、乡村中小学教育带来极大的不利影响，也给素质教育的实施带来一定的阻力。

四是学校办学的困难较多，义务教育阶段学额巩固的压力大，学生欠费数额较大。一些地方的小学、初中生辍学率有反弹回升倾向，部分基层领导和群众对教育的重要性认识不足，实现"两基"后对教育支持不力，巩固"两基"的压力大。

五是教师队伍的整体素质不高，教学方法、手段落后，信息闭塞，影响了教学质量的提高。深化教育教学改革、全面实施素质教育、全面提高教学质量落不到实处。

六是教育思想、教育观念的转变跟不上改革的要求，片面追求升学率、重普教轻职教等旧观念严重制约了农村教育综合改革和素质教育的推进进程。这些问题，都应当引起高度重视。

之所以存在这些问题，主要有以下一些原因：

一是"两基"任务重，时间紧，"两基"工作的重点放在教育规模扩张，解决学龄儿童入学难的问题，而这一时期又是小学入学的高峰期，主要任务是增加中小学布点。

二是全省农村贫困面大，山区比例大，人口居住分散，客观上造成集中布点和普及教育的矛盾。

三是缺乏统筹规划和有效控制，导致重复建设、集中建设、过密布点，也给当前及今后一段的布局调整带来包袱。

四是人口形势发生了重大变化，教育人口不稳定，给教育规划带来极大的不便。实施"两基"期间，正逢小学入学高峰，高峰过后，难免出现了有师无生、有校无人、入学人数锐减的情况。我们在连城县调研时发现，全县200多所教学点中，绝大多数是少则七八人，多则二十来名学生。有的教学点隔年招一次新生，两三个年龄段的学童合在一起也不足十人，已到了难以为继的地步。调整中小学布局，提高师资队伍的整体素质，是当前教育改革的首要任务。

二、"两基"实现之后的教育发展规划调整应遵循的工作原则

（一）要有利于巩固教育改革和发展的成果

特别是"两基"的成果，保证教育事业的持续、稳步发展，体现连续性。

因此，规划调整要在原有布局基础上进行，不搞大撤大并、大起大落，特别要考虑当地群众的实际利益、教育成本和中小学教师队伍的平稳调配。

（二）要有利于全面提高教育教学质量和办学水平

全面推进素质教育，初步建立与社会主义市场经济相适应的教育体系框架，体现创新性。布局调整必须有利于进一步深化教育教学改革，而不仅仅是调整撤并几所学校。

（三）要有利于合理配置教育资源

使有限的投入产生更好的经济和社会效益，减少教育资源的浪费，体现经济性。贫困地区、农村地区尤其要注意这个问题。

（四）要体现统一性和灵活性相结合的原则

分区规划，要有利于调动乡镇和村级办学的积极性和主动性，鼓励创新和探索，不搞统一的按人口、按经济发展水平布点的"一刀切"，允许各地有不同的实施模式，但布局调整的目标和要求必须是相同的。

（五）立足当前，面向长远，分步实施

规划目标留有调整、滚动的空间，便于年度进行微调，体现可操作性。布局调整不可能一步到位，也不可能一次完成，必须由易而难，由城镇向乡村推进，边实施边调整，精心论证，慎重决策。

三、今后五年教育改革和发展的目标与任务的思考

目标：全面贯彻教育方针，全面落实教育优先发展战略，全面实施素质教育，全面提高教育质量；大力加强和巩固基础教育，积极发展职业教育和成人教育，适度发展高中教育。中小学布局结构明显改善，办学效益明显提高，办学条件明显好转，师资培养和使用机制完善。

实现"两基"之后，随着教育工作重点的转移、人口形势的变化，今后三至五年内，一些地方，特别是农村、贫困地区的中小学校面临着生源不足，校、班规模萎缩，效益低下等问题。因此，必须把学校布局调整，特别是小学布局调整作为当前教育发展规划调整的重点来抓，要切实进行人口预测，规划好今后五年的教育规模和布局。

重点做好小学布局的调整。要下决心调整一批"空壳"学校。以连城县

为例，小学教育的布点调整涉及四类学校——中心小学、完小、初级小学和教学点，目前全县的布点分别为22、82、89、276所（个），总计达470所（含特教1所），在校生44363人，布点明显偏多，其中单、双人校276所，虽然一度方便了边远山区儿童入学，促进了面上的"普九"，但占用了大量教师编制，也不利于质量管理和办学条件的改善，扩大了城乡教育的差距，绝非长远之计，应予尽快调整。考虑到不同乡镇的实际，将全县18个乡镇按城区、山区、非山区、中间地区四大类地区进行规划，争取5年内减少50%布点。这是由于小学入学新生逐年减少所致。据测算，2003年比1998年入学新生要减少约40个班的规模。

调整初中布局。由于初中教育正处于适龄高峰期，对现有初中（含完中初中部）主要进行稳定和加强薄弱学校建设，个别重复布点要进行调整。近年的生源高峰主要通过提高班规模解决，公办初中不再规划新布点；要引导社会力量主要向薄弱校、特色校和上等级建设项目投入，但不再进行规划以外的新初中布点。重点中学主要加快初高中分设，初中峰期之后，再进行新一轮布局调整。

普通高中布局调整。要适当集约办学，扩大学校规模，以适应普及高中阶段教育的形势需要，提高教育教学质量。

要把积极发展职业和成人教育作为基础教育改革的重要保证措施来抓。鉴于县级职业中专、成人中专办学功能趋同、生源和培养目标趋同、管理体制趋同，要进行合并，组建县级职业教育中心。普通教育、职业技术教育与成人教育"三教统筹"。"三教统筹"，还应考虑三教在校舍、教学仪器设备、师资等教育资源的共享，盘活资产，不搞重复建设，对职业教育与成人教育的发展进行优化组合。

全面推进素质教育是当前中小学教育教学工作的主旋律。实现由应试教育向素质教育的转变是一项系统工程，必须标本兼治，综合改革，做到认识到位、措施到位、师资到位。为此，要在转变教育思想观念上下功夫，在落实政府行为上出实招，在深化教育教学改革上求突破。

加快招生和考试制度改革。加快初招改革步伐，全面落实小学升初中的免试、就近入学政策，取消择校生。1999年秋季，全省所有重点中学实行初、高中分离办学。

加快薄弱学校建设步伐。这是全面实施素质教育，解决择校、升学竞争问题的基本保证。要争取用2~3年时间，对所有中小学薄弱校进行分期分批建设，这需要从政策、资金上加以安排。因此，"两基"之后，增加教育投入、改善办学条件的任务还很重，不能松懈。

改革考试和评价办法，完善教育督导制度。改革以考试分数、升学率高低为唯一依据评价学校办学水平高低、校长和教师工作优劣、学生学习好差的做法，淡化考试竞争，建立新的评价体系，减轻学生的负担。要从基本素质、业务能力、教育教学效果、业务进修等方面对教师进行全面评价；从办学思想、管理水平、教育质量、社会效益等方面对学校及校长进行综合评价。以正确的导向引导学校全面贯彻教育方针，教师要面向全体学生，使学生全面生动活泼地得到发展。

加强和改进学校德育工作和德育基地、劳动基地建设，强化劳动教育。特别要发掘和利用我省革命老区、优良革命传统的宝贵教育资源，使中小学德育工作生动活泼、富有成效。

建设一支高素质的教育队伍。各级党政、教育主管部门要重视教师队伍的建设，提高教师从事素质教育的必备素质。抓好教师继续教育与教学基本功的达标训练及考核工作，把教师培训工作从学历补偿转移到提高素质和教研科研能力上来。严把进人关，为今后学校布局调整、规模调整后的教师分流、培训做好准备，确保教师队伍的稳定。完善教师管理制度，抓好师德、教风建设。建立健全教师岗位责任制，建立教师工作考核、评估和激励机制，完善教师职称评聘制度，调动教师的积极性。

"两基"验收之后，教育工作的重点进行了必要的调整，但是教育工作的重要地位不能削弱。必须采取有效的措施，确保在新一轮创业中，做到"教育优先发展的战略不动摇，党政主要领导抓教育的责任不松懈，增加教育投入的热情和力度不下降，提高办学质量和效益的意识不淡化"。为此，要协调解决好以下几个方面的问题：

落实教育优先发展战略，建立教育"双线"目标管理的制度。县及乡镇党政的一条线要管办学条件和教育投入，并实行单列目标管理，切实承担起发展教育的责任；教育部门和学校一条线要管教育的质量和办学的水平、效益，领导干部责任到人。组织、人事部门要按照上述要求，像抓计划生育一样进行领导干部的任期考核，建立"双线"评估的体系，并把评估结果作为评优评先和选拔任用的重要依据。

加强教育执法的力度，促进依法治教。要按照《教育法》《义务教育法》《教师法》和《中国教育改革和发展纲要》等规定，切实解决好当前教育改革和发展中出现的一系列权利、义务和责任问题，突出解决好政府行为到位、认识到位、投入到位和广大人民群众的责任到位问题。同时加强人大、政协的执法检查、监督的力度。

要以政府行为推进素质教育改革，促进由"两基"向"两全"的转变。要下大决心加快学校布局调整、初中招生考试改革、薄弱学校建设、教师提高与分流等具有全局性意义的改革。教育主管部门和学校要在转变教育思想观念、深化教学改革、建立素质教育督导评估体系、加强质量管理、改革考试测评制度等方面有较大的突破，取得社会的理解和支持。

加强教师队伍建设，提高教师待遇。要建立教师工资按时足额发放的机制，教师工资实行县管；加快教师住房建设，把教师住房建设纳入城镇建设规划，城镇教师住房达到省定标准；按照教师资格制度和《继续教育条例》的要求，开展多形式教师培训、进修和提高；完善医疗、社会保险制度，凡年龄达男55岁、教龄30年以上，女50岁、教龄25年以上，以及因病丧失或部分丧失从教能力的，应准予提前退休；协调人事、财政、教育、社保等部门，做好病退、不合格教师的分流安置工作。

加大教育投入力度，保证各级各类学校办学条件尽快达标。要保证财政性教育经费在GDP中所占比例逐步增长，保证"三个增长"的实现。加大教育投入力度，加快教育教学设备的现代化和办公、管理自动化、网络化的步伐，促进教育信息、资源的共享。

重视学校资产保护，防止资产流失。中小学校布局调整后，部分学校撤并必然导致一些校产（主要是地产、房产）的空置、闲置。对此，在国家或省级专项立法出台之前，要明确产权关系，确立县级教育主管部门对这些教育资产的处置权和保护责任，按照《教育法》《社会力量办学条例》等的有关规定，学校和其他教育机构撤并后，其资产应首先用于教育用途；二要管好用活这些资产，学校撤并之前要对资产进行评估、登记，避免资产流失。要制止一些部门、团体和个人利用学校撤并之机抢占、变卖学校资产；三要因地制宜，物尽其用。对这些资产，可以划转其他学校使用，或者进行资产置换，或者用于建设教师新村，或者用于创办幼儿园、乡村文化技术学校，或者改建为农村文化活动中心等。一些条件、设备较好的学校可以建成中小学劳动教育和实践教学基地、中心，由县教育局进行管理。

《探索与实践》序 *

　　当今世界，科学技术突飞猛进，知识经济已见端倪，国与国竞争，日益表现为科学技术和人才的竞争。教育，特别是高等教育在推动经济建设、社会发展和科技进步中的地位日益突出。面向新世纪培养大批高素质的专门人才已成为时代赋予高等教育战线的重任。

　　世纪之交，我们必须从新的视野、新的境界来审视高等教育的人才培养工作。现代科学技术发展的整体化和综合化趋势，自然科学和人文科学相互渗透和融合的趋势，工业社会向信息社会转变的趋势等等，都在深刻地改变着整个社会的生产方式、生活方式，改变着人们的思维方式、学习方式，也直接地影响着高等教育的人才培养工作，社会各界对人才培养的质量要求越来越高。在这种大背景下，1998年10月，福建省教委召开了全省普通高等学校教学工作会议。会议在邓小平理论指导下，以更新教育思想和教学观念为先导，认真总结了1992年以来高等学校教学改革的经验，研究制定了面向新世纪深化教学改革、加强大学生的创新精神和实践能力培养、努力为我省社会主义现代化建设培养创新人才的政策和措施。这是一次面向新世纪、实施新策略，搞好教学创新工作的重要会议，必将对我省高等学校人才培养工作产生深远的影响。

　　会议期间，许多高校提交了努力实践、大胆创新、富有理论色彩和实践基础的教学改革的经验和探索的文章，具有很强的借鉴意义和推广价值。点点滴滴，贵在创新。我们将这些经验材料汇编成册，奉献给在高教战线辛勤耕耘的广大教师和教育工作者，以期通过更大范围、更深层次的交流和探讨，进一步推进我省高等学校的教学改革，不断提高教学水平和教学质量。我衷心希望全省高校和广大教师、教学管理工作者在迈向新世纪的征途中，坚持教学工作的中心地位，牢牢抓住教学改革这个关键，脚踏实地，勇于创新，通过努力，把一个充满生机和活力、高水平、高质量的高等学校人才培养工作带入21世纪。

1999 年 6 月 17 日

---

* 选自《探索与实践——福建省普通高等学校教学改革经验汇编》，厦门大学出版社1999年版。

教育行政有效管理探索*

有效管理是随着现代管理科学的发展，特别是随着工商管理学科的发展而提出的一个管理学的新概念。在管理实践中，实现有效管理是管理者所追求的最高目标。教育作为一种社会活动，管理水平如何直接影响其社会功能的发挥。本文试图就教育行政有效管理的内涵及其实现的途径作一些探索。

一、实现教育有效管理的必要性

教育是社会主义现代化建设的基础，是推动经济建设、社会发展和科技进步的重要力量。当前，在加快教育改革和发展的新的历史时期，实现教育的有效管理，有其深刻的社会和现实背景。

20世纪80年代以来，我国作出了"科教兴国"的战略部署，把教育作为社会主义现代化建设的重点，摆在优先发展的战略地位，采取了一系列重大政策和措施，有力地促进了教育的改革和发展。这就必然要求教育界必须认清形势，明确职责，不断开拓进取，努力为现代化建设作出更大的贡献。同时，也要求教育部门必须加强自身建设，通过有效管理，提高教育的质量和效益。

穷国办大教育，这是要求教育实现有效管理的决定性因素。我国是发展中国家，经济发展水平不高，底子薄，人口多，在有限的教育投入上要举办世界规模最大的教育，客观上要求教育必须通过改革和实现有效管理，不断提高办学效益，把沉重的人口负担转化成人才优势，从而为社会主义现代化建设奠定坚实的人才基础。

教育是全局性、先导性的基础产业，这是要求教育实现有效管理的现实依据。随着教育事业的改革和发展，人们对其内涵的认识不断深化和升华。目前，政府已明确提出教育是全局性、先导性的基础产业，必须引进产业发展的机制，

---

* 原载《教育评论》2000年第3期。

促其加快发展，对教育实现有效管理，这正是推进教育产业发展的重要手段之一。

教育办学主体的多元化要求对教育实现有效管理。走多渠道发展教育事业的路子，是我国促进教育事业发展的重要途径之一。随着教育体制改革的不断深化和社会力量办学的发展，我国已逐步形成了政府为主体办学，社会各界共同参与，公办学校与民办学校共同发展的新格局。这就要求通过实现有效管理，保护社会各界的办学积极性，规范社会力量的办学行为，推进各类教育的健康发展。

教育法制建设的发展要求教育实现有效管理。随着《教育法》《职教法》《高教法》等一批重要的教育法规的颁布施行，依法治教、依法促教已成为促进教育事业发展的重要保障。它要求教育行政部门必须依法转变职能，调整职权，改革教育行政管理的内容和手段，建立起一整套符合教育法规的管理体制及管理办法，对教育实现有效管理，促进教育事业在法制的轨道上快速、健康发展。

我国经济、政治、科技、文化体制改革的不断深化，要求教育实现有效管理。随着社会主义市场经济体制框架的基本确立，我国进一步加快了政治、科技、文化体制的改革步伐，转换管理机制，精简机构，减员增效，已成为机关和事业单位体制改革的重要内容。适应这一形势，也要求教育系统必须通过实现有效管理，努力提高工作水平和工作效率。

教育内部存在的办学基础差、布局不合理、重复办学等问题，是要求教育实现有效管理的重要依据。近年来，我国的教育事业取得了举世瞩目的成就，但还不适应改革开放和社会主义现代化建设的需要。从教育系统本身情况看，其中的一个重要原因，就是不同程度地存在着教育布局、层次、学科结构不合理，以及部门办学、条块分割等弊端，这些弊端没有得到很好的解决。这要求教育通过实现有效管理，合理配置教育资源，提高办学效益。

二、教育行政有效管理的原则、内涵和目标

教育管理学是管理学的一个分支学科，教育有效管理则是在教育管理实践中提出的一个新概念。一般意义上的教育有效管理是指对教育有效益、有效率、有效果的管理，是以教育学和管理学的基本思想、理论和原理作为理论基础，以教育管理实践活动为对象，通过研究教育系统内部的有效管理问题，探讨教育管理的最优方案，达到对教育管理过程的有效控制，实现教育管理的最佳目标。要全面、系统地建立教育有效管理机制，还涉及哲学、社会学、心理学以及系统科学、计算机科学等众多的学科。从教育管理职能和过程具体分析教育

的有效管理，还可划分为教育行政的有效管理和学校教育的有效管理。前者是政府行为，是政府及其教育行政管理部门在宏观上对教育系统实施的有效管理；后者是学校作为办学的主体，对其内部教育教学系统实行的微观的有效管理。两者之间的相互联系、相互作用、相互衔接和相辅相成，构成了教育有效管理的有机整体。

有中国特色社会主义教育的性质决定了实现教育行政的有效管理，必须认真贯彻"教育要面向现代化、面向世界、面向未来"的战略指导方针，遵循教育规律，从教育实际出发，大胆吸收现代管理科学发展的新成果，按照"科学、规范、公正、合理"的原则，逐步建立起适应我国经济、科技、文化体制改革及教育事业发展需要的教育行政有效管理新机制。

教育行政管理的对象主要是学校教育和社会教育两大类；按教育层次可分为高等教育、中等教育、初等教育和学前教育，按培养方式又可分为普通教育、成人教育、职业教育等。教育行政管理部门要对各类教育实现有效管理，其内涵包括以下几方面内容：

有效地实施国家的教育法令，督促学校和其他教育机构依法办学、依法管理，保证各级各类教育在法制的轨道上健康发展。

有效地贯彻执行国家的教育方针政策，坚持社会主义的办学方向，督促学校和其他教育机构完成教育任务，提高人才培养的质量。

依据国家法规，制订教育行业管理的有关条例和规章，有效地对教育系统进行管理。

依据经济建设、社会发展及人民群众对教育的需求，编制教育事业发展的远景目标规划及年度计划，有效地对教育事业发展的规模、速度、层次、种类等进行调控和管理。

依据经济、科技、文化体制改革的需要，制定教育改革规划及政策措施，有效地指导、协调和引导学校和其他教育机构开展教育教学改革。

依据政府授予的人事管理权限，有效地对学校和其他教育机构进行人事管理。

有效地对教育经费的筹措、安排和使用进行管理。

有效地运用评估、检查、审计等手段，对学校和其他教育机构的教育教学质量、办学条件等实施教育行政管理监督。

有效地协调教育与计划、财政、人事等政府部门和社会各界的关系，为教育改革与发展创造良好的外部环境和条件。

教育行政管理部门要通过实现以上几方面的有效管理，达到以下各项目标：
（1）实现各级各类教育事业发展的规划目标和年度计划，全面提高劳动者素质，为社会主义现代化建设提供充足的人才支持。（2）实现教育质量的有效提高，使受教育者具备科学合理的知识和能力结构，具有创新意识和实践能力，成为德、智、体全面发展的社会主义事业建设者和接班人。（3）实现教育资源的有效配置，使各级各类教育协调发展，具有科学合理的布局、层次和学科结构，有效地提高办学的水平和效益。（4）实现对教育投入的有效管理，提高资金使用的效益。（5）实现对教育科技工作的有效管理，充分发挥教育系统的人才、智力、信息等方面的优势，使之成为推动经济增长和科技进步的重要支柱。（6）有效地调动广大教育工作者的积极性和创造性，自觉、主动地为教育的改革和发展努力工作，取得一流的业绩。（7）有效地争取社会各界支持和参与办学，加快教育事业的发展。

三、实现教育行政有效管理的途径和主要措施

教育事业发展的根本目的是提高全民族的素质和创新能力。为了迎接新世纪日趋激烈的经济、科技、人才竞争，加快教育事业的改革和发展，近一年来，我国相继推出了《面向21世纪教育振兴行动计划》和《关于深化教育改革全面推进素质教育的决定》等一系列重要的教育文件，全面规划了跨世纪教育改革和发展的蓝图。教育在迎来了极好的改革和发展机遇的同时，也面临着严峻的挑战，担负着光荣而又艰巨的使命。在新形势下，如何抓住机遇，迎接挑战，开创教育事业改革和发展的新局面，是我们面临的一项紧迫任务。为此，教育行政管理部门应把向管理要效益、要水平、要质量作为促进教育事业发展的一项重要措施。教育行政管理部门要实现有效管理，必须转变管理思想和管理观念，改革管理内容和管理制度，改进管理方法和手段，努力提高管理水平。

教育行政管理部门要牢固地树立管理是一门科学，实现有效管理是推动教育事业改革和发展的重要力量的观念，主动适应加快教育改革和积极发展教育事业的需要，增强管理创新意识，认真汲取现代管理科学和有关学科的研究成果，在掌握一般管理科学的基本原理的基础上，积极探索实现教育有效管理的教育思想和原则。当前，要改变那种单纯靠政策、靠投入来发展教育事业的观念，克服管理上存在的经验主义、教条主义和机械主义的弊端，从管理实际出发，逐步建立科学、规范的有效管理体系和管理工作机制。

教育行政管理部门必须进一步树立教育是推动经济社会发展和科技进步的重要力量的观念，树立教育是新的经济增长点的观念，确立教育是产业的观念，确立教育投入是生产性投资的观念，大胆引进和借鉴市场管理、产业管理等方面的管理机制和管理方法，按新的运行机制和管理模式推动教育事业的发展。

教育行政管理部门要牢固树立依法治教、依法行政的观念，明确教育事业的举办者、管理者、办学者之间的责、权、利。既要依照教育法规有效地对教育系统进行管理，又要依法保障学校和社会教育机构的办学自主权，促进它们面向社会，依法自主办学，实行民主管理。

教育行政管理部门要进一步强化宏观管理职能，改革管理内容，科学合理地确定管理的范围和管理的程度，逐步减少对学校和其他教育机构办学过程的管理和具体的教育教学活动的管理，把管理工作的重点放在对教育教学质量的宏观调控上。

教育行政管理部门要努力改革管理制度和管理手段。管理制度改革的关键是要逐步建立起一套竞争激励机制，"奖优罚劣"，提倡公平竞争，鼓励各级各类学校自我提升、自我发展。要进一步改革管理手段，把以行政命令为主的管理办法改革为通过计划、拨款、评估、协调、激励等手段进行综合管理。

教育行政部门要注重引进先进的管理技术，包括计算机管理技术、系统管理技术等，不断推进管理手段的现代化。同时，教育行政管理部门要充分运用大众传播媒体、社会中介机构等社会评价力量，充分发挥它们在教育事业改革和发展中的宣传、监督和评估作用，努力形成全社会关心教育、支持教育和督促教育的良好氛围。

教育行政部门的管理者要加强学习，不断提高管理素质，提高决策水平和综合协调水平，努力成为有效管理者。同时，要进一步转变工作作风，牢固树立全心全意为人民服务、为基层服务的思想，加强廉政勤政建设，努力开拓进取，不断提高工作水平和工作效率。

解放思想 抓住机遇
加快发展我省高校科技事业*

十一届三中全会以来,党中央、国务院对科技工作制定了一系列的方针政策,科技体制改革不断深化,科技事业发生了巨大的变化和发展。我省高校科技事业与全国一样,在改革开放后,有了较快的发展,并取得了显著的成绩。现在,全省高校科技人员已达1.2万人,人文社科活动人员5千多人,高校的年科技经费和社科研究经费达1.3亿多元。高校科技人员不仅承担了我省大部分重大科技项目和基础性研究课题,而且在国家攻关项目和重点科研项目中也承担了许多重要任务。高校获奖成果,在国家三大奖中占全省的1/3,在省科技进步奖中占全省的1/4,其中一等奖占全省的1/2。这些成绩是在党的科技工作方针指引下取得的,也是我省高校广大教师、科技工作者在省委、省政府的正确领导下努力工作的结果。

世纪之交,时代赋予我们以新的机遇和责任。全省高校战线的广大教师和科技工作者要明确己任,增强紧迫意识,进一步解放思想、抓住机遇,大力推进高校科技领域的新一轮创业,为实现两个根本转变、实施科教兴省战略和可持续发展战略作出更大贡献。

1. 加强技术创新、发展高科技、实现产业化是历史赋予高校的重大任务

江泽民同志指出:"一个没有创新能力的民族,难以屹立于世界先进民族之林。作为一个独立自主的社会主义大国,我们必须在科技方面掌握自己的命运。"这既是对历史经验的总结,也是对今后发展目标的概括。最近中共中央、国务院在《关于加强技术创新发展高科技实现产业化的决定》中对我国科技事业的发展作出了重大的战略部署。毋庸置疑,技术创新,发展高科技,实现

---

* 选自《创新·改革·发展》,福建教育出版社2000年出版。

产业化将是高校科技事业肩负的新的历史重任。

社会主义市场经济体制的确立和我省作为对外开放重要省份的优势，为我省经济发展走在全国前列提供了机遇。改革开放以来，我省的经济已从全国的第20位跃居第7位。然而，我们又面临知识经济的严峻挑战。当今世界，在以经济实力、国防实力和民族凝聚力为主要内容的综合国力竞争中，高新技术及其产业已成为竞争的焦点，谁拥有科技、教育和人才的优势，谁就能赢得未来。高等学校是新思想、新理论、新知识、新技术的主要发源地。从国内外发展高新技术产业来看，其技术大都源于高校或是充分利用了高校在知识创新或技术创新中的作用和成果。美国硅谷的产业群、我国的北大方正集团、东大阿尔派集团等就是典型例子。因此重视和发挥高校在知识创新和技术创新中的作用和优势，无疑是发展有自主知识产权的知识经济产业的重要保证。高校应当发挥科技、教育、人才的优势，为我省在新世纪增创新优势，增强综合实力，赢取竞争主动权，实现跨越式发展作出应有的贡献。

2. 发挥优势，务求突破，推进不同类型科学研究的共同发展

高等院校在实施科教兴省和推进科技领域新一轮创业中，应当找准位置，正确处理好基础研究与应用研究、自然科学研究与社会科学研究的关系。各个高校应根据自身的实际情况和我省经济发展的实际需要，充分发挥已有的学科优势，集中部分科技力量，努力在一些领域取得突破，以带动各类研究的共同发展。

首先要加强基础性科学研究。基础研究肩负着探索自然规律、追求新的发现、创立新的学说、孕育新的技术和培养优秀科技人才的历史使命，这正是高校的优势所在，高校应当在基础性研究中发挥主力军作用。要抓住对经济、社会发展有重要作用的基础理论和基础技术问题，确定目标，突出重点，必要时可以组织全省高校进行多学科、跨领域的协同作战，务求突破。当前高校要切实稳定一批精干的优秀科技人才从事基础性研究工作，对已出成果、且工作基础较好的科研所、室，要加强其基础建设，积极扶持他们争取国家和省的基础性研究任务。

二要积极发展高新技术及其产业，重点开发与电子信息、生物技术、新型材料、海洋技术及新医药、环保等产业有关的创新技术，把握世界高科技发展趋势，争取在一些领域达到国内乃至国际先进水平。高校要真正发挥高新技术源泉的作用。高校有这个基础，也有这个能力做好这项工作。

三要强化技术的开发和推广，加速科技成果商品化、产业化进程。要把市场需求、社会需求作为研究开发的基本出发点，强化企业的技术创新主体地位。

中小企业中的一些技改项目关系到国计民生，且市场需求大，我们应该重视这些项目，在这些项目中积极发挥高校的作用。高校技术开发和技术服务型机构，以及科工贸一体化的科技型实体要走出校门，进入市场，在市场竞争中求发展。科技工作一定要树立市场观念，要创造经济效益和社会效益，同时也要为学校改善办学条件、增强学校实力作贡献。

四要重视和加强哲学、社会科学的研究。自然科学研究固然重要，但社会科学的研究也同样能够为经济和社会的发展做出重大贡献。这不仅因为当代科学技术的发展，使自然科学与社会科学的交叉、渗透日益广泛，联系日益密切；还因为马克思主义的辩证法、方法论对自然科学研究有着极其重要的指导作用；更因为哲学社会科学的研究对推进社会经济改革，对人类文明进步发展都具有极其重大的促进作用。因此，社会科学研究作为高校科研的一个组成部分，要以马克思主义和邓小平理论为指导，紧密联系我国和我省的实际，研究和解决现代化建设中的理论和实际问题，为进一步推进我省精神文明建设作贡献。

3. 拓宽经费来源，提高使用效益

科技事业的发展，必须要有充足的经费保证。我省高校现有科研经费的来源主要是以财政拨款、无偿投入为主，而外省一些高校横向科研经费比重相当大。我们要进一步改革投资体制，调整投资结构，逐步建立起以财政拨款、科技基金、银行贷款、企业资助、自筹资金等多层次、多渠道相结合的高校科技资金供给体系。当前，要特别强调争取企业研究开发经费。高校要运用现代的科学技术帮助企业改造传统产业和旧设备、旧工艺，提高企业的生产效率和产品的质量。因此，高校要努力面向社会，主动介入企业技术进步，加强产学研联系与合作，以自身的科技优势和实力，积极参与各级各类科技计划项目和技术难题招标，以争取更多的经费，促进自身的发展，这也是科技发展的国际趋势。同时要鼓励和引导企业增加科技投入，使企业逐步成为科技开发的投入主体。

在拓宽经费渠道的同时，要努力提高科研经费的使用效益。在财力有限的情况下，要集中部分资金，支持一些重大项目。高校具有学科众多，人才密集的优势，应当在重大项目的研究上有更大的作为。今后重点学科要结合我省"五加二"支柱产业和重点产业提出一些市场前景好、具有带动作用的大项目，给予重点支持。省教委在拨款体制上，也要有所调整。只有抓住重点，才能让有限的财力物力发挥更大的作用。要打破旧的经费分配模式，引进竞争机制，提高课题质量和科研经费的使用效益。

4. 深化改革，增强服务管理，力促成果转化与推广

高校要根据自身特点和有利条件，广泛组织科技力量，进入经济建设的主战场，在不同层次上参与地方和行业推广计划、攻关计划、高技术计划和重大

科技工程等计划，积极参加企业的技术开发、技术改造、人员培训、引进项目的消化吸收与创新等各项活动，在服务生产中，发展、壮大和提高自己。

高校科研处，作为科研工作的管理机构，要积极开展管理科学的研究，不断提高管理水平。他们不仅应该对学校的科技人员、研究成果了如指掌，也应该能跟踪市场，了解市场需求，起桥梁、中介的作用。学校要组织科技人员努力开发市场容量高、技术含量高和经济附加值高的产品，组织科技人员用高新技术改造传统产业和传统农业，为我省实施名牌战略服务，为创造新的经济增长点服务。科技成果的转化仍然是高校科技工作的一个难点，要尽快争取有所突破。各校要加强各种科技服务机构的建设。高校要主动推广科技成果，不能坐等企业上门，要主动参加或举办各种科技成果发布会、展览会和洽谈会。高校科技产业可以走股份制的道路，研究人员在科技产业中可以占有股份。学校可通过控股的方式组织生产，以更好地体现科技工作者的劳动价值，调动他们科技开发的积极性。在合作过程中高校要学会依法保护自己的合法权益。各校要进一步强化科技开发的管理职能，主动做好科技开发和服务工作，积极引导科技人员为地方经济建设服务。

改革开放20年来，我省高校科技事业有了较大的发展，并为新一轮创业奠定了较坚实的基础。让我们以贯彻中共、中央国务院《关于加强技术创新发展高科技实现产业化的决定》和省委六届十次全会精神为契机，高举邓小平理论的伟大旗帜，进一步解放思想、真抓实干，大力推进高校科技领域的新一轮创业，扎扎实实地把一个崭新的高校科技事业带入21世纪。

论充分发挥高校党总支政治核心作用 *
——关于"四导"工作的思考

如何增强高校基层党组织的活力是新形势下加强高校党建工作的一个重要课题。党总支作为高校党的基层组织,其地位和作用十分重要。探讨如何做好党总支工作,发挥其政治核心作用,对于切实加强高校党建工作,促进学校改革、发展与稳定具有重要的意义。近年来,我校认真贯彻《中国共产党普通高等学校基层组织工作条例》精神,提出了"四导"工作新思路,对如何充分发挥高校党总支政治核心作用进行了理论上和实践上的探索。

一、关于"四导"工作的基本思路与运作

"四导"即主导、引导、疏导、制导,在"四导"中,主导是核心。围绕主导这一核心,还要做好引导、疏导和制导工作,从而形成一个完整的工作模式和积极的运作机制,即:强调主导,把握工作方向;重视引导,促进思想统一;积极疏导,激发工作热情;加强制导,遏制不良倾向。通过做好"四导"工作,促进党总支工作规范化、制度化,提高党总支的凝聚力和战斗力,充分发挥好高校党总支政治核心作用。

(一)强调主导,把握工作方向

所谓"主导"即党总支按照社会主义办学方向的要求主导院系的行政工作、业务工作的政治方向,以保证师生员工树立坚定理想信念,与党中央保持一致,保证党和国家的方针政策以及校党委、行政的各项决策落实到院系的行政工作和业务工作中去。党总支要在学院的各项工作和活动中成为主心骨,真正起到主导作用,根据学校和本单位的中心工作来确定自己的工作重点,使本单位的党政工作目标同向、思路同心,工作有机结合,相互促进。

---

* 原载《福建农业大学学报》(社会科学版)2001年第4卷第3期。

1. 坚持政治主导，加强党总支对院系工作在思想政治上的领导

坚持政治导向就是要坚持守土有责，在事关政治方向和根本原则的问题上旗帜鲜明、理直气壮，严把政治关，保证正确的政治方向；坚持政治导向就要领导好本单位的思想政治工作，保证高校思想政治工作落到实处，使广大师生员工提高思想认识、明确办学方向、共谋学校发展，同时，也使学校党委能够集中精力抓大事、议大事，真正起到领导核心作用。

2. 坚持理论主导，切实把好宣传纪律关口

坚持理论导向，就是坚持用科学的理论武装师生员工，使广大教师自觉坚持把教书与育人结合起来，坚持用科学理论武装学生，用正确的舆论引导学生，在各种讲坛、论坛上始终弘扬共产党好、社会主义好、改革开放好的主旋律；既要通过各种组织形式积极主动开展宣传教育，更要以党组织和党员的模范先锋作用去实践党的宗旨，体现正确的理论导向，以自己的人格和品行去引导师生，使广大师生员工能自觉接受马克思主义，使马克思主义牢牢占领高校思想阵地。

3. 坚持政策主导，把党的方针政策落实到本单位各项工作中去。

坚持正确的政策导向，运用好"党政联席会议"的形式，贯彻和落实好上级党组织的任务，并制定好本单位发展规划、工作思路及各项制度。党总支要正确处理好与行政的关系，在参与本单位工作的讨论决策过程中，既要支持行政负责人在其职责范围内独立负责地开展工作，又要保证党和国家的方针政策及学校的各项决定在本单位的贯彻执行。

（二）重视引导，促进思想统一

所谓"引导"，即党总支通过经常性的思想政治教育工作，把师生员工的思想引导到我们党确定的政治方向、奋斗目标上来。由于人们的思想行为是动态的、变化的过程，各种主客观因素都会对人们的思想行为产生这样那样的影响。当前，我们正处在大变革时期，国际风云变幻，国际政治斗争异常复杂，国内改革深入，各种矛盾碰撞激烈，影响人们思想变化的变数不断增大，引导工作显得尤为重要。党总支的引导工作，必须按照党的目标、宗旨、路线、方针的要求，通过各种有效手段对师生员工的思想和行为进行影响和改变，最终起到导向作用。

1. 引导师生员工自觉加强理论学习，提高政治理论素养

用马列主义、毛泽东思想、邓小平理论武装师生员工，是引导工作的首要任务，也是党总支发挥政治核心作用的基础。引导师生员工自觉学习理论，

必须针对师生员工不同的思想特点和理论功底,采取不同的做法,才能取得比较好的效果。如我校近年来提出并实施的理论建设"三大工程",即领导干部学习理论的"重点工程"、青年学生学习理论的"战略工程"以及广大党员和教职工学习理论的"基础工程",区分不同对象的不同特点,工作重点和方式各有不同,都取得了较好的效果。

2. 引导师生员工正确认识重大的理论问题与实践问题,坚定理想信念

在中央思想政治工作会议上,江总书记提出并精辟阐述了如何认识社会主义发展的历史进程、如何认识资本主义发展的历史进程、如何认识我国社会主义改革实践过程对人们思想的影响、如何认识当今的国际环境和国际政治斗争带来的影响等4个方面重要问题,具有鲜明的时代特色和很强的现实针对性[1]。党总支要深入开展学习与理论研究,全面准确地掌握马克思主义理论的科学体系,特别要对当前高校师生普遍关注的"四个如何认识"等重大思想理论问题作出科学的、有说服力的、符合实际的解释和说明,使广大师生员工坚定对马克思主义的信仰,坚定对社会主义的信念,增强对改革开放和现代化建设的信心,增强对党和政府的信任。

3. 引导师生员工明确新世纪重任,积极投身科教兴国

新世纪我们面临新的形势和新的任务,也面临不少新的挑战和新的问题。面对风云变幻的国际形势和激烈的国际竞争,高校在实施科教兴国战略中任重道远。党总支要引导师生员工明确新世纪肩负的使命,积极投身科教兴国,为国家富强、民族振兴,为我国在21世纪中叶基本实现社会主义现代化贡献力量。当前,要大力宣传和弘扬江总书记提出的为实现社会主义现代化而不懈奋斗的"五种精神",即解放思想、实事求是的精神,紧跟时代、勇于创新的精神,知难而进、一往无前的精神,艰苦奋斗、务求实效的精神,淡泊名利、无私奉献的精神,使之成为全体师生员工为实现社会主义现代化、实现中华民族伟大复兴而努力奋进的巨大精神动力[2]。联系本校实际,在广大师生中宣传具有农林大特色的创业精神的"五种品格",即耕牛的拓荒品格,骏马的争先品格,蜜蜂的勤勉品格,小草的奉献品格和青松的顽强品格,同时积极树立和大力宣传先进典型,激发广大师生为学校事业的发展,为科教兴省、科教兴国努力拼搏的斗志。

4. 引导师生员工追求真理,崇尚科学

倡导科学精神、传播先进文化是高校的一项基本任务。高校党总支作为党的一级基层组织,要引导师生掌握马克思主义的科学世界观和方法论,正确看待和分析各种复杂的社会现象和社会问题,通过上好党课、开设讲座,加强

对青年教工和青年学生进行共产主义科学理论教育，提高对党的认识，端正入党动机，树立正确世界观和人生观，明确肩负的历史重任。如在校园文化建设中，坚持贯彻"一院一品、一生一专"的工作思路，着力提升校园文化活动的品位和水平，浓厚校园学术氛围，要注重科技与文化相结合，通过开展学生课外科技作品赛和创业计划大赛等活动，培养大学生的创新能力、实践能力和创业精神；同时，还对师生员工深入进行科学知识、科学思想、科学方法、科学精神教育，在本单位形成崇尚科学、反对迷信、抵御各种歪理邪说的健康气氛。

（三）积极疏导，激发工作热情

所谓"疏导"，即党总支要深入了解本单位师生员工的思想状况，特别是在深化改革过程中的思想状况，对存在的各种思想问题和矛盾及时采取措施，有针对性地做好化解矛盾、理顺情绪的工作，达到团结同志、凝聚力量、促进发展的目的。疏导是思想政治工作的基本原则之一，也是高校思想政治工作调动师生员工积极性、激发工作热情的一个重要方法。

1. 善于疏通渠道，把准脉搏

师生员工中之所以出现这样那样的思想问题，一个重要原因是学校或院、系领导与师生员工之间缺乏必要的沟通。学校可通过设立校党委书记、校长信箱及接待日，加强与群众的联系，及时解决师生反映的问题；定期召开思想政治工作动态分析会，分析师生思想动态，研究工作对策。党总支更应在本单位倡导民主风气，疏通各种交流渠道，及时掌握师生员工的思想动态，准确把握师生员工的思想脉搏，并进行有针对性的思想教育工作。同时，注意党总支一班人尤其是总支书记的自我教育，学会做细致的思想工作，采取切实可行的方法，提高疏导工作的有效性。

2. 善于化解矛盾，理顺情绪

当前我们正处在社会大变革的特殊时期，随着国内外形势的不断变化和各项改革的不断深入，高校师生员工的思想受到很大冲击，特别是一些关系师生员工切身利益的改革，如医疗改革、住房改革措施的出台，以及高校内部的干部人事制度改革、分配制度改革、科技制度改革、后勤制度改革等的相继推出，引起利益的重新调整，形成一系列思想问题和矛盾，这些问题和矛盾如果不及时加以解决，必然给高校的稳定工作带来隐患，对高校的发展带来消极的影响。党总支要深入分析面临的形势和群众的实际困难，充分考虑可能出现的问题，采取"春风化雨"的办法，把矛盾解决在萌芽状态。同时，还要耐心细致地做好师生员工的思想工作，化解矛盾，理顺情绪，最大限度地发挥思想政治工作的作用，促使消极因素向积极因素转变。

3.善于以情感人，留住人心

思想政治工作的对象是人，而人是有感情的。实践表明，思想政治工作者一旦在感情上同受教育者有了联系与沟通，就可能打开心灵窗口，促成他们的觉悟和进步。高校党总支是直接面对师生员工开展思想教育工作的，这就要求党总支要注意了解师生员工的思想和利益要求，掌握他们的思想情绪，讲究工作方法，注重以情感人。要改变以往那种居高临下、"我打你通，我令你行"的简单说教的做法，多深入群众、联系群众，在人与人之间构筑起感情的桥梁，形成良好的情感认同，以达到事半功倍的效果。

4.善于深入实际，解决问题

注重以情感人、解决思想问题，这是做好高校思想政治工作必须坚持的，但在解决思想问题的同时，绝不能忽略了解决师生员工的实际问题。把解决思想问题同解决实际问题相结合，这是我们党思想政治工作要坚持的一条正确的方针原则。深入实际一要深入教学、科研第一线，了解教师、学生的工作和学习状况，把握教与学动态，支持和协助行政解决好问题；二要深入师生员工的生活实际，做他们的"贴心人"。要注意倾听群众的呼声，设身处地地为群众着想，解决好群众关心的问题，诚心诚意为师生办实事、办好事。

（四）加强制导，遏制不良倾向

所谓"制导"，即党总支要对各种不正确的行为，旗帜鲜明、理直气壮地加以反对和制止，大胆开展批评和教育。一个单位的风气正不正，党组织有没有发挥作用是关键。加强制导，遏制不良倾向，是党总支工作的一个重要方面。

1.旗帜鲜明地制止不讲政治的行为

高校是各种思潮交汇斗争的场所，是各种敌对势力与我政治斗争的必争之地。中央要求，严禁违背党的基本理论、基本路线和美化西方、贬损祖国的错误观点等通过课堂、讲坛、论坛进行传播，对西方学术观点也要加以分析、鉴别、选择，不能随意引进。党总支要根据这一精神，从讲政治的高度，增强阵地意识，加强引导与监督，对各种讲座、论坛和社科类学术活动要加强管理，严格把关，要建立和完善有关申报审批制度，绝不给错误思想言论提供传播渠道。对个别教师在课堂上不遵守政治纪律、散布消极言论的行为要坚决禁止、严肃处理。

2.旗帜鲜明地反对不利于团结的言行

团结是把学校事业不断推向前进的基本保证。没有团结，学校就没有发展；没有团结，就会一事无成。党总支要充分认识团结的重要性，在党政班子建设上，同心同德、团结协作；在团结广大教职工力量上，求同存异，众志成城；在处理学科之间关系上，统筹兼顾，协调发展。对于一切不利于团结的言行，要态度鲜明地反对并及时制止。

3. 旗帜鲜明地遏制不正之风的干扰

学校的发展很大程度上取决于学校的正气能不能树起来。正气的上扬能够凝聚人心，振奋精神，促进团结，而歪风邪气的蔓延，却会混淆视听，涣散人心，瓦解斗志，造成诸多不良后果。因此党总支一方面要采取积极措施树立正气，另一方面要敢于遏制各种不正之风。对背离党的基本路线、违反政治纪律的言行要坚决制止；对信谣传谣、破坏团结的行为要坚决抵制；对不干实事、热衷于空谈泛论的人要教育引导；对追逐个人名利、热衷于拉关系找门子的人要严厉批评。要通过树立先进典型弘扬正气，通过宣传舆论营造文明健康、积极向上的良好氛围，还要规范各项制度防止腐败现象和不正之风的滋生蔓延。

二、积极探索做好"四导"工作的新途径

"四导"工作是高校的一项长期的战略性任务，是增强党的基层组织活力、充分发挥党总支政治核心作用的有效办法。当前，国际形势错综复杂，社会生活正发生复杂而深刻的变化，社会经济成分、社会组织形式、物质利益和就业方式的多样化，给人们的思想观念、价值取向、文化生活也带来多样性，宣传思想领域和理论领域也还存在着一些不确定的因素，这些都对新时期的高校党建和思想政治工作提出了新的要求。面对新情况、新问题和新变化，我们必须以改革的精神去主动适应。总支成员应身体力行，坚持做好"四导"工作，积极探索做好新形势下的高校党建和思想政治工作的新途径。

（一）坚持学习，提高干部队伍素质

政治路线确定之后，干部就是决定的因素。"四导"工作能否做好，干部队伍是关键。干部队伍自身素质的高低决定了"四导"的质量和效果。党总支要组织总支一班人坚持学习，不断提高自身素质，增强做好"四导"工作的能力。要认真学好马列主义、毛泽东思想特别是邓小平理论，用科学理论武装头脑、指导工作。当前，要重点组织学习江总书记"三个代表"的重要思想，以"三个代表"重要思想指导自己的思想和实践，切实解决理想、信念和宗旨问题。要树立科学的世界观、人生观、价值观，自觉贯彻执行党的路线、方针、政策，保持政治上的清醒和坚定。同时，要加强业务知识的学习，以加强对业务工作的指导，并提高参与决策的能力。此外，还要学习哲学、政治学、法学、历史、

文学、现代科技等，特别是把反映当代世界新发展的各种新知识结合起来，不断更新知识、扩大知识面，以适应知识经济时代带来的日新月异的新变化。总支的每位成员都要增强责任意识，坚持守土有责，积极主动地做好"四导"工作，要坚持表里如一，自觉发挥榜样作用，用自己坚定的信念、优良的品格、朴实的作风、渊博的知识、高尚的情操去影响群众、鼓舞群众、教育群众。

（二）加强建设，增强基层组织活力

党的基层组织是党的全部工作和战斗力的基础。只有把党总支这个基层组织建设好，党总支工作才有活力，其政治核心作用才能得到充分发挥，否则，发挥党总支政治核心作用就成为一句空话，"四导"工作也就成了无源之水、无本之木。要建立健全党总支工作的责任制，规定党总支工作的目标任务，明确总支书记第一责任人的职责。要按照《中国共产党普通高等学校基层组织工作条例》规定的院系级单位党总支6个方面的主要职责，制定党总支工作的细化标准，定期对党总支工作进行考核，并把考核结果作为干部奖惩和使用的重要依据。党委要深入调查研究，加强督促检查，及时解决党总支工作存在的突出问题。对个别软弱涣散或处于瘫痪、半瘫痪状态的总支班子，要采取有力措施及时进行整顿。

（三）掌握方法，增强思想工作效果

"四导"工作的顺利开展，需要党总支熟练掌握和灵活运用各种思想教育方法，增强思想政治工作的实际效果。如，运用灌输教育法，帮助师生员工系统掌握马克思主义的理论体系；运用说服教育法，给师生员工摆事实讲道理，达到提高认识、启发自觉的目的；运用典型示范法，通过发现、培养、树立和大力宣传先进人物和先进事迹，形成积极向上的良好风气；运用寓教于乐法，把思想政治工作寓于丰富多彩、生动活泼的文化娱乐活动中，避免枯燥、单调、空洞的说教；运用自我教育法，引导师生员工自觉学习、接受先进的思想理论，实现思想的转化和提高；运用实践教育法，把理论教育与实践教育结合起来，把知行统一起来。总之，要针对不同的工作目标与要求，把握各种方法的不同特点，统筹考虑，灵活运用，不断创新，使党总支思想政治工作达到最佳效果。

（四）完善制度，确保"四导"工作落实

高校党总支的政治核心作用有别于党委的全面领导，也不同于仅仅是保证监督，它既要做好保证监督，又要参与决策，它的作用不仅体现在党建和思想政治工作方面，而且也体现在本单位教学、科研和管理的全过程。然而，

党总支的政治核心作用的发挥在实践中常常存在着缺乏规范化、制度化的问题，严重影响了其作用的充分发挥。因此，建立和完善一套切实可行的工作制度是做好"四导"工作、充分发挥党总支政治核心作用的重要保证。要建立党政联席会议制度，把党政联席会议作为院系单位的最高决策形式，规定本单位的重要工作都要由党政联席会议讨论决定，并建立相应的议事规则，对参加党政联席会议的成员、议事的范围、负责的内容作出界定；要建立健全党总支工作责任制，明确党总支书记和院长（系主任）都是本单位工作的第一责任人，同时，细化党政职责，加强协调配合，使党政一把手做到职责上分、思想上合，工作上分、目标上合、制度上分、关系上合；要不断完善考核评比制度，定期对党总支工作的情况进行全面考核，定期进行评比表彰，促进党总支工作的开展。此外，还要建立全校思想政治工作的联动机制，对党总支开展思想政治工作，制定统一规范，加强沟通交流，随时联动，形成合力，保证"四导"工作顺利开展，取得实效。

[参考文献]

[1] 杨春贵.正确审视和解决重大理论与实际问题——谈谈四个"如何认识"[N].中国教育报，2000-11-22（2）.

[2] 秦杰，武卫政，刘振英.全国宣传部长会议在京召开[N].光明日报，2001-01-11（1）.

体制创新赋予高等教育无限生机*

高等教育发展的根本出路在于改革。改革开放以来，我省紧紧围绕改革开放和社会主义现代化建设大局，从实际出发，解放思想，勇于探索，走出了一条高等教育事业发展的新路。

发挥"三个优势"，在多渠道发展高等教育事业上取得了显著成绩。打破政府包揽办学的格局，是高教体制改革的重点。我省通过发挥作为全国综合改革试验区的优势、重教兴学的优势和侨乡的优势，调动各方面的办学积极性，使高等教育事业的发展呈现了前所未有的勃勃生机。目前，全省有民办的华南女子职业学院、侨建公办的黎明职业大学、省机械厅和中华职教社福建分社联办的中华职业大学；有省政府批准筹办的福州英华外语学院、厦门华厦大学、福建建联学院和福建音乐学院等4所民办高校；1994年，经原国家教委批准，仰恩大学由仰恩基金会独立办学，这是全国华侨独资办学的试点。此外，还有试行中外合作办学的集美大学工商管理学院。同时，我省积极鼓励倡导社会各界支持参与办学，部分大学与一些大中型企业建立了灵活多样的合作关系，进一步拓宽了办学的路子。

抓联办共建，高等教育管理体制改革取得重大突破。从1983年开始，我省先后与厦门大学联办厦门大学政法学院和艺术教育学院，累计投资已达6000多万元。为了进一步支持厦门大学发展，使厦门大学更好地为福建经济建设服务，1995年7月，省政府和原国家教委决定共建厦门大学，从1996年至2002年，福建省每年再增加投入400万元（与联办经费合计每年约900万元），用于支持厦门大学海洋资源与环境重点学科建设。1996年3月，省政府和国务院侨办签订共建华侨大学协议书，从1996年至2000年，福建省每年安排150万元，支持华侨大学机电控制及自动化、地震工程及防护工程等两个重点学科建设。

---

* 原载《福建高教创新研究》2002年6月（福建省教科计划"九五"重点课题）。

厦门市政府和教育部共建厦门大学、泉州市政府与国务院侨办共建华侨大学、福州市政府与福州大学开展合作办学等都取得了显著的成效。

打破"条块分割",顺利完成集美大学实质性合并工作。经有关各方的共同努力,1994年10月,集美学村内的集美航海学院、厦门水产学院、福建体育学院、集美财经高等专科学校、集美师范高等专科学校等五所高校合并组建集美大学,这是不同管理体制、不同科类、不同经费来源渠道的高校之间实行合并的有益探索。目前,省政府已分别与交通部、农业部签订了航海学院、水产学院划转福建省管理的协议书,省教委也分别与省财政厅、厦门市政府签订了财经学院、师范学院办学协议书,正式将这两所高校划归集美大学统一领导和管理;省教委也下文将体育学院划归集美大学。从1999年1月1日起,集美大学已实现了对全校人、财、物的统一管理。

大胆探索,高等学校并轨招生、缴费上学的改革走在全国前列。1993年,我省开始在福州大学管理学院进行学生缴费上学的改革试点;1999年除师范和少数国家经济建设急需的特殊、艰苦专业外,全省普通高校实行国家任务计划和调节性计划的并轨招生、缴费上学的改革,这项改革比《中国教育改革和发展纲要》提出的目标提前了2年。

我省高教体制改革虽然取得了较大的进展,但从总体上看,仍然滞后于经济体制改革,存在着一些比较突出的问题,一是条块分割、重复办学的问题尚未得到很好解决,造成部分高校办学规模偏小,效益不高;目前,全省29所普通高校校均规模只有3600人,省属27所高校校均规模只有2577人,低于全国校均3100人左右的平均水平;二是高等学校不同程度地存在着机构重复、行政管理队伍臃肿、效率不高的问题。人头经费居高不下;目前,全省高校人头费一般都占事业经费的80%以上;三是后勤服务负担过重。这些问题困扰着高等教育事业的健康发展,有待进一步认真解决。

世纪之交,在日趋激烈的国际国内经济竞争、知识竞争和人才竞争的大背景下,高等教育如何通过改革特别是通过体制创新,更好地为我省现代化建设提供充足的人才支持和知识贡献是我们面临的一个重要课题。在新形势下,我省高等教育体制改革工作必须以邓小平理论和党十五大精神为指导,认真贯彻实施《高等教育法》和国务院批转教育部提出的"面向21世纪教育振兴行动计划",争取在3至5年内建立起具有福建特色的高等教育新体制的基本框架,促进高等教育更好地为我省经济建设、社会发展和科技进步服务。

进一步解放思想,走多元化高等教育事业的路子,逐步形成以政府办学为主体,社会各界共同参与,公办高校与民办高校共同发展的办学新体制。我们必须采取特殊政策、灵活措施,大力倡导除国家机关和国有企事业组织以外的各种社会组织以及公民个人自筹资金,依照有关法规,不以营利为宗旨,举办多种形式的高等教育,包括举办学历高等教育和非学历高等教育,使之成为我省高等教育事业发展的新增长点。要继续争取侨资办学,积极开展中外合作办学,使之成为我省高等教育事业的重要补充。

继续贯彻"共建、调整、合作、合并"的方针,调整高等教育的布局结构,合理配置教育资源,逐步形成不同类型、不同层次高等学校,既有明确分工、又相互衔接,综合协调发展的办学新格局。要从全省经济社会发展的大局出发,加强对全省高等教育事业发展的统一规划,在重点建设好部分为全省服务的综合大学、多科性大学的基础上,倡导地市集中力量办好一所主要为区域性经济社会发展服务、功能多样的高等学校。要经过科学的论证,积极稳妥地推动少数规模小的学校并入规模较大的学校和相同层次、不同科类、互补性强的学校之间的合并,大力支持一些办学基础较好的中专并入高等学校,提高办学效益。要经过布局结构的调整,争取到2000年,省属本科院校校均规模达5000人以上,到2002年,省属普通高校校均规模达到4000人左右。

适应形势,加快改革步伐,逐步建立充满生机和活力的新的高等学校内部管理体制和运行机制。高等学校必须总结经验,加大力度,尽快启动新一轮校内管理体制改革。今后一个时期内,要争取在以下四个方面的改革取得突破,一是精简机构和分流人员,减员增效,大力加强教学科研第一线的力量,争取在2至3年内,使教学科研人员占到教职工总数的50%以上,使学生与教职员工之比、学生与职工之比、专任教师与职工之比均有较大的提高;二是从提高办学水平和办学效益出发,对教学、科研资源进行重组,开展院系及学科专业结构的调整,打破部门所有制,提高投资效益和现有教育资源的使用效益;三是改革人事制度和分配制度,引入竞争激励机制,在推行聘任制和严格考核的基础上,实行按劳分配、多劳多得。同时,要采取措施,鼓励优秀拔尖人才脱颖而出,稳定一批教学、科研骨干,以逐步建立起一支高水平、高素质教师和教学管理队伍;四是继续推进高校后勤服务的改革。

加大改革力度,逐步建立科学的高等学校招生考试制度和毕业生就业机制和服务体系。要以增强对学生的综合素质和能力的考核为重点,进行高考科目、内容、形式和录取制度的改革,逐步建立起既适合福建教育事业发展实际,又体现不同高校办学特色和要求的招生考试制度。今后几年,要按新的机制和模式,抓好高等职业教育招生考试制度的改革。继续推进毕业生就业制度改革,在建立健全毕业生就业服务体系和服务网络,为毕业生提供有效的需求信息和择业的指导的基础上,争取用2至3年左右的时间,建立起比较完善的毕业生就业机制。

认真贯彻实施《高教法》，依法规范高等教育活动，努力建立起高等教育宏观管理的新机制。我们必须以《高教法》为依据，进一步明确高等教育的举办者、管理者、办学者、教育者和受教育者在高等教育活动中的责、权、利，保障和促进高等教育事业健康有序地发展。教育行政部门必须依法改革行政管理的内容和方法、手段，进一步转变职能，调整职权，改变以直接行政命令为主的管理模式，把工作的重点放在部门协调、法规政策指导、监督评估和提供服务上，逐步建立起依法行政、依法管理的新机制。要依法保障高等学校的办学自主权，促进高等学校面向社会，依法自主办学，实行民主管理。

福建省相对优质高等教育资源发展的主要任务*

高等教育是整个教育事业发展的龙头。改革开放以来，福建省的高等教育在不断探索和变革的过程中，取得了巨大的成就。当前，面对加入WTO后的新形势，福建省的高等教育如何抓住机遇，深化改革，调整结构，提高质量，迎接挑战，为增强福建省经济的国际竞争力作出应有的贡献，是一个倍受人们关注的问题。

一、加入WTO后，福建省高等教育面临的挑战

改革开放20多年来，福建省的高等教育有了长足的发展。特别是近年来新组建了4所本科院校、扩大本科高校招生规模、齐心协力建设大学城、花大力气开展重点学科建设等，取得了显著成效。这在一定程度上满足了大众化的要求，但仍不能满足人民群众对优质教育的要求。一是本科院校总量仍显不足，全省本科院校除部委属的厦门大学、华侨大学外，省属本科高校只有12所；二是规模偏小，全省高校中，万人以上规模的大学仅6所，多数高校规模偏小，全省校均规模比全国平均水平少1000多人，每万人口中高等学校在校生仅居全国第17位；三是办学层次较低，全省高校博士、硕士点总数不足全国的3%；研究生数占在校生总数的比重仅为2.5%，也低于全国3.3%的平均水平；四是结构不尽合理，全省高校中，文、史、哲、经、法专业占了高校专业总数的60%以上，理工科在校生占高校在校生总数的45.46%，其中工科在校生仅占25.8%，低于全国平均水平13个百分点；五是相对优质教育资源少。除教育部所属的厦门大学在国内外具有较大影响外，在省属高校中，仅福州大学、

---

* 原载《教育评论》2002年第4期。

福建师范大学、福建农林大学等少数院校在全国同类院校占有一定的地位。

加入WTO后,我国对教育服务的承诺是部分承诺,即除军事、警察、政治、党校等特殊领域和义务教育外,在初等、中等、高等、成人教育和其他服务等5个项目上做出承诺,许可外方为我提供教育服务。我国所做出的教育服务承诺,将使我们的高等教育面临许多新的情况。

依目前福建省的高等教育现状,客观地说,还难以很好地应对加入WTO面临的挑战。也就是说,既无力阻止争获优质教育资源的出国留学潮,也难以应对汹涌而至的外国教育资本的竞争,更遑论我们的教育能走出去与"狼"共舞,参与国际竞争。这其中一个主要因素就是优质高等教育资源少,尤其缺乏高水平的综合性大学。这些年来,为了满足人民群众日益扩大的接受高等教育的需求,提高高等教育的毛入学率,我省高等教育在外延上进行了扩张,全省各类高校已达46所,但"教育大省"不等于"教育强省",二者间的差别在于前者大而不够强。"大"者,说明有一定量的教育资源;"不够强",说明资源配置不合理,特别是结构不甚合理,功能难以充分发挥,尤其缺乏广大群众需要的优质教育资源。所以,福建省提出建设"教育强省"的发展战略,不仅要注重"扩大增量",更要注重"激活存量"。通过教育结构调整,走内涵发展为主的道路,实现教育资源优化重组,以求得相对优质教育资源的最大优化,促进其功能的进一步"放大",达到"做大做强"的目的。

根据目前福建省高等教育的现状,在加速筹建大学城的同时,要不失时机地把一些相对优质教育资源加速发展的工作摆上议事日程,走一条由单科性向多科性再向综合性方向发展的高等教育发展道路。近期,可以将办学历史较为悠久、资源相对优质的福州大学、福建师范大学、福建农林大学建设成为综合性大学,以促进其功能的进一步"放大",达到"做大做强"的目的,更好应对加入WTO后的挑战。

二、相对优质高等教育资源向"综合性"发展,是福建省高等教育应对加入WTO的需要

当代科学的迅速发展越来越依赖于不同学科之间的交叉、渗透和融合,学科交叉是科学发展的必然趋势,是增强科技创新的重要途径。以农业科学为例,现已发展到与生命科学、信息科学、材料科学、地球科学、工学、化学、微电子学、经济学、社会学等学科紧密结合的阶段,农科在综合性大学中将会有更加广阔的发展空间和更快的发展速度。有鉴于此,国内和境外不少著名的农业大学都已发展成为综合性大学。世界许多著名大学一般也都经历了一个由单科性、

多科性到综合性大学的过程。如：英国的牛津大学、剑桥大学、耶鲁大学经历了文科向理科扩展，又向工科扩展的发展道路，成为文、理、工相结合的综合性大学。美国的麻省理工学院则经历了工科向理科发展，又向文科发展的过程，最终也发展成为综合性大学。欧洲最著名的荷兰威宁根农业大学，历史悠久，农业科学水平是世界一流的，也由于社会经济和学科的发展变化，于1999年改名为威宁根大学。台湾著名的中兴大学，即是由原台中农学院发展而成的。1952年全国院系调整时，我国高等教育体制全盘照抄苏联计划经济模式，按行业组建单科性大学。这种办法在特定的历史阶段对于培养急需人才和服务经济建设发挥了重要作用。但由于先天缺陷，无法满足学科交叉和培养复合型人才的需求，更不能适应今天社会经济发展的需要。历史和现实表明，高等教育向综合化发展已成为世界高等教育发展的必然趋势，相对优质的高校向综合性大学发展就是这种趋势的一个重要内容。

人是可持续发展的主体，培养和造就一代具有"可持续"信念、价值观和能力的新人，是实现社会可持续发展的根本保证。从这个意义上讲，教育自身也有一个"可持续发展"的问题。历史的经验表明，每当教育发展违背自身发展规律的时候，必将出现教育发展的曲折，甚至失误，必将引起教育的重大损失。所以，福建省建设教育强省，一定要吸取历史的经验教训，坚持教育与国民经济和社会发展相适应；坚持"高普成职"四大类型教育协调发展；坚持教育内部各层次、各科类之间相协调，坚持按教育规律办事，坚持走可持续发展之路，这是福建省建设教育强省的必由之路。当前，社会对新的人才需求不断出现，是促进教育学科专业新陈代谢的重要动力，是我们进行结构优化的重要依据。福大、师大、农林大都有较为成熟的学科基础，还有相互配套的雄厚的师资、丰富的图书资料、较先进的实验设施等等，基本具备加速发展、建设成为综合性大学的条件。我们要抓住机遇，遵循教育发展规律，促成相对优质的教育资源向更高层次发展，避免相对优质资源的巨大浪费。

高等学校的发展必须与国民经济和社会发展要求相适应。改革开放初期，福建还是一个工业基础薄弱的农业省份，农业在国内生产总值中占37.2%，工业仅占34.1%。改革开放以来，福建省的工业化稳步推进，第二、三产业成为带动福建国民经济增长的主要动力。随着经济结构的不断优化，农村劳动力向城市和非农产业转移的速度也随之加快，据此，福建省"十五"计划中强调将大力推进生产要素向城镇合理集聚，转移农村人口，加快提高城镇化水平，到2005年全省城镇化水平达42%。同时，积极调整优化产业结构，加快采用高新技术和先进适用技术，改造建筑、建材、冶金、造纸、食品、烟草等传统产业，发展壮大电子信息、机械、石化等主导产业，积极推进高新技术及新兴产业。

福建省的人口结构和产业结构的变化，要求人才需求结构必须尽快做出相应的调整。为适应全省区域性经济社会发展水平，特别是产业结构、技术结构的发展需要，《福建省高等教育事业"十五"计划》中明确提出，要下力气抓好高校布局、层次和学科、专业结构的调整，重组教育资源，提高办学的适应性。面对福建省区域经济发展变化的特点和今后的发展趋势，我们必须继续优化学科专业结构，才能更好地、全面地为福建省的经济建设和社会发展服务。目前，福建省省属高校大多是单科性模式与多科性模式，而与福建省一水之隔的台湾，高等教育十分发达，现有高校143所，其中综合性大学就有8所。要建设海峡西岸繁荣带，福建省非常需要建设上规模、上水平的综合性大学，把相对优质的福大、福建师大、福建农林大学建设成为综合性大学，这是福建省高等教育发展的客观需要和历史必然。

福州大学是国家"211工程"重点建设的高校，现有的学科专业涵盖理、工、经、管、文、法、哲7大学科门类，在全国同类院校中有较大的影响。福建师大已有近百年的办学历史，现有的学科专业涵盖文、史、哲、理、工、经、管、法、教育学9大学科门类，整体实力进入全国高师院校的前列。福建农林大学已有66年的办学历史，现有的学科专业涵盖农、工、理、经、管、文、法7大学科门类，整体办学实力已进入全国同类院校的前列。三所大学的整体办学水平，已基本符合建设成为综合性大学的条件，把它们建设成为综合性大学，不仅是必要的，也是可行的。要高度重视这3所相对优质高校的培育和建设，加大建设和投入力度，促进我省相对优质的3所省属高校向综合性方向发展，为福建省的经济建设和社会发展作出更大的贡献。

三、相对优质高等教育资源向"综合性"发展的主要措施

加快布局结构调整。布局结构的调整优化，主要是教育结构、层次、科类、形式、学校类型等在地区分布上的构成合理化。从福建省高校布局状况来看，过去本、专科院校的布局呈两种状态，一是本、专科院校从布局的点来说是一种哑铃状态，高校布点主要集中在福州、厦门；二是本科院校布局结构呈平面状态，主要是6所老大学，这种状况维持了50年。在21世纪，我们的高等教育要适应加入WTO后的挑战，在高校布局上应该有大的突破。为此，要针对全省9个市不同的发展现状对布局结构进行优化。高等学校分布的落脚点主要在城市，所以，优化的高等教育结构布局，不仅要着眼于全省，而且要落实到各市。要分别不同情况进行优化。（1）福州和厦门的高校布局结构优化使命：福州作为省会城市，厦门作为计划单列市，属于高校密集区，进一步优化

布局结构的重点是促进其办学质量和规模效益的提高。（2）其他7个市的高校布局结构优化使命：有的需将单科性学校拓展成与当地经济社会发展相适应的多科性的院校，或改建为与当地经济社会发展紧密结合的"高等职业技术学院"。通过上述布局结构的优化，达到以下目标：从层次上讲，形成以厦门大学为龙头，以福大、师大、农林大等3至5所综合性大学为骨干，以多所本科大学或学院为基础，以高等职业技术学院和民办高校为支撑的福建省高等教育布局结构。从布局点面上看，高校布局形成一个金字塔状，要有一批相对优质的高等教育资源放在塔的上部，一批本科院校构成塔的中部，一批高职高专院校搭起塔的基座。通过布局结构的调整，从原福州、厦门高校密集的点状分布，发展到贯通福、莆、泉、漳、厦的线状分布，并经过"十五"期间的经济发展，再成立一些本科院校，形成星状分布。

加强专业结构调整。当前，高校专业建设中存在的主要问题是：国家未来发展急需的高新技术类专业人才、高层次经营管理人才供给不足；面向地方经济建设的应用性人才培养薄弱；一些学校重专业外延发展，轻专业内涵建设的倾向严重；主动适应社会变革需要的自我发展，自我调整的专业管理机制尚未形成。为此，要以主动适应我省经济结构战略性调整，人才市场需求和提高国际竞争能力的需要为出发点，以发展高新技术类学科专业和应用型专业为重点，全面进行专业结构调整。当然，专业设置和调整，需要在全省的层面上统筹考虑和测算，以避免过去发生过的全国1000所高校有800多所设置会计学的局面。高校各自还应保存其原有的特长和特色，在合理分工的基础上，扬长避短，突出特色，避免专业设置和人才培养上的误区。

加大层次结构调整。层次结构的优化，主要是指不同层次教育的构成合理化。高等教育层次结构主要包括专科教育、本科教育和研究生教育三个层次。由于经济社会发展对人才需求呈现一定的层次梯队结构，所以人才使用的效益与这种人才需求的层次梯队的吻合程度成正比。一般来说，在人均GDP由1000美元向2000美元迈进阶段，其教育的层次结构一般为高等教育占20%—30%，而在高等教育中，各层次结构又大体为研究生教育占5%—10%，本科教育占35%—40%，专科教育占50%—60%左右。这对于福建省21世纪初期教育层次结构优化，具有一定的借鉴意义。为此，我们可以通过以下4个环节来实现层次结构的优化：（1）大力发展专科教育（特别是高等职业技术教育）。要以高等职业教育的大发展，特别是以其人才培养的"实用性强、技能高、使用成本低"等鲜明特色，来彻底扭转目前专科学校教育的困难，以及人才使用上的混乱，赢回专科教育在人才市场上的信誉，确立起与生产力发展水平客观需求相适应的本科、专科教育结构。（2）稳步发展本科教育。在高等教育的三个层次中，本科教育比重基本稳定在40%左右。重点是提高质量，调整科类结构，加快人才培养模式改革，努力培养复合型、应用型人才。（3）积极发展研究生教育。根据福建省21世纪初期国民经济发展的需求，全省研究生层次的比重要有较大的提高。参照国际研究生教育发展的一般轨迹，结合生产力发展水平的客观需要，到2005年，福建省研究生教育要翻一番，即从现有的2.5%的比例发展到5%左右的水平。这就要求承担培养研究生任务较多的厦大、福大、师大、农林大的研究生教育要有较快的发展速度，其中厦大应发展到15%—20%的比例，甚至更大；福大、师大、农林大也应发展到8%—10%的比例。（4）层次结构的优化，只有深入到科类中，才能真正实现。因为，人才离不开学科，人才使用的有效金字塔必须建立在学科的基础上，必须通过学科教育的合理比例来实现。所以，必须突出强调在学科层次结构优化基础上的总体教育层次结构的优化。

  加速学科结构调整。学科结构调整是教育结构布局优化的核心，也是衡量与检验教育结构布局优化成果的根本标志。没有学科结构调整优化的成果，就没有实质性的教育结构布局优化。强调学科结构的调整，这是与人才综合素质的要求息息相关的。目前，大学本科教育基本上还属于基础教育。因此，大学本科教育的知识面一定要宽，基础一定要扎实，基本功一定要牢固，才有可能为进一步提高、提升科研水平创造条件。素质教育作为一种教育理念，应贯穿于学科结构调整的全过程。所以，21世纪初期福建省教育结构布局的优化，必须从人才培养的最核心环节入手，把重心放在促进学科结构的调整优化上。（1）要努力拓展学科门类，从多科性向综合性过渡。人才培养和使用的结合点是科类。历史的教训表明，人才培养质量不高和科类失调，是教育资源的最大浪费。科类结构的优化，主要指不同学科领域构成的合理化。我国现行学科分类主要有哲学、经济学、法学、教育学、文学、历史学、理学、工学、农学、医学、管理学等11个门类。学科门类的划分，既反映了科学技术发展所形成的学科划分，又反映了社会分工和职业分工，并符合人才培养的规律和特点。目前，福州大学、福建师大、福建农林大学这三所高校的学科门类都在7个以上，学科门类比较齐全，且都有2至3个学科门类为教学科研的主要方向。如福大以工、理为主，师大以文、理为主，农林大以农、工、理为主。这三所学校都具备了进一步拓展学科门类，从多科性大学向综合性大学发展的条件。我们要按照21世纪福建省产业结构调整的变化，进一步改变福建省学科性院校多的局面，加强多科性大学的建设，并使相对优质的多科性大学向综合性大学发展，实现全省综合性大学、多科性大学和学科性大学布局结构的合理化。（2）要努力促进学科间的交叉渗透，培育新的学科生长点。福大、师大、农林大经过长期的建设，形成了一些优势学科，而且学科门类较齐全，学科间具备了交叉、渗透、融合的条件。在设置、调整学科专业结构时，要分析学科之间的关联性，重视不同学科专业之间的相互支撑作用，打破旧的门户观念、名位观念，树立大学科意识，在大的学科群的建立和发展上做文章，尽可能构建合理的学科环境。通过学科间的交叉、渗透和融合，充分利用高素质的教师队伍、先进的仪器设备，使学科之间互相取长补短。这样做，不仅可以巩固和发展优势学科，而且还会在原有优势学科不断发展的基础上，产生许多新兴学科、交叉学科和边缘学科，从而不断培育新的学科生长点，提升学校的办学水平。（3）要努力提升现有学科专业的建设水平，抢占学科建设制高点。福建省对学科建设十分重视，抓得早，也抓得紧。特别是从1996年开始，每年安排4000万元进行省级重点学科建设，6所省属本科院校的24个重点学科建设项目完成了2亿元投资，建设起了一批具有较高水平的重点学科和重点实验室。其中，物理化学、植物病理学、经济学等在全国处于领先水平。但学科总体水平还比较低，还不能很好地适应培养高层次人才和科技进步的需要，主要表现在：学科结构不尽合理，理工类学科比重偏低，特别是新兴学科和高新技术学科发展缓慢；中青年学术骨干、高层次学科带头人短缺，应用型高技术学科带头人少，部分学科尚未形成合理的学术梯队；现有的重点学科综合实力还不够强，自主创新能力比较薄弱，科技创新和科技成果产业化的总体水平还较低，等等，必须在今后工作中认真加以解决。可喜的是，"十五"期间，福建省将每年继续投入5000万元，五年累计投入2.5亿元，启动和实施省重点学科二期建设计划。福大、师大、农林大要紧紧抓住机遇，面向经济建设主战场，围绕知识与创新的重点、关键领域，集中力量建设好一批高新技术学科，抢占学科制高点，全面提升办学水平和效益。（4）加强传统学科专业的改革和改造，为之注入新的活力。在工业经济时代，高等学校主要依据社会分工及工程、产品划分学科专业和课程种类，不同学科专业之间，课程设置泾渭分明，培养出来的"专才"与自动化生产线上的某一部件或零件的作用与功能相差无几，不同学科领域形成完全封闭的训练内容体系，可谓隔行如隔山，而学科专业划分过于密集，这些状况亟待改变。

知识经济时代不仅知识更新周期短，而且社会职业流动性加快，这就要求高等教育不仅要求培养学生的创造性和努力进取的精神，而且要培养学生广泛的适应能力及灵活性。因此，必须打破学科间的壁垒和狭隘的专业教育的樊篱。由于福大、师大、农林大办学历史都较为悠久，传统学科专业大多是本校学科专业的强项，改革、改造传统学科专业是重点，也是难点。要在充分发挥传统学科专业师资力量强、办学经验丰富、教学资源充裕等优势的同时，优化学科专业方向，拓宽学科专业基础课程，广泛设置综合课程，不断更新其教学内容。要改革课程体系，加强文、理、工、农等各个学科领域间课程的交叉与渗透。同时，加大使用信息科学、现代科学技术，来提升、改造传统学科专业，实现传统学科新的发展。

合并高校干部人事制度改革的实践与思考[*]

在全国高校"共建、调整、合作、合并"的进程中,原福建农业大学和原福建林学院于 2000 年 10 月合并组建福建农林大学。作为新合并的高校,如何构建符合教育发展规律的内部管理体制和加强管理队伍建设,是首先要解决的重大课题,也是推进实质性合并的基础。为此,我校按照综合配套、稳妥推进的办法,积极深化干部人事制度改革,仅用 1 年的时间,就顺利完成了合并后的干部队伍选拔配备工作,在合并高校干部人事制度改革方面进行了有益的探索。

一、抓好基本点:从管理机构设置和学院组建入手

高校合并给学校的发展带来了新的机遇,但也带来了新的矛盾,尤其是合并初期对高校的管理和干部队伍建设带来许多矛盾和困难。首先,合并后中层管理机构和管理干部明显超出实际核编数。如我校组建前,原两校的机构总数为 56 个,处级干部编制数为 163 个;合并后,学校的机构总数为 41 个,处级干部编制数为 123 个。如何合理消"肿",建立一支素质优良、办事高效、适应合并后学校事业发展需要的干部队伍,是一个非常棘手的问题。其次,我国高校现行的干部人事制度基本上还是计划经济条件下的管理模式,干部能上不能下、人员能进不能出、重身份轻岗位的现象较为严重,这也为合并后干部的调整、分流工作增加了许多困难。

面对复杂的新形势,我们认为,要真正做到快速过渡,实现实质性合并,首先必须开展干部人事制度改革。只有解决好干部队伍建设问题,创造干部

---

[*] 原载《高等农业教育》2002 年第 7 期(总 133 期)。

人事管理制度的新机制，其他各项改革才能稳步推进。而学校干部人事制度改革的基本点，在于做好管理机构设置和学院组建工作。为此，我们根据教育部和省委、省政府对学校的发展定位，结合两校合并后的实际情况，按照"构架大、起点高、类别全、体制新、机制活"的思路，以学科发展基本规律为依据，坚持科学性、规范性、前瞻性和可操作性相统一，调整组建了18个学院。与此同时，按照"精简、统一、效能"和"权职一致"的原则，并充分考虑合并后学校发展规模的需要，进一步明确党政管理机构基本职能，通过事企分开，剥离服务经营职能，划出教学科研辅助服务等部门，合并主体职能相近或任务性质类似的机构等手段，将原来两校校部机关45个中层机构重新组建成22个处室。由于管理机构设置和学院组建工作进行顺利，按学校的实际需求设置了管理岗位，为推进干部人事制度改革打下了坚实的基础。

二、把握立足点：围绕学校发展目标来推进

发展是硬道理，是解决学校合并过程中带来的矛盾和问题的关键。在我校合并组建时，省委、省政府明确要求我们要以合并为契机，力争在较短时间内使办学规模、教育质量、整体实力、办学水平和办学效益位居全国同类院校前列，把学校建成多学科协调发展，某些学科在国内有优势和特色的综合性大学。要实现这一目标，任务十分艰巨，困难也很多，但学校合并的根本目的是为了发展，而且合并也为改革和发展提供了良好的契机。我们从学校合并的实际情况出发，提出了以稳定为基础，以改革为手段，以发展为目标，在合并过程中抓紧改革，在改革过程中促进发展，在发展过程中"推动合并"的工作思路，力争在较短的时间里实现省委、省政府确定的学校发展目标。

政治路线确定之后，干部就是决定因素。要实现学校的发展目标，很重要的一条就是要有一支政治坚定、素质良好、数量充足、门类齐全、结构合理的干部队伍来保障。长期以来，高校干部管理体制上普遍存在着一些弊端，如干部能上不能下的问题较为严重；干部管理机制不够活化，流动较困难；干部的目标责任意识淡化，工作动力不足；干部队伍结构不尽合理，年轻干部成长较慢等。针对这一现状，我们确定了干部人事制度改革目标，即通过改革，干部队伍更加精干高效，干部管理机制更加活化并得到进一步完善；通过改革，促进干部交流，加大干部能上能下的力度，使一批优秀的中青年干部走上领导岗位；通过改革，进一步加强干部工作目标与责任意识，增强干部的工作压力和动力；通过改革，实现干部适才适位，各尽其能，提高干部队伍的素质，使干部的使用更加合理，从而带动学校管理工作水平和学校整体的加速发展。

三、抓住着力点：制定规范的改革方案来实施

高校合并过程中，参与合并高校的每一个干部都涉及个人去留升降等问题，因此，合并高校的干部人事制度改革是最敏感、最复杂、难度最大的改革。由于合并之初，学校存在"散"（校区分散）、"全"（学科较齐全）、"大"（规模增大）等现状，要保证合并工作的顺利进行，必须制订一套切实可行的干部人事制度改革方案，以期在较短的时间里完成干部的选拔配备工作。

（一）方案必须合理

制订方案要统筹考虑，既要考虑合并前原两校干部队伍的状况，又要考虑合并后学校干部队伍建设的需要；既要考虑机关机构设置与干部工作的关系，又要考虑学院和学科调整工作与干部工作的关系；既要考虑原有优秀干部的任用，又要考虑让一批年轻的优秀人才脱颖而出；既要立足学校当前工作对干部工作的要求，又要着眼于学校发展对干部结构和素质的要求；既要考虑专职党政干部的配备，又要考虑有专业特长、适合且乐意从事党政管理工作的专业技术人员的任用；既要考虑党员干部的选拔任用，又要考虑非党员、少数民族和妇女干部的选拔任用。同时，由于改革是个渐进的过程，存在固有的"不适应—调整—适应—不适应—再调整"的运动规律，并且每一轮的改革基础和对象也不尽相同，因此，改革的整体方案难免有失密和不当之处，要及时总结每一轮改革的经验和教训，以便在实施新一轮改革时对方案加以补充、调整和完善，使方案更趋合理化。

（二）方案必须合法

做好干部的选拔任用工作，必须坚持干部队伍的"四化"方针和德才兼备的标准，严格执行《党政领导干部选拔任用暂行条例》等规定的原则和工作程序。我们在认真学习党和国家有关干部选拔任用的规章制度基础上，先后制订了《处级领导干部选拔任用暂行规定》《明岗推荐处级领导干部及其考核任用实施方案》《处级领导干部职位竞争上岗暂行规定》《部分正、副处级干部职位竞争上岗实施方案》《科级干部选拔任用暂行规定》《机关部处室和学院办公室组建过程中实行双向选择任命或聘任科级干部实施细则》《关于科级辅导员选拔任用的实施方案》等一系列相互配套的工作方案和实施细则，对我校处、科级干部选拔任用的原则、条件、程序做出了明确规定，使我校干部选拔任用工作有法可依、有章可循。

（三）方案必须可行

任何方案的制订，都必须围绕可行与否来进行。我们在深入调研、反复论证的基础上，采取点面结合、先易后难、重点突破、逐步推进的办法，分期分批配备处、科级干部。在2000年1月，首先以明岗推荐、组织考核，校党委常委会研究决定的办法，配备了8个重要处室的主要负责人；3月，在对全校原处级干部进行全面考核的基础上，对原33位正处级干部进行任命或聘任；4月，部分正处级干部职位实行竞争上岗，从原副处级干部以及教学、科研人员中选拔13人任用为正处级干部；5月，对考核合格的48位原副处级干部进行任命或聘任，并对部分副处级干部职位实行竞争上岗，从原科级干部中选拔了8位同志为副处级干部；7月，完成了机关、学院科级干部的双向选择工作；9月，通过竞争上岗，完成了科级政治辅导员以及学院团委书记的选拔任用工作；12月，完成了部分附属单位科级干部的选拔任用工作。由于改革方案的各个环节相辅相成，时间上互相衔接，又充分考虑了广大干部、教师的心理承受能力，方案实施较为顺利，达到了改革、发展、稳定相统一的目的。

四、找准切入点：通过全过程的公开、公正、公平来保证

任何一项改革的推进，只有得到广大教职员工的大力支持和积极参与，才能形成良好的改革氛围。为保证干部人事制度改革的顺利进行，在改革的实践中，我们始终坚持公平、公正、公开，使各阶段的改革稳步推进。

（一）公开性原则

这是深化合并高校干部人事制度改革的基础，目的在于加强改革的透明度。在实际工作中，我们实行四个公开：一是把全校所有处、科级干部职数、岗位职责、任职或竞聘条件、任职或竞职程序向全校教职工公开；二是把经过资格审查、符合竞聘或任聘条件的候选人向全校教职工公开；三是把竞聘结果、考核情况向全校教职工公开；四是在竞聘过程中实行全程录像，并设置公众席，欢迎广大师生员工旁听，把竞聘全过程向全校师生公开。公开的好处在于扩大教职工的知情权、参与权、选择权和监督权，有利于调动教职工参与改革的积极性和创造性，使改革成为群众性的行动。

（二）公正性原则

这是深化合并高校干部人事制度改革的前提，目的在于加强改革的实效性。在竞聘工作中，我们做到三个公正：一是入围考试公正。我们根据竞岗职数，

确定按3∶1的比例选拔竞聘入围人选,竞聘人员一律参加综合素质考试,出卷和阅卷工作均委托省委组织部实施,然后按成绩从高到低确定竞聘入围人选;二是答辩测评公正。对每一个竞聘岗位都设立评委会,除分管校领导作为评委外,其余评委均邀请省委组织部、宣传部、教委工委的有关负责同志担任,由各位评委根据竞聘者的演讲和答辩情况进行无记名评分,并当场公布评分结果;三是测评考核公正。在对每一个竞聘岗位设立评委会的同时,还专门设立测评委员会,邀请机关和学院干部代表、离退休干部代表和民主党派代表担任,根据每位竞聘者演讲答辩情况进行投票。由于竞聘过程客观公正、消除了教职工中"干部已内定,竞争当陪衬"的猜疑,收到了较好成效。

(三)公平性原则

这是深化合并高校干部人事制度改革的关键,目的在于加强改革的规范性。我们在工作中主要体现三个公平:一是明岗推荐机会公平,每个教职工都可以自荐,也都可以推荐别人,只要符合条件均可入围,避免了用人上的不正之风;二是竞聘考试机会公平,只要符合条件均可参加入围考试,考试入围后,竞聘演讲答辩时间和每个岗位的答辩题目都是一样的,保证每位竞聘者都能在平等条件下参加竞聘;三是教职工参与改革机会公平,在干部人事制度改革的方案公开、过程公开、结果公开的同时,每个教职工都可以提出自己的意见和建议,供学校决策。在双向选择中,每个教职工也都有自主选择的权利,保证了人员的优化和合理组合。由于改革方案公平有序,吸引了更多的教师职工参与竞聘,扩大了选拔干部的范围,一批有才能的教师、干部得以脱颖而出。

五、寻求关键点:以实效检验改革的成败

高校合并的目的在于优化教育资源配置,提高办学水平和办学效益。这也是合并高校深化干部人事制度改革的成效,有利于人力资源的优化配置,有利于促进学校的发展。我校实施干部人事制度改革一年多来,顺利解决了合并过程中的"人的问题",建立起干部能上能下的机制,产生了良好的效应,为学校新世纪的可持续发展奠定了良好的基础。

(一)建立了一支好的干部队伍

通过实施干部人事制度改革,我校有21名同志竞岗任处级干部,25名同志竞岗任科级干部。目前,我校123名处级干部中,平均年龄为46.8岁,比两校合并前的处级干部平均年龄下降近3岁,其中高级职称人员占69.1%,本科

及以上学历人员占86.3%，83%的处级干部实现了轮岗。129名科级干部中，中级以上职称的占68.2%，本科及以上学历的占67.4%。同时，有22名机关干部（其中科级16名）转向教学第一线工作，3名机关干部转任政治辅导员，清退2名顶科级干部岗位的工人，9名科级干部因考核不合格或其他原因降级使用。基本建立了一支素质优良、年龄、学历、职称结构较合理的干部队伍。

（二）产生了两个效应

首先，在明岗推荐、竞争上岗、双向选择过程中，全校各级领导干部受到了一次深刻的群众路线教育，大家并真切感受到"大锅饭、铁交椅"的时代已经一去不复返，从内心里十分珍惜来之不易的工作岗位，精神面貌和工作作风发生了很大变化。其次，广大教职工受到了一次系统深刻的党的干部路线、干部政策、干部标准教育，激发了政治热情，增强了民主治校的主人翁意识，提高了参与改革、支持改革的自觉性。

（三）廓清了三个关系

一是群众推荐与组织考核的关系。群众推荐是组织考核的基础，组织考核是群众推荐的深化。通过群众推荐，可以宏观地了解被荐者的群众基础；而通过组织考核，也能从德、能、勤、绩等方面来客观公正地评价干部。二是群众监督和组织监督的关系。群众监督是前提，选拔和任用干部必须深入群众，扩大民主评议的范围，提高评议的准确度。组织监督是保障，对群众监督形成的意见，要按照规定的条件和程序进行审核，对群众意见比较大的，要进一步调查核实，避免失误。三是学历资历与工作水平的关系。学历能反映一个人的知识水平和学习经验，资历表明了一个人的工作经历，这二者是选拔干部的必要条件，但不是唯一条件。在实际工作中，不能搞唯学历论，要注重把群众公认、勤勉敬业、工作业绩突出的同志选拔到领导干部岗位。

（四）健全了四种机制

干部易上难下、易进难出的症结是"出"的渠道不畅通。我们体会到，建立健全干部选拔任用机制，疏通干部"能下"的渠道，是进一步推进干部人事制度改革的关键。一是竞争上岗机制。即坚持公开、平等、竞争、择优的原则，拿出一些适合通过竞争选拔干部的处、科级岗位，让所有干部、群众参与竞争，通过"一推双考"，公开选拔党性强、人品好、工作有能力、群众公认的领导干部，实现能者上、平者让、庸者下。二是试用机制。对新提拔的干部规定1年的试用期，试用期满后，通过组织考核、民意测验、民主评议，对一些不适合在该岗位工作的干部本着对组织、对干部本人负责的态度，及时调整到其他更加合适的岗位。三是任期机制。对干部定期进行岗位轮换，既可以对干部进行多岗位锻炼，提高素质和工作能力，又可避免因在一个部门待久了而形成的一种小圈子。四是监督机制。通过采取预告制、公示制、回避制与个人述职、民主评议、民意测验相结合，进一步完善民主监督、专门机构监督、群众监督办法，以防止和克服领导干部选拔任用工作中的不正之风。

（五）总结了五条经验

1. 思想教育要领先

在实施改革之前，学校通过宣传栏、校报、广播、有线电视等媒体多方宣传，并召开座谈会、征求意见会等广泛征求意见，认真做好思想动员工作。通过反复动员以及深入细致的思想工作，广大教职工对深化干部人事制度改革的重要性和必要性有了清醒的认识，进一步统一了思想。

2. 领导班子要协调

机构设置、人选确定是选任工作的重点，合并高校的校领导要从学校事业发展的整体需要出发，从全校一盘棋的大局着眼，唯才是举，搞五湖四海，才能确保选任工作各个环节的顺利实施。

3. 人员出口要理顺

做好人员的转岗分流，处理好待岗人员的安置工作，坚持"改革无情，操作有情"，才能使改革在稳定的基础上进行。为了做好人员分流安置工作，学校成立了"人才交流中心"，采取多种形式和途径，保证转岗人员的思想稳定和分流安置工作的顺利进行。

4. 改革政策要配套

干部人事制度改革方案出台后，一定要及时制定相应的配套政策。我们在精简机构、压缩人员的同时，及时出台了转岗分流、离岗学习、离岗待退等一系列相关配套政策，保证了改革方案的顺利实施。

5. 工作要正常运转

合并高校在实施干部人事制度改革初期，由于原来的处、科级干部已"就地卧倒"，处理好改革与工作的关系尤显重要。为此，在实施改革时，要求干部在新上岗前，要保持良好的思想状态、工作状态和精神状态，对原来的工作要切实负起责任，该办的事情要继续办，该做好的工作一定要做好，做到确保思想不散，秩序不乱，国有资产不流失，工作正常运转。

大力营造四种氛围　不断加强思想工作*

任何事物的发展都离不开一定的客观环境，环境是事物发展变化必不可少的外部条件。高校是培养有中国特色社会主义事业建设者和接班人的重要阵地，重视和加强学校的氛围建设，对于进一步促进思想政治工作，推动学校的改革、建设和发展具有十分重要的作用。

一、弘扬主旋律，营造浓厚的政治氛围

（一）领导班子和领导干部带头增强政治意识

江泽民同志多次强调领导干部"一定要讲政治"，这一指示对于加强高校领导班子建设具有很强的针对性和现实性。我校党委始终把讲政治摆在突出的位置，明确提出了加强班子的思想建设、组织建设、作风建设和纪律建设的要求，牢牢把握社会主义办学方向，贯彻落实校党委领导下的校长负责制和民主集中制。1年多来，形成了常委会上畅所欲言、各抒己见，会后严格遵守保密纪律，一旦形成决定就坚决执行的良好政治氛围和党内政治生活环境。

校党委把加强中心组学习制度作为领导干部带头讲学习、讲政治的重要内容来抓。校党委领导结合学习"七一"讲话、"5·31"讲话、加入世贸组织等内容并结合工作实际带头专题讲学习体会。同时邀请各党总支书记参加校党委中心组的学习活动，互相学习、共同提高。学校合并2年来，共举行校级中心组学习会30多场，使领导干部讲学习、讲政治的风气更加浓厚。我们还对中心组的学习形式进行了有益探索，如邀请兄弟院校党委领导来校给中心组做高校内部管理体制改革的报告，收到了良好的学习效果，也为学校深化改革打下了思想基础。

---

* 原载《福建农林大学学报》（哲学社会科学版）2003年第6卷第1期。

校党委坚持思想政治工作和业务工作两手抓，要求领导干部面对国内外形势的新变化，面对改革开放和现代化建设的新任务，面对学校新时期改革建设的根本目标，把统一思想作为加强自身政治素质建设的关键任务，自觉地在政治上、思想上、行动上要与党中央保持一致，把思想统一到邓小平理论和"三个代表"重要思想上来，统一到中央应对复杂国际局势作出的重要判断和重大决策上来，决不允许同党的路线方针政策唱反调，决不允许传播各种反马克思主义的思想和丑恶的、错误的东西，决不允许传谣、信谣，混淆视听，决不允许有令不行，自行其是，决不允许参加非法组织。同时校党委要求领导干部要坚持两手抓、两手都要硬，充分发挥思想政治工作是一切工作生命线的功能，把思想工作与业务工作结合起来，互相促进，为学校的人才培养和改革建设发展提供思想保证和舆论支持。

（二）多渠道多形式积极营造浓厚的政治氛围

良好政治氛围的形成需要多方面的努力。我们通过举办培训班、研讨会、座谈会、报告会，开展党日、团日和主题班会活动，开展"崇尚科学、反对邪教"行动，开展以"创最佳业绩、迎接十六大"为主题的系列活动，不断提高广大师生员工的思想政治素质。特别是紧紧围绕主旋律和形势政策，组织高质量的专题辅导报告，2001年共组织了30场报告会，先后邀请了国家发展改革委员会、中共福建省委宣传部、省社科院、北京大学等单位的领导、专家来校为师生员工做学习"七一"讲话、"9·11"事件后国际形势、WTO与中国经济等时政学习报告，收到了很好的效果。校党委每年还召开师生思想状况分析会和党建、思想政治工作研讨会，定期深入师生了解思想状况，及时提出工作对策。充分利用校内各种宣传媒体对国家大政方针、重大决策部署进行宣传，做到上有精神，下有反映，广泛宣传，深入人心。同时加大对外宣传力度，2001年在中央电视台、光明日报、中国教育报等新闻媒体上播发学校人才培养、科学研究等方面成就的新闻消息共127篇次，扩大了学校在社会的影响，进一步增强了师生员工的爱校热情和办好学校的信心和决心。

鼓励各党总支创新时政学习形式，开展党总支时政学习创新立项活动，调动了各党总支工作的主动性和积极性。如机电学院党总支举办的"光辉的历程"中国共产党大型历史图片展等，收到了很好的效果。同时，校党委宣传部、学生处、团委等积极利用现代传媒手段和网络技术，加大思想政治教育进网络的力度，牢牢把握工作的主动权，创建学校思政工作红色网站——"金桥网"，通过网络建设，占领新的宣传阵地，加强对大学生的教育、管理和引导，提高了大学生的思想政治素质。

（三）在加强党的建设中推进政治风气建设

学校合并以来，我们加快基层组织建设步伐，按照规定办法和程序，以机关和学院为基本单位设置了18个党总支，并配齐配强总支书记。各学院以学科为基本单位设置党支部，机关各单位主要以业务相近的部门或单位设置联合支部，学生党员按专业或年级成立党支部。基层组织建设的全面完成，为基层组织战斗力的发挥奠定了良好的组织基础。在搞好组织建设的基础上，我们先后出台了加强党总支工作、支部工作的一系列规章制度，明确了各基层党组织的主要职责，特别是结合省委党建工作专题调研，提出了学院实行党政联席会议制度作为学院的最高决策形式，探索解决学院的领导体制问题；提出了党总支工作要发挥主导、引导、疏导、制导的"四导"作用，通过"四导"作用的发挥，进一步加强了党总支的政治核心和监督保证作用。近期，学校组织对学院党政联席会议制度和机关部处务会议制度进行检查，总体反映良好。我们还将制定关于进一步加强学校基层党支部建设的意见，把加强支部建设、发挥党员先锋模范作用同改进思想政治工作、推进学校事业发展结合起来。

合并后，我们从学校的实际出发，以改革的精神努力探索干部人事工作新机制。在整个干部考核和聘任的过程中，我们十分注重干部在学校合并过程中的政治表现、团结协作精神和大局意识。通过新的干部人事工作机制，进一步促进了讲政治、讲大局、讲团结、讲稳定局面的形成。

二、倡导科学精神，营造民主的学术氛围

（一）创造民主、自由、宽松的学术环境

在现代大学里，鼓励学术民主，既是探索真理和发展科学的先决条件，也是保证和不断提高教育质量的必要前提。只有学术民主，才能活跃人们的思想，培养创造性思维，激励人们学术创新；只有学术自由得到保障，才会出现学术繁荣，创新人才辈出的局面。长期以来，我校坚持教学、科研并重，特别在科研方面形成了自己的优势和特色。在科学技术迅猛发展的世纪之初，坚持百花齐放、百家争鸣的"双百"方针，努力创造自由、民主的学术氛围和空间尤为重要。我们在学术上坚决反对门户之见，发扬学术民主，在校内各学科之间形成相互尊重、兼容并蓄的氛围，真正做到尊重知识、尊重人才，形成一种识才、用才、爱才、聚才、知人善任、广纳贤能的机制，同时大力宣传在学术研究方面作风严谨、成绩突出的先进个人和典型事迹，以先进典型的高尚人格和严谨的治学态度影响和带动全校学术氛围建设。我们注重在各项工作中，体现以学

术为主体的要求。如2001年我校举行建校65周年庆典，就是以学术活动为主体，举办了"海峡两岸水利科技交流研讨会"、"生物多样性保护国际学术研讨会"等4场学术研讨会，赴会的国外专家及我国港澳台专家、学者近百人，极大地促进了学校对外交流与合作。省属院校举办高水平的学术论坛和专题讲座，对于开拓广大师生的视野，活跃大家的科研思维具有重要的意义。2001年，我们先后举办了5场国际国内学术研讨会，18场校级学术报告会，邀请海外专家10人、中科院院士7人以及国内知名专家学者4人来我校做专题学术报告，大大浓厚了我校的学术氛围。宽松浓厚的学术氛围促进了科研工作的开展。这几年，学校的科研项目和经费有了较大幅度的增长，去年纵向科研经费比合并当年增加了近1倍，并取得了一批优秀研究成果，进一步浓厚了学校的学术氛围。

（二）浓厚哲学、社会科学研究氛围

2001年8月7日，江泽民同志在北戴河与部分国防科技和社会科学专家座谈时，强调了哲学社会科学与自然科学"四个同样重要"；江泽民同志在2002年4月8日考察中国人民大学时，又对发展繁荣哲学社会科学问题在做了全面科学深入的论述。农林院校以自然科学研究为主，哲学、社会科学研究相对薄弱。为了加强哲学社会科学的研究，我们根据学校实际，决定以"两课"研究为龙头，以此推动全校哲学、社会科学研究的深入开展。学校成立了以"两课"研究为主要内容的思想政治教育研究会，以加强哲学、社会科学和思想政治工作的研究宣传。研究会举办了纪念建党80周年和学习"七一"讲话征文研讨活动；积极参加省里组织的立项研究，在2002年的省重点社科课题申报中，我校获得一项重点专项课题；重视加强对大学生邓小平理论研究会的阵地建设，加大支持和指导力度，引导研究会成员开展邓小平理论和"三个代表"重要思想的研究，编写研究课题项目指南，每年编辑出版一部大学生理论研究心得论文集。2002年又主编出版了《真理的旗帜——大学生学习"七一"讲话读本》，作为全校大学生"两课"教材，这也是推进邓小平理论和"三个代表"重要思想"三进"工作的一项重要措施。通过各方面的工作，进一步加大了哲学、社会科学的研究力度，浓厚了学术氛围，形成了一批有分量、有具体指导意义的成果，推动了学校社会科学研究上新水平。

（三）着力培养大学生的创新意识

创新是科学的灵魂，也是新时期大学生的必备素质。我们积极开展富有特色的大学生社团活动，举办大学生科技节，实行学生工作项目化管理，培养大学生的创新意识。特别是以一年一度的大学生科技节为载体，努力培养大学生

热爱科学、勇于创新的精神品质。科技节以大学生课外学术科技作品竞赛、大学生创业计划大赛、金山电脑节等"两赛一节"为重点，同时举办科技报告、科普宣传、高新技术产品展示等融学术性、实践性、参与性为一体的系列活动。通过开展科技节活动，营造了良好的科技氛围，丰富了同学们的课余生活，培养了同学的科学精神、艰苦创业精神和团队精神，提高了大学生的科研意识和科技创新能力，我校学生先后在全国和全省的大学生"挑战杯"创业计划大赛中获得较好的成绩。我校国家理科基地班学生在三年级就参与学院教师的科研工作，提前进行科研训练，增强科研意识和实际动手能力，为今后研究生班学习或参加工作奠定了良好的基础。

三、弘扬纯朴学风，营造良好的学习氛围

（一）强化教书育人的意识

教师是学生治学、做人的表率，他们的言行对学风的建设和学生的健康成长起着主导作用。我校的绝大部分教师是尽心尽职的，真正做到既教书又育人，能以自己严谨的治学态度、高尚的道德情操和言行举止影响和带动学生。但受社会和多方面因素的影响，也有极少数教师职业道德有所淡薄，责任心不够强，对学生管理不严，对教学工作精力投入不足。对此，我们紧紧围绕人才培养这个中心，大力开展"三育人"活动，树师表形象，创文明新风。特别是通过开展《公民道德建设实施纲要》《教师法》《教师职业道德规范》等学习宣传教育活动，举办青年教师岗前培训、"最佳一节课"评选活动，大力加强师德建设和教学管理、督导，进一步增强了广大教师的岗位责任意识。几年来，涌现出了一批全国、全省教书育人的先进模范，推动了全校教风、学风的根本好转和教学质量的提高。

（二）大力加强学风建设

学风建设不仅是学生学习方面的一项基本建设和自我人格塑造的一项重要内容，同时也是一所学校办学思想、教育质量和管理水平的综合体现。优良的学风是一种巨大的精神力量和育人资源，对于激发广大学生学习的积极性、创造性具有很大的推动作用。近年来，我们结合学校实际，大力开展学风创优活动，通过制定激励政策、邀请学者来校讲学"三个代表"、组织学生开展学习经验交流会、评选"十佳大学生"等，进一步引导学生树立科学正确的学习观、就业观、成才观，引导学生树立刻苦学习、勤奋工作、自强不息的精神，

为广大学生创造了良好的学习环境和学习氛围，进一步调动了学生学习的积极性、主动性和自觉性，使学生的注意力集中到刻苦学习、努力成才的目标上来。

（三）加强学习与实践相结合

实践的环节是青年学生成长的必要环节，坚持理论与实践相结合，培养学生的实践动手能力和创新思维能力，是素质教育的重要内容。几年来，我们紧紧围绕各学院和专业的实际，开展具有学院和专业特色的"一院一品、一生一专"活动，如专业技能大赛、茶艺表演、蝶画制作、模拟法庭等，不仅增强了学生实际动手能力，巩固了学习成果，而且培养了学生的危机意识和学习兴趣，促进了学风建设。

学习必须与实践相结合，才能做到知行统一，学以致用。暑期社会实践活动是增强学生社会责任感和提高实际动手能力的重要途径，每年暑假，我们都精心组织师生开展"三下乡"社会实践活动，深入农村、基层，开展社会调查、科技服务，并取得了显著成效，我校已连续15年被中宣部等评为暑期大学生社会实践先进单位。近年来，我们在社会实践的形式和内容上又有了进一步的深化，去年暑期，我们选派了47名优秀青年教师和研究生、高年级本科生，到闽北山区担任作科技特派员，服务当地农村经济和社会发展，受到当地政府和广大群众的欢迎。今年，我校积极探索"三个代表"重要思想内化为师生员工具体行动的新载体，并率先在全省各地选择有代表性的县乡，合作建设10个大学生"三个代表"学习实践基地，把大学生"三个代表"的学习教育活动同服务社会的实践紧密结合起来，同学校挂钩扶贫点工作紧密结合起来，同学生的思想教育工作紧密结合起来，在学习和服务的实践中，加深了对"三个代表"重要思想的进一步认识和理解，密切了与工农群众的联系，推进了高等教育的改革，在社会上引起了广泛的反响，《中国青年报》等多家媒体对此作了报道。

四、建设优良校风，营造优美的人文氛围

（一）大力加强学校的精神文明建设

高校作为人类文明成果的集散地，精神文明建设抓得好，对高校的广大师生员工是一种很好的养成教育，对整个社会的精神文明建设也起着重要的影响、示范和辐射作用。我们把加强精神文明建设作为学校的一项根本任务来抓，坚持把加强精神文明建设同培养师生爱党、爱国、爱校思想结合起来，同培养师生的社会公德和职业道德结合起来，在建设的内容和形式上精心安排、周密部署。

我们利用重大节日、纪念日组织丰富多彩的庆祝、纪念和表彰活动，开展以爱国主义为核心的国家意识教育；以组织评选"教育世家"、"师德之星"、"十佳青年教师"，举办"文明修身"大讨论，组织青年志愿者与"中华绿荫村"共建，开展"手拉手，心系西藏失学儿童献爱心"等活动为载体，开展以公民道德建设为基础的国民意识教育；并通过各种有创意的竞赛活动来开展以培养竞争意识为重点的国际意识教育，取得了良好成效，进一步加强了师生的思想道德、社会公德、职业道德教育和爱心教育，弘扬了社会新风。前不久，我校党委根据新形势、新任务的要求，又做出了加强校园精神文明8项建设的决定，即从理论工程建设、基层组织建设、教风建设、学风建设、机关工作作风建设、校园环境建设、教学科研创新平台建设和校园文化建设等8个方面全面加强、整体推进学校的精神文明建设水平。

（二）深入弘扬农林大学的特色文化

校园文化作为一种社会亚文化，是学校在长期的教学、科研和行政管理中逐步形成的，更是在广大师生直接参与和积极护育下发展起来的。高雅的校园文化有利于学生陶情冶性、增长才干，有利于校园群体形成共同的价值认同、价值取向、行为方式，对促进学校的改革、建设和发展具有特殊的作用。校园文化的灵魂与核心是校园精神。培养有特色的校园精神，增强校园的凝聚力，创造校园的活力，是对高校这一教育阵地的特殊要求。我校在66年的办学历程中，形成了自己的办学传统和办学特色，对此认真加以总结，使之成为凝聚师生员工和广大校友内在精神力量的校园精神，是合并后学校的一项重要工作，也是在新的历史条件下学校实现可持续发展的深厚基础。在发动师生员工和广大校友深入讨论中，我们认为，我校能在几度搬迁、几经分合中不断发展壮大，靠的是艰苦创业精神，其中包含了"五种品格"，即蜜蜂的勤勉品格、黄牛的拓荒品格、奔马的争先品格、青松的顽强品格和小草的奉献品格。为此我们深入开展"五种品格"教育活动，唤起了莘莘学子对学校的深挚感情，有效激发了广大师生员工继承传统再创辉煌的积极性和创造热情。同时，我校作为花园式校园，绿色文化具有浓厚的氛围、深厚的底蕴。去年以来，我们以"天天环保——绿色承诺"为切入点，结合学校的特点和优势，启动"绿色承诺"网络注册，开展"天天环保"行动，举办"绿色未来"文艺晚会，开展"迎绿色奥运"大型系列宣传活动，从各个角度、各个层面对绿色文化进行了诠释、宣传、建设和发展，使绿色文化根植到全校师生心中，营造了生机勃勃、奋发向上的校园绿色文化氛围，并使这种文化在社会上产生广泛的、良好的影响，成为农林大学的一个重要品牌和办学特色。

（三）努力建造高品质花园式的文明校园

校园的文明程度，不仅体现学校的办学条件、教学水平，而且反映了学校的精神风貌和校风学风。校园的环境条件对学生的思想境界、道德情操、身心健康、学习情绪、生活情趣等有着直接的影响，对学生的成长起着潜移默化的作用。学生在文明校园里学习生活，受到文明环境的熏陶，逐步养成高尚的思想境界和道德情操，保持旺盛的学习兴趣和丰富多彩的生活情趣，身心就会得到健康成长。因此，建设高品质花园式的文明校园，是社会主义精神文明建设的需要，是优化育人环境、培养合格人才的需要。

几年来，我们坚持全面建设、整体推进，让优美的景物遍布校园，伴随师生，真正发挥校园环境这种"润物细无声"的作用。我们与有关单位一起在公共场所树起了"三个代表"巨型灯光语录牌和以公民道德建设为主要内容的宣传广告牌；我们通过各种渠道筹集资金400多万元，新建了"明德广场"、"春华广场"，在校园中心湖面建设了底座20平方米、喷水高度达80m的"金谷喷泉"，并在相关景区建设了"情系金山"、"金色未来"等体现学校人文精神的系列雕塑；同时引入社会资金改善师生就餐条件，改建路灯设施以亮化校园，在运动场和教工生活区安装了三套健身运动走廊等。通过努力，学校的校容校貌和学生的学习、生活、活动条件得到了很大改善。洁净的校园面貌，布局合理的绿化景点，象征本校特点的校园雕塑，凝聚学校传统的人文景观，先进的教学、活动和生活设施等，成为优美校园的显著标志，对陶冶学生情操和文明养成，引发学生对学校、对生活和对祖国的热爱，引导学生树立良好的道德感、责任感和义务感等发挥了积极的作用。

文明学校的创建与
现代大学精神的培植*

当前,改革开放进入新的发展时期,经济、科技、社会的发展呼唤着高质量的人才,大学承担了重要的历史责任。大学作为培育现代人才的场所,必须倡导和培育现代大学精神,不断创新,不断塑造自身的精神品格。同时,现代大学要具备鲜明的精神气质和办学特色。倡导和培育大学精神,需要丰富的养料和精耕细作,要在文明学校的创建过程中,通过"春雨润物"般的潜移默化来实现,通过总结重大工程、重大活动来提炼,还要通过精神积淀和精神创造来塑造。

突出时代特征和学校特色。现代大学应紧紧围绕时代主题,反映时代要求,开展富有时代特征的活动。如党的"十六大"召开前后可举办"毛泽东足迹"邮展、"光辉的足迹——中国共产党大型历史图片展",精心组织教师参加"百名社科专家老区行"活动。同时,举办以庆"十六大"为题的专业作品展、"永远跟党走"学生文艺晚会、"创最佳业绩迎十六大召开"等为主题的系列活动。以大学生科技节、大学生创业计划大赛为载体,每年精心组织学生参加全国大学生"挑战杯"课外科技作品和科技论文比赛。立足于国家西部大开发战略,举办"手拉手"支援西藏贫困生活动,增强师生的博爱意识、文明意识。为了进一步加强学生思想教育,学校还可对形势政策教育课进行改革,将之纳入学校教学管理体系。针对信息化和网络化对学生思想教育提出新挑战,学校还可建立宣传思想工作和学生工作网站,开辟学生思想教育的新阵地。与此同时,从学校新的发展阶段的实际出发,深入研究新形势下的思想建设的特点和规律,分析新情况,探索解决新问题的途径。针对农林两校合并、改革、发展这一主题,开展以深度融合、团结发展、提高素质为内容的思想政治工作。例如,

---

* 原载《教育评论》2003年第3期。

可针对农科院校办学的特点，传承优良传统，弘扬学校文化底蕴。福建农林大学提出创业精神的"五种品格"，即耕牛的拓荒品格、骏马的争先品格、蜜蜂的勤勉品格、小草的奉献品格和青松的顽强品格，并作为学校宝贵的精神财富，使之成为凝聚师生员工意识和力量的新载体。还可结合有关学科特点，开展"天天环保—绿色承诺"环保活动，开展环保课题研究，把专业教育和思想道德教育结合起来。通过开展"保护母亲河"行动，举办环保夏令营、建设水土保持教学示范基地等，使思想教育有了实实在在的载体。

拓展教育背景，突出典型特色。现代大学应将思想教育与文化教育结合起来，将高雅文化引进校园。可邀请知名文艺团体来校进行专场演出，与电视台共同举办形式多样的活动。充分利用重大节日和重大活动大力开展群众性丰富多彩的师生文化娱乐活动，举办大学生文化艺术节、大学生社团巡礼周、特色论坛等。邀请著名的学者来校讲学，以营造学校文化氛围。同时，积极开展贯彻《公民道德建设实施纲要》活动，重视典型教育的榜样力量，挖掘和树立身边的先进典型，通过宣传身边事，激励和教育身边人。在每年的重大节日，表彰一大批教师、学生先进典型。通过典型的示范和激励，在师生中弘扬正气，形成赶、学、比、超的良好风气。学校应把思想教育的落脚点放在提高学生素质、培养学生成才上。通过社会实践，不仅增强学生的社会责任感，而且提高实际动手能力。可围绕特定的主题，精心抓好师生社会实践活动。每年暑假选派优秀专业教师和学生深入农村、革命老区、企业，开展暑假"三下乡"活动，进行科技指导和咨询、社会调查、支教扫盲、智力扶贫等，为地方、为农民办实事办好事。为加快农村奔小康步伐，可选派优秀青年教师、研究生和高年级本科生，到山区担任科技特派员，有力地支持当地农村经济和社会发展。

创建生态校园，优化文明环境。现代大学精神体现在通过营造良好的生态环境，使每个师生员工都得到人文关怀和尊重。文化氛围和环境的建设，是健康和多元的，她孕育着文明精神，繁荣了精神文明。在创建文明学校工作中，应着力于建设生态校园工程，突出美化自然环境，优化人文环境，有力地推动文明学校创建工作上新台阶。应优化自然环境，展现绿色文明。按照现代化大学的要求，可成立校园文明建设规划课题组，对未来校园环境建设作出规划。加大投入，绿化美化校园环境，成立由离退休教师和学生青年志愿者组成的文明劝导队，加强对师生员工文明行为的督导，以改变校园自然环境，让师生员工生活在整洁、和谐、有序、充满生机的优美自然环境中。学校在实施素质教育时应注重人文精神和科学精神的教育，加大人文环境建设力度。在硬件上，可增加人文景观设施，设立名人名言灯光标语，建成高品位的人文雕塑，改善学校人文设施硬件建设。针对大学生创新教育的特点，创造自己的文化品牌，如创办茶艺表演队、蝶画制作、走廊乐队、大学生艺术团等，使校园充满浓厚的人文气息。

围绕育人根本，促进学校发展。现代大学要促进人的全面发展，以出高质量人才为荣，依靠精神升华人才的质量，实现人才的生命意义。围绕育人这个根本，学校在开展文明学校建设中，应在坚持解放思想、更新观念，积极引导、把握导向，加大宣传、促进发展，服务大局、振奋精神等方面下功夫，促进学校的改革发展。首先解放思想、更新观念，共谋学校发展大业。每年可围绕一个制约学校发展的主要问题进行大讨论。如开展素质教育讨论，探讨新时期人才培养和教改方法。围绕理论创新、体制创新、机制创新、科技创新、教育创新等，加快深度融合、创新办学机制的大学习，探求深化改革、加快发展的新路子。还可开展加快综合性大学发展大论证，探讨提高办学效益，提升学校综合实力的途径。通过讨论，进一步解放思想，更新观念，大胆探索，把制约学校发展的体制、机制因素找出来，把目前还不同程度存在制约着学校发展的计划经济的思维观念和处事方式转变过来，促进思想统一，形成合力，群策群力，共谋学校发展大业。其次坚持引导、把握导向，加强良好氛围建设。学校在改革发展中应重视舆论导向作用，着眼于维护广大师生员工利益，强化"一切为了师生"的意识。在积极营造浓厚的政治氛围、良好的学习氛围、严谨的学术氛围、和谐的人文氛围的基础上，围绕学校工作中心，服务学校工作大局，积极宣传学校精神文明建设成果，让健康、文明、先进的文化占领学校舆论阵地。最后服务大局、振奋精神，促进学校全面发展。文明学校建设应始终围绕发展是第一要务，坚持在师生员工中开展"以优势求发展、以改革求发展、以创新求发展、以合作求发展、以团结求发展"的教育。鼓励师生要聚精会神搞学科建设，一心一意求发展，把师生员工的思想和行动统一到校党委校行政的重大决策上来，把师生员工的智慧和力量统一到学校的改革发展上来，使广大师生员工形成比贡献、比成绩的良好精神状态，为学校的改革发展提供良好的精神动力，保证各项改革的顺利进行。前不久，福建农林大学进行了"六项改革"，即机构、干部、人事改革，深化教学改革，深化科技改革，实行分配制度改革，加快后勤社会化改革和校办产业改革。实现了"三个突破"，即有一篇博士论文入选全国百篇优秀博士论文，实现福建省省属高校零的突破；植物病理学科被遴选为国家重点学科，实现福建省省属高校零的突破；被农业部确定为全国甘蔗研究中心，承担国家重点扶持的甘蔗研究开发项目，是全国唯一由省属高校主持的项目，实现福建省省属高校零的突破。与此同时，教学与科研也都取得了丰硕的成果。

文明学校的建设过程是锤炼现代大学精神的过程。一个时期的探索和实践使我们感到，要培植现代大学精神，就必须坚持以正确的思想来统领和指导文明学校创建工作，保证文明学校创建活动沿着正确方向前进；必须坚持结合学校实际，与时俱进，不断创新，追求特色，保证文明学校创建活动的生机，促进创建活动上新台阶。必须坚持以评促建，发现不足、重点整改；加大投入，改善条件；加强领导齐抓共管；全民动员、形成合力；加大宣传、营造氛围，使文明学校创建活动深入发展，从而为学校的改革发展事业提供强大动力。

福建省欠发达农村全面建设
小康社会面临的难点分析*

党的十六大提出,要在新世纪开始的未来20年里建设全面的小康社会。这种小康社会相对于现在的总体的小康将是惠及十几亿人口的更高水平的小康社会,其经济将更加发展、民主更加健全、科教更加进步、文化更加繁荣、社会更加和谐、人民生活更加殷实[1]。而全面建设小康社会的重点和难点在农村,没有农村的全面小康,就不可能有整体意义上的全面小康。作为沿海省份的福建省,在此背景下也适时地提出要到2017年,即相对全国而言提前3年达到全面小康的标准。这对福建省农村,尤其是那些欠发达农村而言,无疑是一大挑战。

一、福建省农村全面建设小康社会现状分析

(一)评价指标体系

为了研究福建省农村全面建设小康社会的进展情况与其未来发展的目标,需先建立一套农村全面小康评价指标体系。由于全面建设小康社会的研究是个全新的课题,对其评价的指标体系的研究也才刚刚起步;更由于全国发展速度的不一致,因而很难做到建立一个统一权威的评价指标体系。因此为了本研究的需要,我们以中共十六大中关于全面建设小康社会和农村发展的论述为依据,按照系统学原理,同时吸取国家统计局、国家发展改革委员会以及相关研究机构的研究成果[2],结合福建省农村的实际情况,通过与专家的多次讨论,提出了一套福建省农村全面小康社会评价指标体系,它一共包括8大项20个子项,基本上涵盖了全面小康社会建设的各方面(表1)。

---

* 原载《福建农林大学学报》(哲学社会科学版)2004年第7卷第2期。

表 1　福建省农村全面小康社会评价指标体系及
福建省 2001 年实际完成指标情况

项目	序号	指标名称	指标值	福建省完成值	完成率
经济发展	1	人均国内生产总值	25000 元	12362 元	49.45%
收入分配	2	人均纯收入	8000 元	3880.72 元	42.26%
	3	基尼系数	0.3	0.3	100.00%
物质生活	4	恩格尔系数	0.4	0.475	84.21%
	5	钢木结构住房面积	32 m²	25.94 m²	81.06%
精神生活	6	彩电普及率（百户拥有台数）	95 台	73 台	76.84%
	7	文化服务消费支出占消费支出比重	14%	10.6%	75.71%
人口素质	8	人口平均预期寿命			
	9	劳动力平均受教育年限	12 年	7.8 年	65%
	10	每千人拥有科技人员数	35 人		
生活环境	11	已通公路的行政村比重	95%	98.%	103.5%
	12	安全卫生饮用水普及率	95%	56.4%	59.37%
	13	用电户比重	95%	99.9%	105.2%
	14	已通电话的行政村比重	95%	98.5%	103.7%
社会保障	15	农村居民养老保险覆盖率	85%		
	16	农村合作医疗覆盖率	95%		
	17	万人刑事案件立案率	2%		
民主政治	18	村民自治率	90%		
	19	村务公开	90%		
	20	村党组织选举率	90%		

资料来源：福建省统计局《福建农村经济年鉴（2002）》《福建统计年鉴（2002）》，福建农村社会经济调查队《福建农村调查年鉴（2001）》。

（二）现状分析

福建省作为沿海省份，经济发展一直居全国前列。同样，福建农村的经济发展在全国也是遥遥领先的。随着十六大报告"全面建设小康社会"号召的提出，福建省农村全面建设小康社会的步伐将不断加快。到 2001 年底，福建省农村全面小康建设位居全国第 8 位 [3]，这一结论与实际情况相符合。

由表 1 可清楚地看到福建省农村在全面建设小康社会上与指标值的差距。2001 年福建省农村人均 GDP 与人均纯收入分别只占指标值的 49.45% 与 42.26%，处于中级阶段。但农村内部的贫富分化尚不明显，基尼系数维持在 0.3，符合标准。物质生活和精神生活方面的各项指标基本上处在指标值的

75%—85%，达到冲击标准线的程度。全省的劳动力素质尚有待提高。在全省每百名劳动力中，初中文化程度的占46.4%，而高中（中专）文化程度的占12.2%，大专以上的仅占0.6%，这必然限制了全面建设小康的发展步伐。在生活环境项目中，全省农村的基础设施建设普遍较好，除了自来水建设稍慢以外（65%），其他各项指标均超出标准值。但是，社会保障方面在全省农村还几乎是一片空白。

为了更进一步地研究福建省农村全面建设小康社会的情况，我们从指标体系中选择了几个具有代表性的项目，并从其中各选一个代表性的指标（项目与指标的选择侧重于经济与社会发展方面的内容），然后采用德尔菲法，邀请5位专家对其赋予权重。具体选择结果见表2。

表2 福建省农村全面小康社会评价指标体系及代表性指标及其权重

项目	收入分配	物质生活	精神生活	生活环境
指标	人均纯收入	恩格尔系数	文化服务支出占消费支出比重	自来水使用率
指标值	8000	0.4	14%	95%
省均值	3381	0.475	10.6%	56%
权重	40	30	15	15

在确定了上述4个代表性的指标之后，我们对全省58个县（市）的相关数据值与指标值及全省的平均值做了比较（未计入各地级市的市辖区的数据，因其不属于农村或至少不是欠发达农村），并运用SPSS软件，对以省平均值为基准的各项指标赋以相应权重而求得的加权指数进行聚类分析，找出各种发展类型的农村（分类数为5类）。其聚类结果经整理见表3和表4。

表3 福建省各县（市）农村聚类结果

第一类	闽侯，莆田，宁化，云霄，诏安，光泽，政和，霞浦，古田，寿宁
第二类	福清，长乐，惠安，南安，东山
第三类	连江，罗源，仙游，明溪，清流，大田，沙县，将乐，泰宁，建宁，永安，长泰，平和，龙海，顺昌，松溪，邵武，建瓯，建阳，屏南，周宁，柘荣，福安，福鼎
第四类	闽清，永泰，平潭，尤溪，安溪，永春，德化，漳浦，南靖，华安，浦城，武夷，长汀，永定，上杭，武平，连城，漳平
第五类	晋江

表4 福建省各县（市）农村聚类后各类别指数均值

	第一类	第二类	第三类	第四类	第五类
收入分配指数	0.3681	0.5463	0.3796	0.3834	0.7264
物质生活指数	0.2558	0.3404	0.2959	0.2965	0.3213
精神生活指数	0.1198	0.1111	0.1761	0.1798	0.1268
生活环境指数	0.1610	0.1159	0.2248	0.0716	0.0925

对表4进行分析，可以得出以下结论：（1）上述5类地区按不发达到发达的顺序可大致分为：第一类→第四类→第三类→第二类→第五类。根据全省实际情况，我们将第二类与第五类归为相对发达的农村地区，一共有6个县（市）；而将其余的52个县（市）农村归为相对不发达农村地区。（2）收入分配上，最高的第五类地区高出最低的第一类地区近一倍，如果第一类地区的收入分配能更高一些会更理想。其他类地区收入上的差别不是很悬殊。这从基尼系数为0.3上也可窥见一斑。（3）相对发达的农村地区的精神生活指数并不见得比欠发达农村地区的高。由表4可知，第三、四类地区的精神生活指数明显高于相对发达的第二、五类地区。（4）部分欠发达地区的生活环境指数要高于发达地区，例如第三类的生活环境指数为0.2248，远高于第二类的0.1159和第五类的0.0925。

现阶段的发达农村与欠发达农村地区都是相对而言的，没有哪一类农村占有绝对的优势。这也说明，目前福建省尚没有哪个农村真正进入"全面"小康的行列。

二、福建省欠发达农村的特征

（一）分布地域广，但各类地区各具特点，同时存在着一定的同质性和区位积聚性

由于在所分析的58个县（市）中被归类为相对发达农村的地区较少，因而相对欠发达农村地区的分布地域自然就较为广泛，其分布涉及全省除厦门外的8个地（市）。我们结合对表4的分析后会发现，在第一、三、四这3类相对欠发达地区中，其欠发达程度也是不尽相同，而且各有自己的特点。如第一类农村的物质生活加权指数和精神生活加权指数（均值）明显低于第三、四类，第四类农村的生活环境加权指数（均值）明显低于其他2类。当然，每一类农村都具有较强的同质性，同时各类农村也存在着一定程度的区位积聚性。总的

来说，欠发达农村主要积聚在内地山区县和远离城市的地方。

（二）文教支出占消费支出的比例普遍较高

由于经济总量较低从而导致了欠发达农村地区的文化服务消费的支出占消费支出比重普遍高于发达的农村地区。由表4可知，在3类欠发达农村中，其精神生活加权指数（均值）最低的为0.1198（第一类），最高的为0.1798（第四类），高于发达农村的0.1111（第二类）和0.1268（第五类）。另外，由统计资料计算得出：2001年全省农村在文化服务消费的支出占其消费支出的百分比平均为10.55%，在52个欠发达农村中则有39个县（市）的农村在此方面的支出百分比超过此比值，占欠发达农村总数的75%；与此对应的是，在6个相对发达的农村中仅有一个超过该平均值，占发达农村的16.7%。当然，欠发达农村人均支出要远低于相对发达地区农村的人均支出。

（三）收入与土地的产出率存在一定的相关性

全省耕地产出率普遍较低。2001年全省每公顷耕地产出率平均仅为25275元。农民的收入与土地的产出率存在着一定的关联度，但在越发达的农村地区，其关联度越弱。在52个相对欠发达农村地区中，有34个地区（占总的欠发达农村地区的65.4%）的土地产出率低于全省平均值，部分地区甚至仅为1万余元/hm2（引自建省统计局《福建农村经济年鉴（2002）》资料），说明在这些地区的农民收入来源在相当程度上还依赖于农业收入，农业劳动生产率的低效以及土地的低产出直接影响到他们的增收。而在发达地区农村，虽然部分县的土地产出率也是较低的，但由于其收入来源并不主要依赖于此，故而对其影响不大。如晋江的耕地产出率仅为21315元/hm2，但其农民年人均纯收入达到6140元。当然，绝大多数发达地区农村的每公顷耕地产出率要高于全省平均值。

（四）基础设施较为完善

2001年全省公路、电话、电力与自来水的行政村数占全省15008个行政村的比率分别为98.3%、98.5%、99.9%和56.4%，绝大多数欠发达农村都通了公路、电力和电话，这些基础设施的建设与发达的农村地区几乎没有太大的差距，当然，在建设质量上两者之间肯定还是有差距的。同时，由表4也可看出，在普及安全饮用水的工作上，欠发达地区甚至做得更好。但是，基础设施的建设不仅仅是水、电、电话和公路所能完全涵盖的，对农村而言，还有大量的农田水利设施的建设需要进一步完善。

(五)劳动力资源丰富,但素质较低

与发达农村地区相比较,欠发达农村地区的剩余劳动力数量要多得多,但其素质偏低。这点我们将在下面部分详述。

三、福建省欠发达农村全面建设小康社会面临的主要问题与原因分析

(一)主要问题

1. 城镇化率低

城市化是现代经济社会发展的必然要求,也是工业化发展的必然的结果。在西方发达国家,其城市化率一般达到70%—80%,而我国在2002年的城市化水平仅达到37.66%。福建省按户籍统计,其农业人口占总人口的比重达78.9%,在部分县(市),这一比例甚至高达94%(莆田)。最近几年国家大力提倡小城镇建设,认为小城镇建设是转移农村剩余劳动力,调整农村产业结构和就业结构的有效途径。小城镇建设虽然取得一定的成绩,但由于历史原因所造成的二元经济结构的影响不可能在短期内得到消除,其收效仍然是十分有限的。小城镇建设的乏力以及大城市在吸纳农村劳动力方面的趋于饱和使福建省欠发达农村的城镇化速度放缓,这又造成了一系列的后果。

2. 就业结构不合理

从全省来看,2001年农业产值占总的国内生产总值的比重为15.31%,而农业从业人员占总从业人员的比重则达到45.71%;农村内部来看,全省农林牧渔业总产值占农村社会总产值的比例由1990年的50.4%下降2000年的19.4%,而该年度其从业人员却占总的实有劳动力的61.79%。在一些欠发达农村地区,该情况是有过之而无不及。这就造成了严重的"有人没事做"的情况。与此同时,由于受农民素质的影响,还存在着大量的"有事没人做"的情况。由此可见,无论从全社会来看,还是从农村社会内部来看,其就业结构的改善要远远滞后于产业结构调整的速度,工业化所带来的城镇化与劳动力的转移作用尚未充分体现,农村就业结构的矛盾日益突出。其表现为大量的富余劳动力沉积在农村、农业生产效率低等,这已成为制约农业和农村经济发展的重要因素。

3. 农民增收缓慢

十六大以来,总理在多种场合多次谈到"三农"问题,认为中国目前最大

问题是农民问题,而农民问题最主要的也就是其增收问题。1997年以来,农民收入增长速度持续放缓,2001年增长速度虽然有所回升,为4.2%,但属于恢复性增长。就福建省而言,2001年农民人均纯收入的增长速度为4.67%,而要想实现提前3年(即至2017年)达到全面小康的目标,农民收入的增长速度要保持在年均5.53%,对一些欠发达农村,该速度甚至要保持在8.2%,这无疑是一个巨大的挑战。我省当前农民收入的主要来源为家庭经营收入,占总收入的62.3%,由于市场因素的影响,加之农业劳动生产率低下、产业化、规模化程度低,使农户的经营性收入走低。同时,对于大量的进城打工的农民来说,除了就业难度增大外,其工资被拖欠的现象也很严重。所有这些,都使农民的增收速度受到严重的制约。

4. 城乡差距继续拉大

在农村内部,贫富差距尚维持在一个合理的范围,其基尼系数为0.3(2001年);但在城乡之间,自1997年以来其差距有不断拉大之势。全省的城镇居民可支配收入与农村人均纯收入之比由1997年的2.20∶1扩大至2000年2.30∶1,虽然这个比值低于全国水平,但也应引起我们足够的重视。如果考虑到城市居民所享有的住房、医疗等方面的福利补贴,则实际收入差距更大。城乡之间的差距不仅体现在收入水平上,而且表现在包括物质生活、精神生活、人口素质、生活环境和社会保障安全等各个方面。

5. 劳动力文化程度较低,人力资本积累严重不足

"建设新农村,依靠落地生",这是现在农村建设的一个生动写照。而实际上,在广大的欠发达农村地区,真正担起建设重担的,是大量的初中甚至小学"落地生"。由于人多地少,加之经营农业的收入低而成本高,使农田具有了更多意义上的保障功能而非盈利功能。为了获取更多的收入,大量的青壮年劳动力纷纷踏上了进城打工之路,而这些走出去的农民绝大多数是相对而言具有一定的科学文化知识和技能的劳动者。同时,许多年轻学子一旦跳出农门,就少有人再返回农村的,这就使得原本人力资本积累不足的农村务农劳动力的素质更加低下,这必然制约了农村经济和社会的发展。

6. 山海协作良性循环尚未形成,发达地区的拉动作用未能充分体现

由生产力发展不平衡及梯度理论可知,经济的发展通常具有由发达地区向欠发达地区辐射的规律。为此,在省八届人大四次会议上提出了构建福建省经济发展的三个战略通道的决策,其中之一便是山海协作通道,即是以沿海发达地区带动内地欠发达地区的联动发展。这是一项重大的、符合实际的决策,但目前此决策的实施效果尚未得到充分的体现,表现是"海缺补偿功能,山欠吸

纳基础",山海联动效应尚未发挥出来。

7. 生产布局不合理，农业产业化、规模化没有形成

现代农业要求向专业化、产业化和规模化方向发展，对于那种小而全的单家独户的小农经济模式来说，其弊端已日益显现。因为它不利于技术的更新和推广，其承担市场风险的能力也极为有限，同时在资金的投入上也存在着很大的困难。因此，对广大的欠发达农村地区来说，改革农业生产布局，充分发挥各地的区位优势和自然禀赋优势，使农业专业化生产、科学化管理、产业化经营这一问题变得尤为紧迫。这也是一大难点问题，只有解决这个问题，农业生产效率才能提高，农业现代化才能逐步成为现实。

（二）原因

造成上述种种问题的原因，归纳起来主要有自然和社会两方面的因素，具体来说表现在以下几方面。

1. 区位因素

按区域经济理论认为，一个地区的区位必然对其经济发展产生很大的影响，福建的东西部与中国的东西部相类似：地势自东向西越来越高，而经济则自西向东越来越高。在前面的分析中我们清楚地看到，欠发达农村较多地集中在落后的闽西北山区，而发展得较好的农村则多集中在沿海地带和发达的大城市周边。地理位置的不同，直接导致了其优、劣势的不同，而山区农村则常常处在交通信息不畅等劣势位置。

2. 制度因素

制度在经济发展中的重要性已得到公认，大量欠发达农村在全面建设小康社会的进程中所遇到的各种障碍，归结起来，其最主要的原因就是制度的缺失。（1）市场体系不完善。我国经过20多年的市场经济体制改革，已逐步地由计划经济转入了市场经济的轨道，但到目前为止，我国的市场经济体系仍然存在着大量的不尽完善的地方，这也必然影响到农业的发展。受此大环境的影响，由于没有一个统一有序的大市场，使欠发达农村的资源（包括物质资源与人力资源）与其他地区的资源（包括技术、资金等）不能很好地互通并达到双赢的目的。（2）法制体系不健全。实际上，市场经济也就是法制经济，一切都要依法办事。但我国的法制体系亟待改善，这一方面表现在法律的制定上，另一方面表现在法律的执行上。例如尚没有从法律上确定农民与城市居民的平等性，农民工被拖欠工资的情况极为严重，且往往求告无门等。（3）财政制度在支持农村尤其是欠发达农村发展上的不力。长期以来，政府在财政上一直是重城市

而轻农村，这造成了农村的基础设施建设薄弱，尤其是农村的文化教育和卫生保健事业极其落后。在那些欠发达农村，甚至大量的未成年人辍学务农（工），这严重影响了其人力资本的积累和经济的持续增长力。另外，在诸如户籍制度、农村社会保障制度、农村金融体制、农产品流通体制、农村社会管理体制等方面也存在着诸多弊病，这一切都对欠发达农村的发展造成不可忽视的影响。在制度的优化方面，政府的作用不可忽视，而恰恰就是由于政府在此方面的缺位造成了这一切的不良后果。因此，在支持欠发达农村的发展上，政府大有可为。

3. 思想观念因素

思想解放不足表现在农民、政府以及社会三方面。由于总是将自我局限在一个小范围内，不能够跳出农业看农业，跳出农村看农村，从国民经济全局来看待农村问题，这就必然制约了自己的行动。实际上，城乡发展要作一体化的思考，要从城乡社会经济统筹安排这一高度来看待问题。对农民来说，各种封建落后的思想、小富即安的思想使之固步不前；对政府来说，目光短视、"政绩"思想使之急于求成而忽视农村建设；对社会来说，对农村的偏见和对农民的歧视也使之难以形成一股支持农村、支援农民的合力。所有这些，都对欠发达农村的发展产生不良影响。

综上所述，通过对福建省欠发达农村的特征分析以及其在全面建设小康社会的进程中所面临的问题和产生这些问题的原因的深入剖析，我们对我省农村尤其是欠发达农村有了较为全面的认识，这为我们下一步对症下药，提出正确有效的治理对策提供了坚实的依据。

[参考文献]

[1] 江泽民.全面建设小康社会,开创中国特色社会主义事业新局面[N].人民日报,2002-11-18（1-4）.

[2] 朱庆芳.全面建设小康社会:2001年目标实现程度的综合评价和分析[J].中国党政干部论坛,2002,（12）:14-17,26.

[3] 福建省统计局,福建统计年鉴（2002）[M].北京:中国统计出版社,2002,116,121,422-423.

校企合作办学创新机制的研究与实践*

高等教育是科技人员培养的主渠道,为科学技术的发展源源不断地输送着优质人力资源,科学技术发展的历史是近代社会生产力的发展史。随着当代和未来科技的发展,教育对科学技术人员的知识、能力、素质等形成起着重要的作用,特别是对创新精神和解决问题能力的培养起着决定性的影响。

福建农林大学在深化高等教育改革中,看到高等教育存在着迫切需要解决的办学机制问题:一是办学形式比较单一。目前我国高等教育体系中,普通高等教育与非国民教育体系尚不完善,继续教育面窄,闭门办学问题比较突出;二是实践教育存在一定程度的弱化。教学内容和课程体系改革滞后于现代生产实际的情况还比较严重,存在着重理论轻实践、重"学"轻"术"的倾向;三是与一线企业联系不够紧密。办学面向、科技合作、学生就业的有效机制尚未建立健全。

为了解决上述问题,推进我校办学体制、教育教学、学生的培养规格与知识结构、实际动手能力、创新素质及毕业生就业改革等方面提升到新水平,我们以材料工程学院和成人教育学院、研究生教育机构为依托,与香港维德集团苏州维德木业有限公司开展了校企合作办学机制的研究与实践,力图通过建立校企合作,走出一条创新合作,与企业共生共赢之路,促进教育教学改革,促进企业经济发展。本项目,从 2001 年至今,历时四年,校企双方的主要参加研究实践工作的达 49 人之多。经数年的探索与研究,初步完成了一个实验性、实践性、综合性、整体性、群体性的教育探索、改革研究项目课题,形成了五个机制创新,取得了一定成果,并产生了辐射效益。

一、创立维德专业学院机制

苏州维德木业公司于 1995 年创建,是亚洲最大的木材加工企业,总投资

---

* 此文系福建省教育厅 2001 年"新世纪高等教育教学改革工程"重点课题结题报告,获 2005 年福建省优秀教学成果二等奖。

3亿多美元，厂区占地1.2平方公里，工程技术人员和工人7800多人。主要生产各类板材、科技木等，产品畅销40多个国家和地区。维德木业既集聚了一流科技人才，又是产销一体化的前沿企业。维德木业公司有7000多名一线工人，大部分为初、高中文化程度、专业知识欠缺，将这些工人培养成为实用型、创业型人才，是企业提升实力、竞争力的迫切需要。

木材科学与工程学科专业是福建农林大学主要工科专业之一，在全国林业工程学科中有重要影响，是福建省"211"重点学科。

1998年，经省教委批准，学校与维德木业签署了联合办学的协议，成立了维德专业学院，专门招收维德职工、专门在维德厂内学习、专门颁发维德企业文凭、专有享受维德待遇。根据维德产业生产和发展需要，设置相应的大专层次的专业，教授维德生产技术需要的学业，学生毕业后，服务于维德事业。维德专业学院开出木材加工、企业管理等专业课程20多门，由材料工程学院先后派出一批教授、副教授参加教学，累计培训员工400多名。企业确认了他们的"内部粮票"，获得毕业证书者都调整相应的工作岗位，增加月薪年薪。通过"厂中校"的培养，企业拥有了一批"用得上、留得住、干得好"的专业技术人才。如毕业生佘波，入学前是厂内一般巡查人员，毕业后被提任为后勤处副处长；郭成好同学毕业后，工作成绩显著，被其家乡宿迁市人民政府授予"十佳外出青年创业之星"称号。

学校还将成人高等教育序列置入该企业，建立了维德函授站，开展成人高等学历教育，经维德专业学院培训考上成人高考被录取的有40人。根据维德木业具有本科学历的技术骨干众多需要进一步提高知识能力的要求和基础，今年学校还在维德木业建立了木材科学与工程专业工程硕士点，拟于明年开始招生，争取使一批中高层以上管理人员和工程技术人员得到更高层次的培养，从而建立了较为完整的、多层次的教育结构体系。维德专业学院的办学机制，为校企双方的改革、建设、发展注入了新的活力。

二、创新科研机制

学校的教师从企业一线找课题、立项目，联合报课题，做研究，协助企业科技人员论文做论证、提意见。双方密切合作，产生了系列科技合作成果。学校科技人员协助参与了ISO9002质量体系认证，帮助各类胶合板、实木复合地板、装饰单板贴面胶合板、科技木研发的论证，以及协助认证中国环境标志产品。学校还对企业速生丰产林栽培提出了专业化建议。

2002年，国家林业局指定由维德木业为主起草"重组材"的行业标准，我校侯伦灯博士作为协助起草单位之一的主要研究人员，参与了我国林业行业标准"重组材"的标准建立，并顺利通过了鉴定，标准的建立填补了我国在"重组材"方面的空白。庄启程博士、黄永南同志撰写的《创切薄竹用竹方软化新技术》和《计算机在重组装饰（科技木）模具设计与制造中的应用》两篇科研成果论文刊登在《林产工业》刊物上。通过与维德木业的合作，一批教师从中受到获得支持，累计主持和参与省级以上科研项目和生产企业技改项目9项。如《人造板》科研和课程改革经过校企合作的努力，被评为省级优秀课程。学生通过专业学习和在维德的见习、实习过程中，选择毕业论文选题，撰写毕业论文。如陈风同学对胶合板生产的流程中的旋切段提出了对不同径级木材确定不同后角，以提高出板率的毕业论文，不仅论文的水平高，而且得到企业的重视和采纳，使研究成果得到了实践应用。

三、创新本科教学实习机制

木材科学与工程专业是一门实践性很强的专业，需要学生通过不断的实习，才能在岗位上尽快完成从学生到工程技术人员的转变。通过创新实习机制，克服了理论与实际相脱离的状况，有效地缩短了学生就业后的适应期。本科专业1999级、2000级、2001级共三届201人364人次参加了实习。围绕强化基本理论和应用能力，教学计划合理分配理论教学、实践教学的课程设置和学时要求，主要课程由过去的机电类，重点转移到物理化学、高分子材料学、复合材料学、环境材料学、植物材料科学、材料化学、材料装备与自动化上；实践性课程过去的28周上升到41周，实践性环节中的生产实习由过去10天延长到4周；要求课程论文、毕业论文在企业生产一线选题和研究，突出解决生产一线理论和实际问题，时间13周。

（一）实现了"双重"实习。根据木材科学与工程专业本科学生的培养要求，第一重实习，主要是从见习到组织学生参观企业，结合课本学习，使学生对企业、专业有了一定的感性认识，对企业的生产规模、环境和个别典型产品能够有一定的了解，选题来自生产一线，实现对企业基本情况的熟悉和专业基本理论与生产实际的初步融会贯通；第二重实习，就顶岗实践，同在岗职工、技术人员一样，在相应的工作岗位上，每天八小时的顶岗实习，使学生亲身经历企业的生产流程，并在企业了解到了最新的知识和生产实际，同时综合了基础理论、基础知识、基本动手能力，使分析、研究、解决问题能力得以提高，80%课程论文能够结合某个生产环节进行分析和撰写，并力求解决生产环节中的突出问题。

（二）实行了"双师"指导。由学校教师和企业技术人员双方组成实习指导小组，共同编写生产实习大纲，安排实习环节，落实实习计划，实习总结，学生实习鉴定也由教师和企业技术人员共同把关。教师结合生产流水线和工艺要求，深化学生的理论知识，启发思考；企业技术人员和工人师傅和学生一起定岗定班，每一周轮换一个工序，直至完成整个生产过程的完成。这样不仅使学生更快地熟悉工艺流程和设备状况，掌握工艺参数、操作技能，而且使学生在工作实践中学到工人师傅吃苦耐劳、一丝不苟的敬业精神和高尚品质，学会做事、学会做人，增强了学生的综合素质。

（三）落实了"双证"。把学生动手能力的考核，由一般的认定提高到具有区分度、差异度、效绩型的科学化评价手段上，真实地反映学生的分析、解决问题能力。学生一轮实习结束后，由生产车间对学生在实习期间学习到的生产知识按照等级工考核标准进行考试，通过者同时获得等级工合格证书。学生还要根据实习大纲的要求，写出实习日记、实习报告、实习总结，由学生间的交流和带队教师进行批阅，并参照学生的实习表现评定出成绩，合格者给予实习合格证书。如毕业生蔡志明深深感到，"双证"制度给了自己扎实的基本功，使自己的工作从始更加严谨，对自己留厂工作能很快就上手，很快进入新的工作平台。

四、创新本科教材吸纳机制

教学内容和课程体系改革是学校教育教学改革的重点和难点，面对科技的迅猛发展，教材的滞后性矛盾越来越突出，往往是一部教材经几年的编写，一到讲台就落后了，特别是作为工科的木材科学与工程的教材，如何适应时代要求、体现科技发展进程，一直是教师十分关切的问题。过去编写教材往往是教师将多年的讲课积累收集整理，闭门编写。与维德木业合作办学以来，大大拓宽了教师的视野，增强了批判精神、人文精神、科学精神，维德木业一流的理念、一流的设计、一流的生产线和一流的产品，高度发达的科技生产力水平给予教师极大启示。木材加工已经由过去的粗犷型的生产转向集约型生产，十分注重节约能耗和生态保护，生产过程避免有毒化学物质的使用，资助和鼓励农民种植速生丰产林，减少对国外木材的砍伐和进口依赖，使绿色理念渗入到人们的生活中来。教师教材的编写深入到了生产一线，内容和体会都从一线中来，以科技人员和工人师傅在企业共同编写。

在深入企业的科研、生产活动的基础上，与维德木业技术人员合作编写了校企合作办学系列教材之《木质材料表面装饰》。这本书创新了木质材料表面装饰专业理论：增加了广义木质材料及其特性对表面装饰的影响和绿色木质表面装饰前沿性内容，建立了木质材料表面装饰的新内涵，注重了实践性案例更新，突出了创新实践性和可操作性，成为学校教学的一本较为先进的优秀教材。因为教材大量地涉及了企业的生产的独创性，校企双方如约不向社会公开发行。

五、创新大学生就业机制

大学生就业是学校、家长、企业、社会十分关注的问题。困扰就业突出地表现在企业和学生相互间缺乏深度了解。通过校企合作，创新了毕业生就业机制。

在维德的实践教学，一方面，学生经过顶岗实习，经过工人师傅的传、帮、带，以及各个流水线的实践，学生对生产过程有了较全面的认识；另一方面，维德木业世界一流的设施和现代化的管理，使学生受到了良好环境的熏陶，对企业有了比较深刻的认识。特别是与企业技术人员、工人师傅的"三同"，对企业生产的艰巨性、复杂性有了切身体会。企业的创业精神、引领潮流的精神，给了学生很大的教育；作为亚洲一流企业的科技先进性、企业的文明程度，以及发展潜力，都给了学生很大的吸引力和向心力。

通过校企合作，学生了解了企业，企业考察了学生，克服了大学到就业市场"一面一纸订合同，一月半年别企业"的现象，大学生就业实现了从父母之命、媒妁之言到职介所中介、介绍、双向选择，走向了自由恋爱，达到了由相知、相约到相守的较为平稳的关系。通过这种合作机制，实现了我校材料工程学生有了较为稳定的就业方向，木材科学与工程专业近年来，每年都有约占10%的毕业生来到维德就业，80多人成为各个岗位上的职工。这些在维德就业的学生，大多数成为企业的骨干，许多毕业生已担任了班组长、工段长、分厂厂长、总经理助理等职务。维德木业有了一个有永续的人才来源基地，不断地增强了企业的活力。

六、形成有力的推广辐射作用

与维德木业的校企合作创新机制和培养模式，已被成功应用到其他行业、企业，并结出丰硕果实。福建邵武中竹纸业公司，是利用植物纤维造浆、造纸的现代化企业。学校选择该企业作为辐射基地，与公司联合成立教学研发中心，按照与维德公司合作的五个创新机制和模式运行。教学研发中心举办各类职工教育培训，设立工程硕士点。公司作为学校教学实践基地，每年接受材料科学与工程专业、经济管理专业、市场营销专业等本科学生实习。依托材料工程学院的科研力量，开展竹材培育技术、环境保护技术、制浆造纸先进技术等方面的研究开发工作。目前，学校与中竹公司合作完成了以我省资源丰富、价格低廉的中小径竹为原料，开发高白度的竹材化学浆，每年增收6000多万元。中竹公司高层次的管理人员和工程技术人员定期到学校讲学、传授企业管理和工程化实施的经验。公司依照国际惯例，在全省高校中首先采取了设立教学研发基金，并切出一块作为助学金，资助贫困学生，学生毕业后可优先到公司就业。包括轻化工程、机电一体化、计算机应用、化学工程、林学等专业的部分学生已获得资助。坚持以合作办基地，走"三结合"的路子，已成为学校各科类专业的共同实践，从而不断提升了学校功能和办学水平。

终身教育法规的社会作用和个体价值[*]

教育法规是有关教育方面的法、法令、条例、规则、规章等规范性文件的总称,也是对人们的教育行为具有法律约束力的行为规则的总和。终身教育法规是有关终身教育事务法规的集合,是终身教育规律的法律体现。作为国家教育法规的有机组成部分,终身教育法规具有由其属性、内容、结构所决定的作用和价值。在依法治教、终身教育、全民学习等理念得到普遍认同的今天,探讨终身教育法规的社会作用和个体价值,及其与构建终身教育体系的关系,显得重要而急迫,这种探索将有益于人们在终身教育领域的实践推展。

终身教育法规的社会作用,是其内在功能作用于终身教育实践所引起的实际效应,主要通过终身教育法规的实施综合地表现出来,这包括如下四个方面:(1)指引作用,即指引人们按照国家的教育目的和要求开展终身教育活动,遵守有关终身教育的法律规定去作为或不作为。现行《宪法》《教育法》和以后要出台的《终身教育法》等法律,规定终身教育发展方向、条件创设、活动开展、人员配置诸方面的条款,均明确告诉人们哪些是国家赞成、鼓励或可以做的,哪些是国家反对、禁止或不该做的。不论是正向激励还是负向禁抑,均是对教育法律关系主体行为的指引和规范。(2)评价作用,即客观、有效地评价教育组织、机构和公民个人等各教育法律关系主体的终身教育活动。对终身教育活动价值的判断有多种标准,如道德规范、宗教规条、社会习俗等,但最基本的标准是教育法律规范,因为教育法律规范的评价具有突出的客观性和普遍的有效性,是一种绝对评价。只要人们的行为进入终身教育法规的范畴,法律规范的评价对他们来说就是相同、相近和直接有效的,如不想受到法律的制裁,人们的行为就必须与终身教育法律法规一致。可见,判断、衡量、匡益人们在终身教育领域的行为,离不开这种评价作用。(3)教育作用。通过宣传、

---

* 原载《教育评论》2004年第6期。

灌输，促使人们将国家制定的终身教育行为规范内化为自身的教育思想意识，并借助于人们的教育行为进而使"终身学习"、"全民学习"、"创建学习型社会"等理念得以广泛传播。同时，通过终身教育法规的实施，对人们产生教育作用，对合法的教育行为给予保护和鼓励，对本人和他人有示范、激励作用；对不合法的行为给予制裁和惩处，对本人和他人有提醒、警示作用。随着教育事业的发展和人类文明的进步，终身教育法规的教育作用将愈益深入、愈益彰显。（4）保障作用。终身教育法规以其稳定性、权威性和强制性，保障各教育主体（尤其是弱势群体）教育权利的实现。这就涉及终身教育的本质属性与核心理念，即对"'作为人权的学习权'的保障问题"。与实现权利并重的是，终身教育法规的保障作用表现为保证各教育主体克服随意行为，严格地履行教育义务，从而使终身教育活动有序、有效地进行。

　　一定的教育主体的需要与终身教育法规的关系的范畴，根据其对不同对象的意义，可以分为终身教育法规的社会价值和终身教育法规的个体价值。为了顺应由义务本位转向权利本位的世界性潮流，我们在不忽视终身教育法规社会价值的同时，尤应注重终身教育法规的个体价值，即终身教育法规"对公民个人的意义"。（1）正义价值。法律的最高价值就是正义，终身教育法规也不例外。终身教育法规不仅是一种理想、一套合理的规范，也是一种现实的可操作的法律原则标准和尺度。这要求执法者公正、合理地处理教育实践中的法律问题，使各种教育关系处于和谐融洽的状态。终身教育法规的正义价值还可以从其满足个体需要的方面来认识，如可以保障接受岗位培训、继续教育的个人行使法定的教育权利，履行法定的教育义务，保持权利义务之间的平衡统一，防止出现重义务轻权利的偏向。（2）平等价值。终身教育法规也应以平等作为其法律过程的基本原则之一，以追求教育平等作为其中固有的基本的理念。这一价值准则要求国家创造各种条件，以保证本国公民接受适合自身发展需要的终身教育的平等权利。当然，终身教育法规的平等价值不仅表现在教育机会方面，也表现在具体的、现实的教育运行方面，是一种相对平等，而非绝对平等。（3）自由价值。首先，要确保接受终身教育的个体在法律的范围内获得自由，启发人们对自由的意识、热爱与追求。人的自由精神对社会的进步是十分重要的，而自由地学习和自由地创造，则是精神自由的高度体现，更是一个民族旺盛创造力、生命力的永不枯竭的源泉。其次，要确保终身教育本身的自由，教师自由地进行教学和学术活动；确立终身教育机构法人的地位，保证其相对独立性和自主性。毫无疑问，不论是终身育法规的政治价值、经济价值、文化价值、秩序价值等社会价值，还是正义价值、平等价值、自由价值等个体价值，其深入、充分的挖掘，均应通过发挥、拓展终身教育法规的社会作用才能实现。

终身教育法规价值的被认识、被强调、被依准本身，又是发挥好终身教育法规社会作用所不可或缺的。

构建面向21世纪的有中国特色的全民终身教育体系，是一项浩大的社会系统工程。加快终身教育的法制化进程，是实现这一目的的主要手段。我们既要坚定地立足现实国情，又须科学地展望未来图景，以终身教育法规社会作用的发挥和个体价值的挖掘为切入点，大力加强终身教育法规建设，推动终身教育事业的新发展、新跨越。

一、重视终身教育立法工作，为构建终身教育体系提供坚实的法律基础

应该将加强终身教育的立法工作，提到科教兴国、人才强国、提高全民族素质的战略高度来认识，在已经取得的成果的基础上，进一步加强终身教育立法，为全民终身教育体系的构建提供法律依据。

终身教育政策的制定是必须的，许多时候，终身教育政策对终身教育立法之前的实际工作具有相当的指导作用。但是，过于浓厚的政策情结，容易削弱法规的独立品格，导致法规丧失应有的权威性，使立法工作边缘化甚至停顿。鉴于此，在进行创制性立法工作的同时，应当及时地把国家制定的、为实践所证明了的终身教育政策尽快地上升为终身教育法律，以利于现行终身教育法律法规体系的不断健全。

我国《教育法》第十一条规定"国家适应社会主义市场经济发展和社会进步的需要，推进教育改革，促进各级各类教育协调发展，建立和完善终身教育体系"；第十九条规定"国家鼓励发展多种形式的成人教育，使公民接受适当形式的政治、经济、文化、科学、技术、业务教育和终身教育"；第四十一条规定："国家鼓励学校及其他教育机构、社会组织采取措施，为公民接受终身教育创造条件"。在教育基本法中对终身教育作上述规定是一种可喜的突破，但总体上仍嫌单薄，须予以充实、加强。可以说，这是提升终身教育法律地位的一条主要途径。

注重有关终身教育事务法规之间的配套与协调，这可从法律、行政法规和部门规章这三个层面来关照，既包括科技法、劳动法、工资法等法律体系中有关终身教育的规定之间的一致与协调，更包括教育法体系自身各位阶的终身教育法规或终身教育的条款之间的配套与统整。换言之，应注重将终身教育的诸种精神、原则和要素渗透、贯穿进所有相关的法律法规或其对应条款之中，这是整合全社会力量办理、发展终身教育的必然要求。

制定专门的、自成系列的、明确而具体的终身教育法规，是构建全民终身教育体系的关键一环。不论是制定中央一级的《终身教育（学习）法》，还是制定各地方的《终身教育（学习）条例》，各级立法主体均应努力克服困难、创造条件，尽快启动立法程序。要认识到终身教育法的制定应以成人教育法的制定为基础，注意到"拟用终身教育法来代替成人教育法"的主张和做法的"不科学和不合情理"。

配合国家教育立法的整体规划，至2010年，在终身教育立法领域，应初步形成以《宪法》所确立的基本原则为基础，以《教育法》为核心，以《终身教育法》为母法，以终身教育行政法规为骨干，以终身教育部门规章和终身教育地方性法规、地方政府规章为主体的，形式较为一致，内容较为和谐，结构较为合理的有中国特色的终身教育法规体系。要从根本上改变终身教育工作领域无法可依或有法难依的局面，形成终身教育的法治管理模式，推动终身教育事业的稳定、健康、全面发展。

二、严格终身教育执法工作，为发展终身教育事业提供可靠的法律保障

教育法规作为一种意志，其本身并不能自动转化和自我实施，而必须具备一定的方式，这种方式就是广义上的教育执法，亦即教育法的实施，包括教育行政执法、教育司法和教育守法。国家机关及其工作人员、社会团体、广大公民只有在自己的实际活动中，才能使教育法律规范得到实现。而且，这种实际活动越严格、严谨，教育法律规范的实现也就越顺利、充分。对终身教育法规而言也只有严格执法，才能为构建终身教育体系、发展终身教育事业提供可靠的法律保障，并进而在所有教育领域真正实现全体公民的终身教育权。

今天，教育行政执法的职能日益增强，"教育行政部门依法履行职责或具体适用教育法律、法规、规章的行为，都是教育行政执法行为，都属于依法行政的范围"。随着终身教育法规数量的增多，其调整、规范的范围会持续扩大，教育行政部门具体适用这些法规的活动将覆盖到终身教育经费、运行、考核、师资等各个方面。我国各级教育行政部门应当从依法治国、依法治教的高度出发，严肃、公正执法，从程序上、实体上严格准确地执行终身教育法规，使终身教育始终奔行在现代法治的轨道上。

教育司法的目的，是以国家的权力手段强制维护教育法律关系和教育活动秩序。教育司法只服从法律，具有很强的独立性，是我国教育法制建设发展到一定阶段的产物，而现代终身教育理念的倡导则始于十一届三中全会以后，

这两个新生事物的碰撞与结合，必然会将我国的终身教育事业推进到一个新的发展阶段。教育司法对终身教育的保障，依据的是可重复操作的法律的力量和权威，只要法恒常，这种保障及其效应就恒稳、久长。

教育守法是指一切教育法律关系主体自觉地遵守教育法的规定，按照教育法律规范去作为或不作为。相应地，终身教育法规的遵守是指各主体正确地行使终身教育法规定的权利，忠实地履行终身教育法规定的义务，自觉地依照终身教育法规办事。当前，应树立起终身教育法规的声誉和公信力，在全社会形成了解、响应、合力发展终身教育的新风尚。要加强终身教育法规知识的宣传、普及以增强人们的法律意识。要重视对违反终身教育法规行为的制裁，两者缺一不可。作为教育法规自律性实施的教育守法，对防止终身教育领域里的行为失范具有长远的和根本的意义。

知识改变命运，教育铸就成功。以提升人民素质、使人民生活幸福为主旨的终身教育，正向我们走来。我们要高扬教育法治的时代大旗，大力加强终身教育法规建设，发挥好、实现好终身教育法规的社会作用和个体价值，推进终身教育事业的历史性跨越。我们有理由相信，在终身教育法规的调整、规范和保障下，在全体国人的不懈努力下，具有中国特色的全民终身教育体系，将从目前的教育理想和教育哲学状态，逐步变成鲜活的、人人为之雀跃的教育现实。对中国教育实现科学化和民主化的实践而言，这既是一个重要的支点，更是一个生动的、不朽的印证。

民办二级独立学院的探索与实践*

——以福建农林大学东方学院为例

独立二级学院（以下简称独立学院），是1999年以来我国高等教育办学体制上出现的一种新型的办学形式，首创于江浙一带，时间不长，发展很快，已成为我国高等教育体系内一支新兴力量，为中国高等教育的发展注入了鲜活的实践方式，也是促进我国高等教育大众化的又一个有效平台。

一、办独立学院是高等教育科学发展的必然选择

福建农林大学是一所有68年办学历史的高校，建校以来为国家、社会作出了一定的贡献，特别是合并4年来得到快速发展，不仅规模、硬件得到长足的发展，专业数、博硕士点建设规模、建筑面积、仪器设备、固定资产均翻了一番以上，而且在软件上也有较大的提升，专任年轻教师博硕士比例、国家百千万人才工程第一、二批人选、国家有突出贡献中青年专家、享受政府特殊津贴人数、国家级科研课题和经费，以及获奖成果均居福建省属高校前茅，并积累了宝贵的精神财富，形成了包括良好校风、比较成熟的教育教学管理体系、优良的教学传统和具有较高教学、学术水平的师资队伍在内的相对优质教育资源。作为省属重点大学，怎样为福建经济、社会发展作出更大的贡献，是高校领导必须认真考虑的问题。因此，在国家教育部颁发《关于规范并加强普通高校以新的机制和模式办独立学院的若干意见》（即8号文件）之前，我校就利用学校的办学资源优势，于2002年经省政府批准试办了独立的二级学院，即福建农林大学东方学院，并于当年开始招生。2004年经教育部批准，成为福建省首批领取法人证书的独立学院。当时主要考虑：

---

* 选自《教育行走者札记》，福建教育出版社2006年出版。

（一）政府对独立学院的期盼

长期以来，福建省是一个经济落后的、高等教育落后的省份，改革开放以来，经济上去了，综合实力进入了前10名，但高等教育滞后的局面，由于基础建设的薄弱，一直没有得到有效的改变。为了适应经济社会发展的需要，为了向福建经济社会提供更多更优质的智力和人才支持，实现福建高等教育的发展，政府需要进行教育结构和布局的调整，以解决"五个少"的问题。

一是福建教育事业发展中高等教育资源数量太少。福建的人口受教育程度与福建所处的经济地位不符，一直到2002年，福建高考录取率多年来排在全国的末位，居华东区的倒数第一位，毛入学率居全国第27位。

二是本科学校和在校本科生偏少。长期以来，福建省仅有本科高校11所，合并后剩6所，加上近几年升级的也才15所，可容纳的学生十分有限。

三是优质教育资源少。全省35所高校，部属院校仅有厦门大学、华侨大学2所。而经政府正式批准的21所民办学校，包括独立学院，大多数学校是处于成长期的学校。即便是农林大这样有一定办学历史的学校，原基础设施也是十分薄弱。

四是福建的高等教育财政投入少。三年来用于高等教育的财政支出不足20亿，主要解决人头经费，财政对学校拨款占比不到学校支出的50%。

五是专业覆盖面少。福建尚有许多专业（约占国家专业目录数的50%）未设置，如社区管理、社会保障等，个别专业设置在个别大学，专业容量小。

要解决上述"五个少"的问题，主题还是发展，中国的教育问题只有靠发展才能解决。而独立学院正是政府期盼的发展壮大高等教育的一项新举措。

（二）社会对独立学院的呼唤

把人才资源作为福建发展的第一需要已成为共识，广大群众要求接受高等优质教育的愿望越来越迫切，表现在：

一是迫切希望得到更多的教育供给，能够接受本科教育，为将来可持续发展打下长远的基础。

二是迫切希望得到以人为本的良好的教育环境，使学生在优质教育氛围下成长。

至今，福建每10个考生中能上大学的不到6个，其中能上本科的才3个，且相当一部分靠外省、部属高校的支持。随着高等教育大众化进程的加快，外省所能给予的支持很难大幅增加。突出的供求矛盾如果长期得不到解决，势必使人民群众质疑高等教育科学发展和大众化进程。社会的呼唤为独立学院的发展带来新的机遇，促使独立学院应运而生。

（三）企业对独立学院的倾注

我国国家办学资金投入有限这一国情和高等教育大众化政策的出台，使企业家看到了教育发展的广阔前景，他们跃跃欲试，投资参与高等教育事业的热情日渐高涨。从我省目前情况来看，主要有两种类型：

一类是经济发展状况较好的企业，他们需要拓展新的投资空间，扩大事业发展，一些民营企业家拥有资金优势，目前正在寻找投资项目。独立学院这种新机制、新模式利用市场资本把企业投资和学校无形资产紧密结合，可以取得资本的良性循环，为企业提供了新的投资方向。独立学院的融资途径与政策，为企业增添无限的生机与活力。

另一类是经济发展状况一般或者处于中下水平的企业，也希望改变投资方向，以盘活固定资产，使已有的房屋、土地发挥出效益。

东方学院位于福州市琅岐经济区。这是一个海岛度假休闲区，由福建（夏威夷）会议中心有限公司经营。该公司以旅游为主业，总体运行和效益良好，但其在琅岐的度假村受到客源影响，效益不明显。公司拥有土地19.2万平方米，规划预留地23.33万平方米，建筑面积4万多平方米，有400米田径场、游泳池和网球场，有皮划艇水域（每年清华与北大对抗赛在此举行）。企业迫切希望能盘活这些资产，让其发生效益，最终与农林大学达成协议，共同创办独立学院。创办3年来，公司原有的价值7000多万的固定资产和3年里投放的7000多万元设备建筑为发展高等教育事业奠定了基础，完成了一次企业转型。

（四）学校对独立学院的选择

扩大优质教育资源，改善高层次教育的供给状况，满足人民群众对本科教育的渴望，办人民满意的教育，是农林大学可持续发展的战略选择。

一是虽然农林两校合并，拥有200万平方米的校园，但由于地处两地，且山、水、田等占用土地较多，在校内现有土地面积、房屋、设施、资本的条件下扩充本科是十分有限的。没有适度的外延扩张，就没有可持续性的跨越式的发展。在投资方投资的基础上，放大、嫁接、辐射学校的优质教育资源，将在学校体制外迅速集聚办学力量，强化总体实力和贡献国家、服务社会的能力就成为学校的一种有效选择。

二是由于学校办学时间长，有其优良传统积淀的一面，但也由于学校办学时间长，有其在办学理念上因循守旧的另一面，而独立学院具有投资主体多元化、办学机制灵活、社会需求适应性强等突出优点，在新的教育理念下可能也可以对长期困扰高等教育健康发展的体制、机制及传统的思维模式产生一次前所未有的巨大冲击，促进高等教育改革的深化。独立学院的试办，开创了鲜活的创新实践，也是对高等教育科学发展观内涵的一种丰富。

为此，办好独立学院对于促进高等教育事业的发展，优化高等教育结构和布局，吸引社会力量参与兴办教育，满足人民群众对高等教育日益增长的需求，是一种极其有益的尝试。办好独立学院就能够建立起一个新的发展高地，这已成为学校的共识。

二、举办独立学院的四个原则

几年的实践告诉我们：按照"优质、独立、民办"的要求，在举办独立学院的具体操作上要注意贯彻以下四个原则：

（一）按法律办

《高等教育法》《民办教育促进法》和《民办教育促进法实施条例》是办好独立学院的法律依据。

按法律办，主要在两个方面：一个方面是必须坚持社会主义的办学方向，坚持党的教育方针，坚持教育质量全面发展。尽管独立学院是带着民营特征参与到高等教育事业中来的，但是它与公立大学一样必须担负起培养政治信念坚定的人才的责任。有办学资金、资源和热情，还要有正确的政治方向，教育权的崇高和神圣要体现在独立学院为社会主义培养建设者和劳动者上，体现在坚持思想政治工作的"两课"教育上，体现在"三个代表"重要思想的"三进"工作上。

另一方面是要保持独立学院应具有的"独立"属性。真正具备独立的校园和基本办学设施，实施相对独立的教育组织和管理，独立进行招生，独立颁发学历证书，独立进行财务核算，应具有独立法人资格，能独立承担民事责任。

重中之重要落实好董事会领导下的院长负责制，最根本的是要把党的教育方针落实到学校工作的各个环节、各个方面，不应因"独立"而偏离了教育方向，不应因"独立"而偏废了政治要求，党支部既要做好保证，也要做好监督。

（二）按规律办

一是按市场规律办。在用颁发"母体"学校文凭吸引考生已被限制的情况下，独立学院办学得以成功，关键是要靠质量——依靠独立学院的自身品牌。

品牌之一是看专业的社会适应性，社会和用人单位欢迎度。专业设置紧跟市场，招生就火热，新生报到率、毕业生就业率就高。东方学院设置的10个本科专业，3个专科专业，具有很强的市场适应性和专业性，如旅游专业的国际旅游方向、园林专业的海岸城市风景园林方向等都有诱人的市场前景。

二是按教育规律办。既遵循教育的外部规律，又遵循教育的内部规律，按照人才成长的规律去提高培养质量。独立学院是教学型的，培养任务是工作主体，人才质量是生存的保证。按照规律办，就要求重视教学规律，重视专任教师的聘任，从农林大学选聘的教师一般要求具有副高以上职称或长期任教的优质教师，将他们安排到独立学院教学第一线。他们是深谙教育要求、能够把握和发掘教育规律的践行者，这些教师的聘用可以更好地吸引考生。

（三）按章程办

独立学院的举办，维系双方关系的除了法律依据外，最根本的是董事会订立的章程。向社会公布后，实际上就是对社会的共同承诺，凡是符合章程规定的，双方都要遵照执行。

《民办教育促进法》未颁布前，东方学院试行"学校党委领导、学院董事会决策、院长负责、党总支监督"的领导管理体制，董事会成员中学校派出的占4人，投资方占3人，董事长由学校副校长担任。

《民办教育促进法》颁布后，东方学院依法修改了章程，并实行董事会领导下的院长负责制，董事会成员中由学校派出4人，投资方派出5人，董事长改由投资方担任。

双方按照章程作出承诺，向外公布。在具体事务上，如发放文凭，在《民办教育促进法》颁发前由学校发放，《民办教育促进法》颁发后改由东方学院发放；收费经省物价部门审定后向社会公布。在学生培养环节上，《民办教育促进法》颁布前，实行本科生前两年在东方学院上课，后两年在校本部上课的2+2模式，《民办教育促进法》颁布后，本科生四年均在东方学院上课。举办独立学院以来，凡是涉及学生利益方面的，双方都按章程向社会作了公布。

（四）按合作协议办

农林大学与合作者签订的协议，长达15年，这是一个力争做大、做强独立学院的协议。对这个协议学校进行了认真研究，字斟句酌，而且还请校聘律师从法律角度认真推敲，以维护学校的合法权益。这既是学校的规定，也是市场经济的一种选择。凡以学校名义对外签订的协议、合同，都须经律师把关。按照协议，有关双方主要处理好两个重点。

1. 体现党的领导和怎么加强对学院的指导

党的领导不仅体现在国家规章制度和法规的贯彻落实上，党的领导还体现在基层党委对学院的直接领导。本着工作事业发展到哪里，党的组织就建到哪里，共青团、学生会、工会工作就做到哪里的原则，东方学院一建立，就依章建立了学院党支部、分团委、工会等组织并开展活动。

《民办教育促进法》既要求独立学院独立办学，又要求学校对独立学院的教育质量负责。作为一所有较长办学历史的学校，农林大学对教育质量始终是高度重视的。在东方学院的办学过程中，农林大学对东方学院提供了有力的指导，主要有：

①对独立学院开展党的建设进行指导。由于董事长本人就是共产党员，他也十分重视党建工作。学校推荐6名政治辅导员到独立学院工作，通过思想政治工作，学生要求入党的积极性很高，仅2002级640名学生中就有500多名同学写了入党申请书，参加了党建培训班，首批就确定发展对象38人。

②对独立学院制订的培养计划进行指导。学校组织力量对10个本科专业、3个高职专业的培养计划进行了深入论证，对社会和就业需求进行了广泛调研，确立了基本规格、能力要求和培养目标，较好地处理了基础理论与专业技能、专业内涵与可持续发展的关系，使之较好地体现了专业特色。

③对独立学院强化教学运行的管理进行指导。在这方面，农林大学主要强调"四个落实"。一是教师落实。两年来，聘任期在一年以上的专任教师达到103人，其中副教授以上的达80%，硕士以上学历的达39%，有力地保障了办学质量。二是教材落实。学院多选用教育部统一规划和推荐的教材。三是教改落实。四是监控落实。学校专门设立了"东方学院教学指导委员会"和"东方学院教学工作评价考核专家组"等机构，对教学效果进行随机评价。

④对独立学院的学生管理进行指导。由于在度假区办学，独立学院的整体学习氛围尚未形成，而且周边的社会环境也比较复杂，为此要求学院实行半军事化管理，并力图把学生引导到"自我约束、自我教育、自我管理"上来，让学生共同创建东方学院的学风和校风。在保持最优质、强大的师资阵容时，体现"以人为本"的人性化管理。

2. 深入认识并处理好独立与统一关系问题

独立学院除了要做到法律规定的"五个独立"外，还注意在以下方面体现学院办学的"独特"。如：

增强显特。学院可以有别于母体学校的管理，如半军事化管理、学生自我管理等，以符合办学实际，凸显办学特色。

拾遗补阙。凡学校设置的学科中，强势学科学院可以办，市场急需的热门学科也可以办，使其与母体学校形成互补，相得益彰。

鼎新革旧。支持学院以新的教育理念为指导、大胆进行教学方法的改革，包括单科突进和学分制度，加强教学实践。

独立学院与大学之间的统一体现在：

①农林大学把独立学院作为学校的第19个学院对待（学校原有18个学院），凡学校的重要活动，如党代会、团代会、教代会、运动会等，东方学院都一起参加。

②按照学校统一学历安排组织教学活动。

③管理上统一进行教学检查，开展评优、评先时东方学院也一并进行。

④学校的设施对东方学院开放，共享网络、图书馆等资源，东方学院学生可同时拥有校、院图书馆借书证等。

三、办好独立学院应处理好四个关系

（一）政府与独立学院的关系

我国的独立学院与国外民办大学有两个不同的地方：

一是我们的独立学院大多是由发展中的企业来投资，不像国外的大多数学院是由强大的成熟的企业来投资。

二是我们的企业对独立学院的投入，不是国外那种税前捐赠形式的投入，而是企业自有资产、资金的投入，有的甚至是巨额的贷款投入，因此投资者说的是回馈社会，而实则许多是需要考虑投资回报的。此外，我国的独立学院的建设与发展，目前还有许多不足之处，或许这也是一种中国特色。这就要求政府在促进独立学院发展的同时，尽快完善各种法律法规，对诸如产权、收益、税率等作出明晰而不是含糊不清的界定，以增强投资者的信心，避免学生大进大出，学校大起大落。

因此，一方面，企业投资经营教育时，有可能因种种原因对许多问题不太理解，包括对教育经费的支出，包括可能存在的各种资金的调度等问题，进而导致企业对独立学院减少投入，降低预算的情况发生。而此类行为有可能导致政府的不放心，致使对独立学院管得过死。

另一方面，民办学院较之公办大学有广阔的空间。民办大学机制新、模式新、优势强，作为一种新生事物，政府缺乏对其管理的有关规定和经验，碰到一些新情况、新问题时可能手足无措，致使管理失控。因此要求政府在"管死"与"放活"之间，要彰显政策，明确昭示。

（二）学校与学院的关系

举办独立学院，从学校方面讲，要注重效益，更要重视办学质量、声誉。

质量和责任必然使学校对独立学院的领导更加坚定不移，对它的指导更加认真细致。

而企业家投资学院更注重规模、速度、盈利，欲获得回报，这是完全能够理解的。而学校在人力、物力、无形资产方面作出了保障，也希望有利润反哺学校。

因此，二者之间，常有可能意见不一，双方需要通过协调，达到办学规模、速度、结构、质量、效益的协调发展。这是一项贯穿办学各个时期的、艰苦细致的工作。

（三）董事长与院长的关系

这对关系集中表现在两个方面的协调：

一是效益回报与质量保证之间的协调。客观上，董事长注重效益、注重回报，因而在财务预算时难以全面考虑教学质量上的需求。而院长有学校任教经历，对教学质量和教学的需求有更多的关注，这就需要协调，使董事长认识到投入教学的必然性，使人才质量得以保证。

二是管理理念与模式不同之间的协调。企业家在管理上既简单又具体，而作为知识分子的院长既细致又民主，因为理念不一，管理模式不同、管理方法不同、管理措施也不同，企业家更多地显示出用管理企业的方法管理学院，院长则用管理学校的方法管理学院。要做到取长补短，相互尊重，也需要经常性的协调。

（四）校长与教师的关系

公立学校校长是行政职务，校长与教师都受雇于国家，长期形成一种平等关系。教师有很强的主人翁责任感，愿意提合理建议，参政议政愿望和能力强。在当前聘任制不完全的情况下，应该说校长对教师是宽容的，而教师对校长要求则是严格的。

民办独立学院是新体制，实行完全聘任制，院长若对教师不满意，可以解雇教师，管理上尚无制衡的办法。因而容易产生两种可能，一是校长说一不二，教师唯命是从，难以调动教师积极性；二是教师可能产生雇佣思想，给一分工资，办一分的事，上课来，下课走。这两种可能都对独立学院的发展极为不利，需要做艰苦细致的协调工作。

实践证明，学校、企业、教师办学的积极性、主动性和创造性是学院发展的不竭动力，只有保护好、发展好三个方面的积极性和创新精神，才能促进独立学院的协调、健康、持续发展。

在大学生中加强"三个意识"教育的思考*

教育具有鲜明的阶级性,为谁服务、培养什么样的人和怎样培养人始终是教育必须回答的问题。党的十六大明确指出,新时期党的教育方针是"坚持教育为社会主义现代化建设服务,为人民服务,与生产劳动和社会实践相结合,培养德智体美全面发展的社会主义建设者和接班人",它进一步阐明了当前教育改革和发展的方向问题。大学生是社会主义事业的建设者和接班人,在大学生中深入开展国民意识、国家意识、国际意识教育,是新时期高校加强和改进思想政治工作的一项重要内容,也是高校面临的一项长期的战略任务。

一、国民意识、国家意识、国际意识的基本内涵

自20世纪90年代以来,我国学术界先后进行过几次国民意识、国家意识和国际意识的讨论,不断深化了对国民意识、国家意识和国际意识的认识。

国民意识也称公民意识,是指一定国度的公民关于自身权利、义务的自我意识和自我认同的总称。国民意识是社会政治文化的重要组成部分,集中体现了国民对于社会政治系统以及各种政治问题的态度、倾向、情感和价值观。它主要包括以下几个方面的内容:(1)国民的爱国主义和民族自尊、自信、自强意识。以爱国主义为核心的民族精神是国民意识的重要内容,也是世界上不同国体和政体的国家都大力提倡和弘扬的一种国民精神。(2)国民的权利和义务意识。这是国民意识的核心内容,它要求国民正确行使自己的权利,同时自觉履行相应的义务,没有无义务的权利,也没有无权利的义务。(3)国民的护宪、守法意识。法是由国家制定或认可,具有国家意志性并由国家强制力

---

* 原载《福建农林大学学报》(哲学社会科学版)2005年第8卷第1期。

来保证实施的；宪法则规定国家根本制度和根本任务，是具有最高法律效力的国家根本大法。作为国家主人的国民，有责任也有义务护宪、守法，从而维护国家的根本利益。事实上，维护国家利益也就是从根本上维护国民利益，维护公众利益，从某种意义上讲也就是维护个人利益。（4）国民的自由、平等、民主意识。国民意识本质上是一种民主意识，贯穿于国民意识的基本精神是平等的精神，国民不仅在法律面前一律平等，而且在人格尊严面前也都是平等的，国家尊重和保障人权。（5）国民的公德意识。市场经济的开放性打破了过去人与人之间分散、孤立和封闭的状态，广泛的社会分工，统一大市场的形成，促进了人与人的交往和联系，因此，维护公众利益的准则越来越成为人们的切身需要，这就要求每个人都要有公德意识。在我国，国民意识既具有现代社会国民意识的一般特征，又具有反映社会主义制度基本要求的鲜明特点。

国家意识，是指一个国家的国民在长期共同的生产、生活、斗争中形成的对整个国家认知、认同等情感与心理的总和，是国家统一、民族团结、社会发展的基础。国家意识主要包括以下几个方面的内容：（1）社会主义意识。国家意识不是抽象的，而是具体的，它与我们现在所处的中国特色社会主义时代融为一体，不可分割。当前，国家意识的时代内涵首先以热爱祖国、建设中国特色社会主义为己任，坚定地走中国特色的社会主义道路。（2）民族文化意识。中国是一个多民族国家，在漫长的历史长河中，各民族的文化精华共同铸就了我们中华民族共同的文化根基，国家意识根植于民族文化意识中，没有民族文化，国家意识就成了无源之水。强化国家意识，必须热爱中华民族的悠久历史和灿烂文化，坚守民族文化的根，才能在全球文化竞争中立于不败之地。（3）国家主权独立意识。国家主权独立意识是国家意识的本位内容，也是国家意识中的重要组成部分，捍卫国家主权和领土完整，是每个国民应尽的义务。（4）国家安全意识。国家安全也是国家意识的本位内容。在全球化时代，国家安全已不仅仅局限于国防安全和军事安全，而且已扩展到经济、政治、文化、科技和环境等社会生活的各个领域。（5）开放意识。国家意识并不是贸易保护主义，更不是闭关自守、盲目排外或自我崇拜的狭隘的民族主义，而是要着眼于国家加快发展，并不断深化改革、扩大开放来创造有利于国家发展的条件。

国际意识也称世界意识、全球意识，是人们对于国家与国家之间、世界各国之间以及世界各国有关的事物的反映。国际意识作为一种思想意识，它是情感态度与价值观的重要组成部分，主要包括3个方面的内容：（1）全球意识和合作意识。全球化时代的世界既是一个开放的世界，更是一个彼此密不可分、联为一体的世界，世界之中有民族国家，民族国家的发展离不开世界，共同的利益把整个人类紧紧地联系在一起，在一些人类共同的问题上，如维护世界和平、缩小南北差距、治理生态环境、打击毒品交易和反对恐怖主义等，既非社会制度和意识形态所决定，也并非发达或不发达所能避免。能否解决这些问题，涉及到全人类共同的当前利益，也决定着全人类共同的未来利益。因此，加强世界范围的合作，共同推进全球问题的解决，实际上就是维护全人类共同的利益。这就要求人们需要超越社会制度和意识形态的障碍，克服民族国家利益的局限，以全球的视野来认识和考察国际社会中那些关系到整个人类社会生存和发展的共同利益，真正达到"共生"、"双赢"和"多赢"。（2）竞争的意识。当今世界，国际局势正在发生深刻的变化，世界多极化和经济全球化的趋势在曲折中发展，科技进步日新月异，综合国力竞争日趋激烈。形势逼人，不进则退。只有树立竞争意识，才能跟上世界潮流。（3）遵守国际基本准则的意识。随着全球化进程的不断推进，世界越来越开放，中国也越来越加速融入全球政治经济一体化的进程中。在国与国的交往中，不论是政治、经济、科技，还是思想文化，都有一个遵守国际规则的问题。要使我们的国家、民族在世界上有所作为，就必须培养学生遵守国际规则的意识，接受、掌握并遵守国际规范和惯例。

二、加强"三个意识"教育是世界各国共同关注的话题

国民意识是与民主政治和商品经济制度相伴生的产物，反映着国民对参与社会的主体自由追求和理性精神，表现出国民对法制的自觉、自为性，成为一种强烈的遵守法律的内在约束力。资产阶级在发展过程中曾经认识到这一点，因而十分重视与法治社会相应的国民意识的培养。20世纪20年代末30年代初美国出版的著名的《国民的形成》丛书，就是其中的一例。注重国民意识教育是21世纪世界各国共同关心的问题，很多国家在面向21世纪的报告中，都把国民意识的教育提到了重要的议事日程。如新加坡从1988年开始，政府每年都要开展一次"国民意识周"活动，激发国民的爱国热情，凝聚国民的爱国意识。美国著名社会学家A·英格尔斯认为："一个国家，只有当它的人民是现代人，它的国民心理和行为上都转变为现代的人格，它的现代政治、经济和文化管理中的工作人员都获得了某种与现代化发展相适应的现代性，这样的国家方可真正称之为现代化之国家。"可见，人的现代化是国家现代化的先决条件，而国民意识是人的现代化素质的核心内容。我国学者李慎之在感到我国民众国民意识缺乏时说："千差距，万差距，缺乏国民意识，是中国与先进国家最大的差距。"李慎之提出，中国现在要赶上先进国家实现现代化，最重要的是要培养人的国民意识，使在中国大地上因循守旧生活了几千年的中国人成为有现代

意识的公民。要提高国民的素质，办法在于实行国民教育。李慎之的主张，对于我们现代教育的影响和借鉴意义是不言而喻的，足以证明国民意识教育在高校教育中的重要地位。

国家意识是国民义务感、责任感和爱国主义的基础，国家意识内聚群力，外御敌侮，其状况直接影响到国家凝聚力的强弱。强化国家意识教育是发展中国家普遍面临的重大问题。我们知道，经济全球化是在美国主导下，西方大国处于核心有利地位的全球化，是高科技推动下西方国家掌握着关键技术条件下的全球化，也是大国以军事实力为后盾，不断向弱小国家施加政治压力的全球化。在这种背景下，一些西方国家的学者和政治家鼓吹的"民族国家的时代已经过去了"、"民族国家的传统思维方式、行为模式已经过时"、"民族国家的主权观念已经过时"等等，是与西方资本主义国家顽固坚持"冷战思维"，推行强权政治和霸权主义，企图干预和操纵发展中国家的政治，进而占有和控制发展中国家的经济资源相呼应的。经济全球化促进了全人类共同利益的大发展，但是，国家主权仍是民族国家最重要的特征和最根本的属性。正如江泽民同志 1999 年在全国对外宣传工作会议上强调：对外宣传要旗帜鲜明地维护国家利益、民族尊严和祖国统一。在涉及国家主权、国家利益、民族尊严的问题上，要坚持原则，要树立坚定国家意识和大局意识 [4]。对于西方国家以全球化为借口对民族国家的国家意识发展的非难，发展中国家必须保持高度的警惕。因为民族国家的主权与利益是发展中国家摆脱依附地位，推动经济发展，并在全球化进程中立于不败之地的先决条件。新加坡在开展国家意识教育方面的一些做法与经验是值得我们借鉴的。新加坡在 20 世纪 80 年代开始，专门成立了负责国家意识教育的机构，在国民中开展各种爱国主义教育。1991 年经新加坡人民反复讨论和国会批准，新加坡政府公布了《共同价值观白皮书》，推出了各民族不同信仰的民众均能接受的国家意识，始终注重弘扬国家利益第一和培养国家意识，弘扬国家至上、社会第一、集体利益是新加坡思想政治教育以及其他工作中尤为重要的内容。有针对性地加强国家意识教育，是高等教育中必须加以突出的课题。

国际意识是适应全球化发展要求而构造的一种民族的、国家的思想意识。目前，世界的高等教育由于国情不同，呈现出不同的发展模式，但不论哪一种模式，都很重视对学生进行国际意识的教育。韩国提出教育国际化的培养目标，强调学生要牢固树立"自主的世界公民意识"。日本作为一个岛国，因地少人多，自然资源匮乏，离开了国际社会就很难发展，所以日本更是把提高学生的国际意识作为教育思想的最重要的一个方面，特别强调对新一代进行国际意识的教育，日本临时教育审议会在高等教育国际化的目标中提出"只有做一个出色的国际人,才能做一个出色的日本人"。联合国教科文组织于1989年在北京召开面向21世纪教育国际研讨会时,主题就是"学会关心",呼吁世界各国面对全球问题的严重化,要高度重视全球教育,教育人们要跳出只关心个人的小圈子,要关心全球命运,关心人类的生存条件,树立关心全球的责任感和伦理观,强调全球合作精神,希望全球所有人共同携手,为解决日益严重的全球问题而努力。即使美国这样一个世界上最发达的国家,也把培养青少年的国际意识放在十分突出的位置,如1996年新颁布的《历史课程国家标准》就专门强调要通过世界历史的教学,来培养学生的国际意识。当前,国际意识的教育已成为世界各国面临的一个共同的教育主题,作为发展中国家,我们更应顺应和把握时代潮流,把对我们国家、民族的责任意识,扩展到对人类、对地球的责任意识,努力培养出具有面向世界的国际意识的新一代公民。

三、在大学生中加强"三个意识"教育的必要性

人类社会发展的历史证明,国民意识、国家意识、国际意识是社会文明的精神支柱。一个人,如果缺乏国民意识、国家意识、国际意识,就不可能成为合格的国民,也不可能成为合格的世界公民。高校青年学生是一个具有高社会责任感、高政治敏感度、高知识水平、高成长需要的群体,处于世界观、人生观、价值观形成的关键时期,在这一时期,通过加强国民意识、国家意识、国际意识教育,不断巩固青年学生的共同的思想基础,给学生强有力的新时期的精神支柱,引导他们树立正确的世界观、人生观、价值观,对于加强和改进高校的思想政治工作,践行"三个代表"重要思想,全面建设小康社会,实现中华民族的伟大复兴,具有重大的现实意义和深远的历史意义。

(一)在大学生中加强"三个意识"教育是加强和改进思想政治工作的需要

思想政治工作是一切工作的生命线,高校的思想政治工作对人才培养具有方向性和导向性作用,为此,在全国宣传思想政治工作会议上专门对教育部门提出了三个"高度重视并切实抓好"的要求。当前,复杂多变的国际国内形势对高校的思想政治工作提出了新的挑战。从国际形势来看,经济全球化、政治多极化、文化多元化、信息网络化的逐渐形成,使政治领域、意识领域和各种文化领域的斗争越来越激烈,西方国家的政治思想、价值观念、生活方式必然会对广大青年学生产生不同程度的影响。面对新形势,我们一方面要以博大的胸怀吸收世界一切优秀文化和文明成果,又要沉着应对,筑牢思想防线,高度

警惕西方敌对势力对我"西化"、"分化"的图谋，坚持抵御错误的、落后的、腐朽的东西对青年学生的侵袭，这是高校思想政治工作面临的一项艰巨任务。

从国内形势来看，在改革开放、发展社会主义市场经济和全面建设小康社会，实现中华民族伟大复兴的事业进程中，由于社会经济成分、组织形式、就业方式、利益关系和分配方式日益多样化，人们思想活动的独立性、选择性、多变性、差异性明显增强，各种观念大量涌现，正确的思想与错误的思想相互交织，进步的观念与落后的观念相互影响，不可避免地会给青年学生的理想、信念、人生观、价值观带来一些负面影响，甚至带来不稳定因素。广泛深入地进行爱国主义、集体主义和社会主义教育，引导青年学生树立正确的理想信念、价值追求、生活方式，是高校思想政治工作面临的又一项重大任务。

因此，我们必须从确保党和国家事业后继有人的战略高度，遵循"三贴近"原则，深入开展国民意识、国家意识、国际意识教育，进一步加强和改进思想政治工作，引导青年学生树立正确的世界观、人生观、价值观，成长为合格的社会主义事业建设者和接班人。

（二）在大学生中加强"三个意识"教育是践行"三个代表"的需要

社会主义的根本任务是解放和发展生产力，在生产力诸要素中，人是最积极最活跃的因素，是解放和发展生产力的主体。高素质的人才是一个国家经久不衰的源泉，提高人的综合素质是国家的基本战略，而培养高素质人才正是高等学校的根本任务。当今世界，科学技术迅猛发展，经济和社会发展势必越来越需要科技水平和国民素质的支撑与推动，国家的综合实力和国际竞争力势必越来越取决于核心生产力和高素质人才的数量。多出人才、出好人才，使我们培养的学生成长为解放和发展生产力的重要力量，成长为掌握和创造先进生产力的新型知识分子群体，是高校在践行"三个代表"过程中责无旁贷的重要使命。

先进文化是人类改造客观世界和主观世界的精神成果，是人类文明、社会进步的全部结晶和重要标志，也是一个民族绵延不绝、生生不息的精神动力。在当代中国，发展先进文化，就是发展面向现代化、面向世界、面向未来的，民族的、科学的、大众的社会主义文化，以不断丰富人们的精神世界，增强人们的精神力量。高校是宣传和普及社会主义先进文化，培养崇高的人文精神，传播科学知识、科学精神、科学方法、抵御和批判腐朽文化的重要阵地，发挥高等学校在全社会精神文明建设中的辐射功能和导向作用，用先进的文化来熏陶和培养在校大学生，对学生的全面发展和健康成长有着特殊的作用，也是高校践行"三个代表"重要思想的又一神圣职责。

高等学校的根本任务是极大地提高劳动者素质和民族创新能力，为国家的发展提供人才支持和知识贡献，从办好人民满意的教育出发，"坚持教育创新，深化教育改革，优化教育结构，合理配置教育资源，提高教育质量和管理水平，全面推进素质教育，造就数以亿计的高素质劳动者，数以千万计的专门人才和一大批拔尖创新人才"，满足人民群众日益增长的教育的需求，是高校践行"三个代表"，为人民群众的根本利益服务的最集中的体现。

高校践行"三个代表"，归结到一点，就是培养高素质的德智体美全面发展的社会主义建设者和接班人。"三个意识"正是高素质人才最基本也是最核心的要求，"三个意识"教育就是高校培养高素质人才的最根本的标准和最起码的素质教育。在大学生中加强国民意识、国家意识、国际意识教育，引导青年学生成为理想远大、热爱祖国的人，成为追求真理、勇于创新的人，成为德才兼备、全面发展的人，成为视野开阔、胸怀宽广的人，成为知行统一、脚踏实地的人，无疑是十分重要和紧迫的任务。

（三）在大学生中加强"三个意识"教育是全面建设小康社会的需要

党的十六大提出的全面建设小康社会的目标，是以经济建设为中心，推进中国特色社会主义经济、政治、文化全面发展的目标。这个目标的内涵丰富，既涉及物质文明的发展，也涉及政治文明、精神文明的发展。社会主义精神文明建设的根本任务是全面提高社会主义公民的思想道德素质和科学文化素质。在社会主义精神文明建设的两大任务中，思想道德建设引导人们树立共同的理想信念和正确的世界观、人生观、价值观，解决民族的精神支柱和精神动力问题；科学文化建设解决民族科学文化素养问题，二者共同致力于培养有理想、有道德、有文化、有纪律的社会主义公民。最近中央又印发了《进一步繁荣哲学社会科学的意见》《关于进一步加强和改进未成年人思想道德建设的若干意见》，强调弘扬爱国主义精神，以为人民服务为核心，以集体主义为原则，以诚实守信为重点，加强社会公德、职业道德和家庭美德教育，特别要加强思想道德建设，引导广大青年在遵守基本行为准则的基础上，追求更高的思想道德目标。这都说明，发展社会主义文化，建设社会主义精神文明的根本任务，就是培养一代又一代的"四有"公民，只有把广大青年学生培养成为有理想、有道德、有文化、有纪律的一代新人，才能使他们肩负起全面建设小康社会，实现中华民族伟大复兴的历史使命。在大学生中加强国民意识、国家意识、国际意识教育，关系到对青年学生个人的立身之本、关系到当前对社会经济政治文化的奉献，更关系到未来国家强盛和民族振兴的影响和引导，因此，加强"三个意识"教育，把广大青年学生培养成为"四有"新人，是新时期高校的一项重要任务，也是建设中国特色社会主义的必然要求。

四、在大学生中加强"三个意识"教育的思考

加强"三个意识"教育是一项综合性的系统工程，也是一项长期的艰巨任务，需要从小抓起，从各方面齐抓共管。作为高等学校，有鉴于其在社会政治经济发展中日益举足轻重的作用和对青年学生人生成长中关键时期所担负的责任，高等学校尤其应当对大学生加强"三个意识"教育，使国民意识、国家意识、国际意识深入大学生的心里，并由外在的要求转化为个人内在的行为准则和价值目标，进而形成相应的道德品质。笔者认为，在大学生中，加强国民意识、国家意识和国际意识教育，可以从以下几个方面入手。

（一）以贯彻实施《公民道德建设实施纲要》为重点，切实加强国民意识教育

加强对当代大学生国民意识教育与培养，使其具备作为未来公民社会基本单位的资格与条件，是加强国民意识教育的根本目的。党中央印发的《公民道德建设实施纲要》虽属于道德范畴，但由于其涵盖了当代大学生生活的诸多方面的内容，对于强化大学生的国民意识培养有着极大的指导意义。因此，在大学生中加强国民意识教育，要以实施《公民道德建设实施纲要》为重点，着重抓好以下几个环节：一是在指导思想上，要以马列主义、毛泽东思想、邓小平理论和"三个代表"重要思想为指导，教育和引导大学生树立正确的政治态度和社会主义政治思想理念，这就犹如高层建筑的框架结构建设，务必精心浇铸；二是在教育原则上，要坚持与社会主义市场经济相统一，坚持优良传统与弘扬时代精神相结合，坚持尊重个人合法权益与承担社会责任相统一；三是在教育内容上，要对大学生进行系统的国民教育，培养国民意识。就道德意义而言，要以为人民服务为核心，以集体主义为原则，以爱祖国、爱人民、爱劳动、爱科学、爱社会主义为基本要求，以社会公德、职业道德、家庭美德为着力点，以"爱国守法、明礼诚信、团结友善、勤俭自强、敬业奉献"为基本规范；就法律意义而言，包括对大学生进行权利意识、义务意识、主体地位意识、法制观念意识等；四是在教育目标上，要求在大学生中牢固树立建设有中国特色社会主义的共同理想和正确的世界观、人生观、价值观，成为有理想、有道德、有文化、有纪律的现代国民。我们要大力加强国民意识教育，深入开展国民意识教育实践活动，积极营造有利于国民意识教育的良好校园氛围，努力为国民意识教育提供各种条件。

（二）以弘扬和培育民族精神为核心，切实加强国家意识教育

以爱国主义为核心的团结统一、爱好和平、勤劳勇敢、自强不息的伟大

民族精神，是中华民族赖以生存和发展的强大精神支撑，也是中华民族赖以振兴和腾飞的强大精神动力。在大学生中弘扬和培育民族精神，从本质上说与加强国家意识教育是一致的。因此，在大学生中加强国家意识教育，应以弘扬和培育民族精神为重点，突出强调以下几个方面。

1. 加强国家主权教育

主权教育，就是要使大学生明确：爱国首先就是要维护国家的主权和根本利益，并牢记"国家的主权、国家的安全要始终放在第一位"，时刻警惕西方霸权主义鼓噪的"人权高于主权"的理论，从而自觉维护国家的政治稳定和民族团结，捍卫国家主权和民族利益。

2. 加大国家安全教育的力度，提高大学生对国家安全的警觉性，增强他们的国家安全意识

国家安全教育，就是要使大学生懂得和明白经济全球化时代的国家安全已不仅仅局限于国防安全和军事安全，而且已经扩展到经济、政治、科技、文化、信息、生态等各个方面，懂得"应通过对话增进信任，通过合作谋求安全"，以培养他们高尚的爱国情操，为国家安全与利益筑起一道坚实的屏障。

3. 树立大学生对民族优秀文化传统的认同感和自豪感

提高他们抵御西方文化殖民渗透的能力，增强凝聚力，使大学生的爱国之情转化为脚踏实地、充满理性的爱国之行。

4. 要突出时代特征

爱国主义是一个历史范畴，有着鲜明的时代特征，在社会发展的不同阶段，不同时期有不同的具体内涵。今天我们讲爱国主义，就是要引导大学生热爱我们伟大的社会主义祖国，在党的领导下为祖国的繁荣富强贡献自己的力量。

5. 爱国主义教育要坚持对外开放的原则和与国际主义相一致的原则

我们所倡导的爱国主义绝不是狭隘的民族主义，也不是闭关锁国的爱国主义。当代爱国主义的一个鲜明特征和重要内容就是实行对外开放。历史的事实充分证明，中国的发展离不开世界，世界的发展也离不开中国，实行对外开放，是我国加快现代化建设的必然选择。大学生既要继承和发扬中华民族的优良传统，也要善于学习和积极吸收世界各国包括资本主义国家的一切文明成果。具有开放的意识、开放的心态和开放的胸襟，才能博采众长，补己之短，不断提高创新能力，加速自己的发展。

（三）以推进教育创新为抓手，切加强国际意识教育

加入 WTO 意味着中国融入了世界，走向了经济一体化。这一发展形势对

人才有了新的定义、新的要求。培养既是合格的一国国民又是合格的世界公民人才，应是教育改革与发展的趋势。高等学校要全面推进素质教育，加强教育创新，努力培养面向现代化、面向世界、面向未来的合格人才。

（1）要调整人才培养目标。在经济全球化时代，要求高等教育培养既有扎实的专业理论知识，又有较强的实践动手能力，既懂外语又懂计算机，懂WTO规则，懂国际惯例，既具有创新精神和创新能力，又具有国际意识的国际型人才。为此，要更新教育观念，树立教育国际化的培养目标，培养适应经济全球化、信息全球化，有国际意识、国际交往能力和国际竞争力的人才。（2）改革教育模式，更新教学内容。在大学教育日益走向国际化的背景下，为增强学生的国际意识，需要进行跨国界、跨民族、跨学科的包括人文、科技、数学、外语、地理和社会研究在内的综合性、比较性的国际教育，以此开阔视野，使大学生在分析问题、观察问题时，能从大局着眼，用宽广的眼光观察历史与现实、国际与国内的问题，并将关注的重点从本国经济、社会发展方面，转移到联合国一再敦促和呼吁并努力解决的全球性问题上来，高校要通过设置国际教育课程，着力改善学生的知识结构，使学生熟悉国际经济与社会知识，掌握国际运作惯例、能参与国际竞争与合作的专门人才。（3）充分利用国际教育资源，发挥中外合作办学优势，利用现代教育技术和手段，及时了解高等教育国际化信息、动态和趋势，加强国际化人才的培养。

菌草技术发明与发展的社会学价值[*]

一、菌草技术的发明与发展

我们的祖先早在公元前4000—5000年就已大量采食野生菇类，而人工栽培食用菌迄今也已有2000多年的历史。中国是世界上最早进行人工栽培食用菌的国家，比法国早1000多年。直到20世纪80年代以前，世界各国培养食用菌都是以林木资源作为原料的，这对宝贵而有限的森林资源是一种巨大的浪费和破坏，并对自然生态产生了严重的影响。而且，食（药）用菌的主要栽培原料来自阔叶树，由于阔叶树资源紧缺，培植周期长，且不易人工栽培，从而造成菌业生产与林业生态平衡之间的"菌林矛盾"，制约了菌业生产的发展。直到20世纪80年代中期福建农林大学发明菌草技术后，才从根本上解决了这些问题。

（一）菌草技术的发明

为了解决菌业生产的原料问题，1983年，福建农林大学林占熺率先开展了用草本植物替代阔叶树木屑栽培食（药）用菌的研究，最初是以农作物秸秆、蔗渣、棉籽壳、谷壳香蕉秆（叶）、秕谷、稻草、花生藤、玉米芯、玉米秆、小麦秆、啤酒糟等原料代替部分杂木屑栽培食（药）用菌。在研究过程中，林占熺首次提出用野生资源非常丰富的芒萁、五节芒等野草代替阔叶树栽培香菇的设想，并于1986年10月实验首次获得成功，从而发明了菌草技术，开创了食用菌栽培技术的新纪元。1986年11月，《福建日报》报道了用野草代替阔叶树栽培香菇等食用菌获得成功的消息。

1987年，为了适应生产实践的需要，菌草技术发明人林占熺对菌草作了

---

[*] 原载《福建农林大学学报》（哲学社会科学版）2006年第9卷第1期。

狭义和广义上的定义。狭义上，菌草是指已经实验和生产证明可供食用菌栽培的野生草本植物；广义上，菌草是指可作为食（药）用菌栽培原料的野生草本植物及各种人工栽培的草本植物。同时，他还对"菌草技术"下了定义，即用菌草栽培食用菌、药用菌和用菌草栽培食（药）用菌的废菌料生产菌体蛋白饲料的综合技术称为"菌草技术"，并被国际菌草技术协会确认而在全球获得广泛应用。菌草技术作为一门综合性新技术，所包含的内容比较广泛，主要有以下几个方面：（1）菌草种植技术，包括种植菌草治理水土流失、荒漠、沙漠的技术，不同气候条件和不同的地区，如坡地、滩涂、水土流失区、干旱荒漠地区、沙漠地区等，包括不同的菌草栽培方法和菌草的加工、处理方法；（2）用菌草作培养基培育香菇、蘑菇、木耳等多种食用菌技术；（3）用菌草作培育基培育灵芝、猴头菇等多种药用菌技术；（4）用菌草生产菌物饲料技术；（5）用菌草栽培食（药）用菌后的废菌料综合利用的技术，如用废菌料作菌料、饲料、肥料的技术等。

（二）菌草技术的推广

菌草技术自1983年发明以来，在国内外得到广泛的推广和应用。至今，中国已有32个省（自治区、直辖市）的366个县推广了此项技术，其中在宁夏、新疆、甘肃、陕西、青海等西北地区和四川等西南地区，菌草技术成为扶贫和改善生态环境的重要项目，尤其在宁夏、新疆、四川等地，菌草技术已成为当地农民增收的重要产业，并创造了草、菌、牧、沼气结合，资源综合利用，形成良性循环的生态型生物工程。由于菌草技术在国际上处于领先地位，受到许多国家和地区的关注和重视，目前已传播到巴西、巴布亚新几内亚、南非、日本等53个国家和地区，成为中国开展国际合作和农业外交的重要平台。

菌草技术在国内的推广过程中逐渐形成了几种富有成效的推广模式。

1. 政府主导型模式

政府主导型模式是菌草技术推广以来的主要模式。在这种模式中，政府在技术推广中始终处于主体地位和主导地位。政府为了发展当地经济，开发支柱产业或开展扶贫工作，派人到技术发明单位或已实施单位进行考察，同时深入分析本地的资源、社会、市场等情况，进行可行性研究。然后由技术发明单位派出专家对当地情况进行考察，进一步论证项目的可行性。在确定该地适合发展菌草技术后，由专家与当地政府领导人商定实施计划。当地政府组织分管项目的领导、技术人员及重点示范户参加菌草技术的理论和操作技术培训，技术发明单位对示范户进行重点培训和指导，政府在资金、人力、管理、政策等方面给予大力支持。当示范户的项目实施获得成功后，召开现场会，以典型的事例说服群众，吸引更多的农户参与，从而使菌草技术在当地获得积极的推广和运用，如陕西省汉中地区就采取这种模式。

2. "公司＋基地＋农户"模式

这种模式主要是以农产品加工企业为龙头，通过订单农业等契约方式联接广大农户，形成产、加、销紧密衔接的产业组织体系。在各种新型农技的推广和探索农民增收途径的过程中，这种模式被广泛运用。同样，这种模式在菌草技术推广过程中也占重要地位。在这种模式中，龙头企业占据着主导地位，发挥着带动作用。公司建立自己的示范生产基地，同时向农户提供菌种、技术、原料、材料等物资并收回产品。龙头企业一头连市场，一头连着基地。农户直接把产品向公司出售，减少了交易成本，降低了市场风险，收入得到有效保障，生产积极性得到极大的提高。在这种模式中，政府必须在资金和税收方面对菌草栽培户或龙头企业予以支持，以促进菌草技术的大力推广和农户的积极参与，同时还必须协调好公司与农户之间的利益分配关系。如新疆昌吉州木垒哈萨克自治县就采取这种模式。

3. 委托技术单位承包模式

这是福建省对口帮扶宁夏所采用的一种独特的技术推广模式。福建省政府对口帮扶办和宁夏扶贫办委托福建农林大学菌草研究所实施，在宁夏的闽宁村建立菌草技术扶贫示范基地，由技术承包单位负责提供良种，进行技术培训和技术指导，并与农户签订购销合同，制定保护价，承诺包销产品，农户自筹部分资金和投入劳动力。这种模式能够消除农户的顾虑，同时有效地解决了技术到户、良种到户、资金到户等问题。

4. 农户独立经营模式

这种模式要依托当地丰富的资源，同时农户必须具有较强的市场开拓意识。当地政府聘请技术人员对生产农户进行集中技术培训，农户选择自己认为适销对路的某种食用菌进行栽培，同时由自己开拓市场，承担可能带来的经营风险。在这种模式中农户是生产经营的责任主体，政府仅提供免费技术培训和政策引导。如果政府引导得当，菌草产业也容易在当地形成优势产业或支柱产业。国内的不少乡镇采取这种模式。

菌草技术在国际上的推广主要采取援助项目形式和合作项目形式，较有代表性的是对巴布亚新几内亚的援助项目和对南非的合作项目。

1997年，菌草技术项目被中国列为与巴布亚新几内亚的合作项目。根据福建省同巴布亚新几内亚东高地省签署的《福建省和东高地省友好备忘录》，在东高地省建立了鲁法菌草生产示范基地，这是中国目前在南太平洋地区建立的唯一示范基地。8年来，根据项目实施计划，分期分批已举办了5期菌草技术培训班，143名学员在培训班学习了用象草、芦苇、巨菌草等菌草周年生产平菇等多种食（药）用菌技术，学员通过系统的理论学习和生产实践，比较全面地掌握了菌草技术，为今后的发展打下了坚实的基础，为农村增加就业、脱贫致富开辟了一条新路。2000年5月16日，福建省政府和巴布亚新几内亚东高地省政府签署了《福建省援助东高地省发展菌草、旱稻生产技术项目协议书》，标志着菌草技术被福建省政府列为援助巴布亚新几内亚项目。

2005年1月28日，南非夸祖鲁—纳塔尔省（以下简称夸—纳省）农业部在德班市召开了中国福建农林大学菌草和旱稻合作项目新闻发布会，宣布菌草技术合作项目正式启动。2005年3月30日，福建农林大学与南非夸—纳省政府合作的菌草生产培训基地正式启动，该项目是中南友好合作的成功范例，该项目的成功实施将对夸—纳省农村增加就业、消除贫困和创造财富产生积极影响。

菌草技术的发明还引起了国际发明界的高度重视。1992年菌草技术在日内瓦第20届国际发明展览会上获得金奖和日内瓦州政府奖；1994年在第85届巴黎国际发明展中获法国内政部、国土整治规划部奖；1996年获北京国际发明展金奖等。菌草技术被中国科技部列为"八五"、"九五"、"十五"国家级星火重点项目，被中国扶贫基金会列为科技扶贫首选项目，被联合国计划开发署列为中国科技扶贫项目和中国与发展中国家优先合作项目。

二、菌草技术发明与发展的社会学价值

菌草技术的发明与发展，不仅给国家带来了巨大的经济效益，而且还创造了巨大的社会效益。贫困问题、生态问题和妇女问题是当今世界共同关心的三大社会问题，全球都在为解决这三大问题进行着不懈的探索。而菌草技术的发明和发展，为解决这三大难题提供了富有价值的新思路和内涵丰富的社会学价值。

（一）增加农民收入，拓展了贫困地区农民脱贫致富的途径

贫困因其在社会中的存在成为一个绝对意义上的社会问题。贫困受制于社会成员个人因素，如文化程度、技能、价值观等，也受制于一些非个人因素，如居住地、发展机会、政策取向等。贫困是一个社会的群体分化进程中出现的最消极的后果之一，它可能给社会稳定带来极大的隐患，因为"贫穷也是一种

符号,它确定穷人的共同身份,内含穷人对富人的普遍敌意。如果穷人散落在社会的间隙中,穷人的'合作成本'将会很大;而在一个穷人相对集中的地区,穷人共同活动的成本降低,一旦有突发事件诱导,穷人便可能揭竿而起"。由此可见,由贫穷问题可能引发的社会政治后果是令人恐惧的,社会学家和政府决策者都必然密切关注和认真思考这一问题。

贫困问题既是社会学研究的重大理论性问题,也是重大实践性问题。中国自改革开放以来,扶贫工作已经走过了从"输血"到"造血"的历程,经过多年的艰苦努力,农村未解决温饱的绝对贫困人口数已经从1978年的2.5亿,减少到2004年底的2600万,扶贫工作取得了举世瞩目的成就。但是,中国农村地区要彻底消灭贫困还有很长一段路要走,尤其是中西部地区更是任重道远。菌草技术的推广实践,为贫困农民提供了一种可供选择的技术发展新模式。栽培食(药)用菌,能够帮助农民增加收入,拓宽农民脱贫致富的道路。

农民生产食(药)用菌有两条途径可供选择:一条是设施农业,即高投入,终年生产,实现产业化和标准化,这种规模农业显然可以取得规模效应,能大幅增加收入,但这条途径对于大多数农民而言并不现实,因为生产成本太高,贫困农民不可能拿出巨额资金进行生产投资,再者出于经营安全考虑,银行也不愿向贫困农户提供大额的农业生产贷款;另一条是实施菌草技术,该技术投入小,属劳动密集型,而且技术简便易懂,只要经过培训即可掌握,因此,它对于广大文化程度不高且资金短缺的贫困农民具有很强的实用性和可操作性。据中国扶贫基金会调查,48岁的回族农民苏云帮(初中文化程度),1999年参加了福建农林大学在宁夏闽宁镇举办的菌草技术扶贫培训班,从当年6月下旬开始,苏云帮父子开始整地,建菇棚210平方米,8月6日,在技术人员的帮助下接菌种,40天开始出菇,到11月初,共50天,售菇收入7300元(每千克2.8元至4.4元不等,最高时每千克5.6元);从第二年4月16日起,前一年接种的菇种又开始了第二个生产期,产菇1750千克,收入5600元。种一季菇收获二次,总计收入12900元,扣除建菇棚、接种的投入6200元,净收入6700元。可以说,利用菌草技术脱贫致富,是对"穷人经济学"的一种有益的实践。

菌草技术的发明和发展,不仅为解决中国国内农村地区的贫困问题提供了一条切实可行的途径,而且它在国际推广,对解决一些发展中国家的贫困和就业问题作出了积极的贡献。如中国在巴布亚新几内亚东高地省推广菌草技术,使之成为继咖啡之后又一项重要的产业,8年的时间,菌草技术已从鲁法区推广到高路卡、贝纳、阿沙罗、呼拉比等全省诸多地区,既解决了该地区贫困和就业问题,也改变了当地居民以地瓜为主食、青菜为副食的饮食结构,增加了蛋白质的摄取量，提高了群众的健康水平。

菌草技术在解决贫困问题的社会学价值方面，除了为贫困地区提供了一种可供选择的新模式，为缩小地区差别、构建和谐社会探索一条新途径，为全球扶贫工作创造一种新经验外，还为解决农村劳动力就业问题提供了一种新方法。中国农村社会学认为，中国农村劳动力属于隐性剩余，劳动力剩余绝对量巨大，尤其在欠发达农村更为突出，因此，研究中国农村劳动力转移既是农村社会学重大的理论问题，也是实践问题。从中国近20年的实践看，过量地把农村劳动力转移到城市，不但给城市带来种种社会问题，而且对农村的发展也不利，菌草技术的推广能大量吸纳劳动力，缓解因劳动力过量转移给城市造成的压力，这一点菌草技术在解决农村社会人口流动方面也具有其独特的社会学价值。

（二）保护生态环境，推动资源的可持续发展和利用

生态环境是人类社会赖以生存和发展的物质条件。良好的生态环境是社会生产力持续发展和人类生存、生活质量不断提高的重要基础。人类要生存必然要消耗生态资源，但是，生态资源是宝贵而有限的，它不仅要满足当代人的需要而且还要满足子孙后代的需要。当代人如果为了满足自身经济发展需要而对生态资源进行掠夺式的开发利用，必然要以牺牲后代的利益为代价，这将影响到资源的可持续发展和利用。在菌草技术发明之前，人们主要是利用阔叶树木屑栽培食用菌。由于树木的生长周期长，培育较慢，因此，当某片森林被砍伐后，短期内难以恢复，造成森林资源被毁，生态资源遭破坏。

福建省古田县是中国著名的银耳生产基地，但该县在历史上曾为了发展银耳，不惜大肆砍伐阔叶树木，致使该县阔叶树木急剧减少甚至近乎耗尽。1986年测算阔叶林生长量为年1.4万立方米，而当年用于食用菌生产的阔叶树为10.4万立方米，用于栽培食用菌的阔叶树消耗量为生长量的7.43倍。当年全县仅剩下阔叶林蓄积18万立方米，老树所剩无多，从1987年起开始砍伐幼林。在利用木屑栽培食用菌的地方，之所以会出现木材积蓄量负增长，道理很简单，培植1棵需要15—20年，1立方米原木只能卖几百元，如果以木产菇，1立方米原木当年可收入三四千元。但是，如果各地为了栽培食用菌都大规模地砍伐阔叶树，将使全国乃至全球的森林资源遭到毁灭性的破坏。为此，福建某县甚至作出了"退菇还林，菇县不种菇"的选择。菌草技术的发明很好地解决了这一"菌林矛盾"，利用人工种植适合菌物生产的各种草本植物，如芦苇串叶草等，以草本植物代替林木栽培食（药）用菌，不仅扩大了食（药）用菌的生态来源，而且可以极大地减少林木的砍伐量，有效地保护森林资源。尤其在中国西部地区，由于生态的日益恶化，人们为了摆脱贫困，在加大开发生产的同时，

更应积极寻求保护自然资源、保护生态环境的可持续的生产模式,"改变那种以牺牲环境为代价去换取一时的经济增长,不能以眼前发展损害长远利益,不能用局部发展损害全局利益"。从这个意义上说,菌草技术在西部推广过程中走出了一条可持续开发、保护性生产的路子,在有效地帮助贫困农民脱贫的同时,也有效地保护了生态环境。如陕西省汉中市从1995年开始引进菌草代料栽培食用菌技术,在100多个乡镇选点示范推广,栽培香菇、黑木耳等10多个品种,总产量超过1亿公斤,新增产值2.6亿元,节约木材15万立方米,使10万人受益。正是基于这种保护生态性的生产模式和效果,才使菌草技术深受西部宁夏、新疆等地方政府和人民的欢迎,也是其荣膺各种政府奖项的重要原因之一。

另外,菌草再生能力强,一次种植可多年多次收割,是可持续开发的丰富资源。应用菌草技术发展菌草业对合理利用土地、防止水土流失、保持生态平衡具有重要战略意义。从治理水土流失的角度来看,种植菌草能大幅度提高太阳能的植被转化率,可以有效地改善日益恶化的植被、土壤状况。菌草的根量比一般农作物大3倍—5倍,维系土壤肥力比农作物高15倍。因此菌草对土壤的防冲能力和吸附雨水的能力比森林和农作物都强。水土流失区域种植菌草,再把菌草转化为食(药)用菌,然后用废菌料生产优质菌蛋白饲料,或作为肥料返回农田,农业、草业、菌业构成了一个良性循环的生态链,不仅可以有效地治理水土流失,而且可以建立植物、菌物、动物等多层次循环转化综合利用的高产、高效的新生产模式,不仅促进了生态平衡,而且实现了资源的可持续发展。

(三)促进妇女就业,提高妇女在经济社会生活中的地位

从根本上看,妇女问题属于一个社会的性别群体关系问题,其根本含义是性别的不平等,这种不平等总是具体地反映在一个社会的经济、政治、文化、心理方面,而远远超越于性别之间生理的或自然属性方面的差异。作为一个性别关系问题,妇女问题具有了特定的结构性含义,引起了全世界的广泛关注,其具体表现也十分广泛,经常被政府和妇女问题研究人员列举的有:妇女整体素质低、参政议政和参与社会事务程度低、女主内的家庭传统角色没有根本变化、家务劳动量大、妇女失业或下岗实现再就业难度大、贫困地区妇女的教育与发展条件差,等等。

妇女问题的核心是妇女就业问题。对于广大妇女而言,就业不仅是生存和发展的基本需求,同时也是最基本的权利,而且还是提高社会地位实现全面发展的重要条件。但是,由于历史与现实的原因,导致许多妇女占有发展资源较

少，文化技术素质偏低，而社会还缺乏完善的培训机制来加强妇女的能力建设。部分女性受传统观念影响，缺乏开拓、创新、积极进取的精神，主体意识和权利意识淡薄。这都使妇女在劳动力市场上竞争力不足。因此，解决妇女就业问题的关键在于提高妇女的文化水平和职业技能，增强妇女的主体意识和开拓进取精神。

社会学认为，妇女参与劳动程度的高低，与其社会、经济地位的高低有密切的联系，性别发展问题的本质是妇女发展问题。菌草技术的发明和发展，为妇女掌握一门新技术，提高自身的职业技能，促进对社会生活的参与，提供了广阔的前景。菌草技术的推广对于解决妇女的就业问题，大幅度提高妇女的劳动参与程度，缓解日趋严峻的就业形势将发挥积极的作用。野生菌草种类多，人工栽培菌草技术易掌握，利用菌草栽培食用菌场地要求低，不同的地方搭不同的棚，成本低，千家万户都可以做，房前屋后，草棚树下，清晨傍晚，方便易行，尤其适合妇女在家栽培，妇女足不出户就可以参与社会劳动，实现就业意愿。福建农林大学与福建省妇联联合举办的贫困村妇女菌草培训项目，使来自福建三明、龙岩、南平、宁德4个市的贫困村妇女55人，通过培训，不仅掌握了菌草生产技术，而且获得了争取小额贷款的机会，从而也获取了从事农业生产活动、农业经营活动的机会，在取得经济效益的过程中，也在一定程度上提高了其家庭地位，同时，其文化素质和对外交往能力、经营能力也有了相应的提高。在处于保留比较浓郁的原始部落社会经济形态的巴布亚新几内亚的东高地省更是如此。在福建省为东高地省培训的菌草技术学员中，有相当一部分为妇女，她们通过系统的理论学习和生产实践，掌握了菌草生产技术，并把种菇作为自己的新的职业，不仅给社会带来了较高的经济收益，而且有效地改变了妇女社会地位偏低、妇女参与社会事务活动偏少的状况。妇女组织成了菌草培训中心、生产经验交流中心，这些中心真正成了妇女之家。现在菌草技术已成为东高地省鲁法区、高路卡、贝纳、阿沙罗等地区"继咖啡生产之后，经济发展和农民生活的一部分"（东高地省副省长语）。

如果说，社会学家的性别研究，从理论上促进了妇女解放，政府政策的推行，从制度上促进了妇女解放的话，那么，菌草技术的实施培训和推广，使经济贫困地区的妇女，在家庭、社会、民族、国家之外，有了个人作出选择的条件和更多的选择机会（而选择往往是获得自由、权利、利益的前提）。从这个意义上讲，菌草技术的推广，从现实中为妇女解放又开辟了一条新途径。

培养四种素质 锻造健全人格[*]

大学阶段是人格形成的关键时期,促进形成健全人格应该是大学教育的首要目标。《礼记·大学》开宗明义第一句就是"大学之道,在明明德,在亲民,在止于至善",强调学习首先要学如何做人,以达到崇高的境界。全面实施素质教育,是锻造健全人格的必由之路。健全人格,由多种素质融合精汇而成,笔者认为,其中最重要的是四种素质,促进这四种素质的全面发展,是高等学校开展素质教育的重点。

一、政治素质:健全人格的牢固支撑

政治素质是指在特定环境和教育的影响下形成和发展起来的相对稳定的思想道德修养和政治素养,它涉及世界观、人生观、价值观、道德观、政治观等内容,它所回答的是大学生对国家、对社会、对他人、对自己的认识和态度问题,要解决的是个人与国家、与社会、与他人如何达成和谐的问题,它决定了当代大学生的社会性质与时代性质。

政治素质是当代青年大学生健全人格的本质与内核,是最重要、最基本的素质。培养政治素质所要解决的是培养什么样的人才、人才为谁所用的问题,它对大学生其他方面素质的形成与发展起着引导和促进作用。良好的政治素质可以引导大学生向着全面成才和正确方向发展。正如苏霍姆林斯基所说的那样,政治素质"是照亮全面发展的一切方面的光源"。从教育的职能看,教育要帮助学生掌握知识、培养能力、发展人格,而教会学生做人则是掌握知识、培养能力的前提和基础。只有先解决了成人成才的目的和方向问题,才能着手规划如何逐步成人成才。良好的思想政治素质对于提高大学生其他方面的素质也具有促进作用。政治素质的核心就是爱国主义、集体主义和社会主义思想。

---

[*] 原载《福州大学学报》(哲学社会科学版)2006年第3期(总第75期)。

对祖国的热爱会变成大学生渴望祖国繁荣昌盛的动机，继而产生巨大的奋斗热情，从而形成创业热情；集体主义使大学生将自己的成才目标与社会发展、时代需要紧密相联，从而形成一种促进自己不断创新和实践的动力，并不断提高自己的创新能力和实践能力；而社会主义思想则为大学生全面素质的提高指明方向。

高等教育阶段是大学生树立正确的世界观和人生观的关键时期，也是继承民族优良传统，形成精神支柱的重要阶段，此时，政治素质教育将对全面推进素质教育产生至关重要的影响。因此，在实施素质教育的过程中，必须将政治素质教育放在首位。除了基本的要求之外，当前培养大学生的政治素质的重点方向在于以下几点。

要有高瞻远瞩的世界眼光和全球视野，高举和平、发展与合作的时代旗帜。当前国际形势正在经历复杂而深刻的变化，全球化浪潮已经席卷世界的各个角落，涉及社会的所有领域，影响生活的方方面面，既增加了共同参与发展的机遇，也增加了共同承受问题的风险。作为一名大学生，要有世界性眼光，能跟得上时代发展的步伐，要自觉关注世界发展的大趋势和人类发展的前途，能独立分析各种国际政治斗争的本质，要对中国坚持和平发展战略、参与构建和谐世界保持足够的信心。而要在错综复杂的国际竞争中坚持自我，立场坚定，除了要对国际事务及中国的参与要有面上的基本了解之外，更要以坚定的爱国主义为支撑，牢固树立国民意识，坚决维护民族特性，形成民族精神与时代主题相结合的精神状态。

要有坚定不移的理想信念和政治觉悟，坚持中国特色社会主义的发展道路。中国的改革发展已经取得了举世瞩目的伟大成就，我们也将面临一个又一个困难和考验。当代大学生必须对前途充满信心，要坚信中国共产党的领导，要自觉学习马克思主义中国化的三大理论成果，尤其要深刻理解科学发展观的精神实质与重大意义。政治素质的基石是理想信念，理想信念是政治素质的灵魂。理想信念，是一个政党治国理政的旗帜，是一个民族奋力前行的向导，也是大学生奋发向上的动力。大学阶段是提高大学生政治素质的重要时期，对大学生进行理想信念教育，关系到党和国家的长治久安，关系到中华民族的前途命运。"开展大学生思想政治教育，必须紧紧抓住理想信念教育这个核心。"只有教育引导大学生确立坚定的理想信念，才能教育引导大学生树立正确的世界观、人生观和价值观，才能形成良好的政治素质。

要有正直高尚的道德品质和文明行为，严格遵循社会主义荣辱观的根本要求。当前我国正在推进和谐社会建设，"一个社会是否和谐，一个国家能否长治久安，很大程度上取决于全体社会成员的思想道德素质。没有共同的理想信念，没有良好的道德规范，是无法实现社会和谐的。"社会主义荣辱观也为大学生提高道德修养确立了更加全面、更合时代要求的新标准、新方向。这应该是当前思想政治教育的一个新重点。在实施素质教育过程中，应认真贯彻《公民道德建设实施纲要》，广泛开展社会公德、职业道德和家庭美德教育，把道德实践活动融入大学生学习生活之中，引导大学生自觉遵守爱国守法、明礼诚信、团结友善、勤俭自强、敬业奉献的基本道德规范，正确处理个人与社会、个人利益与集体利益、竞争与协作、经济效益与社会效益等关系，养成良好的道德品质和文明行为，努力夯实健全人格的基础。

二、科学素质：健全人格的力量源泉

为了便于分析，也为了素质培养的可操作性，这里我们将科学素质界定为自然科学素质。科学素质主要指经过教育和实践发展起来的人们认识自然和应用自然规律的内在品质。它要解决的是人与自然如何达成和谐的问题。具体来说，科学素质包括：

科学知识。就普遍意义上的素质教育而言，科学知识主要是指最基本的科学现象、事实和科学常识，以及科学与社会生活发展的关系、科学发展的动向等，还应包括科学理论知识，如科学概念、定律、原理、法则、模型关系等等。科学知识是人类对自然和社会的认识结晶，是人类世世代代积累和传递下来的宝贵遗产，它是科学素质的基础，既能提高大学生对客观世界的认识能力，又能促进大学生的智力发展和科学观的形成。没有科学知识，就根本不可能有科学的能力。

科学方法。科学方法是人们在认识和改造客观世界的实践活动中总结出来的正确的思维方式和行为方式，是人们有效地认识自然和改造自然的工具和手段。科学方法是获得知识的手段，大学生掌握了科学方法就能更快地获得科学知识，更透彻地理解科学规律和科学过程。科学方法作为思维和行为方式，蕴含着极大的智力价值，大学生一旦将科学方法内化为自己的思维和行为方式，其智力水平会大大提高。这样，科学方法就成了科学素质中必不可少的一个组成部分。

科学能力。能力是指直接影响活动成效，与能否顺利完成活动任务相联系的个性心理特征。能力既是人的素质的内在成分，又是素质的外在表现。一个人要顺利完成某项活动，靠单一的能力因素是不行的，必须靠多种能力的有机结合。科学能力在科学素质结构中位于最高层次，它既是知识与技能的条件，又是科学素质发展的目标与方向，而创新能力则是能力发展的最高水平。

良好的科学素质是遵循自然规律和科学真理、甄别伪科学、反对迷信的坚兵利器，是大学生健全人格的重要组成部分，它能大大增强大学生人格中求真务实、尊重规律、开拓奋进、勇于创新的精神，从而使大学生的人格更加坚强有力。一位不理解当今科技发展大潮流的大学生，一位不具有科学的理性思维的大学生，其人格会缺乏活力，是不健全的。当今时代是一个科学技术迅猛发展的时代，学习、创造是这个时代的主旋律。2006年3月20日颁布的《全民科学素质行动计划纲要》对此作出了最新最全面的解释："科学素质是公民素质的重要组成部分。公民具备基本科学素质一般指了解必要的科学技术知识，掌握基本的科学方法，树立科学思想，崇尚科学精神，并具有一定的应用它们处理实际问题、参与公共事务的能力。"这种"四'科'一能力"的概括，从我国国情和提高全民科学素质的阶段性任务出发，充分体现了实事求是的精神，体现了党和政府坚持以人为本、落实科学发展观、培育全社会的创新精神的坚定意志。

当前高校推行素质教育，尤其要着力培养大学生的科技创新能力。《中共中央国务院关于深化教育改革全面推进素质教育的决定》（1999年6月）中明确提出，"实施素质教育，就是全面贯彻党的教育方针，以提高国民素质为根本宗旨，以培养学生的创新精神和实践能力为重点"。2006年2月，我国正式发布《国家中长期科学和技术发展规划纲要》，强调必须把提高自主创新能力作为调整经济结构、转变增长方式、提高国家竞争力的中心环节，把建设创新型国家作为面向未来的重大战略选择。21世纪是信息化时代，发展出了一个崭新的社会经济形态——知识经济。知识经济是以不断创造的知识为主要基础发展起来的，它强调创造者的创新素质是经济发展的主要增长因素。现在要发展知识经济，不仅是着眼于知识的量和规模，关键是知识的创新。如果没有知识技术的创新，绝对不可能立于强国之林，站在世界的前列。高校是科技兴国的主力军，是我国科技创新体系中的重要组成部分，是培养和造就高素质的创造性人才的摇篮，是认识未知世界，探求客观真理，为人类解决面临的重大课题提供科学依据的前沿，是知识创新推动科学技术成果向现实生产力转化的重要力量，又是民族优秀文化与世界先进文明成果交流借鉴的桥梁。

三、人文素质：健全人格的精神境界

人文素质是指人们在人文方面所具有的综合品质或达到的发展程度，它要解决的是大学生人格构成的各要素、大学生内心世界的各方面如何在更完美的层次上达成和谐的问题。人文素质包括四个方面的内容：

具备人文知识。人文知识是人类关于人文领域（主要是精神生活领域）的

基本知识，如历史知识、文学知识、政治知识、法律知识、艺术知识、哲学知识、宗教知识、道德知识、语言知识等。

理解人文思想。人文思想是支撑人文知识的基本理论及其内在逻辑。同科学思想相比，人文思想具有很强的民族色彩和鲜明的意识形态特征。人文思想的核心是基本的文化理念。

掌握人文方法。人文方法是人文思想中所蕴含的认识方法和实践方法。人文方法表明了人文思想是如何产生和形成的。学会用人文的方法思考和解决问题，是人文素质的一个重要方面。与科学方法强调精确性和普遍适用性不同，人文方法重在定性，强调体验，且与特定的文化相联系。

遵循人文精神。人文精神是人文思想、人文方法产生的世界观、价值观基础，是最基本、最重要的人文思想、人文方法。人文精神是人类文化或文明的真谛所在，民族精神、时代精神从根本上说都是人文精神的具体表现。在人文素质四个方面中，人文精神是核心。人文精神主要表现在：在处理人与自然、人与社会、人与文化的关系时，突出人是主体的原则；在认识和实践活动中，以人各种需要的满足为最终诉求，强调人是目的的原则；在人与物的关系中，突出人高于物、贵于物的特殊地位，强调精神重于物质，人的价值重于物的价值，生命价值优先的人道主义原则和人本主义原则；在人与人的关系中，强调相互尊重对方的人格尊严，突出人人平等的原则。

人文是一个民族的身份证。也就是说，一个民族的特性并不取决于遗传基因而是人文，如果一个民族没有了自己的传统、自己的人文，就等于丢失了身份证，成了地球上无人看得起的"黑户口人氏"。只是一个群体，而不能称之为民族。在科学技术与物质文明高速发展和高度发达的今天，一个国家，一个民族如果没有先进的科学，就会落后衰弱，一打就垮，要痛苦地受人宰割；然而，没有民族文化，民族精神，没有人文精神，就会空虚异化，不打自垮，甘愿受人奴役与鞭打。人文精神是大学的韵味和品位之所在，是学校文化传统与办学特色的体现，是一种精神魅力。人文素质是大学生健全人格的精神内涵，如同人体的血液，它使大学生更具灵性，造就大学生独特的风格和高雅的气质，是大学生之所以为"人"而非"器"、是"我"而非"他"的内在精神保证。

实施人文素质教育的目的就是要通过各种教育活动，将人文知识与人文精神渗透、贯穿到大学生的成长历程中，使人类优秀的文化成果内化为大学生的人格、气质和修养。高等学校肩负的这一历史使命，既是由"成才先成人"的教育理念所决定的，也是由当代中国的实际所决定的。当前我国正处于社会转型时期，理所当然地伴随着文化伦理转型的阵痛。对外开放、制度变迁、多元文化等带来的冲击，市场经济的内在缺陷，制度建设的不完善等引发的社会问题，动摇了根深蒂固的文化传统。现实生活中各种肮脏、丑恶、浅薄的现象沉渣泛起，严重地阻碍着社会的全面进步，对大学生人文素质也产生了种种负面影响。基于这些现实情况，"坚持以人为本，树立全面、协调、可持续的发展观"已确立为建设小康社会的重要战略思想，这一科学发展观包含着许多人文思想和精神；构建"民主法制、公平正义、诚信友爱、充满活力、安定有序、人与自然和谐相处"的社会主义和谐社会的蓝图已经绘就，而人文思想和精神无疑是实现这个整体社会价值目标最基本的文化价值资源；中共中央、国务院发出《关于进一步加强和改进大学生思想政治教育的意见》，由人文精神支撑的理想信念教育是思想政治教育的核心；当前正在广泛开展以"八荣八耻"为主要内容的社会主义荣辱观教育，而人文素质培养是荣辱观教育的重要内容和基础工程。高等学校坚持开展人文素质教育，弘扬人文精神，意义现实而且深远。

当前高校开展人文素质教育，要注意几个重点。一是要把人文素质教育放在全球化时代这个大背景下来进行，加强对区分先进文化和落后文化基本知识和基本素质的教育，努力提高大学生鉴别先进文化与落后文化的能力和把握先进文化前进方向的能力。要加强弘扬中华民族优秀文化传统和爱国主义教育，努力提高大学生继承中华民族优秀文化传统和吸收全人类一切优秀文明成果的能力。二是要弘扬人文精神，努力提升大学生的审美情趣，培养大学生欣赏美和创造美的能力。三是要特别注重对理工科大学生的人文素质培养，陶冶他们的性情，提高他们的人文修养，实现真理、真律与真善、真美的结合，帮助他们锻造健全、完美的人格。在科学技术迅猛发展的今天，科学素质的重要性是不言而喻的，然而，"没有人文教育，人类将堕入科技进步带来的文化黑暗及社会灭亡的深渊"！

大学生人文素质教育已成为当代大学生素质教育不可缺少的重要组成部分，它与政治素质教育、科学素质教育及法律素质教育等同等重要，因此必须予以充分的重视。我们应高度认识人文素质教育的重要意义和作用，不断实践，努力探索，推动高校人文素质教育不断向前发展。

四、法律素质：健全人格的规范要求

法律素质是指人们所具有的法律意识、法律知识以及运用法律的基本能力和技能的综合因素。它不仅包含知法、守法、用法等法律意识，还包括把法律意识转化为自觉的依法行使权利和履行义务的法律行为，运用法律手段维护自己合法权益的能力。

法律素质是大学生综合素质的一个重要组成部分，它对大学生其他方面的

素质如价值观、道德素质、思维方式等都有着积极而重要的影响。培养法律素质是实现大学生全面发展的内在要求，是人格得以健全的规则保证和检验尺度。

培养大学生的法律素质，是发展市场经济的需要。市场经济自身的性质、特点和发展规律决定了它必然是法治经济。随着社会主义市场经济体制的建立，所有市场主体都得遵循统一的规则或制度，市场主体资格的确认、市场主体权利的保护、市场经济活动的运行、市场秩序的维系、国家对经济活动的宏观调控和管理等各个方面，都需要法律的引导和规范。在这种高度规则化的社会里，"法制手段"将越来越广泛地运用于我们的现实社会关系中，任何人都要受到法律的约束。必备的法律素养，已成为当代大学生立足社会的不可或缺的基本条件。大学生只有树立正确的法律意识，增强法制观念，才能自觉地遵守法律，自觉有效地运用法律调整和规范自己的行为，维护社会的法律秩序，才能在社会主义的市场经济建设中做出应有的贡献。

培养大学生的法律素质，是实施依法治国方略的需要。依法治国，建设社会主义法治国家是党中央提出的治国方略。党的十五大报告第一次提出"法治国家"的概念，从全局和战略的高度确定把依法治国作为重要的治国方略。九届人大二次会议把"中华人民共和国实行依法治国，建设社会主义法治国家"写进《宪法》。党的十六大提出的全面建设小康社会的奋斗目标之一就是社会主义法制更加完备，依法治国方略得到全面落实。依法治国不仅要求有完善的法制和高素质的执法、司法队伍，还要求提高全体公民的法律素质，增强全体公民的遵纪守法自觉性。在法治建设中，人是法治的主体，也是实现法治的最活跃、最关键的因素，无论是立法、执法、司法和守法，其状态都是以人的活动和行为最终依归。因此，必须提高包括大学生在内的全体公民的法律素质。只有提高了公民的法律素质，增强了公民的法制观念，才能使法律法规得到切实遵守，才能对立法执法和司法进行有效的监督，促进社会主义法治国家目标的早日实现。基于此，2006年4月，中共中央、国务院转发《中央宣传部、司法部关于在公民中开展法制宣传教育的第五个五年规划》，强调要加强大中专学生法律基础理论教育，牢固树立崇尚法律、遵守法律的意识，增强法制观念。

培养大学生的法律素质，是当前大学生法制现状的需要。早在20世纪80年代，为配合普法教育，教育部、司法部在《关于加强学校法制教育的意见》中指出："学校法制教育是学校德育的重要内容，是对学生进行社会主义民主法制教育，培养学生树立社会主义法制意识，增强法制观念的重要途径，是实现依法治国的百年大计。"然而，由于种种原因，大学生的法制观念的现状不容乐观，部分大学生对法制教育不感兴趣，法律意识淡薄，法制观念不强。对于法律理念的认识，义务多于权利；对于法律规范的遵守，消极多于积极；

对于法律武器的运用，被动多于主动。近年来，大学生违法犯罪种类增多、频率增加，呈现高发的态势。这表明，加强法制教育，培养大学生的法律素质，增强大学生的法制观念，刻不容缓。

　　大学生是祖国的未来，增强法律意识和法制观念，提高遵守法律、依法办事的素质和自觉性尤为重要。中共十四届六中全会审议通过的《中共中央关于加强社会主义精神文明建设若干重要问题的决议》指出："要在全体人民中进行遵守宪法和法律的教育，普及法律常识，增强民主法制观念，使人们懂得公民的权利和义务，懂得与自己工作和生活有关的法律，依法办事，依法律己，依法维护自身的合法权益，善于运用法律武器同违法犯罪行为作斗争。"这正是对社会主义国家合格公民的要求。因此，大学生应从坚持党的基本路线，依法治国、建设社会主义法治国家，保障社会主义现代化建设，维护社会稳定，培养跨世纪人才的高度去认识增强自身法律素质的重要性和必要性，努力使自己成为一名合格的社会主义建设者和接班人。

　　就大学生整体而言，推行法律素质教育重点在于培养大学生的法律意识。良好的法律意识能使大学生积极守法，使守法由外在强制转化为对法律的权威以及法律所内含的价值要素的内心认同，从而自觉自愿地严格依照法律行使自己享有的权利和履行自己应尽的义务，运用法律武器维护自己的合法权益，充分尊重他人合法、合理的权利和自由，积极寻求法律途径解决纠纷和争议，主动抵制破坏法律和秩序的行为。法律意识，一般由法律心理、法律观念、法律理论、法律信仰等要素整合构建，其中，法律信仰是法律意识的最高层次，也是大学生法律素质教育的核心。

　　上述四种素质并非完全孤立，而是相互影响，相互促进，且互有交叉。在实施素质过程中，应该将它们作为一个整体，作为一项系统工程，整体开展教育。而且，素质的提高非一日之功，相对于知识的获得更艰巨、更内隐，要有"十年树木，百年树人"的长远规划。要坚持科学发展观，坚持以学生为本，对学生负责，深化教育改革，全面推进素质教育，持之以恒地真抓实干，努力构建一个充满生机的社会主义高等教育体系，努力培养人格健全的全面发展的人才，为实施科教兴国战略奠定坚实的人才和知识基础。

和谐社会条件下高等教育的
机遇与使命[*]

党的十六届六中全会作出的《关于构建社会主义和谐社会若干重大问题的决定》是新世纪、新阶段指导我们构建社会主义和谐社会的纲领性文件,反映了建设富强、民主、文明、和谐的社会主义现代化国家的要求。构建和谐社会为高等教育的发展提供了哪些新机遇?高等教育的发展怎样为构建社会主义和谐社会做出应有贡献?这些都是值得我们认真思考的重大问题。对这些问题的回答,涉及高等教育今后发展的方向。

一、构建和谐社会对高等教育发展提出了更高要求

改革开放以来,特别是近几年,我国高等教育有了较大的发展,处于历史上发展最快的时期,但在办学质量、办学效益、办学结构等方面也遇到了一些问题和挑战。六中全会的《决定》为高等教育破解发展难题、实现持续发展提供了良好机遇,也对高等教育发展提出了更高的要求。

(一)要求深化改革,实现自身的持续健康发展

发展是社会和谐、校园和谐的基础。我们说的发展是科学发展,是一种更加全面、快速、健康、协调、可持续的发展。只有通过不断深化改革才能使发展更加顺利,更加和谐。只有和谐,才可持续;只有持续,才能永久和谐。

当前,在构建社会主义和谐社会过程中,高校还存在一些不够适应的问题,如,人才培养、科技工作和社会服务三大功能发挥得不够理想。为此,必须进一步深化高校人才培养、科技工作和社会服务等各项改革。党中央提出的科学

---

[*] 原载《福州大学学报》(哲学社会科学版)2007年第1期(总第77期)。

发展观、构建社会主义和谐社会的重大理论和决策，为高等教育改革提供了参照和标准。

以福州大学为例，福建省省长黄小晶在2006年9月30日视察福州大学时提出"五个坚持"，即坚持理工科发展方向、坚持以面向海峡西岸经济区建设、坚持教学与科研相结合的发展方向、坚持加强学生思想政治工作、坚持加强科技成果的转化。这"五个坚持"，是科学发展观在我校发展问题上的具体化，是福州大学改革发展的标准和要求。坚持以这样的标准进行改革，我们的发展才会持续，才会和谐。

（二）要求完善机制，实现自身的和谐协调发展

构建和谐社会要求高校要着力构建和谐校园。构建和谐校园必须坚持科学治校、民主治校、依法治校，需要有一系列制度和机制保障。六中全会精神，为高校体制机制创新指明了方向。要不断完善党委领导下的校长负责制，理顺各部门和单位的关系，明确职责和任务、形成相互理解与信任、支持与配合的工作格局、要建立畅通的意见表达机制，使师生员工的意见和建议能够及时顺畅地传递到决策层，并能迅速得到妥善处理；要完善干群关系、师生关系的沟通机制，各级干部要把服务群众、凝聚人心、协调利益、化解矛盾、排忧解难作为首要职责；要建立公开公平的校务运行机制；要加强校园文化建设，努力构建和谐校园。在高校干部人事制度改革、教师职务聘任制、教学科研成果评定等方面，要体现公平正义，注重利益协调，以促进学校的平稳发展、以"协调"为基础，是社会主义和谐社会"公平正义、诚信友爱、充满活力、安定有序"的基本要求。

（三）要求积极发展，更好地服务于和谐社会

和谐社会是经济、政治、文化、社会、教育、科技等协调发展的社会，社会的协调发展对高等教育的发展提出了更高要求。高等教育的三大功能，在构建社会主义和谐社会进程中具有不可替代的作用。离开了高等教育的发展，经济、社会的发展就失去了人才、技术、文化、信息等的支撑，也就无所谓创新、发展，构建社会主义和谐社会也就成了一句空话。高等教育的独特地位，使其在构建社会主义和谐社会进程中肩负重任。

和谐社会条件下的高等教育，其职能在不断拓展，包括广泛的社会服务，为人们提供多种规格和多种形式的教育；促进知识共享，开发人才资源，推动科技发展；增强国家竞争力和参与高等教育市场等。构建和谐社会可以促使高等教育更加积极、主动地参与到统筹、协调、全面的社会发展体系中来；根据

社会的需求,发挥自身优势,加强同社会、企业的联动,大力培养复合型创新人才,加大科研成果的转化力度,在更广阔的空间寻求发展。当前,我们国家仍然处于社会主义初级阶段,教育资源还不能完全满足经济社会发展的需要,特别是今后十年左右的时间内,高等教育的毛入学率虽然会有合理增长,但是与实际需求还将存在一定的差距。从福建省来看,教育发展滞后于经济发展的状况依然存在。六中全会《决定》提出保持高等院校招生合理增长、提高教育质量等要求,反映了时代的要求和人民的期盼。

二、高等教育发展为构建和谐社会提供有力支撑

高校是人才、知识与文化聚集的高地和精神文明建设的基地,对构建和谐社会起着示范、引领和辐射的作用。高校具有的独特优势赋予高校为构建社会主义和谐社会服务的充分条件和历史使命。通过充分发挥三大功能,高校能为构建社会主义和谐社会做出突出的贡献。

(一)为构建和谐社会提供先进的思想文化基础

实现社会和谐,既需要雄厚的物质基础、可靠的政治保障,也需要有力的精神支撑、良好的文化条件。社会和谐的首要标志是人与人之间的和谐,而共同的思想基础、共同的文化追求是人与人之间和谐的基础。高校是传承文化、创新文化的重要机构,是孕育新精神的思想宝库。高校通过履行培养优秀人才、知识创新和服务社会的职能,发挥精神文明建设的先行者、主阵地、辐射源和传承人类文明、传播先进文化的重要阵地等作用。大学文化受社会文化的影响和制约,又对社会文化起到反作用。大学文化对传承、研究、融合、创新先进文化,发挥积极作用,用自己特有的科学精神与人文精神的结合,以教学和科研相统一的手段,通过培育人才,传承、弘扬面向社会经济发展和社会进步的民族文化,借鉴和学习世界优秀的文化,并为创新先进文化做出自己的贡献。

大学生作为先进文化的接受者和传播者,他们既是和谐社会文化和理念的传播者,又是实施者和创造者。我国未来先进的生产力和先进文化的创造群体将是今天的大学生,这些未来建设者的政治素质、文化素质直接关系到和谐社会建设的目标,关系到我们党执政目标的实现。通过着力构建和谐校园,将促进高校乃至全社会的思想道德建设,推动共同理想和精神支柱的形成,促进民族优秀文化传统的弘扬,为构建社会主义和谐社会奠定坚实的思想文化基础。

（二）为构建和谐社会提供高素质人才队伍

如何将一个人口大国转变为一个人力资源大国，为和谐社会提供丰富的人力资源和人才储备，高等教育承担着无可替代的作用。和谐社会以人为本的本质决定了必须实现社会成员的全面发展。和谐社会要求教育必须致力于促进人内在的全面、和谐发展。高等教育作为国民教育体系的最高阶段，作为受教育者走进社会、服务社会的重要环节，致力于促进人的全面发展，并通过培养人来促进社会的发展。当前，各高校普遍注重培养宽口径、厚基础、重实践、强适应的复合型人才，以适应和谐社会需要。随着教学改革的不断深入，学生综合素质特别是创新精神、创业精神和实践能力明显提高，人才的和谐特征越来越鲜明。

同时，高等学校办可根据市场需要，适应经济社会又好又快发展的要求，主动调整专业设置，保持强势学科的强势，发挥特色学科的特色，并根据社会需要，增设有能力办好的新专业，从而在办学方向上实现与社会发展的和谐共进，从根本上保证人才培养的高质量和时代性。

（三）为构建和谐社会提供高科技支撑体系

高校是知识积累、创造与传播的主体，是原始性创新、成果转化的重要载体与平台，是科学精神、科学道德以及精神文明和文化建设的重要力量，在全面建设小康社会和构建社会主义和谐社会的历史进程中担负着光荣而艰巨的使命。

当前，科技创新正逐步成为引领世界的强大潮流，科技创新能力是国家实力的核心内容，是社会发展进步的决定性因素。我国高等教育充分履行肩负的历史使命，通过大力开展科技创新建设平台，促进转化等工作，为国家和地方的发展，为社会和人类的进步提供高科技支撑体系。在前沿科技已经成为科技创新竞争的焦点和制高点的情况下，各高校纷纷制定相应的科研战略，瞄准前沿科技，加强基础研究，增强发展后劲，突出应用研究，以适应经济社会发展的需求。

和谐理念也促进校企合作机制的形成，使高等学校在社会服务、产业化进程中作出更大的贡献。一方面，学校通过与企业的强强联合，共同申请国家或省级一些重大的科技攻关项目；另一方面，通过企业出资，学校供应设备和人才的合作形式，把企业的实验室搬到学校来，降低企业产品前期的研发成本，建立一种可持续发展的研发机制，多方位为社会服务。例如，福州大学光催化研究所先后与福建万利达、浙江荣联、广东科龙集团等企业合作，把研究所的技术优势同企业生产技术和装备优势相结合，把新技术和新产品的应用开发同企业技术及效益需求相结合，致力科技成果的转化，推动我国光催化高新技术产业的发展，在我国高技术企业的发展上起到了示范和推动作用，被授予"国家高技术产业化示范工程"。

三、构建和谐社会要求高等教育坚持科学发展观

科学发展观与和谐社会的提出，对于我们进一步反思高等教育，深化教育改革，推进高等教育和谐发展也是一个不可多得的机遇。因为它进一步提高了高等教育的地位，使高等教育发展的内涵更加丰富和清晰，发展的途径更加明确，发展的眼光更加深远。因此，要为构建社会主义和谐社会作出更大的贡献，必须首先实现高等教育自身发展的和谐，必须坚持科学的高等教育发展观。

（一）促进高等教育发展更加注重统筹兼顾

经济社会的全面、协调、可持续发展取决于教育的全面、协调、可持续发展，这是由教育在现代化建设中的基础性、先导性、全局性地位和作用所决定的。高等教育的和谐首先应该体现在发展的和谐上。要把握科学发展观的根本要求，正确处理学校发展过程中的各种关系和矛盾，做到总揽全局、全面规划、兼顾各方，自觉地把学校各项事业的发展转入全面协调可持续发展的轨道。特别要统筹人才培养、科学研究和社会服务，统筹本科教育和研究生教育、学历学位教育与非学历学位教育，统筹学校各种资源配置，实现规模、结构、质量、效益的协调发展。

联系当前我国高等教育发展的实际，笔者认为，尤其要统筹好三对关系：一是要统筹兼顾好扩大办学规模与保证办学质量的关系，要下大力气练好内功，注重内涵发展，要在保证办学质量的前提下实现外延的合理增长；二是要统筹兼顾长远目标与短期目标的关系，做到既着眼长远，又立足眼前；三是要统筹兼顾深化改革和保持稳定的关系，必须注意改革的力度要适应广大教职工的承受能力，坚持改革方案的科学性和合理性。

（二）促进高等教育发展更加注重自主创新

自主创新能力是一个国家和民族竞争力的核心，也是一所高校综合竞争力的核心。增强自主创新能力，是高校为国家和民族、为经济和社会发展作贡献的重要支撑，是在高层次上促进社会和谐的根本途径。高校要顺应新的科技革命和产业革命的发展需要，顺应全面建设小康社会和构建社会主义和谐社会对

高等教育的呼唤，在新世纪新阶段作出应有的更大贡献，必须把自主创新能力作为未来发展的战略基点，大力提高自主创新能力。要以国家中长期和"十一五"科技发展规划为指导，以"自主创新、重点跨越、支撑发展，引领未来"为基本方针，选择具有一定优势、关系国计民生和国家安全的关键领域，力争重点突破；要瞄准重大关键技术与共性技术，着眼长远，在少数学科前沿和基础研究领域加强布点，力争提前进入。

现阶段，福州大学要重点建设的项目主要有三个：一是加快推进福建省集成电路设计中心的发展，为提升福建电子信息制造业自主创新能力和促进海峡两岸集成电路产业对接发挥重要的作用；二是加快推进福建省高性能计算中心的筹建，为进入国家高性能计算环境提供良好的网络接入条件，加快提升福建地区的高性能计算能力，为促进高新技术产业发展和传统产业改造，提高科学研究的水平以及服务海峡西岸经济区的建设做出贡献；三是加快推进福州大学生物医学研究中心的筹建，通过构建公共技术创新平台，加快推进生物医学相关的学科发展，并积极服务于海峡西岸经济区的建设与发展。

（三）促进高等教育发展更加注重以人为本

和谐也是一种生产力。这种生产力的源泉，简单说，就是来自 1+1>2 这个效应。当然，这个公式，不是无条件成立的，一个前提条件是：和谐，人与人之间的团结协作。因此，促进高等教育发展的一个重中之重，就是要做好人的工作，要坚持以人为本。以人为本是高等教育科学发展的价值内核，贯穿在高等教育的方方面面。以人为本，就是要关心人，尊重人，就是要促进人的全面健康发展，就是建立师生员工身心愉悦的物质环境和精神环境，精心维护校园生态系统的完善与和谐。

一是要加强以人为本的思想道德建设，因为共同的道德价值观是建设和谐社会的共同基础。如果说构建和谐社会是用道德和法规来维系的，那么落实到高等教育中就是要加强师生思想道德建设。社会成员的思想道德状况标示着社会和谐的程度，师生的思想道德水平也影响和谐校园建设的前景。要大力开展师德建设，把建设和谐社会的思想观念和道德要求、基本的道德规范和行为准则，不断灌注到全体党员干部和广大教职员工的头脑之中，形成一个平等友爱、融洽和谐的校园环境，形成互相尊重、互相帮助、互相理解、互相支持的校园"绿色人际环境"。要切实加强大学生的思想政治教育，并通过素质教育、心理健康教育等手段，培养大学生成为身心和谐的人，成为具有健全人格的人，源源不断地为社会输送合格的人才。

二是要加强以科学为核心的校园文化建设，因为共同的文化传统是建设和谐社会的共同追求。一所大学的凝聚力、吸引力、向心力能够营造高品位的文化氛围，学生在这种氛围中去思考、理解、感悟，净化灵魂、升华人格、完善自己。校园文化蕴藏着春风化雨、点滴渗透的重要育人功能，这也是学校软实力的体现。要坚持以社会主义核心价值体系为根本，努力建设体现正确方向、具有学校特色、深受师生喜爱的校园文化；要坚持以科学的理论武装人，以正确的舆论引导人，以高尚的道德塑造人，以优秀的作品鼓舞人；坚持宣传科学理论、传播先进文化、塑造美好心灵、弘扬社会正气、倡导科学精神，激励师生积极向上，追求真、善、美，坚决批评、抵制各种不道德行为和错误观念。要加强校园文化建设，深入开展平安校园、健康校园、文明校园、人文校园建设，不断丰富师生员工文化生活，构建和谐的校园文化环境。

三是要加强以民主为特征的管理体系建设，因为共同的行动准则是建设和谐社会的共同保障。事业的快速发展，规模的不断扩大，职能的不断强化，质量的不断提高，都要靠科学、民主的管理来保证。要按照建设现代大学的理念，遵循大学发展规律，联系"211工程"和东南强校建设实际，进一步规范和健全高校管理机构，完善机制体制，推进管理创新，提高管理水平和管理效益，使民主成为大学管理的鲜明特征，成为大学文化的鲜明特色，努力形成以民主为主要特征的大学管理体系。

20世纪头20年，是我国高等教育改革与发展的重要战略机遇期。我们要抓住机遇，乘势而上，顺势而为，遵循经济社会发展规律和高等教育发展规律，把握发展的力度、速度和节奏，牢固树立和认真落实科学发展观，努力推进高等教育的全面、协调和可持续发展。

加强民办高校规范化管理的思考*

民办高等教育是我国高等教育的重要组成部分。我国现有的民办高校既有别于国外的私立高校，也有别于中华人民共和国成立之初的民办高校。在民办高校中进一步加强党的领导，进一步加强民办高校的规范化管理，探索一条当前民办高校健康发展的新路子，有着特别重要的意义。

最近，福建省在省内的民办高校中成立了党委，并派出了党委书记，这是一项重大的战略举措。虽然目前有些民办高校中也有不少党员，有的民办高校也初步成立了党组织，而且有的民办高校的举办者本身就是党员，这为党的组织建设和民办高校的发展打下了一定的基础。但是我们相信，在民办高校中成立党委，并向民办高校派出党委书记之后，对于民办高校更好地贯彻党的方针政策，对于健全党的组织、完善党的活动，对于依法规范民办高校的办学行为，促进学校的安全稳定，都将具有重大和深远的影响。

虽然按照《民办教育促进法》，民办高校实行的是"董事会领导下的校长负责制"，但是民办高校的党组织在加强规范化管理等方面仍然应当发挥积极的作用。加强民办高校党的领导，至少应体现在以下四个方面：一是民办高校的党组织要认真抓好党的路线、方针和政策的全面贯彻，坚持社会主义办学方向，培养社会主义的建设者和接班人。要保证和引导民办高校端正办学指导思想，全面贯彻党的教育方针和政策。民办高校的党组织要重视广大教职员工的思想道德建设，引导和教育他们不断提高教育教学水平，增强理论联系实际的能力，提高教研、科研工作的水平，认真做好教书育人工作。民办高校的党组织要加强对青年学生的思想道德教育，使他们形成正确的世界观、人生观和价值观，使广大学生得到全面发展。二是要建立安全稳定的工作领导体制，落实好安全稳定的工作机制和岗位责任制。根据民办高校的办学实际，建立起维护

---

* 原载《教育评论》2007年第4期。

安全稳定的工作体系,确保学校的安全稳定。三是要着力抓好党的组织建设。民办高校的党组织要加强党员对马克思列宁主义、毛泽东思想、邓小平理论和"三个代表"重要思想的学习,要与时俱进,不断加深对经典理论的认识。要积极做好发展党员的工作,尤其要注意做好在青年教师和学生中发展党员的工作。要加强民办高校基层党支部的建设,增强凝聚力和战斗力,并保证党员活动的正常开展。四是要积极支持校董事会和校行政管理部门依法办学,帮助和指导他们按照高等教育的办学规律,不断加强内部管理,提高教育教学质量,增强民办高校的综合实力和社会影响力,促进民办高校的健康持续发展。

民办高校的举办者对于我国民办教育的发展具有举足轻重的作用,他们有办企业的丰富经验,但是对于高等教育的办学规律、民办高校的办学特点,他们还有一个探索、熟悉、适应的过程。在向民办高校派出党委书记之前,民办高校的管理可以说是一种二元结构的关系,即民办高校的董事会和民办高校的行政管理机构之间的关系,或者说是董事长和校长的关系。此时,要处理好的是这二者之间的关系。在向民办高校派出党委书记之后,民办高校的管理将可能形成一种三角结构的关系。即形成民办高校的董事会、党委和民办高校行政管理机构之间的关系,或者说是董事长、党委书记和校长的关系。从理论上说,三角结构是最稳定的结构。我们要设法处理好这种新的关系,三者之间要融合、协调和相互配合。在管理体制方面,民办高校采用的是"在董事会领导下的校长负责制"。董事会在民办高校中拥有决策权,而校长是董事会决策的执行者,主要负责学校的教育教学工作和行政管理工作。在向民办高校派出党委书记之后,民办高校的党组织应该积极发挥作用,促进学校健康发展。董事会要依照有关法规组建、制订科学规范的章程,认真完善和落实议事规则和议事制度,更好地履行职责,更好地发挥领导作用,尊重每一位董事的权力、权益,调动和发挥好每一位董事的积极性和创造性。党组织要对民办高校在教育教学和行政管理工作中的重大问题提出意见和建议,积极支持校长和学校行政管理机构依法办学。在新的格局之下,要注意避免可能出现的两个倾向。一个倾向是:由于向民办高校派出的党委书记都是来自公办高校,所以,这些党委书记容易继续沿用公办高校的管理模式,简单地照搬公办高校的"党委领导下的校长负责制",简单地照搬照套公办高校的管理方法。另一个倾向是:认为民办高校的决策权在董事会,所以民办高校的党组织难以发挥作用,从而无所作为,导致民办高校的管理仍然是原来的老样子,民办高校仍然沿用过去的管理模式。要根据民办高校的特点和具体情况,积极探索在民办高校加强党的建设方面的成功经验和模式。在向民办高校派出党委书记之后,民办高校的党委书记在工作实践中要注意把握好三个方面的问题。一要有助于民办高校良好形象的形成。

民办高校由于初建，各方面的发展要有一个过程，群众的接受和认识也要有个过程。民办高校党委书记要与全体师生员工一起，同心同德，齐心协力，积极为民办高校树立良好的形象而努力。二是民办高校的发展要与社会约束和自我约束相结合。民办高校的形象体现在民办高校的办学章程之中，民办高校的办学章程就是民办高校对社会的承诺，就是民办高校对社会的誓言。所以，民办高校党委要和学校全体管理人员、教职员工一道，努力去实践章程，按照国家的有关法律、法规来规范行为。三要有助于民办高校学生的全面发展。一般而言，民办高校的学生交了比较高的学费，所以，一定要尽可能让学生受到良好的教育。和公办学校一样，民办高校的培养目标是为国家培养合格的社会主义建设者和接班人。

办学质量是民办高校的根本，是民办高校的生命线，要把提高办学质量放在各项工作的首位。民办高校的党组织要保证和引导民办高校严格执行教育行政部门在办学条件和教育教学质量方面的要求，确保民办高校的办学质量不断提高。一是要支持民办高校的举办者依照国家规定的办学标准，增加投入，改善条件，保证土地、校舍、师资、教学设备和图书资料等达到办学要求。二是要构建民办高校的质量标准体系。民办高校大部分属于高职高专，应当依照教育部颁布的人才培养工作水平评估标准，结合教学工作实际，制订有利于推进教学改革，加强教学建设，规范教学管理，提高教学质量的质量标准体系。三是要构建民办高校的质量培养实施体系。高职高专在培养质量方面的最大特点和要求是"动手能力强"，因此，民办高职高专要向企业输送大量的"动手能力强"的人才。目前，大部分民办高校的师资队伍结构由两部分人组成，一部分是退休教师，另一部分是刚毕业的大学生，缺少中年教师。多数的民办高职在建设"双师型"结构教师队伍方面也亟待加强。这样的师资队伍结构，难以保证培养出大量的高质量的"动手能力强"的人才。四是要构建民办高校自己的质量监控体系和质量矫正体系。民办高校的质量监控体系要能够及时发现学生在基础知识、基础能力、动手能力、实践能力等方面的缺陷和不足。对发现的缺陷和不足，要开设补偿课程加以弥补。由于民办高校办学机制更加灵活，因此可以大胆尝试建立"毕业生召回制度"。五是民办高校在建立自己的质量认证体系的过程中，要十分注意与社会的质量认证体系相衔接，以使毕业生更好地适应社会的需要，更快适应工作岗位的需要。采取以上措施之后，相信民办高校的办学质量会得到广大学生和整个社会的认可。

当前，民办高校仍然处于最好的发展时期。民办高校要抓住机遇，苦练内功，要以提高教育教学质量为重点，做好以下几方面的工作。一是民办高校的发展规模要适度。民办高校要认真制订好建设和发展规划，根据规模、结构、质量、效益协调发展的方针，逐步扩大办学规模，只有这样才能实现可持续发展。二是民办高校的师资队伍建设要注意可持续发展的问题。在民办高校现有的师资队伍中，学科专业结构、年龄结构、学历结构、职称结构等不完全合理，由于体制机制的原因，教师队伍的流动性比较大。因此，民办高校要根据培养、引进和提高相结合的方针，以抓好中青年骨干教师队伍建设为重点，不断提高教师队伍建设水平。三是民办高校要注意物质支撑体系的可持续问题。必须加强民办高校资金的筹措和管理，确保民办高校资金的独立、正常运行。要建立健全财务、会计制度，预决算制度，避免出现"办学经费不足——基本办学条件不达标——教育教学质量低下——招生数量下降——学费收入下降——办学经费更加不足"的恶性循环现象。民办高校党委书记要促进民办高校的发展和运行进入健康的轨道，促进民办高校物质支撑体系的建立和完善。四是民办高校的发展要有制度作保障。要建立健全各种制度，特别是要完善和落实董事会议事制度、行政管理制度、预决算制度、教学管理制度、学生党建与思想政治工作制度等。五是要加强领导班子的建设。民办高校的领导班子成员来自各地，要使他们尽快形成有机、有力的团队。要按照高职高专的办学规律来办学。特别是在校长的人选上，要精心挑选合适的人选，在年龄、学识、专业等方面进行全面考虑。

关于高教为海峡西岸经济区
建设服务的思考 *

众所周知，大学的精神、理想定位在为人类的文明进步做出贡献，大学与社会紧密相连，是社会发展的产物，大学的功能和作用也随着社会的发展不断提升。由此，面向海峡西岸经济区建设的主战场，为福建社会发展作贡献，是高等教育界义不容辞的责任。

一、高等学校人才培养的规模、结构、质量和效益要适应海峡西岸经济区建设的需要

高等学校人才培养的规模、结构、质量、效益等，对海峡西岸经济的建设都起着十分重要的作用，而改善结构、提高质量等更是其中的重中之重。

高等教育结构直接关系到高等教育的办学效益，建立科学合理的高等教育结构，是实现高等教育可持续发展的关键。要加快建设海峡西岸经济区先进制造业基地，着力培育产业集群，发展壮大战略主导产业，改造提升传统优势产业，大力发展现代服务业，做大做强海洋经济和建设文化强省。根据这一战略部署，积极推进专业结构优化工作，大力加强急需和紧缺人才培养，努力形成与海峡西岸经济区建设相适应的人才培养结构，加快为海峡西岸经济区建设培养各类高级专门人才和高技能人才。本科院校要根据办学定位，紧密结合相关产业和行业对专门人才的实际需求，以加强高新技术类学科专业和应用型学科专业建设为重点，逐步形成服务方向明确、社会效益明显的人才培养结构。要整合教育资源，集中力量办好一批能代表本校办学水平和办学优势的特色专业。积极鼓励支持高等学校适应新兴产业发展，设置目录外本科专业试点；在进一步

---

* 原载《教育评论》2007年第6期。

拓宽专业口径的基础上，大力倡导在高年级灵活设置专业方向，增强人才培养的适应性。高职高专院校要根据产业结构调整、行业发展和劳动力市场的需要，以加强为地方支柱产业、服务业和农村经济发展服务的专业建设为重点，逐步建立与区域经济发展、人才市场需求相衔接的人才培养结构；倡导和支持高职高专院校发挥办学优势和专业特色，建立起一批以精品专业为龙头、相关专业为支撑的专业群，通过实行"订单式"的人才培养机制，增强学生的就业能力，在高技能人才培养培训上发挥骨干和辐射作用；鼓励支持高职高专院校按职业岗位（群）的发展变化灵活设置高职专业，提高人才培养的针对性。要以加强大学生创新精神、创业能力和实践能力培养为重点，根据产业发展对人才培养规格提出的新要求，认真汲取科技进步取得的新知识、新技术、新工艺，及时调整专业人才培养方案，建立与经济社会发展相适应的教学内容和课程体系。高职高专院校要以就业为导向，以加强学生的职业素质培养为重点，积极与行业企业合作开发课程。根据技术领域和职业岗位（群）任职要求，参照相关的职业资格标准，建立以职业能力培养为主线的专业教学内容和课程体系。高等学校要改革专业人才培养制度，进一步完善学分制，探索跨专业、跨院系、跨学校选课制，建立健全主辅修制、双专业制等，形成人才培养多样化的新格局。要遵循学科专业发展规律，保证专业的师资队伍、教学设备和图书资料等达到规定要求。高等学校要走开放式的专业建设路子，大力倡导和推行工学结合、校企合作，进一步扩展和密切与行业企业的联系，找准企业与学校的利益共同点，注重探索校企合作的持续发展机制，在专业人才培养方案制订、实训基地建设等方面，与行业、企业建立长期稳定合作制度，实现互惠互利、合作共赢。要选择一批办学水平高、办学特色鲜明和应用性强的专业，充分发挥技术、人才、信息等方面的资源优势，积极与有关部门、行业、企业开展多种形式的联合办学，合作培养产业发展急需的紧缺人才。

根据"统一规划、分类指导、鼓励特色、重在改革"的原则，通过抓好一批具有基础性、引导性的重点项目，引导各市政府、学校和社会各方面力量，把发展高等教育的积极性转到加强内涵建设上来。引导高等学校正确处理好规模、结构、质量、效益之间的关系，把工作的重点放在提高质量上，进一步推进教学改革，建立健全教学管理制度，加强优质教学资源建设，更好地培养高素质专门人才和创新人才。根据福建省产业结构调整发展及人才需求情况，构建高等学校专业建设监控机制，定期发布各类专业布点和办学规模情况。对水平较高、应用性较强的省级本科教育特色专业进行重点建设，逐步形成专业品牌，提升建设水平。启动"福建省高等学校本科教育新教材建设项目"，建设"福建省高等学校精品课程数字化资源中心"，建立以网络化和信息化为基础的高校教学质量保障体系，建设高校图书馆专题特色数据库，促进高等学校以课程建设为核心，提高教学资源建设水平。重点支持省级优秀本科学生创新性试验项目，组织开展电子设计竞赛、机械创新设计竞赛、广告艺术设计竞赛、数学建模竞赛等，推进高校实验教学内容、方法、手段、队伍、管理及实验教学模式的改革与创新。组织开展重大教育教学改革课题研究和实践，争取出一批具有示范性和推广价值的教学创新成果，为提高本科教育教学质量提供新思路、新经验和新方法。通过表彰奖励长期从事本科第一线教学工作，在人才培养领域做出突出贡献的教师，充分发挥教学名师的榜样作用，引导更多师德高尚、造诣深厚的教授走上讲台。建立有效的团队合作机制，实行教学工作的老中青相结合，组织开展校级及以上重大教学改革课题的研究与实践，促进教学内容和方法的改革研究，带动高等学校建设起一支教学水平高、结构合理、可持续发展的教学队伍。建立本科教学质量保障体系，是提高人才培养质量的重要保障。加强宏观调控，确保本科高等学校通过教育部本科教学工作水平评估；建立高校教学基本状态数据检测体系，逐步将教学建设和教学条件的数据向社会公布。

根据福建省大力发展现代农业，打造先进制造业基地，提升服务业发展水平和建设海洋经济强省的需要，以加强机械工程、汽车工程、电子通信工程、软件工程、制药工程、光电子与微电子工程和集成电路工程，加强拓展生产性服务业新领域的急需紧缺人才培养为重点。面向行业、企业开展技术应用研究和技术开发推广，推出一批技术研究开发成果。同时，适应社会发展及产业结构、技术结构调整发展的需要，推进校企合作，实行社会需求和办学定位相结合，产业发展和专业建设相结合，教学内容和生产过程相结合，学历教育与资格认证教育相结合，市场需求和毕业生就业相结合。逐步建立工学结合、产学结合的高等职业教育办学和人才培养模式，努力把高等职业院校建设成高技能人才培养中心、职业技能培训中心和职业资格认证中心。此外，根据需要与可能相结合的原则，核定高等职业教育发展规模。

二、高等学校科学研究的方向、目标、能力和水平要适应海峡西岸经济区建设需要

高校作为科技创新的一支重要力量，在科学研究上要有新作为、新突破，就必须结合自身的办学定位，紧紧围绕加快海峡西岸经济区经济建设，构建创新型省份的需要，充分发挥学科专业、人才、信息等方面的优势。

高校必须结合自身的办学定位，紧紧围绕加快海峡西岸经济区经济

建设，构建创新型省份的需要，发挥学科专业、人才、信息等方面的优势。
（1）建设以开展应用性基础研究为主的高校知识创新引领平台及其子系统，为技术创新提供充分的知识储备。充分发挥厦门大学"固体表面物理化学国家重点实验室"等国家级和省部级知识创新平台的示范作用，充分发挥福州大学"福建省高校光电子与信息显示技术重点实验室"等福建省高校重点实验室的骨干作用，遴选一批对海西建设起重大作用、作出重要贡献的高校知识创新平台，通过创新项目资助的形式给予重点支持。要进一步形成高校知识创新服务海西建设的战略导向和氛围，为海西产业发展和社会进步提供创新成果和知识供给。
（2）建立以共性技术、核心技术和关键技术开发为主的高校技术研发协作平台及其子系统，加强技术研发上的协同攻关，并实现与福建省技术研发协作平台的衔接，为海西经济和社会发展提供强有力的技术支撑。鼓励引导高校与企业采取多种形式共建企业技术研发中心，充分发挥福州地区大学新校区科技园的作用，对进入大学科技园的各类研发机构，尤其是校企合作的技术研发中心给予政策支持。推动高校科技资源向企业开放，促进高校与企业的双向渗透、深层合作和互利共赢，支持高校师生在大学科技园区创办高新技术企业。
（3）建立高校科技成果转化平台及其子系统，加快科技成果转化为现实生产力的步伐。以"中国·福建项目成果交易会"为主要平台，组织全省高校通过集中展示、举办年度高校最新科技成果发布会、召开高校科技成果对接签约会等活动，展示、推广、对接高校优秀科技成果。（4）建立高校科技资源共享平台及其子系统，促进科技资源的校际共享和全社会共享，提高科技资源的使用效率，并实现与福建省科技资源共享平台的衔接。通过跨部门联合攻关计划，充分利用行业管理部门和行业协会的优势，打破部门、校际、学科之间的隔阂，充分共享部门间的科技信息、科技人力、科技装备、科技资金等资源，构建高校服务海西建设重大需求的交流共享渠道。创新校企合作模式，拓宽校企合作领域，深化校企合作内涵，大力推动有条件的高校成立校企合作委员会，充分发挥企业技术创新的主体作用和建设海西的第一线作用，缩小校企之间的距离，共享校企各自拥有的科技信息、市场信息、人力资源、科研设备等资源。
（5）建立具有相对独立性的高校科技中介服务平台及其子系统，并与全省各级各类科技中介服务机构建立紧密联系，形成一个社会性的中介服务大网络。发挥集聚和辐射作用，逐步构建功能齐全、服务周到、与海西建设和高校科技事业发展良性互动、合作双赢的科技中介服务群，为高校科技成果转化提供高效、优质的中介服务。

三、高等学校服务社会的区域、领域、体制和机制要适应海峡西岸经济区建设的需要

高等学校要引领社会、服务社会，就要坚持以服务求发展、以贡献求支持，

从学校的办学实际出发，找准本校为海峡西岸经济区建设服务的定位。除构建高等教育终身教育体系、高等教育科技服务体系、高等教育精神文化传播体系外，还必须不断创新高等教育服务社会的体制和机制，大力提升高等教育的开放水平。

市场经济的不断发展和完善，要求高等教育必须在改革和发展中更加注重市场的需要。由此需认真思考高等教育如何适应社会主义市场经济发展问题，认真思考在市场经济条件下如何办好高等教育、如何办好高等学校的问题等。教育行政管理部门和高校的同志都要认真研究和探索高等教育工作、高等学校办学工作，包括招生计划、专业设置、科技研究等方面，如何以市场需求为导向，提高适应性与针对性的问题；如何根据市场经济发展的要求，理顺政府与高校的关系、社会与高校关系，市场与学校的关系问题；如何创新学校内部的管理体制和运行机制问题，等等。只有这样，我们才能在前进过程中不断克服体制性障碍，在积极参与市场竞争中发展壮大自己。随着经济一体化的不断加快，高等教育将成为整个教育系统中开放程度最高、开放领域最广的教育层次，将成为教育竞争的前沿。同时，在学习借鉴和消化吸收国际上先进的教育理念、教育内容和教育手段的过程中，我们必须通过弘扬优秀的民族文化传统，保持并提炼自身的教育优势和特色，以便在对外教育交流中树立自己的"品牌"，在教育竞争中占据主动的地位。高校要适应教育国际化与民族化趋势，就必须树立开放观念，增强开放意识，在更大范围、更广领域和更高层次上推进对外开放。必须坚持"引进来"和"走出去"相结合的发展战略，积极引进和学习借鉴国内外发展高等教育的先进经验，广泛开展国际合作与交流，在对外开放中不断提高自己，在提升自身实力的同时更好地服务社会。同时，坚持服务的广泛性，切实做到全方位服务，服务的范围应涉及海峡西岸经济区建设的各个领域。

总之，我们必须全面把握建设海峡西岸经济区的内涵和目标任务，充分认识教育在海峡西岸经济区建设中的基础性、先导性和全局性作用，进一步明确海峡西岸经济区建设对学校工作提出的新任务、新要求，增强为海峡西岸经济区建设服务的紧迫感、责任感和使命感。

健全和完善高校党委全委会机制的若干探讨*

党的十七大号召要以改革创新精神全面推进党的建设新的伟大工程。十七大报告强调指出，党内民主是增强党的创新活力、巩固党的团结统一的重要保证，要完善党的"各级全委会、常委会工作机制，发挥全委会对重大问题的决策作用"。高校党委在执行民主集中制过程中，如何发挥全委会的作用，实现党的领导、学术自由和校内民主相统一，构建和谐校园，促进高校科学发展，具有重要意义。

一、党委全委会是执行民主集中制的必要载体和重要体现

党委全委会是执行民主集中制的必要载体，同时全委会存在的本身也是我党执行民主集中制的重要体现。考察全委会在执行民主集中制过程中的地位和作用，首先要厘清全委会的性质和职责。党的各级委员会在本级党的代表大会闭会期间，执行上级党组织的指示、本级党的代表大会的决议，领导本地方、本单位的工作，决定本地方、本单位党的一切重大问题。在下届党的代表大会开会期间，继续主持日常工作，直到新的委员会产生为止。

在执行民主集中制的过程中，实体性内容与程序性内容同等重要。长期以来，高校党委全委会虽然制订了议事规程，但在制度设计上，对民主集中制的实体性内容规定得比较多，而对其程序性内容规定得比较少，在实践中一些必要的程序，有的人甚至也认为可有可无。实际上，运行程序健全完善并得到严格贯彻执行，对于民主集中制来说，是非常重要、不可或缺的。缺乏必要的运行程序，特别是缺乏规范而严格的表决程序，就意味着民主集中制还没有形成

---

* 原载《福州大学学报》（哲学社会科学版）2008年第1期（总第83期）。

严格的制度。正如邓小平所说："党内讨论重大问题，不少时候发扬民主、充分酝酿不够，由个人或少数人匆忙做出决定，很少按照少数服从多数的原则实行投票表决，这表明民主集中制还没有形成严格的制度。"

笔者认为，全委会在贯彻民主集中制原则运行程序中，要注意把握好以下六个环节：

（一）确定议题

确定议题是按照民主集中制原则决定重大问题的开端，是民主集中制运行程序的首要环节。通常的程序是：（1）全委会议题由党委书记和党委常委会成员直接提出；有关部门拟提交党委全委会讨论的问题可由分管领导或通过党委办公室提出。（2）提出的议题经党委办公室汇总整理后，提交党委书记，由书记与校长研究确定。涉及重大问题或者党委书记与校长不能形成统一意见的，由常委会讨论确定。（3）凡提交党委全委会讨论的议题，会前必须提出经过调查研究和论证的方案、必要的材料和明确的意见。涉及两个以上部门的事项，须由主办部门牵头，有关部门共同研究，形成一致意见后，方可列为全委会讨论的议题。

（二）召集和预备

确定议题或议案之后，必须及时召开党委全委会。就高校而言，召集党委全委会的程序是：（1）党委全委会实行例会制，原则上每年召开2次，即每学期1次，特殊情况可临时召开。（2）学校党委全委会由党委书记召集并主持，书记因故不能参加会议时，可由书记委托副书记召集和主持。（3）学校党委全委会必须有三分之二以上成员到会才能召开。（4）党委委员因特殊情况不能出席会议，应在会前向主持人请假，对会议议题的意见必须于会前以书面形式提出。（5）根据会议需要，可请有关人员列席会议，也可请有关部门负责人到会介绍情况。（6）全委会议事中，若议题与委员本人或其亲属有利害关系的，该成员应当回避。

（三）充分讨论

在会议上对重大问题作决定，必须经过充分讨论甚至辩论。这是实行民主集中制的非常重要的程序，也是民主集中制的基础性内容。充分讨论，应该包括两方面内容：一是会议前要根据议题或议案的性质和难易复杂程度，对议题、议案及有关情况，提前进行通报或沟通，使会议的参加者有必要的或充裕的时间查阅相关资料，深入思考，准备意见。一般情况下，党委全委会议题应在开会前通知全体党委委员和列席会议的有关人员，并将材料提前十天送达与会人员。二是在会议上，要有民主、宽松的气氛，使与会者确实能够畅所欲言、自由讨论，完全按照自己的意志、意愿或意见发表看法和主张。如果没有真正自由的充分的讨论，那么民主集中制的实行就必然会有其名而无其实，甚至变成以民主集中制为幌子的独断专行。为了保证与会者能畅所欲言，必须建立起两项制度：一是委员发言不受党纪处分制度；二是会议情况保密制度，全委会的会议情况，任何委员、会议工作人员都不得对参加会议以外的人透露。

（四）进行表决，作出决策

充分讨论进行到相当程度时，必须适时地付诸表决，作出决策、决定或决议。实行表决，这是按照民主集中制原则进行决策的关键性程序。表决按少数服从多数的原则，采取无记名投票的方式，经应出席会议的委员过半数通过方为有效。如发生重大分歧，双方人数接近，除紧急情况外，一般应暂缓作出决定，进一步调查研究、交换意见，下次再讨论决定或向上级党组织请示。表决后，表决票应当在全体与会委员的共同监督下，由全体与会常委共同签名封存。

（五）制定或者授权制定执行方案

作出原则性的决策、决定或决议之后，就必须制定执行方案和具体措施，以及明确分工，责成专人负责。为了真正使"个人分工负责"不至于落空，必须建立严格的个人目标责任制。可以由全委会或授权常委会负责制定具体的执行方案和实施。党委委员对全委会作出的决定或决议有不同意见可以保留，或向上一级党组织反映，但在本级或上级党组织未作出改变之前，必须无条件地执行。

（六）监督与反馈

"徒善不足以为政，徒法不能以自行。"（《孟子·离娄上》）对全委会形成的决议进行监督指导是十分重要的环节。在党委领导下，各个职能部门对决定、决议或决策的执行情况（包括其内容和精神的落实情况，也包括上述实行民主集中制程序的情况）检查监督，并根据执行的好坏、优劣予以赏罚，这是实行民主集中制的最后一个程序。这实际上是对决策执行结果的检查、验收，包括执行情况的反馈、评估和及时总结经验，以完善决策、纠正偏差。一般程序是在全委会休会期间，由常委会负责监督决策的执行。在下次全委会会议中，由常委会对议案的执行情况进行报告，然后提交全委会审议。下次全委会会议中，全委会委员可以对各个负责的部门或者个人进行质询。只有这样，才能善始善终，确保决策的执行能够收到实效。

二、党委全委会是高校实行党委领导下校长负责制的实施途径和实现方式

根据我国的法律和我党的政策规定，目前我国高校管理基本制度是实行党委领导下的校长负责制。党委领导下的校长负责制就是集体领导和个人分工负责相结合的制度。它是集体领导与个人分工负责相结合的一种科学的领导体制，是对立统一规律在领导体制上的体现。集体领导与个人分工负责是既相区别又相依存的有机统一体。这种统一表现为管理目标的统一、决策思想的统一、工作部署的统一、工作步调的统一。它们的区别在于：集体领导主要是对重大问题的决策而言，即重大问题的决策权属于党委集体；个人分工负责主要是对集体决策的实施而言，即集体决策的内容，按照领导班子成员的责权范围，由个人负责组织实施。党委领导主要是思想、政治和组织领导。党委领导是对学校政治方向的领导，不是对具体行政事务的包揽。校长负责的实质是指校长及以校长为首的行政系统对党委负责，对贯彻落实党和国家的有关办学的方针政策、法律法规负责，对全校师生员工办好学校的共同的根本利益负责。校长要认真执行党委的决定，对教学、科研、行政、后勤等工作的组织实施全面负责。

我国高校实行党委领导下的校长负责制，是高校的特殊性决定的，是对1949年以来，特别是1990年以来我国在高等教育领导体制方面长期探索和反复实践的经验的科学总结。实践证明，实行这一领导体制符合中国国情和高校的实际，对于加强党对高校的领导，全面贯彻党的基本路线和教育方针，培养德智体全面发展的中国特色社会主义事业合格建设者和可靠接班人，防止国内外敌对势力对高校的渗透，保持高校的政治稳定，起着极其重要的作用。

由于党委领导是集体领导，重大问题的决策权属于党委集体，因此只有贯彻执行民主集中制的各项原则，才能保证党委决策的准确、科学，避免个人的独断专行，才能确立党委在高校的核心领导地位，才能更好地集中广大教职工的智慧，使班子形成正确的决策，从而有效地完成历史赋予高校的重任。实践证明：一个能够坚持和完善民主集中制的党委领导班子，就会有向心力、凝聚力、战斗力；削弱和放弃民主集中制，就会出现家长制、无政府主义，造成班子内部离心离德、软弱涣散。因此，党委全委会是实行党委领导下校长负责制的实施途径和实现方式。

三、健全和完善高校党委全委会运行机制的几点思考

既然高校党委全委会在贯彻民主集中制中居于核心地位并发挥着关键

作用，那么健全高校党委全委会的工作制度便是关系到高校生存与发展的大事。这就要求全委会要"总揽全局、协调各方"，适应新时期高校实际需要，坚持扩大民主、依法执政、科学配置、提高效能的原则，完善高校党委全委会运行机制，加强民主集中制制度建设。

（一）理顺党内权力关系，实现党内主要权力机构关系的科学化、规范化

这是充分发挥高校党委领导体制效能的基础和前提。从党内权力配置的特点来看，应以理顺党代会、全委会和常委会权力关系为重点，进一步调整和明确"三会"的职责。一是突出党代会的最高权力机构地位，负责对涉及本校重大事项以及需要党代会讨论决定的事项进行决策；二是突出全委会作为决策机构的职责定位，负责对重大事项决策、重大项目安排、重要干部任免和大额资金使用等进行讨论决定，负责对需要党委做出决策的其他事项进行讨论决定。按照这一职责，可以适当增加全委会开会次数，以保证党委决策效率。三是设立常务委员会的，要突出常委会的议事决策和执行职责。

（二）党委会内部科学分工，建立明确合理的责任制度

第一，规范党委会内部集体与党委个人分工的关系。这是民主集中制的一项具体制度，二者不能偏废。凡属重大决策、重大项目安排、重要人事编制、大额度资金使用、重要干部的任免和奖惩，都要由党委全委会集体做出决定，分管领导必须坚决执行。同时，党委委员（或常委）既要根据职责分工各司其职、各负其责，大胆工作，又要密切协作、形成合力，共同做好工作，充分发挥整体效能。第二，科学界定党委委员（或常委）职能。按照"权责对称"的原则，根据每个委员（或常委）的能力特长，进行合理分工，明确责任，做到工作量大致均衡，责、权、利相互统一。同时，进一步理顺党政之间的关系，切实解决好党政分工重叠的问题，在出现交叉时，应注意协调沟通并抓好落实。第三，优化党委会的组成结构。在年龄结构上，既要大力选拔优秀年轻干部，又要注意合理使用其他年龄段的优秀干部；在知识和专业结构上，既要选拔熟悉党务、意识形态、纪检等工作的干部，更要充实熟悉教学、科研管理工作的干部；在个性特点上，要充分把握每个委员（或常委）的气质、性格特征，真正达到班子成员相容互补、刚柔相济、团结和谐，进一步优化班子结构，增强整体功能。

（三）健全和完善全委会常规工作机制

第一，完善全委会的议事决策机制。健全全委会议事规则和决策程序，确保决策内容、决策规则、决策程序、决策方法符合法律和党章的有关规定；

积极探索票决制等决策方式，不断提高全委会决策的质量和水平。通过建立健全决策咨询、调研、听证和民主讨论、会议表决等一系列制度，防止决策的随意性和盲目性。同时，要通过建立决策执行中的协调、反馈和纠错机制，在保证决策得到有效实施的基础上，最大限度地减少因决策失误造成的损失。第二，建立委员（或常委）之间沟通协调机制。委员的分工相对独立，客观上容易造成委员之间对彼此分管工作缺乏了解，如果主动性不够和缺乏有效的沟通协调机制，可能导致信息不通畅，全委会的决策作用难以得到真正发挥。既要防止全委会走过场，又要防止全委会议而不决，建立委员沟通协调机制，做到既职责明确，又"分工不分家"，形成合力。第三，建立权力运行的制衡监督机制。按照横向适度调整权力、纵向有步骤地向院系下放权力、权力之间相互监督和制约的原则，强化党内监督、民主监督，保证委员的工作透明、民主、科学、合理、规范。在实际中，要健全报告和通报制度，常委要向常委会、常委会要向全委会报告工作，定期或不定期在一定范围内通报有关工作和决策执行情况。同时要研究重大决策失误和执行不力的责任追究办法，对责任追究的范围、内容、方式、程序和时限做出明确规定，严格区分集体与个人、主要与次要、故意和过失等不同责任形式。

总之，高校党委全委会是执行民主集中制的必要载体和重要体现，是实行党委领导下校长负责制的实施途径和实现方式。健全和完善高校党委全委会运行机制，才能真正加强民主集中制建设，发扬党内民主，增强党的创新活力。

福建职业教育发展体系的构建[*]

改革开放以来,福建省职业技术教育事业有了很大发展,培养了一大批高素质的劳动者和技术型实用人才,为初高中毕业生和社会新增的劳动者、各类在职人员、下岗失业人员、农村剩余劳动者等提供了形式多样、层次不同的职业技术教育和培训,初步形成了中职和高职、公办和民办共存共发展的多元的职业技术教育办学体系。同时,福建职业教育的改革和发展也面临着一些急待解决的问题。

一、构建以政府投入为主导的多元职业教育投入体系

职业教育具有"准公共产品"的性质,政府是办学的主体,应当负起办学经费投入的重大责任。因此,福建省在财政的教育投入结构方面,应该按照有利于提高教育教学质量的需要,扩大财政对职业教育领域的公用经费的投入比例,尤其要加强对公用经费中正常教研经费和实习基地建设的投入。按照职业教育法规定,省人民政府开征的用于教育的地方附加费可以专项或者安排一定比例用于职业教育,国务院规定已普及九年义务教育的地方这一比例"不低于30%"。政府为主的投入主要用于全省职业教育的基础设施建设、实训设备和实训基地建设上,以及职业院校教师工资和津补贴上,以保障职业院校的正常运转,充分体现政府的主导地位。

职业教育不能单纯依靠政府单一的投入,政府不可能一手统包职业教育经费的投入。因此,可以发挥福建海外侨胞和外资企业多的优势,出台优惠政策,吸引社会团体和个人共同参与职业教育的投资。制定相配套的政策和法规或自主立法,保证社会团体和个人投入的资产归团体和个人所有,全民投入的资产归全民所有,属于全民共有资产。院校若遇到办学困难,实在办不下去时,

---

[*] 原载《教育评论》2009年第4期。

可以捐献或折价交给政府管理。同时，加大对民办职业院校的政策扶持力度，鼓励和引导社会资金投入发展职业教育。按照民办教育促进法规定的"积极鼓励、大力扶持、正确引导、依法管理"的方针，在建设用地、税收优惠、金融以及专项扶持经费等方面给予民办院校大力扶持。同时，依法加强对民办院校的指导和管理，促进民办职业教育的举办者依法办学，不断提高教育教学质量。

受教育者个人投入属公民投入，费用是增加职业教育经费的来源之一。受教育者作为职业教育的受益者，分担职业教育经费成本是必然的，职业教育中个人的基本教育支出包括学费、杂费等，这应当成为福建省职业教育经费来源的一个组成部分。总之，职业教育在资金来源上，既要强调以政府投入为重要主体，又要吸引其他社会资金，使投资渠道多元并存，以此来填补政府财政支持的不足。在资金投向上，要激励先进，照顾薄弱区域和薄弱学校；在资金产出上，要强调有所为和有所不为，重点突破，集约式发展，实现资源在最大范围内共享；在资金管理上，要强调统筹预算，加强监控，实现问责制管理，提高资金的使用效益，从而和谐发展职业教育，促进教育公平，构建和谐社会。

二、着力抓好中高等职业教育，逐步构建以高职教育为主体的职业教育体系

福建省2009年中等职业教育的总体要求，是以加快发展农村中等职业教育为重点，以"海峡西岸经济区建设技能型紧缺人才培养实施计划"为主线，坚持以服务为宗旨，以就业为导向，深化改革，加强建设，着力提高办学质量，努力推动中等职业教育又好又快发展。从目前福建经济社会发展的现状和福建省职业教育的状况来看，仍是以发展中等职业教育为主。福建省中职在校生多于高职在校生，中职在校生是高职在校生的3倍，中职学校毕业生升入高职（即"高职单招"）的比例却仅为5%，中职学生进一步学习的可能性较小。应尽快提高单招比例，拓展中职学生学习文化的提升空间。

高等职业教育与中等职业教育应有区别，主要体现在高职学生的综合素质较高，职业发展能力较强；学生对前沿性技术的了解和掌握程度较高；高等职业技术教育的专业具有复合性特征。因此，高职教育成为职业教育的主体具有十分重要的意义。高等职业技术教育比中等职业技术教育存在着许多优势，如果能够在发展中扬长避短，充分发挥潜能，毕业生可以在就业市场中增强竞争力。首先，高等职业技术教育最突出的优势就是学生学的知识技能很实用，教学内容和专业设置灵活多样，可按照职业岗位的需求和市场变化来调整专业设置，其实用性比较突出。其次，高等职业技术教育更注重动手实践能力的培养，

符合企业对具有良好职业行业操守又有操作技能人才的需求。目前，高等教育的主体部分从培养精英人才转向着重培养技术型、职业型的人才，高职教育正好能完成高等教育大众化后这一功能的转换，即承担技术型、职业型专门人才的培养。为此，应加快高等职业教育的发展。同时，福建省社会经济发展的态势和趋势对从业人员的技术层次要求在不断提高，这就形成了对于高职毕业生需求加大的状况。如果能实现以高职教育为职业教育的主体，那么中职毕业生进一步学习的机会就会增多，可以促进中职教育的发展，还可以缓解社会就业的压力。

三、构建一个中高职学校既有联系又有层次差别的职业教育培养体系

高职教育与中职教育在培养目标、培养模式上既有一致性，又有着层次上的差别，中职教育强调的是有一技之长，其核心是强调培养实用型、技能型、操作型的人才；高职教育的目标定位应该表现出高层次性，强调培养应用型、管理型和高级技能型的人才。因此，中高职的培养目标应分别定位为：高等职业教育的培养目标是生产、经营、服务、管理第一线的技术应用型的高素质专门人才；中等职业教育的培养目标是培养德、智、体全面发展，牢固掌握必需的文化科学知识和专业知识，具有综合职业能力和全面素质的实用型、技能型中等技术人才。

在中高职衔接的诸多方面中，课程结构和教学内容的衔接处于核心地位，是中高职衔接的关键。两者的衔接包括课程体系的衔接和技能训练的衔接两方面。课程体系的有效衔接，有赖于中职与高职两个方面的努力。中职已达到的教育教学要求应作为高职教育的起点，使学生受到相对宽泛的职业基础教育，为衔接奠定基础。高职院校的课程体系应以中等职业教育的共同专业基础为标准，按衔接专业口径的宽窄不同，解决好专业课程的横向扩展与纵向提高，以及基础课的磨合与补缺等问题，并编制相互衔接的教材。在技能训练的衔接上，中职阶段一般侧重职业基本技能训练，注重强调工艺规范、动作熟练、工作作风与方法等职业基本素质的培养。高职阶段则注重综合职业能力的训练，强化对实践知识的研究和教学，培养对较复杂问题的实际解决的能力。

要提倡和促进中等职校与高等职校间的联系与交流，逐步形成两个教育层次间的密切联系、资源共享、教学融通的格局。政府及其主管部门要鼓励和支持中高职院校间积极开展多种形式的协作办学，实现教育资源共享。中高职学校更要主动开展互相交流、互相沟通，以促进较好衔接。同时，中职学校要

密切关注高职院校的教学改革动向，自觉地为高职院校打好基础，避免中高职院校教学的脱节和不必要的重复学习。高职院校也应加强对中职学校的了解，掌握中职学校的专业结构、课程设置、教学计划和教学内容，密切关注中职学校的教学改革，并不断调整自己的教学计划。

四、构建"双师型"教师培养培训体系

职业院校从相关企事业单位、科研单位引进既有丰富实践经验，又有教学能力的专业技术人员来院校做兼职教师，可以及时解决"双师型"教师短缺的问题，又能给职业院校带来生产第一线的新技术和新工艺，在教学实践中促进本校教师向"双师型"教师转化，提高职业院校的办学质量和水平。不足之处是从企业引进的"双师型"人才，大都偏重于职业技能方面的优势，本身的教育教学方法和理论素养等未能达到职业教育对"双师型"教师要求的标准。因此，对引进的兼职教师，必须建立一套教育学和心理学等岗前课程培训的体系，使之真正达到"双师型"教师职业要求的标准。

福建省职业教育服务经济、社会的功能越来越显现出来，并已启动了"海峡西岸经济区建设技能型紧缺人才培养计划"和实施"高等职业教育服务海峡西岸经济区改革与建设工程"。所以，福建职业院校专业结构调整的力度也在加大，要求进一步扩大软件、制造、汽车、电子通信、建筑、物流、护理、商贸、现代农业等10个紧缺专业人才培养的规模。从长远考虑，省委、省政府应当出台政策和措施，在福建省部分具有一定实力的高校内设置培养"双师型"教师的专业，制定明确的培养目标和切实可行的培养计划，使他们毕业后，既拥有当一名合格教师所具有的扎实的理论素养和教育教学能力，又具备本专业熟练实际技能操作的能力。

五、构建以公共实训基地为核心的实训实验体系

近年来，福建省加大了对职业教育经费的投入，但从总体上看，职业院校的实训设备远远不能满足实际教学实践的需要。因此，构建以公共实训基地为核心的实训中心或基地，成为一件迫在眉睫的大事。省政府除了进一步依法加强职业教育经费投入外，更重要的是应当构建一个"共建、共享、开放和节约资源"的公共实训基地体系。特别是一些投资大的理工科专业的实训基地，应当统筹规划，集中物力和财力，采取"校校联合，校企联合"的原则建设。把有限的资金集中起来，合作建立高水平的实训基地，打破各职业院校各自为政、

低层次、重复投资建设的局面，提高实训基地资源的使用效率。在与企业联合建设实训基地时，可以充分利用企业的现有资源，在实训基地合作建立研发中心，建立双方互惠互利的科研和培训平台。还可以充分利用福建交通枢纽快速发展，缩短各职业院校与高校之间距离的有利条件，由省政府、省教育厅牵头，充分发挥实训基地建设指导委员会的功能，协调福建省几所实力雄厚、资源丰富的高校实训设施向全省职业院校开放，使福建省高校的现有资源成为构建公共实训基地体系的一个重要组成部分。

农村中等职业教育一直是福建省职业教育发展的瓶颈。因此，建立农村职业教育公共培训基地是职业教育工作的重中之重。福建省农村中等职业学校由于当地政府经费投入少，学校设施简陋、设备落后，不但"双师型"教师严重缺乏，实训基地建设更是无从谈起，学校开设的专业多数是投入成本较低的文科类专业，而这些专业对学生和家长缺乏吸引力，这在很大程度上影响了学校的办学。因此，应建设以设区市为单位，政府统筹，分级管理，共享共用的公共实训中心基地。同时，农村职业院校之间，要充分发挥现有实训设备等资源的作用，互相开放、资源共享、优势互补，充分利用公共实训中心这一平台，整合各院校"双师型"的教师资源为全市相关专业的学生服务。

六、构建层次不断提升，水平不断拓展的闽台职业教育交流体系

"台湾职业教育起步早、发展快、办学体系完整、成果显著，在长期的发展中积累了丰富的办学经验，职业教育已经成为两岸教育交流合作最为活跃的领域。"在闽台职业教育合作交流中，福建省可以借助台湾职业院校规模大、师资力量和技术设备雄厚的办学优势，选派学生赴台学习，解决大陆高技能人才紧缺的问题。2009年，福建12所高职院校将和台湾高校启动"闽台高职联合培养人才项目"，首批招收的学生即将赴台学习，借鉴台湾先进的经验和办学理念。总而言之，构建闽台之间学生互相往来的职业教育交流合作模式正呈现良好的发展态势，是闽台职业教育交流合作应当长期坚持的一种模式。

海峡两岸同根同源，福建与台湾更有"五缘"情结。应构建闽台职业技术教育交流合作平台，聚集闽台两岸优秀人才来往互动、相互学习交流，推动闽台职业技术教育的新领域，探索构建闽台之间教师来、教师往的交流合作新模式。福建省劳动保障部门引进台湾师资力量开展技工学校师资的培训和高技能人才的培训，有30名高技能人才经培训获高级技师资格。从2000年以来，来闽访问的台湾教育界人士已有1000多批、近万人次，闽台教师之间共同开展科研、学术等交流活动。2008年6月，在福州启动"闽台交流合作提升技工

教育教师素质五年计划"的目的，在于通过引进台湾师资，学习台湾的授课方法和技巧，从而提升福建职业院校教师的教学水平。可见，构建闽台职业技术教育教师来、教师往的常态交流合作，对改变福建省职业技术教育长期存在的"纸上谈兵"的授课方式将产生积极作用。

在闽台职业教育交流合作不断升温的大好形势下，福建职业院校还要大胆借鉴台湾先进的职业教育经验和办学理念，大胆引进台湾职业技术院校成熟的技能型课程教材，并聘请台湾专家参与课程设计、教案制作、教材编写等指导工作，构建闽台职业技术教育的课程体系，为福建职业院校技能型课程教材的重新编写和修订节省精力和物力。通过引进教材促进职业院校教师改变教学方法，提高教师实际操作教学的能力。同时，也让福建省职业院校的毕业生实现"毕业即就业，毕业就创业"的理想目标。

科学发展观视角下的人大教科文卫调研工作探究 *

深入学习实践科学发展观活动的一个突出特点就是实践性，就是要在学习实践中形成与科学发展观相适应的思想观念、工作方法和工作机制。通过近几年来人大教科文卫工作的实践与探索，笔者认为，调查研究是我们党的优良传统和作风，按照科学发展观要求做好人大教科文卫调研工作，应该抓住五个重要环节。

首先，深化调研认识。胡锦涛同志指出："学习实践科学发展观的过程，是总结运用实践经验、制定完善发展措施、解决发展面临的突出问题等环节相结合的过程，每个环节都离不开调查研究。"在全面贯彻落实科学发展观的今天，做好人大教科文卫各项工作，尤其需要加强调研。这不仅因为人大教科文卫工作涉及面广而人手又紧，更因为教科文卫所联系的每一个厅局的工作学科性、学术性强，需要系统专业知识的支撑。不论是在立法过程中还是监督实践中，要提出有针对性、符合实际的建议，唯有加强调研，夯实基础，才能使所提的建议科学、合理、可行，为领导科学决策和常委会行使职权提供准确依据。同时，教科文卫工作涉及的大都是与人民群众切身利益息息相关的民生工作，唯有加强调研，摸清实情，才能更真实地反映实际的情况和问题，更准确地表达群众的意见和诉求，使常委会行使各项职权时，更能充分体现人民的利益和意愿，真正体现"以人为本"。可以说，调研工作实际上是人大一项最基本、最基础的日常工作，是做好人大各项工作的保证。为此，我们增强了调研的自觉性，加大了调研力度，开展了人口与计划生育法及我省条例、乡镇卫生院、科技创新和食品安全法、职业教育法、网吧管理等方面的调研活动，以求掌握更多实际情况，了解更多真实信息，更好地为常委会履行各项职能服务。

---

* 原载《人民论坛》2010年第4期。

其次，选准调研主题。调研的选题会影响调研的方向和质量。从人大工作的特点出发，体现科学发展观的发展要义和以人为本理念，调研的选题首先应做到"三围绕"：一是围绕我省经济社会发展大局。什么是大局？海峡西岸经济区建设上升为国家战略后，海峡西岸"两个先行区"建设就是我省经济社会发展大局。二是围绕党委、政府和人大的中心工作。有效应对国际金融危机冲击，"保增长、保民生、保稳定"是去年以来的中心工作。三是围绕群众关心的热点和难点问题。如大力发展职业技术教育，既可以为海峡西岸经济区建设培养急需人才，自觉融入发展大局，又可以让学生多学些实用技能，增加就业机会，推动"就业难"问题的解决，服务"保增长"，主动与中心工作"合拍"、"同步"。我们将职业教育发展情况列入调研项目，并将农村职业培训和闽台职业教育交流合作情况等列为调研重点，由于选题准确、重点突出，得到了各方好评与积极配合。在充分考虑"三个围绕"的同时，在具体工作中还应注意选择那些领导关心的重点、代表关注的焦点、社会热议的热点、行政工作的难点，如乡镇卫生院建设问题。为此，我们开展"加强乡镇卫生院建设"调研，不仅省卫生厅、计生委等部门积极配合，人大代表认真参加了调研全程，媒体也主动报道，最后形成的调研报告得到领导的高度重视，省政府发布的《关于进一步加快乡镇卫生院改革与发展的意见》（闽政【2009】11号），就吸纳了调研报告提出的"进一步深化体制机制改革，加快建立健全适应乡镇卫生院公益性管理体制运行保障机制"等建议。

再次，改进调研方法。调研是为了获取更多更准确更真实的信息和情况，而调研方法方式的科学合理与否将影响调研质量和水平。因此，要确保人大教科文卫调研工作真实、准确、有效，必须在改进调研方式方法上下功夫。运用科学发展观中统筹兼顾方法，不仅可以获取更多真实的信息，而且可以节约成本，取得事半功倍的效果。一是充分利用和运用原有的调研资料。如我们开展"提高自主创新能力，促进科技成果转化工作情况"专项调研，就参阅了以前科技进步法执法检查有关资料，了解到科技优惠政策宣传、落实不到位等是制约我省科技发展的障碍，并将这些列入调研重点，提高了调研效率。二是充分发挥人大代表、专家、学者的作用。学前教育专题调研，我们就多次召开学前教育专家、人大代表座谈会，获取了大量有价值的信息，为之后的深入调研奠定了基础，也提高了调研效率。三是充分协调党委、政府及人大内部各委室等相关方面资源。这样，不仅可以多角度看待、分析问题，有利于工作上的沟通配合，而且有利于对存在困难和问题以及解决问题的办法和途径取得共识，如我们进行文物立法调研，邀请十几位常委会委员和法工委以及政府有关厅局领导参加，一起了解情况，形成共识。四是充分开展省、市、县人大之间的相互协作。

虽然省、市、县人大之间没有隶属关系，但省、市、县人大教科文卫委员会分工任务是相同的，面临着许多关注关心的问题也是共同的，如网吧管理问题，许多省、市、县人大代表都提出加强管理的建议，许多市、县人大教科文卫委也都开展了调研并提出加强治理的意见。我们不仅到市、县实地调研，还邀请人大代表参加座谈，提出了加强管理的方案。

第四，撰好调研报告。调研工作直接的成果体现在调研报告，调研报告好坏决定调研成果质量的高低。人大调研报告与党委政府不同，人大调研中提出的建议和措施不是由自己去亲力亲为、贯彻实施，而是要求政府有关部门去施行落实。因此，这就对人大调研报告在材料真实性、分析准确性和建议可行性上要求更高，否则既说服不了、推动不了有关部门去落实，也损害了人大的权威。因此，在撰写调研报告时要注意两点，一要注重分析、集思广益。对调研报告多方征求意见，展开讨论，无疑是有益的。在撰写"依法解决医疗纠纷"专题调研报告中，针对有的部门将医疗纠纷认定为"医闹"以及对解决医疗纠纷提出要"适时使用警力"的提法，我们认为用词不够准确，不够恰当，将"医闹"改为"医患纠纷"，将"适时使用警力"改为"慎用警力"，使得调研报告比较客观公正，也比较有说服力。二是建议要切实可行。调研报告要提出问题，提出问题要精心提炼、抓住重点；提出建议要适时适当、切实可行，既要避免过于偏激、情绪化，也要避免脱离实际、理想化，尤其要注重建议的度和表达技巧，特别是那些经过努力能够解决的问题要有明确要求。如我们在计划生育法及我省条例实施情况专题调研中提出的"完善计划生育利益导向政策，切实抓好法定奖励政策的落实兑现"、"加强'二非'专项治理"等建议，就综合考虑了这些因素，被常委会吸收到执法检查审议意见要求省政府整改后，省政府很快作出了提高农村二女绝育家庭一次性奖励标准的决定，并明确要求卫生部门牵头开展为期一年的打击"两非"专项治理行动，对人口计生工作起到很好的推动作用。

最后，力促调研实效。发现问题、化解矛盾、克服困难、推动工作、促进发展是一切调研工作的出发点和落脚点，是科学发展观实践性的根本体现。从服务人大常委会依法履行职能的角度出发，人大教科文卫委调研可分为立法调研、监督调研（执法检查调研、专项报告调研、跟踪监督调研）、代表议案建议督办专题调研三种类型，可分别采取三个途径，提高调研实效。一是立法调研。就是将立法调研中提出的建议措施，通过完成立法程序，转化为法规条款，要求政府有关部门依法行政，依法办事，从法律层面上以法规形式推动有关问题的解决。如在文物立法调研中提出中央苏区革命文物保护等建议，体现在新颁布实施的文物保护管理条例中，独立列章规定，从法律层面上实现了推动、加强文物保护管理工作的目的。二是监督调研。通过将执法调研、专项报告调研、专题调研等建议措施上升为常委会的审议意见，由人大常委会函告政府要求整改，或以人大常委会领导批示转政府领导阅处的方式达到解决问题的目的。我们在档案法执法调研中提出的"要积极做好我省现有67个可享受中央预算内投资补助政策的县（市、区）档案馆建设申报工作"建议，得到了领导重视，促使省档案局向省、国家发改委提出了项目申请，通过组织渠道，从政策层面上推动县档案馆的建设。三是代表建议办理。从制度层面上以"人大代表对部门代表"途径推动有关问题解决。代表建议是代表履职的重要形式，办好人大代表建议是一项政治任务。我们在督办代表有关网吧整治的建议过程中进行了调研，提出禁止接纳未成年人、关闭设在距学校200米内的网吧、整治黑网吧、严肃处理超时经营等明确具体建议，并召开代表建议督办会，让人大代表与有关部门代表面对面座谈，取得共识，促使省通信管理局等有关部门出台了有关暂停违规网吧及黑网吧互联网接入的文件等措施，通过"人大代表对部门代表"的途径，从具体工作层面上推动有关部门加强网吧管理工作。

关于福建省学前教育发展情况的调研报告*

为了解我省学前教育发展状况，促进学前教育事业又好又快发展，去年下半年以来，省人大常委会教科文卫工委开展了学前教育专题调研工作。调研的重点内容是：学前教育办学体制和管理体制，经费投入情况，幼儿园办学条件，适龄幼儿入园情况，学前教育师资队伍建设情况，农村学前教育和民办学前教育情况等。调研的主要方式有：听取省教育部门及部分市、县(市、区)政府关于学前教育发展情况汇报；召开教育部门、幼儿园负责人、教师座谈会，征求省人大代表和专家意见；开展问卷调查，实地考察，走访家长；成立课题调研组，委托2所儿童发展职业学院进行专题研究等。先后4次赴省儿童发展职业学院，福州市及鼓楼区、连江县，泉州市及泉港区、德化县等地开展学前教育发展情况调研，召开了3场设区市、县(市、区)政府关于学前教育发展情况汇报会，4场幼儿园园长、教师座谈会，实地察看了20所幼儿园，其中公办园7所，民办园10所，街道办园1所，企业办园1所，部队办园1所。现将调研的有关情况报告如下：

一、学前教育发展取得的主要成绩

"十五"以来，在各级政府的重视下，我省学前教育事业得到较快发展，取得明显成效。一是幼儿入园率较大幅度提升。至2009年，全省共有幼儿园7137所，在园幼儿107.72万人(其中学前班幼儿数13.04万人，占12.1%)，比2000年增长28.08万人，增长35.3%，全省幼儿入园率达90.5%，比2000年提高13个百分点；每万人口在园幼儿数298.89人，连续5年居全国第二位。

---

* 选自《福建省人大常委会教科文卫工作委员会报告集》(2012年)。

二是农村学前教育发展较快。自2001年起,省教育厅开展农村幼儿教育改革试点工作,以乡镇中心园为龙头,构建辐射、支持农村幼教的网络体系,推动农村学前教育发展。2009年,全省乡(镇)、村幼儿园5277所(含独立班),占全省73.9%,比2000年提高18个百分点;在园幼儿70.8万人,占全省65.8%,比2000年提高28个百分点。三是民办幼儿园发展迅速。进入21世纪以来,特别是2003年国务院转发的十部门《关于幼儿教育改革与发展指导意见》颁布以来,我省民办幼儿园得到迅速发展,至2009年,全省民办幼儿园4204所,占全省幼儿园总数58.9%,比2000年的1715所增长245%;在园幼儿48.9万人,占全省在园幼儿数的45.4%,比2000年的9.6万人增长509%;民办园园长和教职工3.63万人,占全省幼儿园园长和教职工总数的62.8%,比2000年的5769人增长629%。

二、当前学前教育存在的主要困难和问题

虽然我省学前教育事业发展取得了很大成效,但也存在几个比较突出的问题:公办园大幅减少,学前教育的公益性质受到很大程度削弱,多数民办园规模小、水平低、隐患多,而优质民办园收费高,普通老百姓上不起;农村学前教育总体水平和质量比较低,学前班、学前一年教育占了较大比例,从总体上看,学前教育发展在整个教育事业发展中处于相对滞后的位置,发展基础比较薄弱,整体水平和质量不高,与人民群众日益增长的接受良好教育需求差距较大,出现了一定程度上管理规范、质量保证的幼儿园难的问题。

1. 政府角色定位模糊,公办幼儿园数量大幅减少。2003年国务院转发的十部门《关于幼儿教育改革与发展指导意见》提出"形成以公办幼儿园为骨干和示范,以社会力量兴办为主体,公办与民办、正规与非正规教育相结合的发展格局"。这一指导思想对政府在发展学前教育中的职责定位不够准确,学前教育的基础性、公共性和公益性被忽视,政府及其有关部门过分强调学前教育的非义务性而将其推向社会和市场,"以社会力量兴办为主体,公办园为示范"的办园思路导致大量公办和集体办园被转制,公办园数量大量减少。2008年,我省在园幼儿比2000年增加26.2%,但公办和集体办园数却比2000年减少66.8%;泉州市有独立设置的幼儿园1053所,其中公办园仅62所,占幼儿园总数的5.8%;福州市晋安区共有幼儿园196所,其中公办园6所,仅占3.1%;平潭综合实验区共有幼儿园109所,公办园只有4所,仅占3.6%。更令人担忧的是,目前公办园数量减少的趋势仍在延续,2008年我省公办园共有3376所,2009年减少为2933所,一年间又减少了443所。在管理上,大部分县(市、区)

教育行政部门对学前教育的管理归在基教或初教科室，多数无专人负责，只有兼管干部，在客观上造成对学前教育的忽视，不利于学前教育的发展。

2. 经费投入严重不足，缺乏有效保障。由于学前教育目前属于非义务教育范畴，不少地方政府没有将学前教育经费列入财政预算。"十五"期间，各级政府没有学前教育经费预算；"十一五"期间省级财政才有少量安排，其中2006-2008年每年安排100-200万，2009年安排350万专项经费主要用于扶持乡镇中心园建设。学前教育投入保障层级过低也是经费不足原因之一。按照2003年国务院十部门文件规定，"乡（镇）人民政府承担发展农村幼儿教育的责任，负责举办乡（镇）中心园，筹措经费，改善办园条件"，但现实中，多数乡镇政府财力不足，学前教育经费往往无法落实，大多数农村幼儿园以及一些城区幼儿园主要靠以生养师维持运行。有的地方还存在公办园保教费被政府统筹和未能按时足额返还的现象。由于长期缺少资金投入，许多幼儿园的办学条件相当简陋，园舍破旧，活动场所和设施缺乏，基本的设备、仪器、教具、玩具等配备不足。

3. 幼儿教师缺编严重，队伍素质不高。"十五"以来，许多地方的公办幼儿园教师只出不进，严重缺编。根据1987年劳动部和教育部《全日制、寄宿制幼儿园编制标准》中平均每班配2—2.5个教师的规定，按每班30名幼儿配套2名教师计算，2008年，全省公办幼儿教师需6万多名，而实际只有3.34万名，缺编严重；泉州市公办园在编幼儿教师仅占定编数的21.7%；厦门市思明区26所公办园缺编200名教师。多数农村没有单列幼儿园教师编制，一些乡镇中心园使用的是小学教师编制。幼儿教师缺编的同时还存在年龄老化、结构断层的问题，比如德化县123名公办幼儿园教师，大部分年龄在四十岁左右，有的幼儿园已有十年没有新进毕业生，幼儿教师出现"青黄不接"的局面，该县有12所民办幼儿园几年都招不到一个幼教专业毕业的学生。由于教师编制不落实，幼儿园只能大量聘请教师，自聘教师的工资、职称评定以及医疗和社会保险等得不到保障，教师流动性大，很不稳定。此外，农村幼儿教师、民办幼儿园教师接受继续教育和交流学习机会少，素质难以进一步提高。

4. 农村学前教育基础薄弱，保教质量较低。大多数县（市、区）没有学前教育专项经费，仅负责为数不多的在编幼儿教师工资发放，农村幼儿园基本靠以收抵支、以生养师，艰难运行。村办园以及小学附设班是农村幼儿园的主要办园形式，由于生源有限，多数村办园规模小、园所分散，设施设备与国家规定标准差距大，普遍缺乏教学设备、玩具和幼儿娱乐设施，没有保健室和专职保健人员等。有的村办园保教质量低，基本上是一种看护为主的混龄型幼儿园，有的村办园小学化教育倾向明显，调研中发现一些农村幼儿园，特别是附设于小学的幼儿班违背幼儿教育规律，按照小学的作息时间上下课，布置书面作业甚至家庭作业，进行考试测验，教学内容注重读、写、拼音的教学，过早地教学认字、学外语、算术等，幼儿很少有自主活动的时间与机会，身心发展受到影响。

5. 民办幼儿园良莠不齐，亟待规范和提高。多数民办园规模小、水平低、安全隐患多。2009年，全省民办幼儿园4204所，民办园在园幼儿48.9万人，教职工3.63万人，平均每所在园幼儿116人，教职工8.6万人，教职工与幼儿比1∶13.5，与劳动部、教育部规定的全日制幼儿园教职工与幼儿数量比1∶6—1∶7的编制标准差距甚远。不少民办园硬件设施不足、办园条件较差，设施设备达不到规定要求。比如，福州市仍有许多民办园在租赁的单元房、居民户中举办，幼儿园占地、建筑面积不足，缺少室内、户外活动场所，缺乏适合幼儿生活、活动的基本设施，卫生、消防等安全隐患多。部分民办园教育教学理念存在偏差，有的以各种特色教育的名目多收费。民办园园长、教师队伍不稳定，整体素质不高。一些民办幼儿园教师工资低、基本的社会保障得不到落实，严重影响了队伍稳定。无证园大量存在，主要集中在一些城乡接合部，虽经整治和取缔，但由于其满足了部分低收入群体的需要，有着较大市场需求和存在的空间。

值得引起重视的是，调研中发现，一些开发商对小区配套建设的幼儿园收取高额租金，推高了幼儿园办学成本。不少开发商将小区配套建设的幼儿园使用权一次性转让或高额租借给举办者，造成办学成本过高而推高收费。比如，福州市目前多数小区配套建设的幼儿园由开发商出租，年租金占到办学成本的30%—40%，且逐年递增。

三、促进我省学前教育又好又快发展的几点建议

学前教育是《中华人民共和国教育法》"教育基本制度"中规定的国家实行的四种学校教育制度之一，是教育事业的重要组成部分，属于公益性事业，应当纳入政府公共服务体系、公共财政保障范围。刚刚颁布的《国家中长期教育改革与发展规划纲要（2010－2020）》和最近召开的全国教育工作会议，对今后一个时期学前教育改革发展提出要求和作出部署。各级政府应当认真贯彻落实，充分发挥政府在学前教育发展中的主导作用，坚持公办民办并举，大力发展公办幼儿园，积极扶持、促进民办幼儿园健康发展，重点推进农村学前教育发展，促进我省学前教育整体水平和质量的提升，推进我省学前教育普及进程。

1. 强化政府主导，明确由县级政府承担学前教育发展的主要责任。《国家中长期教育改革和发展纲要》中提出"基本普及学前教育"、"建立政府主导、社会参与、公办民办并举的办园体制"。这是当前和今后一个时期我国学前教育改革发展的重要指导思想和重大部署。根据这一要求。政府将承担学前教育改革与发展的主要责任，发挥主导作用，坚持公办、民办并举，促进学前教育又好又快发展。建议省政府研究制定加快发展学前教育的实施意见，明确各级政府发展学前教育的职责，建立健全政府主导、社会参与、公办民办并举的办园体制和学前教育管理体制；出台促进学前教育发展的相关政策措施，就加快发展公办幼儿园、扶持规范民办幼儿园，以及健全学前教育管理监督体制等作出相应规定；明确由县（市、区）政府承担发展学前教育的主要责任，负责辖区内幼儿园的规划、建设，负责公办幼儿园的举办、经费投入、师资保障和办学条件改善，大力扶持和促进民办幼儿园健康发展。县（市、区）政府教育局要配备专职学前教育干部，专人负责辖区内学前教育管理工作。加强对学前教育的督导和检查工作。

2. 建立有效的学前教育经费保障机制。要进一步落实和完善《国家中长期教育改革和发展纲要》确立的"政府投入、社会举办者投入、家庭合理负担"的学前教育投入机制，加大政府对学前教育的投入。一是各级政府要加大对学前教育的经费投入，将学前教育经费纳入财政预算，并在财政预算教育经费中单独列支，设立学前教育专项经费，逐步提高学前教育经费在教育经费总量中的比重。二是研究制订公办幼儿园生均公用经费标准，保障幼儿园的正常运转。对公办幼儿园保教费收入低于生均公用经费标准的部分由所在设区市或县（市、区）政府财政给予补足。三是加强公办幼儿园教育经费的管理，确保幼儿园收取的保教费全部返还用于幼儿园日常开支，禁止截留、挤占、挪用和平调或将幼儿园收费用于冲抵财政拨款。

3. 配足幼儿园教职工，加强师资培养培训。一是研究制订公办幼儿园教职工编制标准，以及民办幼儿园教师配备的参考标准，各幼儿园按标准要求配齐配足幼儿园教职工。各级政府要分期分批解决公办幼儿园教师缺编问题，可以通过超编小学教师培训后转岗、向社会公开招考、吸收高校优秀毕业生到幼儿园任教等多种形式，补充学前教育师资力量。对暂时不能配齐教师的，按缺编人数下拨人头经费，用于幼儿园自聘教职工。二是加大学前师范教育培养力度，以满足和适应学前教育发展的需要。加快我省两所儿童发展高等院校的建设，提高学前教育师资培养质量和层次。在高等院校学前教育专业免费定向培养农村学前教育师资，以解决农村学前教育师资问题，促进学前教育的均衡发展。三是建立健全幼儿教师职称评聘、继续教育等相对独立的体系。加大幼儿教师培训力度，开展学前教育全员、骨干教师、学科带头人、园长等各种形式培训，加强学前教育科研、教研活动。依法落实培训经费，保障学前教育教师在进修培训，专业技术职务评聘等方面的合法权益。

4. 大力发展公办幼儿园，扩大优质学前教育资源。一是县（市、区）政府要做好辖区内幼儿园发展规划，幼儿园布点要与居住区人口规模相适应。加快发展公办幼儿园，城市和县城要提高公办园的比例；农村应以公办园、集体办园为主体。城区每个街道区域内至少建设1所公办幼儿园，农村每个乡镇至少建设1所独立设置的公办乡镇中心幼儿园，人口数量较多的街道、乡镇应当根据实际情况相应增加公办（中心）幼儿园的数量。二是规划建设好小区配套幼儿园。设区的市、县（市、区）政府在新建、扩建小区中应当规划建设配套的幼儿园，由政府负责建设，也可以教育土地划拨或作为土地竞拍的前置条件交由开发商按照有关规范标准建设，幼儿园产权归当地政府教育行政部门。配套建设的幼儿园由政府负责举办或者以零租金形式通过招标确定幼儿园举办机构。三是充分发挥优质幼儿园的示范、引领和带动作用，扩大优质学前教育资源。

5. 重点实施农村学前教育推进工程，提高农村学前三年教育比例。一是把发展学前教育纳入小城镇、新农村建设规划，在小城镇、新农村建设中科学合理规划建设幼儿园，同时在经费投入上给予农村学前教育一定倾斜。二是加快乡镇中心园标准化建设工程，充分发挥其科研、示范和辐射作用，带动农村学前教育的发展。三是探索乡镇中心园和村幼儿园及村小学附设学前班由中心园一体化管理的模式，提高农村学前教育整体水平。边远地区人口稀少的农村学前班可改为混龄幼儿班，因地制宜实施学前三年教育，逐步提高农村学前三年教育的比例。四是提高农村学前教育教师的待遇。积极探索建立乡村幼儿教师补贴制度，鼓励幼儿教师到农村任教。

6. 积极扶持民办幼儿园，全面提升办园质量和水平。民办幼儿园填补了公办学前教育资源的不足，满足了一部分群众特别是低收入群体和进城务工人员子女入园需求，在学前教育发展中发挥了重要作用，必须大力扶持、积极引导，坚持扶持与规范并举，促进民办学前教育健康发展。政府要进一步在税收优惠、用地、教师公平待遇等方面加大扶持力度。一是以"民办公助"的形式加大对民办幼儿园的扶持力度。研究制订以政府购买公共服务的形式，对偏远山区或城市面向低收入群体子女的低收费幼儿园实行经费补贴，以保障其正常运行，促进其改善办学条件和提升办园水平。中小学布局结构调整后闲置的、符合安全标准的校舍，可以零租金的形式通过公开招标由社会力量来举办低收费幼儿园。二是以"公带民同行"形式促进民办园的提升。搭建公办、民办幼儿园交流平台，形成有效交流机制，以"名园"带"民园"等形式，通过送课入园、开展教研、对口帮扶等途径，带动和促进民办学前教育整体办学质量和水平的提升。三是加强对民办幼儿园的指导和管理。依法把好民办幼儿园的审批注册关；建立幼儿园准入制度，落实年审制度，取缔违规办园。教育行政部门应当将民办幼儿园纳入当地学前教育的统一管理，加强对其教育教学和日常管理的指导，规范办学要求和收费标准；将民办幼儿教师纳入当地教师培训的整体计划，培训经费在学前教育专项经费中统筹列支；保障民办学前教育的教师在职称评定、评优评先等方面享有与公办学前教育教师同等待遇。四是鼓励兼并，促进优胜劣汰，形成规模办园、优质办园。教育及相关部门要加强对区域内学前教育资源的整合，鼓励、支持优质园对规模小、质量低、生源趋少的幼儿园进行兼并，提升办园规模和质量。五是认真研究解决目前普遍存在的小区开发商对配套幼儿园收取高额租金、推高办学成本的问题。

《从七星溪走来》序*

大多数人希望自己成名成家，或梦想干一番事业，其实天下哪有几件大事业可做，有的只是小事而已。我以为，一件件小事累积起来就形成大事。重视今天的持续，自我激励，不断积累，不断完善，每天有一个精彩的"一生缩影"，终会实现一生的精彩！

近日，我案头摆着陈颖华同志出版的著作《缕缕乡情》《享受山水》和即将要出版的《从七星溪走来》书稿，读后颇有感触：一个机关干部能"立足岗位做贡献"，是职责所在，但工作之余，做些自己喜欢而又对社会有益的事，不亦乐乎！这一点，从陈颖华同志身上可以得到诸多的启示：

原来快乐很简单，只要懂得热爱生活就足矣。颖华同志说得在理："人的生命短暂，只要热爱生活，珍惜生活，享受生活，活得才充实与自在。"他这样说，也是这样做的。30多年来，他爱好文学与书法，乐此不疲。工作之余，寻找自己的乐趣：漫步在七星溪畔，观鱼跃、赏夜景、乐垂钓；探访云根书院，与朱熹"面对面"咏颂朱子诗文，体验朱子文化博大精深。走进韶山、延安、井冈山，目睹革命圣地之变迁，瞻仰领袖旧居，感悟伟人之精神。

原来获得赏识很简单，养成良好习惯就成。登临雪山布达拉宫，感受神州锦绣河山；观世博看天下，领悟世界多彩奇妙。大凡得到赏识的人，都有他成功的一面。而有大成者，都有良好的修养与习惯。习惯对我们的生活、人生影响很大。习惯在不知不觉中，长年累月影响着我们的品德，显露出我们的本性，左右着我们的成败。颖华同志生活阅历丰富，先后担任县文明办主任、文化局长、宣传部副部长，人大教科文卫委主任。工作之余，他著书立说，应该说，还是得到许多人赏识的。这与其养成热爱生活、热情工作、勤于思考、勤于笔耕的良好习惯是分不开的。他做有心人，走到哪儿，写到哪儿。走近黄山，走进西藏，

---

* 选自《从七星溪走来》，福建电子音像出版社2010年出版。

登临黄鹤楼，体验中华锦绣河山，感受中华文化的深邃。所写的文章主题突出，观点鲜明，文笔流畅，可读性强，给人以启示，让人留下深刻的印象。

原来幸福很简单，"知足"就"常乐"。有人说："幸福是依偎在妈妈温暖怀抱里的温馨；幸福是依靠在恋人宽阔肩膀上的甜蜜；幸福是抚摸儿女嫩皮肤的慈爱。"是的，这种"温馨"、"甜蜜"、"慈爱"是人生的一种乐趣，让你感到幸福快乐。我以为：真正的幸福不是一些事实的汇集，而是一种状态的持续。幸福不是给别人看的，重要的是自己心中充满快乐的阳光。试问：你幸福吗？你渴望幸福吗？要知道幸福掌握在自己手中，而不是在别人的眼中，幸福是一种自我感觉。颖华同志感觉"安居乐业"、"满怀激情"、"勤于笔耕"，就是最幸福了！

原来感恩也很简单，只要真心付出就行。感恩是人生的处世哲学，也是生活中的大智。一个有智慧的人，不应为自己没有得到的而斤斤计较，更不会一味索取而使自己私欲膨胀。学会感恩，为自己已有的而感恩。感谢父母养育之恩，感谢帮助过你的人，感谢生活给你的赐予。只有这样，你才会有积极的人生观，有平和健康的心态。真心对待周边的人，每天以一颗感动的心去感受生活中的一切，那一定是快乐的！

原来做个道德高尚的人同样很简单，学会"善待"自己就可以。要做个道德高尚的人，要学会善待自己，特别是党员干部，要"常修为政之德，常思贪欲之害，常怀律己之心"，时刻牢记党纪国法，筑牢思想道德防线，做到无私、为民、务实、廉政。颖华同志时刻勉励自己：善待生活，善待自己，善待他人。要"低调做人，踏实做事，养生先养德"。有了良好的品德，做人才有理想，生活才有质量，生命才有意义。他说："一个人的生命长度是无法把握的。但每个人的生命宽度自己可以把握的。追求生命的宽度，让生命过得更有意义，真正达到养生与养德有机统一。"善待自己，做个道德高尚、健康长寿的人！

朋友们，在工作和生活中，我们追求塑造自我，完善自我，不是一蹴而就，而是个循序渐进的过程。凡事是一件一件地做起来，一点一滴地积累起来，将使你每一天有滋有味。

学会珍惜生活，学会知足，学会感恩，并通过不懈的努力，去创造无限的生命价值，使生命穿越时空，成为永恒。珍惜生命，让生命焕发出无限的光彩吧！

是为序。

提高地方立法质量的有益探索*
——从《福建省文物保护管理条例》的修订说起

如何通过有效的途径和方法，不断提高地方立法质量，是地方立法工作者的使命和追求。笔者以《福建省文物保护管理条例（修订）》为例，谈几点体会和思考。

在不与上位法相抵触的框架内，进一步补充、延伸、细化。不与宪法、法律、行政法规相抵触是地方立法必须遵循的一条重要原则，是所制定的地方性法规合法、有效的基本前提。由于各地实际情况千差万别，形势的发展变化也很快，因此，在不与上位法相抵触的前提下，地方立法需要对上位法进行必要的补充、延伸、细化。主要包括：对上位法没有规定的，但地方实际确实需要的，可以根据上位法精神进行补充；对上位法已有规定，但比较笼统或原则的，可以根据地方现实情况进一步延伸，使之具体、明确，贴近地方实际；对上位法已有相对明确规定，但对地方来说不够全面或操作性不够强的，可以进一步充实、细化、具体化。

比如，根据文物保护法的一些规定和精神，在条例"不可移动文物"一章中，增加有关"在拆迁和工程建设过程中发现文物或者文物遗址"保护的内容，以及对不可移动文物迁移异地保护，应当"做好测绘、文字记录、登记、照相和摄像等工作"的内容，这些都是对文物保护法的有益补充和细化；在文物保护法"馆藏文物"一章规定的基础上，条例将其延伸为"博物馆与馆藏文物"，专设一章对设立体现区域、行业特点的专题博物馆，鼓励投资设立博物馆，博物馆的免费开放等进行了规定。

在紧密联系实际的基础上，注意体现区域、历史、人文特色。地方特色是地方立法的灵魂。体现特色首先要了解特色。地方立法要深入调查研究，掌握本地实际情况，分析特点优势，提炼出具有地方特色的东西，使地方立法体现出鲜明的地方特色，更贴近实际，具有更强的针对性。

---

* 原载《人民论坛》2010年第12期。

在条例的修订过程中,教科文卫工委积极介入、广泛开展各种调研,在此基础上分析提炼出我省文物的三个特点:一是水下文物丰富。我省是海上丝绸之路的起点和重要通道,沿海海域还有许多不同时期的各种沉船以及水下文化遗迹。在巨大经济利益驱动下,不法分子非法打捞、哄抢水下文物等违法行为日益猖獗。此外,工程建设及爆破、钻探、挖掘、潜水等危及水下文物安全的事件也时有发生,需要对水下文物进行专门保护。二是涉台文物所占比例大。福建与台湾隔海相望,共同的历史渊源在海峡两岸以实物遗存形式保存着丰富的涉台文物。据国家统计,目前全国涉台文物总数为1354处,我省有1076处,占80%左右。这些文物成为两岸之间渊源深厚久远的历史见证。三是中央苏区革命文物众多。我省是一个具有光荣革命历史和优良革命传统的省份,境内遗存数量众多的各个历史时期的革命遗址、革命纪念建筑和可移动的革命文物。特别是在第二次国内革命战争时期,老一辈无产阶级革命家的活动遗留下了大量的旧址、纪念性建筑等各类文物,急待维修和保护,有些散落在民间的珍贵文物更是急需进行抢救性征集和修复。根据以上情况,条例在修订时建议专设三章对上述三类不同特色的文物加以保护,这些建议最后被常委会会议审议时采纳,使该条例体现出鲜明的地方特色。

在实现可操作的目标要求下,努力做到条文内容具体、可行、管用。可操作是地方立法的关键,是地方性法规不成为"摆设条款"的决定因素。增强法规的可操作性就是要使其中操作性较强的条文尽可能地多,操作性较弱或无操作性的条文尽量地少,也就是说"干货"要多一些。可操作性强的条文应该具有具体、可行、管用的特点。

"具体"就是条文指向明确,针对性强。比如条例中有关经费投入方面,规定了文物保护经费"列入本级财政预算"、"随着财政收入增长而增加"、"根据实际需要设立专项经费"等,都是很有实质的内容。"可行"就是条文内容符合现实,能够得到普遍执行、遵守和落实,不作过于理想化的超前立法和超出现实承受能力的规定。比如,条例中最初有一章叫"革命文物",审议中有人提出这一概念涉及范围太大,针对性、适用性不强,认真研究后修改为"中央苏区革命文物",不仅缩小了范围,而且将主体和对象凸现了出来,即对我省范围内的20个中央苏区县的革命文物的保护,主体和对象具体、明确,执行和落实起来才有保障。"管用"就是条文内容有明确的主体、事项和要求,能产生直接规范作用,并且有相应的法律责任规定,有强有力的制约、制裁措施,是硬法,而不是软法。比如,条例的法律责任部分,4处规定了最高罚款额为五十万元,以及对责任人员"依法给予处分"、"吊销资质证书"、"依法追究刑事责任"等规定,这些都具有较大的威慑力和约束作用。

在立法程序的推进过程中，学会抓根本、抓重点、抓细节。立法的过程实际是各种关系协调、平衡的过程，也是各种观点争论和趋向一致的过程。因此，为确保立法环节的顺利推进，立法过程中要学会抓根本、抓重点、抓细节。

抓根本，就是要抓住对立法产生决定性或重大影响的核心的、关键的因素和主要内容。比如，在前期介入和形成条例初审报告时，教科文卫工委把重点放在了抓条例的框架和关键条款的修改上。关于设立文物管理委员会及其办事机构的规定，在政府提交的草案中已经被删除的情况下，我们认为从历史和现实情况看有必要保留，就主动做了一些工作，包括上门走访省编办取得理解和支持，因此初审后这一规定得到了恢复。实践证明，这一条规定对条例的实施产生了重大影响。

抓重点，就是根据立法不同阶段的情况变化，有选择、有侧重地提出不同建议，有一些建议要等到共识逐渐形成之后再提出比较有利。在条例二审阶段，笔者作为省人大常委会委员，建议机构设置继续保留、经费纳入财政预算，后来这两个建议都被采纳了。而对于革命文物的保护、文物市场的监管、破坏水下文物的罚款最高额度（五十万元）等规定，由于开始时分歧较大，笔者并没有一味地坚持，而是暂时放弃，经过二、三审后，常委会组成人员基本形成了共识，笔者再提出了这方面的建议，终于被常委会采纳。

抓细节，就是从前期调研开始，到起草草案稿，到座谈论证，到审议讨论等立法的全过程，每一个环节、每一个字词句都要认真揣摩、反复推敲。比如，条例初审时有几章的章名为"水下文物"、"革命文物"、"涉台文物"，审议时常委会组成人员认为可能产生文物分类上的争议，于是对这几章的章名后面分别加了"的保护"三个字，变成"水下文物的保护"、"革命文物的保护"、"涉台文物的保护"，这样就避开了文物分类学的难题，变成专项保护，获得广泛支持。又如，有关水下文物保护涉及海域界限问题，由于海上权属于国家专属权，地方立法不宜涉及，后来借鉴了"毗邻"的概念，规定了"本省行政区域、毗邻海域内水下文物……"，使得这一难题迎刃而解。

实践永无止境，提高立法质量的过程没有终点，但我们在实际工作中不断去思索、去探究，是可以有所收获的。

全面提升学校管理质量的若干举措[*]

近年来,福建省教育界深入学习贯彻国家和福建省中长期教育规划纲要,按照"围绕中心,服务基层,研究问题,促进发展"的方针,紧紧围绕教育改革与发展的工作思路,开拓创新、认真履行职能,为福建省推进教育改革、促进教育发展、维护教育稳定做出积极贡献。福建省的基础教育有着厚重的历史积淀,至今基础教育的大多发展指标在全国仍处于前列。但是,我们必须清醒地看到,福建省在全国有影响的名师、名校长为数不多,更谈不上有影响力的教育家。基础教育发展到今天,我们一直思考的一个问题是必须把"科学的教育"转化为"教育的科学",不能只着眼于教学任务、高考目标的达成,更要着眼于学校的内涵发展。这就要求我们不仅要"埋头走路",站好三尺讲台,还要懂得"抬头看路",总结教育经验,创新教育管理,形成教育理论。由此,应充分发挥教育科研在日常教育教学领域的独特价值,全面提升学校的管理水平和教育质量。

一、以实践为根基,转变价值取向

教育研究脱离实践的问题久未得到解决,不仅教育行政部门及学校、教师对此颇有微词,甚至连教育科研工作者自己也无不感到危机。众所周知,教育科学是门实践性很强的科学,教育研究既要植根于教育实践,又要指导教育实践的发展,并且在教育实践中受到检验。因此,当人民群众对教育提出更高要求的时候,用于指导实践的教育理论脱离实际的情况是不应该长期存在下去的。目前,在学校教育科研中出现了虚假研究和重结果轻过程的倾向,这值得教育

---

[*] 原载《海峡教育研究》2012年第1期。

工作者关注。所谓虚假研究，主要指在一些学校开展教育科学研究时，忽略了课题实施的规范性，忽略了开展理论学习和实践性研究活动，一些研究者甚至利用现代信息手段进行所谓信息加工，以及收集与积累虚假的实证资料，这必然导致教育科研与教育实践之间存在严重的脱节现象，也使得教育科研成了教师的负担和累赘。所谓重结果轻过程，指在一些学校的教育研究过程中，忽略研究过程对改善学校的教育教学实践有现实意义，必然导致教育科研的功能未能得到充分发挥。

众所周知，教育科研的基础是教育实践，生动的教育实践是教育科研的出发点和归宿，广大的一线教师是教育科研的主力。在学校倡导开展教育科研活动，目的在于探讨教育实践中出现的新问题，总结广大教师的教育实践经验，与专业教育研究者一道进行教育理论的升华，从而以新的教育理论来解决教育实践问题。这就要求在学校教育实践中，应当树立"问题即课题，教学即研究，成果即成长"的理念，切实转变中小学教师的教育科研的观念。解决教育教学中的实际问题，提高教育教学质量与效益，实现学校内涵式发展，只有通过教师全员参与教育科研活动，提高全体教师素质，推广教育科研成果才能够实现。具体而言，校长应该在学校教育科研中负起主要责任，也就是人们通常所说的扮演好首席研究员的角色。要明确教师不但是学校教书育人的主体，更是教育科研的主体力量，学校的教育科研只有与教学及管理结合起来才有生命力。学校以教书育人为中心，学校科研也要以教学与管理为中心，真正实现教学、科研、管理的和谐统一。开展教育科研的目的要归结到提高教育成绩，应当在考虑学校发展的原动力和生长点时将教育科研作为重要的因素，通过教育科研最终实现学校的发展，以及每个师生的健康发展。由此，通过开展教育科研，形成教师反思文化，促进教师专业成长。通过开展教育科研，改变师生的生活方式，使之进一步回归生活世界，提高教师的幸福感。通过开展教育科研，在发展学生的同时也在一定程度上成就教师的理想，这有助于促进学校的改革和进步。

二、以行动为指向，转变管理机制

要让教育科研成为广大教师的一种生活方式、一种自觉行为，还必须建立更加规范、扎实、有效的行动机制。应当引导教师以科研为导向，以教学为中心，融科研于教学之中，使完成教学任务的过程成为实施研究、产生策略、解决问题的过程，真正做到"教学即研究"、"研究融于教学"，推动学校成为学习型、研究型、创新型的组织。这就要求通过一系列的制度改革，使学校科研工作逐步向科学化、规范化、序列化发展。一方面，要建立教育科研的引领机制。教师是学校发展的主体，教育科研是教师专业成长的重要基础。为了形成一支高水平的师资队伍，学校必须建立教师专业发展的推动机制，这就要求学校要有专业的负责机构。目前，大多数中小学校都成立了教科室、教研室、师资发展处等，名目各异、职责不同，有必要进一步完善、规范职责功能，整合学校教育科研、教学研究、师资发展等工作，积极争取相关院校、教育主管部门的支持，从而形成一个由专家引领本校教师专业发展的格局，为学校教师专业发展提供组织和机制保障。另一方面，要建立教学、研究、培训有机结合的工作机制。学校要对教师队伍的专业成长有长远的规划，整个学校教师队伍的专业结构、年龄结构、学缘结构要有规划，每个学科教师层次结构要有规划，每个教师的学识结构、能力结构也要有发展规划。应倡导"工作学习化，学习工作化"，建立校本培训、校本研究、校本课程开发有机结合的专业发展机制，整合教研活动、科研活动、教学实践、教师培训的各种有效形式，通过内塑外引、上扶下推，及专家引领、伙伴合作、个人实践、教学反思等专业发展模式，促进教师教学行为和学生学习行为向科学化方向发展，提升学校教育教学层次，推进学校教育教学管理和教学研究的全面发展。

三、以教师为主体，转变研究方式

学校开展教育科研应与科研院所的研究有所区别，应侧重于对学校教育、教学和管理中存在的问题进行研究。因此，要倡导以校为本的行动研究、实验研究，将教育科研落实到学校教育教学的各个实践领域。一方面，应要求学校的教育科研活动有广阔的、多维的视野，也就是要突破"就教学而研究教育"的局限性，突破就教学而研究教育的单一视角和方法。要增强学校教育研究的科学性，就要从多学科的角度，如从现代教学论、建构主义、社会学、文化学、教育生态学等视角适当进行定量研究。同时，不可忽略定性研究，特别要花力气，通过采取观察法、调查法、实验研究法、案例研究法等方法，多维度、多层面地观察与分析学校的教育教学现象，增强学校教育科研的适用性与可信度。各种类型的活动探讨和大量数据资料的统计，进一步关注师生的教与学及其生活状态，激发师生的生命活力，提高师生的生命质量，并为此提供合理的解释与分析。同时，这种科研会为学校教育教学改革与创新提供合理的依据，为构建具有生命活力的教育生活提供鲜活的实践性知识。另一方面，要突破"就教研活动开展教育科研"的单一模式。学校的教育科研工作往往借助于常规的教研活动来开展，常常局限于备课、磨课的传统模式。当前，要推进"教学问题课题化"的研究模式，坚持从问题入手、从细微处入手的原则，引导教师把在教学过程中遇到的影响教育教学质量、阻碍教师前进与发展的问题作为研究课题，充分运用科研的力量来解决这些教学实践中遇到的问题，并最终放到实践中进行检验，从而达到促进教师个性专业成长的目的。要推行"课题研究群体化"的研究模式，高等教育有跨学科建设之说，中小学也可以尝试跨学科联合研究。应引导不同学科、不同学段的教师，围绕一个共同关注的核心问题，建立研究共同体，从不同学科角度，不同的研究侧面，开展合作研究，集中力量解决学校普遍存在和共同关注的共性问题，提升区域内所有学校的教育教学质量。

四、不断提升教育交流与合作的层次

为实现福建发展新跨越，省委、省政府提出"努力建设对外开放、协调发展、全面繁荣的海峡西岸经济区"的发展目标，进一步凸显了福建的区位特点。海峡西岸经济区北承长三角"，南接"珠三角"，东与台湾隔海相望，毗邻港澳，具有连接的区位优势。近年来，闽台港澳之间各层次、各领域的交流合作空间广大、十分活跃，促进了理念上的沟通和合作模式的多样化。

福建省教育学会第七届理事会成立两年来，在加强教育的省域交流合作的同时，积极拓展与台湾教育界的交流合作。2011年5月到7月之间，我会与台湾中华中等职业教育学会、民生文教基金会签订了合作意向和合作协议。2012年8月，我会成功申请创刊《海峡教育研究》杂志（CNQ），以省教育厅为主管单位、台湾中华中等教育学会等为协办单位，搭建了两岸教育交流合作的学术平台。在多次接待台湾教育界人士来访的同时，还将组织福建省中小学教师赴台考察访问，进行学科、课程、教学等方面的交流。

在今后的工作中，我会将进一步加强与港澳台教育界的交流合作，围绕大局、突出学术，积极开展丰富多彩的教育文化学术交流协作活动，促进学会工作的横向交流。一是积极开展互访活动，更多地了解港澳台教育以及国际基础教育信息，学习最前沿的教育理念、教育思想和先进经验。二是积极争取在闽举办影响大、水平高的涉及海内外学科学术会议，利用各方拥有的优势基础教育资源，促进创新发展。三是选择最适于和最迫切需要区域支撑的领域，采取适宜的方式，积极参与海内外教育行动计划和研究项目，提升服务区域基础教育发展的水平。

总之，当前应当紧紧依靠全省广大教师，解放思想，锐意进取，真抓实干，进一步创新教育工作，为推动福建省基础教育科学的发展做出新贡献！

福建中小学教师评价的
发展变化、存在问题及改革构想*

教育评价是对教育相关事物的价值与效用的判断与评析。教师评价是教育评价中一个重要的组成部分。它是根据学校的教育目的以及社会对教师在诸多方面的一系列要求，运用有关的评价理论和方法手段，对教师个体的发展要素、教育教学的过程与实际成效进行价值判断的活动。教师评价的种类和形式是多种多样的，既有综合性的评价，也有单项或专项的评价；既有面向教师教育教学成果或针对教师教学行为的评价，也有判断教师水平和素质的评价。

与全国的学校管理一样，从大的方面讲，福建省的教师评价有学校组织的一年一度对教师进行的年度考核，人事和职称部门组织的教师资格考试，教师的职称评审，各级教育主管部门组织的先进教师、骨干教师、教坛新秀、学校的学术带头人、先进班主任和"名师评选"，以及省政府组织的"特级教师"评选等；从小的方面讲，还有各级教育业务部门、学术团体或学校组织开展的教育教学技能评比和奖项，如课件奖、说课奖、论文奖、科研成果奖等，当然，当前还有随着绩效工资的推行而产生的教师的绩效评价。本文探讨的主要是综合性的、一般意义上的教师评价。

一、福建省中小学教师评价的历史回顾

在国外，19世纪初始有人着手设计有关教师能力的测量表，而中国历史上第一部教育学专著《学记》就着重阐述了有关教师资格、教师素养方面的观点。当然，在相当长的时间里，没有专门针对评价的理论概括、指标体系和科学的方法论，更没有正式的教师评价制度。究其原因固然很多，但有三点可能是

---

* 选自《基础教育教师绩效评价研究》，上海人民出版社2013年出版。

主要的：一是教师是一个复杂的个体，他有着自己的个性和风格，什么样的教育教学行为是最好的，能最有效地作用于学生的学习，没有一个绝对的标准；二是作为学生，无论从个体上讲还是从群体上讲，也是非常复杂的。面对智力高低，兴趣大小，努力强弱且个性迥异的不同学生，让他们通过教育教学都能得到发展，教师难以有一定之规；三是教育教学本身过于复杂。它的过程和成效不仅取决于教师和学生，还在相当程度上取决于环境、课程教材等等外部因素。即使这样，为了提高教师的工作成效，1861年，英国的纽卡瑟尔（Newcastle）委员会在一个报告中建议在基础教育阶段实施一个将绩效与薪金挂钩的教师评价体系 Performance Related Pay，简称PRP，并尝试在学校中应用，但由于各种原因难以广泛实施，终于在19世纪90年代被取消。此后，较正式的教师评价制度，直到20世纪50年代才开始产生。如日本在1958年开始推行较为全面的教师评价制度。

在我国，无论是中华人民共和国建国以前的学校的教师招聘、任用，还是在1949年后的教师年度考核和先进人物评选中都有过教师评价的实践，但一直缺乏系统的研究，教师评价无论是在制度还是在机制上的建设都非常不足。1984年5月，我国加入了国际教育成就评价协会组织（IEA），西方的教育评价理论和方法开始介绍到国内。作为教育评价一个重要组成部分的教师评价，其理论研究和实践探索也逐步开展起来。

1985年，《中共中央关于教育体制改革的决定》发布，从此我国的教师评价有了较快的发展。1991年5月，全国第一次教育督导工作会议的文件中，提出了要"加强对中小学校校长与教师队伍建设工作的督导评估，促进中小学校长、教师队伍政治素质与业务水平的提高"，这吹响了我国教师评估工作全面启动的号角。2001年我国新一轮的基础教育课程改革开始实施，而在这次的课程改革中，教师评价是教育评价改革体系的一个重要组成部分。改革的纲领性文件中明确指出，"建立促进教师不断提高的评价体系，强调教师对自己教学行为的分析与反思，建立以教师自评为主，校长、教师、学生、家长共同参与的评价制度，使教师从多种渠道获得信息，不断提高教学水平"。教育部还专门成立了关于"促进教师发展与学生成长的评价研究"国家基础教育课程改革项目组，完成了一系列相关的理论研究和国际比较研究。在此期间，国内出版了众多有关教师评价的专著和论文。在20世纪80年代末和90年代初，福建省内也有一些专家学者开始在这个领域发表了专著和有影响的论文。

学校中的教师评价实践，如果从评优评先开始，应该算是很早就有了。但回顾福建省和我国的教师评价实践，在相当长的时间里，教师评价突出的就是鉴定选拔功能，教师评价是一种奖惩性评价。到了20世纪末，这种功能发挥到了极致。在应试教育的背景下,以奖惩为形式,以管理为目的的教师评价走向极端,其依据主要是分数和中高考的升学率。中小学教师担负着中考和高考两大考试任务,中考重心已下移到小学,高考的重心下移到初中,这样两座大山压在中小学校,使得中小学教师评价以学生的考试评价为主。福建省也是如此。以考试为中心的评价影响了教师的工作热情和专业发展。

《义务教育法》《教育法》《教师法》等一系列制度法规颁布后,我国的教师评价工作有了一定的法律依据和原则性的标准。为规范教师评价,福建省曾在20世纪80年代颁发过主要针对年终考核的、具有一定综合性的教师评价文件,文件中提出一些具体的要求和标准。自2001年以来,福建省各市区县陆续进入基础教育新课改。2002年教育部对教师评价又提出了进一步的具体要求,强调"中小学教师的评价制度改革要有利于加强教师职业道德建设,促进教师业务水平的提高,建立有利于实施素质教育,发挥教师创造性的、多元的、新型的中小学评价体系"。新课改中提出的对学生开展发展性评价的理念,也扩展到对教师的评价。针对传统的奖惩评价的弊端,发展性教师评价走进人们视野。根据形势的变化与发展,福建省教育行政部门对沿用20多年的教师年终考核标准进行一些修改后,开始放手让各地的学校探索年度教师评价的理想方式。

随着新课改的深入发展,在人本主义教育思想的影响下,为促进教师的专业发展,各校纷纷构建了许多发展性教师评价制度。目前,福建省的大多数中小学都依据自己的情况和管理的需要,制定了教师发展性评价制度,有很多学校已将这些制度印刷成册,作为学校的管理成果。在构建新的教师评价制度中,发展性评价日益取代奖惩性评价,成为教师评价的主流。但各校制定的教师评价制度是否合理,仍有待商榷。通过调查了解,发现教师评价仍是教师非常关心、同时又是意见最大的问题。

(一)传统奖惩性教师评价阶段

20世纪80年代以来,教育评价研究发展迅速,基本建立了教师评价的理论体系。21世纪初,福建省根据有利于发挥教师主动性和创造性,促进教师职业道德和专业水平提高的原则,开展了多种形式的教师评价实践,并逐步形成了各种各样的评价制度。

1. 历史背景

福建省对广大中小学教师实施考核的制度建设始于1983年。根据1983年8月教育部《关于中、小学教师队伍调整整顿和加强管理的意见》精神,福建省要求从政治思想表现和工作态度、教学业务能力和教学效果、文化程度三个方面，由县级教育行政部门对每个教师进行一次考核，作为培训提高和调整安排教师工作的依据。对教师的政治思想和工作态度，应重视现实表现。对教师教学业务能力和专业知识的考核，应以实际教学业务能力和教学效果为主，并根据所教学科的内容和范围拟定合理的办法。对教师文化程度的评定，要根据其应具备的学历确定考试内容和范围，并要拟定科学的评定标准。在这次全面考核中应建立起经常的考核制度，成绩记入档案，并作为评定职称、晋升工资的重要依据。

此后，各级教育行政部门开始了中小学教师考核的工作。在1986—1987年期间，从"考勤、考量、考质"三方面来综合考核教师。与此同时，为了改变"干多干少、干好干坏一个样"的"大锅饭"局面，一些地方的中小学校对教师实行奖惩，以学生的学习结果来评价教师。文献资料表明，有的学校按班级期末考试分数排队作为教师奖惩的依据，有的按学生学业合格率计算名次来奖惩教师，有的以毕业班各科考试总平均成绩为奖惩标准。总之，以学生考试成绩为依据，来对教师进行奖惩的现象十分普遍。

2. 阶段特点

这个阶段的教师评价主要关注学生学习结果，它要求教师对学生的学习结果负责，强调通过学生的学习结果来评价教师的效能。其目的在于通过评价实现对教师的有效管理。在评价的内容上，主要关注教学过程的每一环节，是一种总结性评价。

这一时期的教师评价是关注学生学习结果的评价，也称为奖惩性教师评价或总结性教师评价，它以奖励和惩处为主要手段，以社会认可的一定评价标准对教师的工作表现分类划等，进而做出相应的晋级、加薪、降级或解聘等决定。

这种教师评价的主要功能是检查和鉴定教师是否履行了应尽的工作职责，对他们的工作表现和工作绩效做出奖励和惩罚的判断。它往往用静止的、固定的眼光看待教师，只对教师过去的工作表现、已具备的素质条件以及已有的工作绩效进行判断。奖惩性教师评价是我国在"精英"教育制度下的产物。合理的奖惩性教师评价有助于调动教师工作的积极性，在一定程度上对学校管理和教师专业发展起到了积极的促进作用。

在评价模式方面，这一阶段的教师评价主要是采用了泰勒的"目标行为模式"，采取自上而下的评价方式，是用一元化的标准评价多样性的教师，重视的是横向比较、分等和鉴定，它对教师整体素质提高的作用是有限的，在某些时候还可能是消极的。

奖惩性教师评价通过衡量结果、评判等第、明确职责、奖优罚劣或解聘不称职教师来保证教学质量的提高，它通常与教师人事制度有着紧密的联系，与教师奖惩充分挂钩，是教师聘任、提升、加薪、评优等的重要依据。研究表明，奖惩性教师评价建立的理论假设基础是，"学校教育的质量主要靠摒弃不称职的教师来得到保证。在可预见的时间内，这些不称职的教师很难把自己提高到预期的水平。教师主要是由外部压力而得到激励的，教学效能核定可以用作主要的措施以刺激教师改进他们的教学、科研活动"。奖惩性教师评价也被称为面向过去的教师评价，即它注重教师过去的工作表现，关心教师评价的最终结果。

在实践中，这种教师评价方式的推行并不顺利，因为，人们对教师责任制疑问重重，如教师应对谁负责？为什么、用什么方式和在什么条件下对其负责？教师是对工作描述中的工作职责负责，还是要达到特定的绩效标准，或是使学生达到规定的成就水平？教师责任制应针对单个教师还是某一学校的一群教师？就这种评价的效果来说，由于责任制与教师的自主性从根本上来说是相互矛盾的，在实施评价的过程中，它排斥了教师的参与，难以调动教师的主动性和创造性，因而效果并不理想。

（二）发展性教师评价阶段

1. 历史背景

新一轮基础教育课程改革的指导性文件《基础教育课程改革纲要（试行）》提出："建立促进教师不断提高的评价体系。强调教师对自己教学行为的分析与反思，建立以教师自评为主，校长、教师、学生、家长共同参与的评价制度，使教师从多种渠道获得信息，不断提高教学水平。"不久，教育部于2002年12月30日印发了《关于积极推进中小学评价与考试制度改革的通知》，《通知》明确提出中小学教师评价制度的改革要有利于加强教师职业道德建设，促进教师业务水平的提高，建立有利于实施素质教育、发挥教师创造性的多元的、新型的中小学教师评价体系。正是在这样的大背景下，发展性教师评价的理念应运而生。

从此，福建省逐步改革传统的奖惩性教师评价制度，转向依据一定的发展目标和发展价值观，运用发展性评价的技术与方法，对教师的素质发展、工作职责和工作绩效进行价值判断，使教师在发展性教育评价活动中，不断认识自我、发展自我、完善自我，不断实现发展目标。

2. 阶段特点

发展性教师评价是为促进教师的专业发展而进行的一种评价方式。它以促进教师专业发展为目标，它不仅注重教师目前的工作表现，而且更加注重教师的未来发展。发展性教师评价具有以下几方面特点：

（1）评价目的的发展性

发展性教师评价既关注教师当前的工作表现，更注重教师的专业发展；通过实施教师评价，了解教师现有的工作状态与工作表现，根据其现有基础和教师个人发展目标，对教师进行指导或提供进修的条件，从而提高教师履行工作职责的能力，完善教师的专业发展，以促进学校的未来发展，实现教师的专业发展与学校发展的融合。因而，发展性教师评价制度特别强调评价的形成性功能的发挥，通过以提高质量为目的的、覆盖教师教育教学全过程的评价，促进教师的专业发展。

（2）评价组织的主体性

发展性教师评价注重发挥评价对象——教师的作用，通过教师的积极参与，共同确定评价的内容要求，由评价双方共同承担实现评价目标的职责。这是管理民主化在教师评价中的体现，也是现代管理中"以人为本"思想的具体体现。评价中非常重视教师主人翁精神的发挥，强调教师自我评价的作用，强调评价中各种信息的交流与反馈，非常注重领导与教师、教师与教师、教师与学生、校内与校外之间的沟通，鼓励全体师生员工、学生家长及校外有关人员积极参与教师评价工作。

（3）评价内容的全面性

发展性教师评价强调内容的全面性，通过多种方法的运用，收集来自各方面的信息，在对教师工作的各个方面进行深入调查了解的基础上，做出整体的、客观的判断。评价不仅仅是对教师整体素质或工作的某一侧面进行的单项评价，也包括对教师整体素质与表现所进行的综合评价；评价不仅涉及教师教学任务的完成和教师职责的履行情况，也涉及教师的进步状况和未来规划，不仅注重教师个人过去的工作表现，更注重教师的未来发展以及学校的未来发展。

（4）评价方法的多样性

发展性教师评价强调通过评价客观、准确地反映教师真实的一面，因而更注重分析性方法的运用，强调通过面谈、课堂观察、非正式交流等形式发现教师工作中存在的问题与不足，并有针对性地提出改进的意见与建议。在具体运用时，强调包括自我评价、教师之间的同行评价及领导评价等多种方法的综合运用，通过多种方法的运用，以达到促进教师发展的目的。

（5）评价效果的内部导向性

发展性教师评价主要是内部导向的，其得出的评价结论主要是为教师的未来发展服务，对教师的奖惩不作为教师评价的主要目标。甚至有专家警告：推广发展性教师评价制度必须将评价结果与奖惩制度严格分隔开来，否则无法获得预期的评价效果。正因为发展性教师评价不与对教师的奖惩直接挂钩，不再仅仅着眼于改善少数教师的工作表现，也不需要将教师的工作表现分成等级，进行攀比，而是着眼于提高全体教师的参与意识，改善全体教师的工作表现，因而能调动全体教师的积极性。

发展性教师评价的功能主要表现在：一是通过教师评价，让教师充分了解学校对他们的期望，培养他们的主体意识；二是根据教师的工作表现和工作绩效，确定教师个人进一步的发展需求，制定教师的个人发展目标，向教师提供日后培训或自我发展的机会，提高教师履行工作职责的能力。

然而，在实际操作中，由于现有的教师评价理论对教师评价实践的指导性不强，从而造成各地区和学校在落实各种教师评价制度过程中产生了许多问题。这种要求与各种奖惩措施脱钩的"发展性教师评价"与我国现行的《教育法》《教师法》以及教师奖励制度有相矛盾的地方，让实际评价实践工作者难以适从。目前绝大多数学校将教师评价作为一种手段，定期对教师实施某种评价，并常将结果作为对教师实施某种奖惩的依据，这一明显有悖于发展性教师评价理论的做法有其法律制度上的依据。

从教师奖励制度的发展可以看出，对优秀教师和特级教师的奖励是加强了而不是削弱了。《教师法》第二十四条规定："教师考核结果是受聘任教、晋升工资、实施奖惩的依据。"显然，试图将评价结果与各种奖惩措施脱钩的"发展性教师评价"与我国现行的教师评价制度是难以相容的。其次，如果评价结果不作为各种奖惩的依据，就会失去促使广大教师提高自己专业水平的激励机制，教师专业发展只能凭借教师的自觉性来完成，这样的教师评价机制在实现教师专业发展中所起的作用也会大打折扣。再次，如果实施发展性教师评价就意味着各种奖惩措施与评价结果脱钩，那么，现在一些以"发展性教师评价"为名的教师评价中仍然存在较严重的奖惩现象，这种有其名而无其实的现象说明"发展性教师评价"理论没有解决教师评价中存在的实际问题。

任何事物的存在都是对其过去历史的继承和发展，绝不可能和过去截断，凭空而来。而历史不仅意味着时间意义上的过去，而且意味着过去、现在和未来的关联与超越，意味着把过去、现在和未来贯通，从三者的相互作用及其意义考察事物产生和发展的规律。同样，发展性教师评价在这一点上也不例外，只有通过对其过去的考察，才能揭示出它当下状态的缺陷，并找到当下状态的根源，从而使我们获得对它的历史性、现实性、具体性的批判，在肯定与否定的理解中，对其进行改造和更新。

诚然，"发展性教师评价"理论看到了教师评价中的一些弊端，看到了奖惩产生的消极作用，极力主张教师评价要实现教师专业发展的目的，这无疑为研究现行教师评价问题提供了一种新的视角和思路。但是，它将"奖惩"和"发展"对立起来的观点是不正确的。没有奖惩的条件来实现教师的专业发展是不现实的，如果将评价结果与各种奖惩脱钩，不但无助于现存问题的解决，反而会滋生出更多的问题。鉴于此，必须对教师评价中存在的问题进行调查和再思考。

二、当前加强教师评价工作的现实意义和价值

随着 20 世纪中叶《中共中央关于教育体制改革的决定》颁布开始，我国各级各类教育尤其是中小学校掀起了教育改革的浪潮。特别是进入 21 世纪，新一轮基础教育的课程改革，使我国教育改革和发展进入新的历史时期。学校教育以课程与教学问题为核心，综合实践活动、校本课程、教师专业化发展、教育均衡化、信息技术与学科教学整合等等诸方面的改革实践可谓如火如荼。所有的改革，所有先进的理念，最终都要经由教师的教学行为去实现。教师是教育与教学活动的直接执行者，他们对学生的学习与各方面的发展具有主导性的影响。因此，教师在整个学校教育中占有相当重要的地位和作用，要提高教育教学的质量，就必须重视对教师的评价工作。开展教师评价，不仅对于学校教育的改革和发展有重要作用，对于教师个体的发展也具有重要的价值。

（一）对新时期教师的发展起导向作用

在我国新一轮基础教育改革浪潮中，人们越来越认识到，教师的素质是教育改革的成败的关键因素之一，只有教师专业水平的不断提高才能打造高质量的教育。师资水平的提高不能完全依赖于师范学校的培养，在教师的教育教学实践中，通过评价来引导教师专业发展的方向是非常重要的。教师评价总是依据一定的时期人们对此的认识和相应的评价标准来进行的，教师评价的标准实质上是社会和学校对理想的或称职的教师的期望与要求的具体化。在评价教师时，符合标准要求的教师行为会得到肯定，而不符合标准要求的教师行为会得到质疑和否定。这就使教师在专业成长中自觉地用评价标准来衡量自己、要求自己。因此，教师评价客观上能为教师的专长成长和发展指明正确的方向，引导教师以现代教育理念开展教学实践，不断地发现自己存在的问题和不足，及时改进自己的教育工作，在发展学生的同时发展自我、完善自我。

（二）激励和督促教师不断进取，实现人生价值

当前，在教师队伍中，存在着多年养成的传统教育教学方式、程式化的思维习惯，面对日新月异的改革形成的困惑与压力，长年累月辛苦劳累和机械重复的劳动，使教师缺乏成就感而身心疲惫。因此，亟须通过评价来激发教师的精神动力和内在潜能。每个人都有受到尊重的心理需求，都需要激励，教师也同样如此。评价激发被评者的成就动机，它既可以让教师看到自己的成长和进步，树立起自信心，更努力地去进取；也可以使教师看到自己的不足和缺点，督促自己去改进和提高，从而激励教师不断发展。因此，无论是从正向还是从负向，教师评价都会在客观上对教师起着激发其工作的主动性与热情的作用。

（三）诊断教师的教育教学以反馈调节、提高教育质量

福建省及至我国的教师队伍中，不合格教师仍占有一定的比重，如何提高这些教师的素质和水平是目前实施新课程中亟待解决的问题。他们中间的许多人对自己的薄弱环节，对自己与合格教师的差距往往还没有足够的认识。科学的教师评价能够像医生诊断一样，帮助教师发现其业务素质和业务水平上的不足和薄弱之处，包括一些教师自己不易发现的问题，并在分析、交流的基础上，找出原因所在，制定出相应的对策，通过对自己教学行为不断和持续进行的反馈调节，促进自身的业务水平和专业素质逐步提高。

（四）为实施公平公正的教师考核和管理提供科学的依据

作为专业人员，教师的素质和能力结构必须符合一定的标准。借助教师评价，我们可以衡量教师个体的素质是否符合作为一个称职或合格教师的标准，评判教师在工作过程中是否尽职地履行了他所应尽的职责，是否完成了所规定的教育工作任务，是否达到了应达到的教育教学要求。评价可以区分每个教师的工作质量，从而为确定每个人的劳动价值打下基础。同时，评价给所有人提供了公平、客观、科学的竞争环境，大大有利于充分调动学校领导和教师积极性，为实施科学和人文化的教师管理服务，为改进学校工作、构建和谐校园服务。

三、传统的教师评价存在的主要问题及其反思

传统教师评价是一种较为典型的终结性评价，其主导思想是力图通过对教师劳动的产品——学生质量的衡量来判断教师的优劣与否。但由于应试教育思想的影响，学生的质量往往被归结为分数。而分数作为一种硬指标，自然比较容易获得和判定，因此，这种评价相对比较高效且又易于操作。同时，由于其

主要是以奖勤罚懒形式来刺激教师，因此，它也具有较为刚性和强制性的管理功能。不可否认，传统的教师评价曾在一定的历史时期起到积极的作用，但它也存在着诸多弊端。

（一）重学生成绩，轻教师德能

传统的教师评价往往缺乏一个较为清晰可见的指标体系，虽然有"德、能、勤、绩"方面的要求，但这些内容往往只是一种概念性的描述，在实际评价工作中，并不好操作。比如师德，大多是仅仅把"体罚或变相体罚学生"作为唯一的"高压"政策线，并没有从真正意义上对教师所应具有的师德修养进行考核与评价。加上应试教育的思想影响，学校往往将教师的评价看成是对其教学业绩的评价。而教师的教学业绩基本上等同于其所教学生的学业成就，而在实践中"学生的学业成就"又等同于"学生的考试成绩"。因此，学生的考试成绩就成了教师评价的唯一标准，而忽略了对教师品德、能力与努力等其他指标的考核，如：要求教师要培养具有创新精神和实践能力的学生，但很少关注教师教学中的创新意识，更没有这方面的评价指标和方法。由于过分重视考试成绩，教师只好将压力转嫁给学生，不惜牺牲学生的品德和身心健康的和谐发展。

（二）重同事评议，轻教师自评

传统的教师评价一般采用两种模式：一种是自上而下的评价模式，由校领导自己或组织部分干部评议广大教师；另一种是由同事进行口头评议或票决评议。前者往往使教师产生被控制感，评价者成了绝对权威，居高临下以挑剔的眼光对待被评者，由少数人说了算，评价过程不民主且也多不公开；后者则往往变成评群众关系，四处讨好、八面玲珑者往往得到好处。两种方面都使评价缺乏可信度和有效性，而且，教师在教师评价中处于消极的被评价地位，很少有机会真正参与到关系到自身的评价过程中去。处于一线的教师没有话语权，总是被动地接受。有些教师就算参与评价了，也往往只是形式上走过场。评价成为冷漠而令人恐惧或讨厌的事情，往往造成人际关系紧张。

（三）重考核结果，轻反馈环节

由于传统教师评价制度结构不合理以及对教师评价的目的认识不清，教师评价制度的整体功能未能充分发挥，只是部分地发挥了评价的鉴定、选拔功能，而学校教师评价制度的主导功能即导向、激励、诊断等功能没有、也不可能得到充分的发挥。其具体表现为评价反馈意见笼统，教师对评价的结果不知道，或者只知道最后的成绩而不清楚这种成绩的真实意义，也不清楚自己的优势和不足，不能根据问题分析原因、研究对策以利改进。评价结果只是放进档案作为管理人员奖惩的依据，或用来评判等次、奖优罚劣，作为教师聘任、提升、加薪、评优等的依据。未能起到让被考核者在今后的工作中扬长避短，更好地促进教育教学的目的。

（四）重奖优惩劣，轻人文关怀

传统评价往往是将评价结果直接用于学校的人事决策、教师的职称评聘和奖金发放等直接关乎教师切身利益的方面，借精神或物质等外部刺激来促进教师改进和提高教育教学质量。然而，这种评价机制对那些能力强，教学经验丰富的教师有利，对能力弱，经验少的教师不利。而且，侧重于横向比较，忽略教师个体发展的纵向比较；侧重于结果，忽略过程的评价，忽视了教师的工作起点、良好愿望和努力程度，使那些在短期内效果不明显的教育工作无人肯干。这种将考核与利益挂钩的评价制度由于缺乏人文关怀，常常会挫伤相当一部分教师的自信心和自尊心，使教师的职业倦怠感上升，失去了进取心和工作的动力。因此，传统评价在某种程度上又是一种不公正、不公平的评价，势必会对很多教师的教育教学工作带来一定的负面影响。

（五）重量化，轻素质

评价者的目的是通过一定的标准将教师分成若干个等级。标准的量化，虽然操作容易、直观简便，但这样做势必造成对教师的评判缺乏全面性和准确性。传统评价结果表述简略，以档次化为主，要么过于强化心理压力和不良竞争，要么和稀泥，没有区分度。教师的综合素质能力往往就是在这种被量化了的考核评价中被轻视甚至忽略了。

四、当前教师评价改革中出现的问题的分析

新课程改革，是一场教育理念、教学方法的大变革，对教师评价来说，也是一场变革。各教育主管部门、各校都试图改革原有的教师评价中的不合理部分，促进教师的师德提升和专业发展。发展性教师评价正是在这种背景下在福建省乃至我国受到普遍欢迎的。发展性的教师评价是一种以教师为主体，立足于教师的未来发展，以促进教师自主发展为指向的教育评价。它具有以下特性：一是发展性。即以促进教师的全面发展为根本目的，为教师确立下一步专业发展目标指明方向并提供依据；二是认可差异性。即着眼于对教师的个体，承认教师之间的差异，结合每个教师实际，根据个人的原有基础，注重个体自我

提高、自我发展评价。三是非奖惩性。评价结果不直接与教师的奖励和惩罚挂钩，评价结果不是为了解聘、降级、晋级、加薪或者增加奖金，而是作为提高教师专业素质的直接反馈手段，是把学校对教师的发展需求和教师个体的发展有机地结合起来。这种评价模式克服了传统的奖惩性、业绩性教师评价模式评价内容狭窄、评价标准和方法机械以及忽视教师的自我评价等诸多弊端，对促进教师的专业成长发挥了积极的作用。福建省众多学校和全国一样，都制定了"发展性教师评价制度"，在教育理论期刊、网络上对此的讨论比比皆是。虽然发展性教师评价很受教师们的欢迎，但在具体实践中却举步艰难，客观地来看，发展性教师评价也存在一些不可忽视的问题。

（一）区分度缺失，难以服务于教师管理和学校人事决策

发展性教师评价强调自主发展，是非强迫性的，其评价结果一般不与奖惩挂钩，不会涉及教师的利益，这样很容易导致发展性教师评价流于形式。因此，发展性评价对教师的制约管理功效低下。但事实上，教育行政部门的教师管理和学校教育的人事决策，比如教师聘任、晋级、奖惩等问题确实需要一套具有管理功能的评价制度。而特别是当福建省对教师实施绩效工资改革后，这个矛盾就更加突出了。因为实行绩效工作，就需要在教师中按规定评出一定百分比的"优秀""合格"和"不合格"，对每人都要提取效益工资的一部分按评价考核的好坏进行差别化的发放。而发展性评价由于没有区分度，就难以在绩效工作制度中发挥作用。

对于教育行政部门和学校领导来说，如果将发展性教师评价强行应用于对学校的教师管理，还需要大量的人力、物力。另外，当前社会对个人的评价还主要是针对结果的，对过程的评价还不太重视。对教师的发展性评价与社会上主流的终结性评价如何协调也是一个现实问题。如果教师的成就和发展得不到一致的认可，那发展性评价的效用将大打折扣。因此，许多地方的教育主管部门和学校领导出于诸多条件制约和各种考虑未能全面实施发展性教师评价。

（二）内容繁多，加重学校和教师的工作负担

发展性评价是一种形成性评价，在实施过程中，需要从多角度、多侧面来详细记录教师的努力、发展和进步，但这些形成性资料如何记载和保存，在技术层面上也存在不少问题。如有的学校采取"教师成长记录袋"的方式。记录袋中包括了教师在一个学期或一学年中自己所做的工作，特别是所取得的成果或成就，其中有：工作计划、优秀教案、优秀的学生作业、读书笔记和教学反思、校本课程开发的设想、公开课课堂实录及说课材料、最有创意的教学策略介绍、

教学工作总结、参加各种培训的情况记录，以及其他能展示自己专业发展的相关材料。除了实物形式的评价外，也还要有大量的翔实的教师发展的质性评价的文字描述或量化指标记录。由于要描绘出教师的发展过程，因此就需要教师专门抽出大量的时间和精力来参与评价，教师在繁忙的教学之余准备如此多的材料，本来就是一种负担。而对于教师评价的组织人员来说，对如此"规模"的材料进行消化理解，已经是一个相当沉重的任务；如果还要收集教师在教学和素质发展不足方面的有关资料，帮助教师确定发展基线，进而考查教师在下一段努力后是否取得进展，那工作量更是让人不堪重负。

（三）方式多样，但规范性、科学性不够

发展性评价要展现教师的发展过程，要让教师看到自己的各方面的进步和发展，因此，其评价指标体系必然是涵盖教师发展的方方面面，相当详尽而庞大。发展性教师评价体系作为一种新事物，本身也并不成熟，各校在制定评价指标时往往缺乏指导，拟定指标体系和评价制度时各行其是。福建省很多中小学，各校的发展性评价的方案和指标体系都不一样，有的是薄薄的一本，有的却是厚厚的一册。这些方案都是由本校的领导或教师参考各种文献、理论整理而成的，总体上讲，大多数方案和指标体系并不规范和严谨，带有一定的随意性和模糊性，可操作性低。其结果往往是使这些方案和指标体系仅仅是停留在纸面上，只是在领导来参观或进行学校评估时供人观看之作，并没有真正付诸实施。

除了上述针对发展性评价而言所存在问题外，学校教师还面临一个评价多样化带来的问题。现在学校教师要面临的评价太多，有年度考核，有职称评价，又有各种评优评先。而这些评价大多集中在工作量较大的学期末。每一种评价，都要根据各自不同的评价规则，准备大量的评价资料，类似的表格，教师需要反复填写，这常常让教师本人和学校管理者疲于奔命。

（四）主体多元，但难以真正实现其效用

发展性评价重视评价主体的多元性。即评价者不仅仅只有学校领导和同事，还包括教师本人、学生及学生家长等。评价主体的多元化使对教师的评价有了更多的角度，内容更丰富当然也更科学。在具体实施中，一般由教师依照评价的指标体系以描述的形式对自己的成就、不足和进一步的努力方向和目标进行全面的自我评价，并了解学生对自己的看法，虚心听取领导和同事的建议以及家长的反映意见。然而在实践中，多元化评价也暴露出以下难点：首先，多元评价的具体组织方式存在困难，由于比较耗费时间和精力，常常是浮于表面、流于形式。其次，多元意见的汇总比较困难，经常是领导意见占主导地位而

忽视其他意见。再次，自评中一部分人会夸大自己的收获，报喜不报忧；而另一部分人则不知道如何表现自己的变化。最后，他人评价的不尽准确。如教师同事之间的评价往往存在要么敷衍了事、走过场；要么主观臆断、凭个人印象行事、不能一视同仁的现象。如果引导不够，学生及其家长对教师的评价对教育教学的目标、过程和方法等方面认识不足或与教师有不同的理解，其结论就可能带有较大的主观性和局限性。这些都可能因缺乏客观公正而造成新的矛盾，带来消极的影响。

五、福建教师绩效评价整合与改革构想

从国外的教师评价制度变化来看，在经历了奖惩性评价和发展性评价的反复后，近十年来，各国都已经开始探索融合两种评价的过程，力求在奖惩性评价和发展性评价上寻找平衡点，达到既能奖励优秀教师也能促进教师专业发展的目的。实践证明，有效的教师绩效评价必须协调好评价的这两种功能，二者并非是势不两立的水火之势，在一定条件下二者可以相辅相成协同发挥效用。我国的教师绩效评价相对于西方国家起步较晚，过去主要是传统的管理性、奖惩性评价占主要地位，为矫枉过正，需要积极地引进发展性评价的思想和理论，以促进学校领导和教师转变管理理念和教育观念，更好地促进教育的专业成长。但随着形势的发展和评价改革中暴露出来的新问题，我们需要在对前一段改革的总结和反思的基础上，借鉴国外的经验和教训，推行更切合教育和学校实际，具有中国特色的教师绩效评价制度。特别是福建省和全国各地根据2009年12月国务院《关于义务教育学校实施绩效工资的指导意见》的精神，在全国义务教育学校实施绩效工资后，实行新教师绩效评价更增加其迫切性和必要性。在此背景下，为适应实施素质教育，推进基础教育课程改革和加强中小学教师队伍建设的需要，在充分借鉴省外和国外绩效管理评价的基础上，在新的教师绩效评价制度改革中，应力求体现以下的原则和方向。

（一）管理性评价与发展性评价的结合

教师的个人发展与学校的发展是一致的，而教师的评价也与教师管理高度相关。如果说学校教育教学目标的实现要依靠教师素质的提高，教师的自身发展就是值得追求的。人性化的学校教师管理应该要能够有效地解决教师个体发展和学校管理目标之间可能存在着的矛盾和冲突，通过绩效评价的方式实现教师个体发展与学校发展目标的统一，使教师在完成学校发展目标过程的同时成为实现个体发展的过程。所以，一个好的教师评价不仅要有利于学校对教育的

管理，也应该向教师提出职业和个人发展的建议，帮助教师将个体发展和管理目标协调起来，激发教师的潜能，使他们在自尊和自信中提高专业素质。

管理性评价与发展性评价的整合，体现在通过评价要提供这样的信息：一个是侧重发展性部分的评价，即要向教师提供必要的、有关他们自身发展程度的信息，他们是否正在接近合格教师的目标以及是否完成了社会与学校要求的业绩；他们怎样缩短已有业绩与理想目标之间的差距等等。当评价显示教师没有达到所要求的绩效目标或要求时，不应该仅仅只考虑教师有什么问题，或是否达标，因为评价的目的不是将这些现象找出来后对教师加以指责，而是要通过评价揭示教师为何会存在不足，给教师提供反省自己，改进工作的方向和思路，所设立的绩效目标是否恰当以及怎样通过培训和改变环境促进教师发展。这部分的内容以评语的形式出现，可面向全体教师公开，以促进相互学习和帮助。另一个是侧重管理性的绩效判断，其形式可采取总分或等级。总分是根据科学和全面的指标体系，将通过各种评价方式和手段获得的教师的评价数据按权重比例统计后形成累积而成；然后再将累计总分折算为优秀、合格、基本合格、不合格四个等级。其实，第一部分的评语，实际上就是按指标体系中的具体项目的评价结果，再加以分析和智能化处理分别对每位教师写出的。这部分的内容可向教师个人出示，必要时也可集体公布，总分则一般不予公布，留等以后需要更严密的区分，如评选特级教师时使用。这种评价也很必要，它有助于帮助教师认清自己在群体中所处的相对位置，使教师明白自己在群体或团队中的实际水平。当然，在评价中要认真分析和避免各种偏差，评价后要与评价对象沟通和对话，增加对评价对象的人文关怀。

新的科学和全面的评价可以整合多种功能和作用，由于在它的指标体系中涵盖了教师发展和人事决策方面所需要的内容，因此，在结果应用时，可以灵活机动地根据需要抽取不同的项目形成模块，并由专项模块的评价数据输出结果。所以，它既可以发挥发展性评价的作用，又具有对教师制约管理功效，能够运用于教育行政部门的教师管理和学校教育的教师聘任、晋级、奖惩等人事决策，以及教师绩效工资差别化的发放。

（二）人本性和民主性兼备

所谓人本性，是指在评价过程中尊重教师的人格、自尊，承认教师具有积极向上的潜能。所谓的民主性实际上就是在制定评价制度、实施评价过程中，充分体现民主化精神，克服强制的行政指令，体现对教师的人文关怀。

首先，评价内容和指标体系应充分体现教师的集体意志。要在评价专家、教育行政部门、学校领导和广大中小学教师共同研讨的基础上，形成一个初步的评价指标体系。再不断征求学校教师意见，如此反复，使评价内容和体系能为大多数教师所认可和接受。在评价指标的讨论和协商过程中，一方面通过增强学校领导与教师之间，教师群体之间的意见交流，从而实现评价过程中信息的双向或多向的互动交流，促进教师发展和学校管理之间的融合。另一方面，广大教师也能通过讨论与协商明确评价指标体系确定的依据和理由，从而加深他们对评价指标体系的理解，明确教学中的努力方向。此外，评价指标体系的讨论和协商也是教师之间学习交流的机会，不同的教育理念和教育质量观会在此发生碰撞，从而促进教师各种教学观念的转化。当然，在此过程中，教师们也会对评价体系、评价制度中的不足提出改进意见和建议，使之日臻完善。

其次，在评价过程中，评价考核人员应有相当比例由民主推选教师代表参加。允许教师参加对自己的评定并呈现能证明自己水平和工作计划的材料。尊重教师的自评意见，在评价中着力强化教师参与评价的主体意识，做到人人都是评价者，人人都是被评价者，使评价的全过程充分体现民主性。必要时，还可采取类似听证会的形式来让教师对评价方法的科学性、过程的公正性和客观性进行评价。听取广大被评价者对本次评价的意见，能有效地体现评价的民主性，保证评价结果的真实性，提高教师对评价结果的认可度。

第三，向教师反馈评价结果时，对教师的知情权和隐私权要有一定的考虑，尽量淡化对评价的抵触和反感情绪。不公布评价结果的档次和分值，但要以质性描述的形式提出评语，指出缺点和不足。对不认可自己被评价结果的教师，应允许其申诉，提出理由和事实依据，如若属实，应立即改正，以体现评价的人文关怀。

（三）统一性与层次性并立

教师评价，应该有统一的指标体系和标准，但这种评价只能是相对的。目前，对于所有教师，都是采用同一表格，统一标准，这是不科学的。因为，不同专业发展阶段的教师，面对的发展要求并不一样，考评指标应有所区别。因此，对不同发展阶段的教师，应根据其发展要求、岗位职责的不同而有所侧重，甚至采用不同的表格进行考评，或者对不同发展阶段的教师，在评价项目、评价指标权重等方面有所侧重、有所区别。可根据年龄和工作经验，把教师划分为"见习期教师"、"适应期教师"、"发展期教师"、"骨干期教师"、"收获期教师"五种类型，不同阶段的教师评价侧重点不同，从教师的年龄差异、基础差异入手，本着为学校、为教师发展服务的指导思想制订具体的评估指标。

（四）引导性与监督性共立

众所周知，评价具有很强的导向作用。教师评价能否发挥其积极的导向功能是提高教师评价质量的关键。但遗憾的是，在实际工作中，教师评价并没有真正发挥这种作用。国外近年对教师评价进行的仔细研究，也得出这样的结论。它反映了目前国内外的教师评价中确实存在不少问题。要解决这个问题，一是要有科学、严谨和具有可操作性的教师评价的指标体系。评价标准是评价工作的核心，它反映了人们的价值判断和认识，表明人们重视什么、忽视什么，应该向哪些方面努力。二是指标体系和评价标准还要有现实的效用性，根据学校的发展具备一定的弹性和灵活性，而不仅仅是理想状态的反映。如，为了配合学校的当前的核心工作，或针对教师发展中具有倾向性的薄弱问题，通过调整教师评价内容或指标的权重，对教师的努力方向进行引导和调节。三是评价要强调程序公正，即不仅评价结论应该正确、公平，符合教师个体的实际，而且还应当确保过程的公平性和合理性。不重视评价工作程序，实际操作马虎粗糙，使评价走过场或流于形式，就难以对教师起到应有的引导、督促作用。因此，除了前面提到的对教师评价过程举行听证会外，教育主管部门还应聘请专家，组织专门的监导小组，以抽样或随机的形式，在学校开展教师评价期间对考评过程进行指导和监督。

（五）他评与自评整合

教师评价中可以有很多实施评价的主体，如学校领导、相关的专家学者、教师本人、同事或同行、社会有关方面代表、学生及其家长等。不同的施评主体有可能限于自己的立场、学识、观点和看问题的角度，在实施评价时对教师的要求与期待不同，因而在评价时就会有不同的价值取向、不同的评价思维和不同的评价结论。因此，要在评价中充分发挥不同评价主体的作用，就要利用他们各自在认识、了解教师中的优势，忽略他们可能的评价盲点和误区。

教师的自评，主要指向有三：一是通过这种形式来提高自主意识、反思能力和自觉自动地调控教学行为的能力；二是让他们将自己的现在与过去做比较，以清晰地看到自己的进步，体验到自我价值正在逐步实现的效果；三是对自身在群体中的定位和自己的发展方向有较为充分的认识，明确自己的不足有哪些，应该怎样去进行自我改进，如何寻求帮助以实现自我提高。

教师之间的互评，要注意三个问题：一是以促进互相了解、互相学习，增强团队意识为主要目的。引导教师学会尊重别人，用发展的眼光看待每位教师的工作；二是要以诊断和帮助为主。俗话说：旁观者清，指出同事在教育教学中问题的同时，还应要求他们提供可能的帮助，要当教练员而不仅仅是当裁判员。帮助教师分析他们在教育教学中存在的问题及其原因，并对从根源上解决问题的方法、措施和途径提出具有可行性和建设性的意见；三是对事不对人，互评不能直接要求对同事分等级做鉴定，而只能针对具体的工作事项进行诊断和分析。同事之间，对互评强调评价的相互性，更强调相互评价中双方地位的平等，而教师间的平等必须以相互尊重信任为基础。教师在进行教学互评时应当相互信任，以双方的共同利益为出发点，而不应只从个人利益出发、从个人本位出发来对待评价，同时，被评者也应以开放的心态对待别人的意见。

学生和家长的评价应注意的问题：一是以访谈和问卷为主。学生及其家长是教育教学工作的服务对象。教师的工作绩效，最终落实在学生的发展上，体现在学生和家长的感受和体验中。但学生和家长的时间有限，所以应以调查问卷、座谈会，甚至短信等形式获取信息。二是访谈或问卷设计的问题要科学和适当。毕竟学生和家长不是教育工作者，他们对教育教学理论和实践并不了解，所以设计问题要指向教学行为适宜度和学生自身的变化而不应直接对教师进行个人判断，同时，还应使用一些技术手段对获得的不准确信息进行过滤，以避免人际关系对评价结论产生影响。三是评价之前还要对学生和家长进行适当的指导，使其明确评价的意义和方法，以保证评价的客观性和真实性。否则，这种评价可能误入歧途，挫伤教师的积极性。

不同价值主体的诉求必然存在不同的取向，学校领导主要看教师的工作表现和教学质量是否符合本校的要求，家长主要看教师的教学效果是否满足自己对孩子发展的要求。即使是教师同事或同行之间，也会因教育理念、教育方式和教学方法上存在一定的个性化倾向，其价值判断标准也会存在一定的差异。因此，评价结果在用于终结性评价时应根据各方面的评价的重要程度和可靠程度采取不同的权重系数。

教师评价无论是在国内还是在国际上，都是一个老大难问题，因此，在改革中，我们不能仅仅是摸着石头过河，还要高度重视"元评价"的作用。所谓"元评价"，简言之，就是对评价活动自身的评价。具体讲，"元评价"是指按照一定的理论和价值标准，采用一定的方法和手段，对教育评价方案、教育评价组织实施过程和教育评价结果等进行分析，从而对教育评价本身做出价值判断，也就是对教育评价的科学性、有效性和现实性等进行评价。国内外对"元评价"主要有两种看法：一是将"元评价"看作是一种经验总结性质的工作，即在评价结束后，对此次评价方案设计、技术方法、实施程序、结论质量及其产生的作用和影响做出全面的分析、评价，判断本次评价是否具备科学性、真实性和有效性，也为改进评价活动提出意见和建议。另一种看法则认为，"元评价"

本身应成为评价的内容和重要环节,纳入形成性评价的模式或过程中。他们认为,在评价的不同阶段,尤其是各个阶段的过渡环节,应进行"元评价",以便对评价方案、技术或操作中出现的问题及时予以修正。

遗憾的是,无论是在全国,还是在福建省中小学教师评价的研究与实践中,都没有对教师评价的"元评价",即没有对教师评价指标体系、评价过程、评价方法和评价结果进行再评价。很多地方的学校,虽然有较健全的教师评价制度,开展了各种形式的教师评价实践,但是并不了解他们对教师评价的结果在多大程度上得到被评价教师的认同,整个评价过程在多大程度上得到被评价教师的支持。也就是说,人们花了九牛二虎之力进行了教师评价,但最终还不清楚所实施的教师评价的科学性和实际效用。为不断改善教师评价体制,应有意识地建立元评价机制,对评估主体是否得当,评估过程是否科学、合理,对评估指标的信度、效度进行检验;对指标的权重系数、指标完备性、独立性、代表性、可操作性进行分析;对评估结论的可信度进行评估。只有这样,福建省及至全国的教师评价制度改革才能做到体系更加严密,机制更加完善,功能更加丰富,才能更好地为加强中小学师资队伍的建设,充分调动广大教师的主动性、积极性和创造性,更大范围地提升教师的专业素质做出贡献。

福建中小学教师评价及基础教育
教师绩效测评体系研究*

教育评价是一种伴随着教育的产生而发生的一种社会活动。教师评价是教育评价中的一个重要的组成部分。它是根据学校的教育目的，以及社会对教师在诸多方面的一系列要求，运用有关的评价理论和方法手段，对教师个体的发展要素、教育教学的过程与实际成效进行价值判断的活动。教师评价的种类和形式是多种多样的，既有综合性的评价，也有单项或专项的评价；既有面向教师教育教学成果或针对教师教学行为的评价，也有判断教师水平和素质的评价。

一、福建中小学教师评价中的问题、变化及改革的构想

与全国的学校教育一样，从大的方面讲，福建省的教师评价有学校组织的一年一度对教师进行的年度考核，人事和职称部门组织的教师资格考试，教师的职称评审，各级教育主管部门组织的先进教师、骨干教师、教坛新秀、学校的学术带头人、先进班主任和"名师评选"，以及省政府组织的"特级教师"评选等；从小的方面讲，还有各级教育业务部门、学术团体组织或学校组织开展的教育教学技能评比和奖项，如课件奖、说课奖、论文奖、科研成果奖。当然，当前还有随着绩效工资的推行而产生的教师的绩效评价等等。本文探讨的主要是综合性的、一般意义上的教师评价。

（一）福建及我国中小学教师评价的历史回顾

应该说，自教师诞生的那一天起，教师就一直接受学生、家长及社会的评价。中国历史上第一部教育学专著《学记》就着重阐述了有关教师资格、教师素养

---

* 选自《中小学教师队伍建设研究》，上海人民出版社 2012 年出版。

等方面的观点。当然,在相当长的时间里,中国并没有专门针对评价的理论概括、指标体系和科学的方法论,更没有正式的教师评价制度。究其原因固然很多,但有三点是主要的:一是教师是一个复杂的个体,他有着自己的个性和风格,什么样的教育教学行为是最好的,能最有效地作用于学生的学习,没有一个绝对的标准;二是作为学生,无论从个体上讲还是从群体上讲,也是非常复杂的。面对智力高低、兴趣大小、努力强弱且个性迥异的不同学生,让他们通过教育教学都能得到发展,教师难有一定之规;三是教育教学本身过于复杂。它的过程和成效不仅取决于教师和学生,还在相当程序上取决于环境、课程教材等等外部因素。这在国外也是如此。如为了提高教师的工作成效,1861年,英国的纽卡瑟尔(Newcastle)委员会在一个报告中建议在基础教育阶段实施一个将绩效与薪金挂钩的教师评价体系 Performance Related Pay,简称 PRP,并尝试在学校中应用,但由于各种原因难以广泛实施,终于在19世纪90年代被取消。此后,较正式的教师评价制度,直到20世纪50年代才开始产生。如日本在1958年开始推行较为全面的教师评价制度。

在我国,无论是中华人民共和国成立以前的学校的教师招聘、任用,还是在新中国成立后的教师年度考核和先进人物评选中都有过教师评价的实践,但一直缺乏系统的研究,教师评价无论是在制度还是在机制上的建设都非常不足。1984年5月,我国加入了国际教育成就评价协会组织(IEA),西方的教育评价理论和方法开始介绍到国内,作为教育评价一个重要组成部分的教师评价,其理论研究和实践探索也逐步开展起来。

1985年,《中共中央关于教育体制改革的决定》发布,从此我国的教师评价有了较快的发展。1991年5月,全国第一次教育督导工作会议的文件中,提出了要"加强对中小学校校长与教师队伍建设工作的督导评估,促进中小学校长、教师队伍政治素质与业务水平的提高",这吹响了我国教师评估工作全面启动的号角。2001年我国新一轮的基础教育课程改革开始实施,而在这次的课程改革中,教师评价是教育评价改革体系的一个重要组成部分。改革的纲领性文件中明确指出"建立促进教师不断提高的评价体系,强调教师对自己教学行为的分析与反思,建立以教师自评为主,校长、教师、学生、家长共同参与的评价制度,使教师从多种渠道获得信息,不断提高教学水平"。教育部还专门成立了关于"促进教师发展与学生成长的评价研究"国家基础教育课程改革项目组,完成了一系列相关的理论研究和国际比较研究。在此期间,国内出版了众多有关教师评价的专著和论文。在20世纪80年代末和90年代初,福建省内也有一些专家学者开始在这个领域发表了专著和有影响的论文。

学校中的教师评价实践,如果从评优评先开始,应该算是很早就有了。

但回顾福建和我国的教师评价实践，在相当长的时间里，教师评价突出的就是鉴定选拔功能，教师评价是一种奖惩性评价。到了20世纪末，这种功能发挥到了极致。在应试教育的背景下，以奖惩为形式，以管理为目的的教师评价走向极端，其依据主要是分数和中高考的升学率。中小学教师担负着中考和高考两大考试任务，中考重心已下移到小学，高考的重心下移到初中，这样两座大山压在中小学校身上，使得中小学教师评价以学生的考试评价为主。福建省也是如此。以考试为中心的评价影响了教师的工作热情和专业发展。

《义务教育法》《教育法》《教师法》等一系列制度法规颁布后，我国的教师评价工作有了一定的法律依据和原则性的标准。为规范教师的评价，福建省曾在20世纪80年代颁发过主要针对年终考核的、具有一定综合性的教师评价文件，文件中提出了一些具体的要求和标准。自2001年以来，福建省各市区县陆续进入基础教育新课改。2002年教育部对教师评价又提出了进一步的具体要求，强调"中小学教师的评价制度改革要有利于加强教师职业道德建设，促进教师业务水平的提高，建立有利于实施素质教育，发挥教师创造性的、多元的、新型的中小学评价体系"。新课改中提出的对学生开展发展性评价的理念，也扩展到对教师的评价，针对传统的奖惩评价的弊端，发展性教师评价走进人们视野。根据形势的变化与发展，福建省教育行政部门对沿用20多年的教师年终考核标准进行一些修改后，开始放手让各地的学校探索年度教师评价的理想方式。

随着新课改的深入发展，在人本主义教育思想的影响下，为促进教师的专业发展，各校纷纷构建了许多发展性教师评价制度。目前，福建省的大多数中小学都依据自己的情况和管理的需要，制定了教师发展性评价制度，有很多学校已将这些制度印刷成册，作为学校的管理成果。在构建新的教师评价制度中，发展性评价日益取代奖惩性评价，成为教师评价的主流。但各校制定的教师评价制度是否合理，仍有待商榷。通过笔者的调查了解，发现教师评价仍是教师非常关心、同时意见最大的教师队伍建设问题。

（二）当前加强教师评价工作的现实意义和价值

随着20世纪中叶《中共中央关于教育体制改革的决定》颁布开始，我国各级各类教育尤其是中小学校掀起了教育改革的浪潮。特别是进入21世纪，新一轮基础教育的课程改革，使我国教育改革和发展进入新的历史时期。学校教育以课程与教学问题为核心，综合实践活动、校本课程、教师专业化发展、教育均衡化、信息技术与学科教学整合等等诸方面的改革实践可谓如火如荼。所有的改革，所有先进的理念，最终都要经由教师的教学行为去实现。教师是教育与教学活动的直接执行者，他们对学生的学习与各方面的发展具有主导性的影响。因此，教师在整个学校教育中占有相当重要的地位和作用，要提高教育教学的质量，就必须重视对教师的评价工作。开展教师评价，不仅对学校教育的改革和发展有重要作用，对教师个体的发展也具有重要的价值。

1. 对新时期教师的发展起导向作用

在我国新一轮基础教育改革浪潮中，人们越来越认识到，教师的素质是教育改革的成败的关键因素之一，只有教师专业水平的不断提高，才能打造高质量的教育。师资水平的提高不能完全依赖于师范学校的培养，在教师的教育教学实践中，通过评价来引导教师专业发展的方向是非常重要的。教师评价总是依据一定的时期人们对此的认识和相应的评价标准来进行的，教师评价的标准实质上是社会和学校对理想的或称职的教师的期望与要求的具体化。在评价教师时，符合标准要求的教师行为会得到肯定，而不符合标准要求的教师行为会得到质疑和否定。这就使教师在专业成长中自觉地用评价标准来衡量自己、要求自己。因此，教师评价客观上能为教师的专长成长和发展指明正确的方向，引导教师以现代教育理念开展教学实践，不断地发现自己存在的问题和不足，及时改进自己的教育工作，在发展学生的同时发展自我、完善自我。

2. 激励和督促教师不断进取，实现人生价值

当前，在教师队伍中，存在着多年养成的传统教育教学方式、程式化的思维习惯，面对日新月异的改革形成的困惑与压力，长年累月辛苦劳累和机械重复的劳动，使教师缺乏成就感而身心疲惫。因此，亟须通过评价来激发教师的精神动力和内在潜能。每个人都有受到尊重的心理需求，都需要激励，教师也同样如此。评价激发被评者的成就动机，它既可以让教师看到自己的成长和进步，树立起自信心，更努力地去进取；也可以使教师看到自己的不足和缺点，督促自己去改进和提高，从而激励教师不断发展。因此，无论是从正向还是从负向上，教师评价都会在客观上对教师起着激发其工作的主动性与热情和发挥内在潜能的作用。

3. 诊断教师的教育教学以反馈调节、提高教育质量

福建及至我国的教师队伍中，不合格教师仍占有一定的比重，如何提高这些教师的素质和水平是目前实施新课程中亟待解决的问题。他们中间的许多人对自己的薄弱环节，对自己与合格教师的差距往往还没有足够的认识。科学的教师评价能够像医生诊断一样，帮助教师发现其业务素质和业务水平上的不足和薄弱之处，包括一些教师自己不易发现的问题，并在分析、交流的基础上，找出原因所在，制定出相应的对策，通过对自己教学行为不断和持续进行的

反馈调节，促进自身的业务水平和专业素质逐步提高。

4. 为实施公平公正的教师考核和管理提供科学的依据

作为专业人员，教师的素质和能力结构必须符合一定的标准。借助教师评价，我们可以衡量教师个体的素质是否符合作为一个称职或合格教师的标准，评判教师在工作过程中是否尽职地履行了他所应尽的职责，是否完成了所规定的教育工作任务，是否达到了应达到的教育教学要求。评价可以区分每个教师员的工作质量，从而为确定每个人的劳动价值打下基础。同时，评价给所有人提供了公平、客观、科学的竞争环境，大大有利于充分调动学校领导和教师积极性，为实施科学和人文化的教师管理服务。为改进学校工作、构建和谐校园服务。

（三）传统的教师评价存在的主要问题及其反思

传统教师评价是一种较为典型的终结性评价，其主导思想是力图通过对教师劳动的产品——学生质量的衡量来判断教师的优劣与否。由于应试教育思想的影响，学生的质量往往被归结为分数。而分数作为一种硬指标，自然比较容易获得和判定，因此，这种评价相对比较高效且又易于操作。同时，由于其主要是以奖勤罚懒形式来刺激教师，因此，它也具有较为刚性和强制性的管理功能。不可否认，传统的教师评价也曾在一定的历史时期起到某些作用，但它也存在着诸多弊端。

1. 重学生成绩，轻教师德能

传统的教师评价往往缺乏一个较为清晰可见的指标体系，虽然有"德、能、勤、绩"方面的要求，但这些内容往往只是一种概念性的描述，在实际评价工作中，并不好操作。比如师德，大多是仅仅把"体罚或变相体罚学生"作为了唯一的"高压"政策线，而没有从真正意义上对教师所应具有的师德修养进行考核与评价。加上应试教育的思想影响，学校往往将对教师的评价看成是对其教学业绩的评价。而教师的教学业绩基本上等同于其所教学生的学业成就，而在实践中"学生的学业成就"又等同于"学生的考试成绩"。因此，学生的考试成绩就成了教师评价的唯一标准，而忽略了对教师的师德、能力与努力等其他指标的考核，如：要求教师要培养具有创新精神和实践能力的学生，但很少关注教师教学中的创新意识，更没有这方面的评价指标和方法。由于过分重视考试成绩，教师只好将压力转嫁给学生，不惜牺牲学生的品德和身心健康的和谐发展。

2. 重同事评议，轻教师自评

传统的教师评价一般采用两种模式：一种是自上而下的评价模式，由校领导自己或组织部分干部评议广大教师；另一种是由同事进行口头评议或票决评议。前者往往使教师产生被控制感，评价者成了绝对权威，居高临下以挑剔的眼光对待被评者，由少数人说了算，评价过程不民主且也多不公开；后者则往往变成评群众关系，四处讨好、八面玲珑者往往得到好处。两种方面都使评价缺乏可信度和有效性，而且，教师在教师评价中处于消极的被评价地位，很少有机会真正参与到关系自身的评价过程中去。处于一线的教师没有话语权，总是被动地接受。有些教师就算参与评价了，也往往只是走一个形式上的过场。评价成为冷漠而令人恐惧或讨厌的事情，往往造成人际关系紧张的后果。

3. 重考核结果，轻反馈环节

由于传统教师评价制度结构不合理以及对教师评价的目的认识不清，教师评价制度的整体功能未能充分发挥，只是部分地发挥了评价的鉴定、选拔功能，而学校教师评价制度的主导功能即导向、激励、诊断等功能没有、也不可能得到充分的发挥。具体表现在评价反馈意见笼统，教师对评价的结果不知道，或者只知道最后的成绩而不清楚这种成绩的真实意义，也不清楚自己的优势和不足，不能根据问题分析原因、研究对策、以利改进。评价结果只是放进档案作为管理人员奖惩的依据，或用来评判等次、奖优罚劣，作为教师聘任、提升、加薪、评优等的依据。未能起到让被考核者在今后的工作中扬长避短、更好地促进教育教学的目的。

4. 重奖优惩劣，轻人文关怀

由于传统评价往往是将评价结果直接用于学校的人事决策、教师的职称评聘和奖金发放等直接关乎教师切身利益的方面，借精神或物质等外部刺激来促进教师改进和提高教育教学质量。然而，这种评价机制对那些能力强、教学经验丰富的教师有利，对能力弱、经验少的教师不利。而且，侧重于横向比较，忽略教师个体发展的纵向比较；侧重于结果，忽略过程的评价，忽视了教师的工作起点、良好愿望和努力程度，使那些在短期内所具有的效应不是特别明显的教育工作没人去干。这种将考核与利益挂钩的评价制度由于缺乏人文关怀，常常会挫伤相当一部分教师的自信心和自尊心，使教师职业倦怠感大面积漫延，失去进取心和工作的动力。因此，传统评价在某种程度上又是一种不公正、不公平的评价，势必会对某些教师的教育教学工作带来一定的负面影响。

（四）当前教师评价改革中出现的问题的分析

新课程改革是一场教育理念、教学方法的大变革，对教师评价来说，也是一场变革。各教育主管部门、各校都试图改革原有的教师评价中的不合理部分，促进教师的师德提升和专业发展。发展性教师评价正是在这种背景下在福建乃至全国受到普遍的欢迎的。发展性的教师评价是一种以教师为主体，立足于教师的未来发展，以促进教师自主发展为指向的教育评价。它具有以下特性：一是发展性。即以促进教师的全面发展为根本目的，为教师确立下一步专业发展目标指明方向并提供依据；二是认可差异性。即着眼于教师的个体，承认教师之间的差异，结合每个教师实际，根据个人的原有基础，注重个体自我提高、自我发展评价。三是非奖惩性。评价结果不直接与教师的奖励和惩罚挂钩，评价结果不是为了解聘、降级、晋级、加薪或者增加奖金，而是作为提高教师专业素质的直接反馈手段，是把学校对教师的发展需求和教师个体的发展有机地结合起来。这种评价模式克服了传统的奖惩性、业绩性教师评价模式评价内容狭窄、评价标准和方法机械以及忽视教师的自我评价等诸多弊端，对促进教师的专业成长发挥了积极的作用。福建众多学校和全国一样，都制定了"发展性教师评价制度"，在教育理论期刊、网络上对此的讨论比比皆是。虽然发展性教师评价很受教师们的欢迎，但在具体实践中却举步维艰，客观地来看，发展性教师评价也存在一些不可忽视的问题。

1. 区分度缺失，难以服务于教师管理和学校人事决策

发展性教师评价强调自主发展，是非强迫性的，其评价结果一般不与奖惩挂钩，不会涉及教师的利益，这样很容易导致发展性教师评价流于形式。因此，发展性评价对教师的制约管理功效低下。但事实上，教育行政部门的教师管理和学校教育的人事决策，比如教师聘任、晋级、奖惩等问题确实需要一套具有管理功能的评价制度。而特别是当福建对教师实施绩效工资改革后，这个矛盾就更加突出了。因为实行绩效工作，就需要在教师中按规定评出一定百分比的"优秀"、"合格"和"不合格"，每人要提取效益工资的一部分按评价考核的好差进行差别化的发放。而发展性评价由于没有区分度，就难以在实行绩效工作制度中发挥作用。

2. 内容繁多，加重学校和教师的工作负担

发展性评价是一种形成性评价，在实施过程中，需要从多角度、多侧面来详细记录教师的努力、发展和进步，但这些形成性资料如何记载和保存，在技术层面上也存在不少问题。由于要描绘出教师的发展过程，因此，这就需要教师专门抽出大量的时间和精力来参与评价，教师在繁忙的教学之余准备如此多

的材料，本来就是一种负担。而对于教师评价的组织人员来说，对如此"规模"的材料进行消化理解，已经一个相当沉重的任务，如果还要收集教师在教学和素质发展不足方面的有关资料，帮助教师确定发展基线，进而考查教师在下一段努力后是否取得进展，那工作量更是让人不堪重负。

3.方式多样，但规范性、科学性不够

发展性评价要展现教师的发展过程，要让教师看到自己的各方面的进步和发展，因此，其评价指标体系必然是涵盖教师发展的方方面面，相当详尽而庞大。发展性教师评价体系作为一种新事物，本身也并不成熟，各校在制定评价指标时往往缺乏指导，拟定指标体系和评价制度时各行其是。福建很多中小学，各校的发展性评价的方案和指标体系都不一样，有的是薄薄的一本，有的却是厚厚的一册。这些方案是都是由本校的领导或教师参考各种文献、理论整理而成的，总体上讲，大多数方案和指标体系并不规范和严谨，带有一定的随意性和模糊性，可操作性低。其结果往往是这些方案和指标体系仅仅是停留在纸面上，只是在领导来参观或进行学校评估时供人观看，并没有真正付诸实施。

4.主体多元，但难以真正实现其效用

发展性评价重视评价主体的多元性。即评价者不仅仅只有学校领导和同事，还包括教师本人、学生及学生家长等等。评价主体的多元化使教师评价有了更多的角度，内容更丰富当然也更科学。在具体实施中，一般由教师依照评价的指标体系以描述的形式对自己的成就、不足、下一步的努力方向和目标进行全面的自我评价，并了解学生对自己的看法，虚心听取领导和同事的建议以及家长的反映意见。然而在实践中多元化评价也暴露出以下难点：首先，多元评价的具体组织方式存在困难，由于比较耗费时间和精力，常常是浮于表面、流于形式。其次，多元意见的汇总比较困难，经常是领导意见占主导地位而忽视其他意见。再次，自评中一部分人会夸大自己的收获，报喜不报忧；而另一部分人则不知道如何发现自己的变化。最后，他人评价不尽准确。如教师同事之间的评价往往存在要么敷衍了事、走过场，要么主观臆断、凭个人印象行事、不能一视同仁的现象。学生及其家长对教师的评价如果引导不够，他们对教育教学的目标、过程和方法等方面认识不足或与教师有不同的理解，其结论可能带有较大的主观性和局限性。这些都可能因缺乏客观公正性而造成新的矛盾，带来消极的影响。

（五）福建教师评价整合与改革构想

我国的教师绩效评价相对于西方国家起步较晚，过去主要是传统的管理性、奖惩性评价占主要地位，为矫枉过正，需要积极地引进发展性评价的思想和理论，以促进学校领导和教师转变管理理念和教育观念，更好地促进教育的专业成长。但随着形势的发展和评价改革中暴露出来的新问题，我们需要在对前一段改革的总结和反思的基础上，借鉴国外的经验和教训，进行更切合教育和学校实际、具有中国特色的教师绩效评价制度。特别是福建和全国各地根据2009年12月国务院《关于义务教育学校实施绩效工资的指导意见》的精神，在全国义务教育学校实施绩效工资后，实行新教师绩效评价更增加其迫切性和必要性。在此背景下，为适应实施素质教育，推进基础教育课程改革和加强中小学教师队伍建设的需要，在充分借鉴省外和国外绩效管理评价的基础上，在新的教师绩效评价制度改革中，应力求体现以下的原则和方向。

1. 管理性评价与发展性评价的结合

教师的个人发展与学校的发展是一致的，而教师的评价也与教师管理密切相关，如果说学校教育教学目标的实现要依靠教师素质的提高，那么教师自身发展就是值得追求的。人性化的学校教师管理应该能够有效地解决教师个体发展和学校管理目标之间可能存在的矛盾和冲突，通过绩效评价的方式实现教师个体发展与学校发展目标的统一，使教师在完成学校发展目标的过程的同时也实现了个体的发展。所以，一个好的教师评价不仅要有利于学校对教育的管理，也应该向教师提出职业和个人发展的建议，帮助教师将个体发展和管理目标协调起来，激发教师的潜能，使他们在自尊和自信中提高专业素质。

管理性评价与发展性目标的整合体现在通过评价要提供这样的信息：一个是侧重发展性部分的评价，即要向教师提供必要的、有关他们自身发展程度的信息，即他们是否正在接近合格教师的目标以及是否完成了社会与学校要求的业绩；他们怎样缩短已有业绩与理想的目标之间的差距等等。当评价显示教师没有达到所要求的绩效目标或要求时，不应该仅仅只考虑教师有什么问题，或是否达标，因为评价的目的不是将这些现象找出来然后对教师加以指责，而是要通过评价揭示教师为何会存在不足，给教师提供反省自己、改进工作的方向和思路，也要反省所设立的绩效目标是否恰当以及怎样通过培训和改变环境促进教师发展。这部分的内容以评语的形式出现，可面向全体教师公开，以促进相互学习和帮助。二是侧重管理性的绩效判断，其形式可采取总分或等级。总分是根据科学和全面的指标体系，将通过各种评价方式和手段获得的教师的评价数据按权重比例统计后形成累积而成；然后再将累计总分折算为优秀、合格、基本合格、不合格四个等级。其实，第一部分的评语，实际上就是按指标体系中的具体项目的评价结果，再加以分析和智能化处理分别对每位教师写出的。

这部分的内容、等级可向教师个人出示，必要时也可集体公布，总分则一般不予公布，留等以后需要更严密的区分，如评选特级教师时使用。这种评价也很必要，它有助于帮助教师认清自己在群体中所处的相对位置，使教师明白自己在群体或团队中的实际水平。当然，在评价中要认真分析和避免各种偏差，评价后要与评价对象沟通和对话，增加对评价对象的人文关怀。

新的科学和全面的评价可以整合多种功能和作用，由于在它的指标体系中涵盖了教师发展和人事决策方面所需要内容，因此，在结果应用时，可以灵活机动地根据需要抽取不同的项目形成模块，并由专项模块的评价数据输出结果，所以，它既可以发挥发展性评价的作用，又具有对教师加以制约管理的功效，能够运用于教育行政部门的教师管理和教师聘任、晋级、奖惩等人事决策，以及教师绩效工资差别化的发放。

2. 人本性和民主性兼备

所谓人本性，是指在评价过程中尊重教师的人格、自尊，承认教师具有积极向上的潜能。所谓的民主性实际上就是在制定评价制度、实施评价过程中，充分体现民主化精神，克服强制的行政指令，体现对教师的人文关怀。

首先，评价内容和指标体系应充分体现教师的集体意志。要在评价专家、教育行政部门、学校领导和广大中小学教师共同研讨的基础上，形成一个初步的评价指标体系，再不断征求学校教师意见，如此反复，使评价内容和体系能为多数教师所认可和接受。在评价指标的讨论和协商过程中，一方面通过增强学校领导与教师之间、教师群体之间的意见交流，从而实现评价过程中信息的双向或多向的互动交流，促进教师发展和学校管理之间的融合。另一方面，广大教师也能通过讨论与协商明确评价指标体系确定的依据和理由，从而加深他们对评价指标体系的理解，明确教学中的努力方向。此外，评价指标体系的讨论和协商也是教师之间学习交流的机会，不同的教育理念和教育质量观会在此发生碰撞，从而促进教师各种教学观念的转化。当然，在此过程中，教师们也会对评价体系、评价制度中的不足提出改进意见和建议，使之日臻完善。

其次，在评价过程中，评价考核人员应有相当比例的由民主推选产生的教师代表参加。允许教师参加对自己的评定并呈现能证明自己水平和工作计划的材料。尊重教师的自评意见，在评价中着力强化教师参与评价的主体意识，做到人人都是评价者，人人都是被评价者，使评价的全过程充分体现民主性。必要时，还可采取类似听证会的形式来让教师对评价方法的科学性、过程的公正性和客观性进行评价。听取广大被评价者对本次评价的意见，能有效地体现评价的民主性，保证评价结果的真实性，提高教师对评价结果的认可度。

第三，向教师反馈评价结果时，对教师的知情权和隐私权要有一定的考虑，尽量淡化对评价的抵触和反感情绪。不公布评价结果的档次和分值，但要以质性描述的形式提出评语，指出缺点和不足。对不认可自己的评价结果的教师，应允许其申诉，提出理由和事实依据，如若属实，应立即改正，以体现评价的人文关怀。

3. 统一性与层次性并立

教师评价，应该有统一的指标体系和标准，但这种评价只能是相对的。目前，对于所有教师，都是采用统一表格、统一标准，这是不科学的。因为，不同专业发展阶段的教师，面对的发展要求并不一样，考评指标应有所区别。因此，对不同发展阶段的教师，应根据其发展要求、岗位职责的不同而有所侧重，甚至采用不同的表格进行考评，或者对不同发展阶段的教师，在评价项目、评价指标权重等方面有所侧重、有所区别。可根据年龄和工作经验，把教师划分为"见习期教师"、"适应期教师"、"发展期教师"、"骨干期教师"、"收获期教师"五种类型，不同阶段的教师评价侧重点不同，从教师的年龄差异、基础差异入手，本着为学校、为教师发展服务的指导思想制订具体的评估指标。

4. 引导性与监督性共立

众所周知，评价具有很强的导向作用。教师评价能否发挥其积极的导向功能是提高教师评价质量的关键。但遗憾的是，在实际工作中，教师评价并没有真正发挥这种作用。国外近年对教师评价进行的细致研究，也得出这样的结论。它反映了目前国内外的教师评价中确实存在不少问题。要解决这个问题，一是要有科学、严谨和具有可操作性的教师评价的指标体系。评价标准是评价工作的核心，它反映了人们的价值判断和认识，表明人们重视什么、忽视什么，应朝哪方面努力。二是指标体系和评价标准还要有现实的效用性，根据学校的发展具备一定的弹性和灵活性，而不仅仅是理想状态的反映。如，为了配合学校的当前的核心工作，或针对教师发展中具有倾向性的薄弱问题，通过调整教师评价内容或指标的权重，对教师的努力方向进行引导和调节。三是评价要强调程序正义，即不仅评价结论应该正确、公平，符合教师个体的实际，而且还应当确保过程的公平性和合理性。不重视评价工作程序，实际操作马虎粗糙，使评价走过场或流于形式，就难以对教师起到应有的引导、督促作用。因此，除了前面提到的教师对评价过程举行听证会外，教育主管部门还应聘请专家，组织专门的监导小组，以抽样或随机的形式，在学校开展教师评价期间的考评过程进行指导和监督。

5. 他评与自评整合

教师评价中可以有很多实施评价的主体，如学校领导、相关的专家学者、教师本人、同事或同行、社会有关方面代表、学生及其家长等。不同的施评主体有可能限于自己的立场、学识、观点和看问题的角度，在实施评价时对教师的要求与期待不同，因而在评价时就会有不同的价值取向、不同的评价思维和不同的评价结论。因此，要在评价中充分发挥不同评价主体的作用，就要利用他们各自在认识、了解教师中的优势，忽略他们可能的评价盲点和误区。

教师的自评，主要指向有三：一是通过这种形式来提高自主意识、反思能力和自觉自动地调控教学行为的能力；二是让他们将自己的现在与过去做比较，以清晰地看到自己的进步，体验到自我价值正在逐步实现；三是对自身在群体中的定位和自己的发展方向有较为充分的认识，明确自己的不足有哪些，应该怎样去进行自我改进，如何寻求帮助以实现自我提高。

教师之间的互评，要注意三个问题：一是以促进互相了解、互相学习，增强团队意识为主要目的。引导教师学会尊重别人，用发展的眼光看待每位教师的工作；二是要以诊断和帮助为主。俗话说：旁观者清，指出同事在教育教学中问题的同时，还应提供可能的帮助，要当教练员而不仅仅是当裁判员。帮助教师分析他们在教育教学中存在的问题及其原因，并对从根源上解决问题的方法、措施和途径提出具有可行性和建设性的意见；三是对事不对人，互评不能直接要求对同事分等级做鉴定，而只能针对具体的工作事项进行诊断和分析。同事之间，对互评强调评价的相互性，更强调相互评价中双方地位的平等，而教师间的平等必须以相互尊重、信任为基础。教师在进行教学互评时应当相互信任，以双方的共同利益为出发点，而不应只从个人利益出发、从个人本位出发来对待评价，同时，被评者也应以开放的心态对待别人的意见。

学生和家长的评价应注意的问题：一是以访谈和问卷为主。学生及其家长是教育教学工作的服务对象。教师的工作绩效，最终落实在学生的发展上，体现在学生和家长的感受和体验中。但学生和家长的时间有限，所以应以调查问卷、座谈会，甚至短信等形式获取信息。二是访谈或问卷设计的问题要科学和适当。毕竟学生和家长不是教育工作者，他们对教育教学理论和实践并不了解，所以设计问题要指向教学行为适宜度和学生自身的变化而不应直接对教师进行个人判断，同时，还应使用一些技术手段对获得的不准确信息进行过滤，以避免人际关系对评价结论产生影响。三是评价之前还要对学生和家长进行适当的指导，使其明确评价的意义和方法，以保证评价的客观性和真实性。否则，这种评价可能误入歧途，挫伤教师的积极性。

不同价值主体的诉求必然存在不同的取向，学校领导主要看教师的工作表现和教学质量是否符合本校的要求，家长主要看教师的教学效果是否满足自己对孩子发展的要求。即使是教师同事或同行之间，也会因教育理念、教育方式和教学方法上存在一定的个性化倾向，其价值判断标准也存在一定的差异。因此，评价结果在用于终结性评价时应根据各方面的评价的重要程度和可靠程度采取不同的权重系数。

教师评价无论是在国内还是在国际上，都是一个老大难问题，因此，在改革中，我们不能仅仅是摸着石头过河，还要高度重视"元评价"的作用。所谓"元评价"，简言之，就是对评价活动自身的评价。具体讲，"元评价"是指按照一定的理论和价值标准，采用一定的方法和手段，对教育评价方案、教育评价组织实施过程和教育评价结果等进行分析，从而对教育评价本身做出价值判断，也就是对教育评价的科学性、有效性和现实性等进行评价。国内外对"元评价"主要有两种看法：一是将"元评价"看作是一种经验总结性质的工作，即在评价结束后，对此次评价方案设计、技术方法、实施程序、结论质量及其产生的作用和影响做出全面的分析、评价，判断本次评价是否具备科学性、真实性和有效性，也为改进评价活动提出意见和建议。另一种看法则认为，"元评价"本身应成为评价的内容和重要环节，纳入形成性评价的模式或过程中。他们认为，在评价的不同阶段，尤其是各个阶段的过渡环节，应进行"元评价"，以便对评价方案、技术或操作中出现的问题及时予以修正。

为不断改善教师评价体制，应有意识地建立元评价机制，对评估主体是否得当，评估过程是否科学、合理，对评估指标的信度、效度进行检验；对指标的权重系数、指标完备性、独立性、代表性、可操作性进行分析；对评估结论的可信度进行评估。只有这样，福建省及至全国的教师评价制度改革才能做到体系更加严密，机制更加完善，功能更加丰富，才能更好地为加强中小学师资队伍的建设，充分调动广大教师的主动性、积极性和创造性，更大范围地提升教师的专业素质做出贡献。

二、福建省中小学教师绩效评价实施方案

教师评价是新课程评价体系的重要内容，也是具有关键性的核心环节。其改革的成败将直接影响到我国基础教育改革进行得顺利与否。在新一轮基础教育课程改革中，一些地区和学校针对旧教师评价制度的弊端也进行了改革，出现了不少教师发展性评价的方案，但是从总体上看，仍不同程度地存在着科学性不足、指标体系的规范性不够、内容繁多、体系过于庞大、可操作性不强等问题。

本方案以新课改的精神为引领，体现了"从严治教、以生为本"；构建了更加科学和简约化的教师评价体系，更加合理和有效的评价内容；更具人文性和可操作性的评价方式，以适应中小学深化课程改革和实施新课程的需要。

（一）评价的原则与要求

绩效评价主要是面向结果的评价，主要考察教师实际工作的绩效，"绩"是指职责履行和任务完成的情况，而"效"则指"绩"相对达到工作目的的价值和速度。

换句话说，就是教师教育教学工作的数量、质量、效率、效益和贡献。新课程背景下的教师绩效评价，就是为促进教师达成相应的专业发展目标，采用系统、科学的方法和人文化方式，通过对教师的行为表现、劳动态度和工作业绩以及综合素质的全面监测、考核、分析，对其效用和价值做出判断的过程。本方案实施中应遵循以下基本原则和要求：

1. 兼顾"绩效"和"发展"

新时期的教师评价应将发展性评价与管理性评价二者有机结合，使之达到"双重"功能：既要为教师的自我发展和完善指明方向，激发其发展需求和工作的积极性、主动性和创造性，不断提高教师的教书育人能力，促进其专业水平的提升；又要服务于学校的教师管理，为人事决策提供科学和可行的依据。

2. 人本性和民主性

评价应更具人性化。在评价过程中，允许教师参加对自己的评定并让他们提供能证明自己水平和工作计划的材料；在评价结果产生时，应考虑个人的自尊心，保证教师的知情权和隐私权，淡化教师对评价的抵触和反感情绪。评价的全过程必须予民主性最大限度的认可，要着力强化教师参与评价的主体意识，做到教师人人都是评价者，人人都是被评价者。

3. 多元化和多样化

在评价方法、方式和工具的选择和使用上，应在满足有效性、可靠性和客观性等三个重要条件的基础上尽可能多样化。采用教师自评、同事互评和学生及其家长的他评的多元评价方式。坚持单项评价、多项评价和综合评价，定量评价和定性评价，纵向评价和横向评价相结合。

4. 形成性与终结性相结合

把发展性评价与教师的职业生涯设计结合起来，为教师提供切实可行的培训内容，使不同层次教师的教学水平根据社会和学校发展的需要与时俱进。

要求在评价中以学生的学业成绩提高率和进步率为特征来衡量教师工作成效的进展，在终结性评价中体现发展性、形成性评价的因素。同时，在评价中既重视对教师工作态度、工作表现的评价，又重视对教师工作业绩和成效的评价；既要看到教师最终的工作成果，又要看到教师在工作中付出的努力。

5. 规范性与自主性相结合

教师绩效评价的指标体系由方案统一规范制定，以保证其规范性；而各级指标和评价要点的权重由学校根据实际和教师发展的需要自主确定或调整，以适应情况的变化并更好地发挥教师评价在学校发展和教师队伍建设中的引导作用。

6. 科学性与实事求是相结合

本次测评以现代教育理论为指导，具体操作应符合教育规律、教学原理、教师的职业特点和心理特点，能为全体评价主体与评价对象所接受；在实施的过程中，要坚持实事求是的态度，尊重物化记载凭证，确保评价结果的可靠、客观和准确。

（二）评价的对象

福建省中小学全体教师，包括从事教学计划内教学工作的教师、学校行政人员及教学辅助人员和学校行政领导，由各学校为单位自行组织实施。幼儿园教师的绩效评价可参照本方案执行。

（三）评价的基本工具

为使评价更具科学性、合理性，量表指标的设计遵循了直接可测性原则、体系内指标相互独立性原则、指标体系整体完备性原则、指标的可比性原则和可操作性原则。在业务记录中，为更客观、全面地体现教师的工作态度和努力程度，还引进了增量评价的若干数学公式；为更快捷、准确地了解相关评价主体对教师的评价意见，方案还编制了与相应指标相配套的问卷调查表。

评测体系构成

1. 评价量表的指标体系

由"一级范畴"、"二级指标"、"评价内容和要素"三个层次构成。具体参见《评测量表及说明》。本方案根据评价的实际需要，编制了三套量表，分别是：评测量表1：《福建省中小学专任教师工作绩效评测量表》（以下简称《教师量表》）、评测量表2：《福建省中小学校一般行政人员与教辅人员工作绩效评测量表》（以下简称《一般行政人员量表》）、评测量表3：《福建省中小学校行政领导工作绩效评测量表》（以下简称《行政领导量表》）。

2. 评价方法、工具和结果

在量表中分别列出了相应的评价方式方法、工具和测量结果等10个项目。具体参见《评测量表及说明》。

评价方法及工具的使用

1. 信息采集途径

评价信息主要由学生问卷、家长问卷、同事评议、行政评议、相应证书、出勤登记、成绩登记、业务记载、验证公式等途径获得，但不同的指标项目和内容获取的途径不同。

2. 问卷调查

分别编制教师、一般行政和教辅人员、学校领导调查问卷，问卷题目采取与评测量表指标项目一一对应的方式。根据评价对象的不同，确定发放问卷的范围：《调查问卷1：福建省中小学教师绩效评价专任教师调查表》包括学生、家长、同事、行政人员四套问卷，即调查问卷1.1、1.2、1.3、1.4；《调查问卷2：福建省中小学教师绩效评价一般行政和教辅人员调查表》包括同事、行政人员两套问卷，即调查问卷2.1、2.2；《调查问卷3：福建省中小学教师绩效评价学校领导调查表》包括教师、行政人员两套问卷，即调查问3.1、3.2。

3. 相应证书

包括学历证书、学位证书、课程进修证书、结业证书、荣誉证书、获奖证书、继续教育证书（包括参加各种级别的岗位培训、职务培训、骨干培训等所获得的证书）。

4. 出勤登记

包括课务考勤、行政考勤、会议考勤、教科研活动考勤、培训进修考勤等方面的登记。

5. 成绩登记

是指所任教班级学生在期末考试及统一考试中的成绩统计，主要是以进步率、提高率为表征的增量评价指标的计算。

6. 业务记载

包括个人教学计划、工作计划、工作总结、教学设计及课件、教科研记录、项目工作情况、撰写或公开发表的教育教学论文，上级行政、教研部门的通报文件，以及工作量以外的各种任务记载。

评测量表的使用

1. 指标体系的项目权重和层级

项目的权重是该项目在整个指标体系中重要性的体现，各级指标和评估要素的权重和分值由学校根据当前实际、教师发展状况和具体岗位确定（具体参见本方案说明1），并依照学科教研（备课）组和年级（年段）组的业务和工作范畴确定相应的评价要点。同时，学校应根据不同职务职称的不同要求对关键性评价要素设定不同的等级要求。

2. 评价对象的适用量表或组合

学校应根据教职工的岗位确定对其评价所适用的量表，单一岗位可直接选用专任教师、一般行政和教辅人员、学校领导三种评测量表中的一种；学校领导兼课、专任教师兼一般行政或教辅工作的以主要岗位对应的评测量表为主，辅以兼任岗位对应的评测量表的主要指标，主辅比重根据其工作量的比值由学校自行确定。

（四）评价的组织构成

教师绩效评价的组织构成主要有三类：一是各校专门成立的教师绩效考评小组，二是学校的年级（年段）组，三是学校的学科教研（备课）组。

绩效评价考评小组，由行政领导、党支部、工会、纪检和教师代表组成，视学校规模，人数在7至15人之间，其中教师代表不少于考评小组总人数的三分之一。考评小组的主要职责是具体负责组织评价实施工作中的事宜。

年级（年段）组负责教师的出勤、教学管理、德育工作情况等方面的业务登记和分值统计登录。

学科教研（备课）组负责各位教师在学科教学方面的日常听评课等活动和班级成绩及其他业绩的记载，包括各种证书、物化成果、出勤登记、成绩分布和业务档案等，进一步丰富评价材料；分析评估和分值统计登录。

各行政职能部门负责各自分管的教师管理业务的评价信息资料的收集、整理并根据需要提供给相关年段、学科或考评小组。

（五）评价的程序

1. 健全组织机构，明确职责分工

学校组成绩效考评小组具体负责组织绩效评价的实施，明确学科教研

（备课）组、年级（年段）组及相关行政职能部门在评价工作中的具体职责。

2. 确定指标权重，明确评价要点

考评小组根据学校当前实际和教师专业的发展状况确定各级指标的权重或相应分值，并根据学科教研（备课）组和年级（年段）组的业务和工作范畴确定其相应的评估点。

3. 开展宣传培训，了解评价细则

学校应开展相关的宣传动员和培训学习活动，帮助教师全面了解评价指标的内涵、标准以及指标权重和评价要点。

4. 发放评测量表，开展组内评价

绩效考评小组抽查核实年级（年段）组、学科教研（备课）组和各行政职能部门提供的有关教师的业务档案资料；学校行政人员和领导的评估以问卷调查为主。向学科教研（备课）组发放评测量表，学科教研（备课）组内根据要求和本组的业务范畴开展组内评价，将每位教师听评课情况、班级成绩及其他教学业绩的统计分值填入评测量表的相应评估点；然后将评测量表转交相应年级（年段）组，年级组亦按上述程序完成本组每位教师出勤、教学管理、德育工作等方面统计分值的登录。在此过程中学校行政职能部门根据需要提供信息资料。

5. 多形式多途径开展问卷调查

考评小组采取抽样法就教师的工作绩效向对其他教师（同事）、学行政人员、领导、学生或家长等进行问卷调查。对考评小组评分、年级组和学科组评分、学生或家长评分结果按权重比例进行统计、整理，并结合物化记载情况和相关的信息资料进行汇总和分析，得到每位教职工的综合评价结果，填入评测量表。为避免问卷调查中的不利因素，对结果的处理可采取极端值过滤的办法（去掉若干比例的最高分与最低分，此过滤极端值的比例为高低各5%～10%）。具体操作方法如本方案第六部分所述。

6. 告知并公示结果，接受申诉和监督

采取适当方式将每位教职工的综合评价结果告知教师本人，并给出对每位教职工综合评价的结论建议；公示综合评价初步结果，以接受个人申诉和群众监督。

7. 接受建议，及时反馈调整

根据个人申诉和群众反馈中的合理意见及时进行调整，并在此基础上公布最终的综合评价结果。

（六）考核的方法

指标体系中项目权重和分值的确定

所谓绩效评估指标中项目的权重是该项目在整个指标体系中重要性的体现。如何建立科学的权重体系是绩效评估中较为关键的一步，是对教师进行公正评价的前提和基础。

1. 权重确定方法

确定权重的方法很多，这里仅介绍较为简便的三种。

（1）专家判定法：即德尔菲法，先请众多教师代表对指标体系中的每个指标的重要性打分，将平均结果反馈给教师，请他们进行讨论后进行第二次加权，重点是请偏差较大的教师尽量做出新的判断。如此经过几轮加权、统计、分析、修正后，再确定各个指标的最终权重。

（2）比较加权法：首先根据经验找出指标体系中重要程度最小的指标，给出分数（通常为1），将其他指标与之比较，做出是其多少倍的判断，然后进行归一化处理，得到各个指标的权重。

（3）对偶加权法：把所有指标两两配对比较，按列相加，得出每个指标的小分；将所有小分相加，得出指标体系的总分；再将每个小分除以总分，得出每个指标的最终权重。

2. 权重分配方法

一般情况下，权重的数值变化范围域在[0，1]之间，即同一层次的各指标权重相加之和为1，但各指标权重均不得小于或等于零。各指标权重乘以100，即为权重的百分比表示法。

（1）指标体系的项目权重：每份量表中均有四个一级范畴，其权重记为，分别记为 λ'_1、λ'_2、λ'_3、λ'_4，其大小均由学校根据实际情况而定。

（2）评价主体的权重：不同评价主体对同一评价对象展开评价的权重分别记为 λ_1、λ_2、λ_3、λ_4，具体分配应考虑以不同评价方式或主体对该项目评价的可信度高低为标准，即以最有可信度的评价群体的评分统计结果优先。

（3）指标体系与业务记录的权重：当同项目采用"评价指标体系"和"业务记录"共同评定的方式时，"评价指标体系"和"业务记录"的权重分别记为 λ_a、λ_b，其具体权重的分配，应遵循"物证优先"的原则："业务记录"中各要素对于得分的影响大于不同评价主体对于被评对象的评价，即 $\lambda_b > \lambda_a$，且 $\lambda_b \geq 60\%$。详细确定方法参见本方案说明1。

由于评价指标中权重的分配关系到教师的切身利益，为体现民主性，当权重分配的方案制订出来后，应交教代会通过认可。

增量评价指标和进步率提高率的计算

本方案引进"增量评价"和"目标达成度"等纵向的个体内差异比较概念，不同发展阶段的教师评价侧重点不同，所有层级具有最基本的素质要求和规范化的标准；不同层级有不同的要求。所谓增量评价即指对一个评价对象在周期内始末状况相比较后对其增值程度的判定。所谓目标达成度指对被评对象（教师）通过其他同事的引领、帮助和自身的努力后，其既定目标（根据自身原有的条件、潜能、发展的可能性而制定的学习、行为、态度、情感等方面的符合实际的目标）在一定的周期内实现程度的大小和效率的一种判定和衡量。

在评价中，通过对任课学科班级学生学年的进步率、提高率的跟踪测评来评价教师的教学业绩，用动态的、发展的观点来衡量教师工作成效的进展，可以在一定程度上排除资源条件、生源基础等无关因素的干扰，更真实、更客观地反映出教师的努力成效。

班级进步率指对特定时期全班学生若干次平均测试成绩的差异进行比较，班级提高率指特定周期内本次全班学生平均分的离均率与前一次离均率的差异。本方案将"班级进步率"和"班级提高率"近似同一处理。

确定差异的基本方法是对全班学生若干次平均测试成绩与初始测试成绩的比值进行比较。测试成绩可以本校年级常模或区常模换算为标准分，即把本校年级平均成绩或区平均成绩作为基础，与班级平均成绩对比，从而确定进步幅度。

具体计算公式参见本方案说明 2。

本方案引进的提高率与以往算法不同，因为它在"离均率"的基础上计算"提高率"，可以比较有效地解决不同考试难易差异问题，可以更好地促进教师和班级学生进行自我纵向比较，激励他们通过努力，在原有基础上有所提高。

问卷调查的抽样

由于教师绩效评价调查的项目多、对结果进行处理比较复杂，进行全面调查在人力、财力两方面都存在困难，因此在可能的情况下以采用抽样调查方法为宜。在学校中进行抽样调查一般可用以下两种方法：

1.整群抽样法：整群抽样就是将总体划分成许多相互排斥的子总体或群，然后以整群为初级抽样单元，按某种概率抽样，比如简单随机抽样，从中抽取若干个群，对抽中的群内的所有单元都进行调查。如一个教师负责三个班的教学，我们要调查其所教的班级学生对他的评价，不一定对三个班的学生都进行问卷调查，而只要随机抽取其中的一个班即可。

2. 等距抽样：按照一定顺序给总体中所有单元从 1—N 相继编号，根据样本和容量要求计算抽样距离 K=N/n，N 为总体单位总数，n 为样本容量。然后在 1—K 中随机地抽取一个编号 k1 确定起点，作为样本的第一个单位，接着则按照某种确定的规则（如等距原则，最常用最简单的系统抽样叫等距抽样。）抽取样本的其他单元 k1+K，k1+2K……，直至抽够 n 个单位为止。如我们要对前面所讲的教师所教的三个班级的学生家长进行调查，只要请座号为单数或双数的家长参与调查即可。

绩效评价的统计方法和计分

每份问卷题目采取直接一一对应量表的每个测评点，即是量表中"评价内容、要素"的转化，如果评价内容、要素包含一层以上意思时，问卷转化遵循"一题一问"的原则。

教师工作绩效评分，均由福建省中小学教师工作绩效评价指标体系中各项评估要素的得分累加而成（参见《教师量表》《一般行政人员量表》《行政领导量表》），各问卷的得分将直接成为该指标项目的评价值。对同一指标项目的评价还应参照"业务记录"部分的物化记载资料进行。

各级指标和评估要素的权重由学校根据当前实际、教师发展状况和具体岗位确定，并依照学科教研（备课）组和年级（年段）组的业务和工作范畴确定相应的评价要点。同时，学校应根据不同职务职称以及不同类型的不同要求对关键性评价要素设定不同的等级要求。

具体计分过程如下：

第一步，按照计算公式，先分别计算出三级指标（评价内容、要素）中各项指标的分值，再乘以各自权重，累加得到二级指标中各项指标的分值；再将这个分值乘以各自权重，累加得到一级指标中各项指标的分值；再将这个分值乘以各自权重，得到某评价主体对该被评对象的测评分；然后依此方法得到其他评价主体对该被评对象的测评分；再乘以各评价主体在所有评价主体中所占权重，得到各评价主体对该被评对象的测评分；累加得到问卷部分的测评分。

第二步，结合业务记录部分记载情况；计算出"相应证书"、"出勤登记"、"成绩登记"、"业务记载"项分值，再分别乘以各自权重；然后累加得到业务记录部分评议分。

第三步，问卷部分的测评分和业务记录部分评议分分别乘以各自权重，得到该被评对象的工作绩效测评分。

在《福建省中小学教师工作绩效评价量表》中有●处为"评估点"，即在此需填入用某种评价方式或评价主体对该评价内容的评分结果。同项目因有两个以上评价主体而有不同评价结果或评价主体与业务记录的评价结果差异较大时，对评价结果加以佐证或验证，标注"★"者为考虑设计佐证或验证公式，以计算可信度及公信得分值。

现代信息技术在评价中的应用

教师评价工作量大，信息量多，很多数据信息又需要频繁的转移，因此，有条件的学校可应用计算机或编制相应的软件作为评价手段和工具，如进行校内网上问卷调查、用计算机处理调查结果、自动进行评分的综合统计等以节省纸张减少工作量，并提高教师评价工作的效率。

（七）绩效考核结果的表述及应用

评价结果的表述

评价结论包括总分、等级、评语三部分。教师的评价数据按权重比例统计后形成累计总分；累计总分折算为优秀、合格、基本合格、不合格四个等级。为体现评价的发展性和形成性功能，教师绩效评价结果可以根据需要将定量评价结果（以分值表示）输出或按指标体系中的具体项目分别以评语（或指导性意见）的形式（很好、好、较好、一般、不足）反馈给教师，为他们指出个人的发展方向和目标；同时，分值与上学期或上学年相比有进步的或有较为显著退步的也应明确指出，以期让教师看到自己的成长变化，并以此为内在动力激励和促进教师的专业水平的提升。

评价结果的应用

评价结果作为教师学年度考核的结论，不再另行实施教师学年度考核工作。教师绩效评价分存入个人教学档案，作为聘用聘任、评优评先之依据。学校可以根据职称评聘、评优评先、岗位聘任、分配制度改革等方面的不同要求，从评价的指标体系中选取关键指标作为观测点，组织开展相关工作，优化学校内部管理。教职员工试用期考核不合格的，解除聘用合同。为最大限度地避免教师评价可能产生的负面效应，评价后不搞总分排名。一般情况下也不公布，如果需要作为人事决策依据时，只公布相关者的评价，其他教师的评价分均不予公布。

《印象钱塘·福州钱塘小学百年校史》序*

人说,雪融无痕,风过无影。其实,青山知道,雪融,只为滋养大地,所以青山为雪白头;绿水知道,风过,只为传播气息,所以绿水因风皱面。

钱塘,这块教育的热土,迎来了几代人。一批批教育教学精英,他们或如雪般融入钱塘,滋养了这片土地,或似风般吹过钱塘,传播了钱塘的精神……

几代钱塘人,就这样悄悄地到来,默默地耕耘,静静地离去,没有鲜花,没有掌声,没有碑册,但他们早已融入了钱塘,滋养了钱塘,成就了钱塘的盛名。

如这许多前辈一样,廖秀梅女士默默地来了,被钱塘吸引,为钱塘痴迷,呕心沥血十五年,为钱塘的一草一木深思,对钱塘的一人一物感恩,在钱塘的每个角落留下了思考和记忆。

本书,既是钱塘办学史的珍贵资料,也是钱塘精神的物质载体,它不仅是钱塘人的精神财富,也是我们教育人的共同财富。

---

* 选自《印象钱塘·福州钱塘小学百年校史》(2012年)。

论数字化管理系统在学校管理中的应用*

信息技术应用于学校管理，是学校教育走向现代化的必然趋势。学校管理的高度数字化，必然对传统的学校管理的管理理念与模式、管理方式与手段产生巨大的影响。建设现代化的学校，提高学校管理水平，数字化管理系统是必不可少的手段和工具，它可以帮助学校通过信息化途径和数字化手段实现对各种教育教学要素和资源的有效集成、配置和充分利用，促进管理过程和管理决策的优化，从而大大提高学校管理工作在促进学校发展中的效率、效果和效益。

一、学校管理中应用数字化管理系统的意义

（一）数字化的系统管理是学校管理现代化的重要表征

学校管理现代化作为教育管理现代化的一个重要组成部分，在很大程度上影响着教育管理现代化的进程、深度、广度和质量，而现代化的教育管理必然对教育现代化的实现起着极其关键的推动和促进作用。所谓的学校管理现代化是指学校管理从粗放型走向集约化，由行政管理走向信息管理，从"事务性"的静态管理，转变为强调实践运用、资源分配、信息管理等动态管理，从传统经验管理走向科学化、精细化的管理。精细化管理是源于发达国家的一种先进的管理理念，它是社会分工的精细化以及服务质量的精细化对现代管理的必然要求。精细化管理既是一种理念，一种文化，更是一种管理方法和管理工程。实现精细化管理，就要用系统论的思想，把学校看成一个系统，分析学校这个系统的结构和功能，研究学校整体系统、学校管理构成要素、学校资源环境这三者之间的相互关系、变动规律和互动效应，以优化系统的观点，采用定量

---

* 选自《福建省中小学学校管理研究》，上海人民出版社 2013 年出版。

分析的方法，将管理的要素和对象逐一分解、量化为具体的数字、程序、责任和流程，使每一项工作内容和进展都能看得见、摸得着、说得准，使每一个问题都有专人负责。具体来说，就是要围绕学校的总目标，将学校的各项基本目标和具体目标加以量化，并落实到每一部门、每一学段和年级、每一个教职员工身上，使方方面面的工作目标趋向一致，达成度高。"精"就是切中要点，抓住管理中的核心要素和关键环节；"细"就是管理标准的具体量化、执行、督促、考核和反馈。现代的精细化管理，就要对系统中所有的要素、环节和流程进行计划、组织、指导和控制，以顺利达成学校管理的总目标。

以系统论思想为指导的学校精细化管理，需要全面收集学校管理工作中大量有关信息。从信息论的角度看，构成学校系统的信息不仅有人的信息，即教职员工和学生的信息，还有财、物、事的信息。信息是学校系统运作的表征，可以说学校管理的精细化没有信息是不行的，或者说信息的质量将对精细化管理的质量起着决定性的作用。但我们也应该看到：学校管理的精细化必然使信息量猛增，而且对信息处理的时效性要求及复杂程度较之过去有了巨大的提升，在这种情况下，管理方法和手段的现代化就显得非常重要。数字化是现代化的基础和核心，信息技术已经成为现代教育环境不可或缺的重要工具和手段，实现学校管理的数字化，能够使学校管理中所需要的信息收集更全面、使用更方便、传送更快捷。但要使学校管理中对信息处理得更准确、及时，分析得更深入、科学，学校中人、财、物、时间、空间、信息等管理要素的组合更高效，还需要构建学校管理的数字化系统平台。只有数字化系统在学校管理中的充分应用，才能使得管理手段更科学，管理环境更优化，管理过程更精细。因此，我们可以说，只有数字化系统平台在学校管理中的充分运用，才能使学校现代化管理理念的实现具备了物质基础，因而才是学校管理真正实现现代化的重要标志。

（二）数字化的系统管理是学校管理科学化的主要手段

随着教育事业发展和城镇化进程的推进，学校教育的规模日益增大，所面临的管理问题变得逐渐复杂起来，对管理的科学化、规范化的要求日益增强。科学化、规范化的管理要靠数据，没有数据就没有科学化、规范化的管理。从某种意义上讲，学校管理过程就是对学校管理信息进行分析、处理的过程。而学校的管理信息具有海量性、动态性、繁杂性和琐碎性，如教职工就有个人履历、职称晋升、培训进修、教学业绩和专业成长等信息，学生也有基本情况、家庭背景、学业成绩、健康状况、操行评定、评优获奖等信息，在学校教务方面就有学籍记载与保存、课表编排与选课、教材信息与建设、实验教学与设备支持、考试安排以及各类课内、课外活动的组织与开展等信息，学校资产方面有校产校舍、仪器设备、图书资料等信息，此外还有学校的财会方面的信息等等。因此，为了对繁杂、琐碎的工作进行系统化、科学化和规范化的管理，客观上就需要应用数字化管理系统，运用信息技术及时采集信息以了解管理对象和工作进展；对信息进行检索筛选和分析，为制订工作计划或行政决策提供依据；通过实时信息处理对学校各项工作进行调度与控制；利用反馈信息来检查和评价教职员工职责完成情况与学校工作的成效。

众所周知，一门科学，由仅能定性分析或描述，发展到不仅能定性分析也能定量研究，是该门科学达到比较成熟的重要标志。特别是管理科学，牵涉到合理分配资源、科学安排工作进度、优化产权结构、选择最佳路线、精确判定效率效益和质量等方面的内容，如果只有定性的理论和方法，不客气地则应归于发育不全的学科之列。学校管理也是如此，管理工作中牵涉领域的广泛性、信息的多样性和要求统计分析的及时性，都给传统的管理方式带来了不少的困难。若单纯依靠经验和没有一定数量分析作基础的拍脑袋思维和主观臆测的方式管理学校，必定难以很好地适应现代社会的要求、适应学校教育教学和课程教材日新月异的变革。不过，把数学分析和数理统计引进教育管理或学校管理也存在许多困难和问题。除了认识上的原因之外，还由于在管理过程中，很多教育现象和社会现象不好测量，许多问题由于内涵和外延不甚清晰而难以精确化。虽然随着模糊数学、抽样理论和统计检验理论、交互分类技术和结构方程模型的发展，使定量分析在社会科学领域，包括管理科学领域的可用性取得了长足的进步，但由于其理论的深奥和计算技术的复杂，使其在实际中的应用受到很大的限制。一般的学校管理人员，即使是曾经具有相当数学知识背景的管理人员，也没有时间、精力和能力对学校管理进行量的分析与探讨。现在，诸多软件，如 SAS（统计分析系统）、SPSS（统计产品与服务解决方案）等在人文与社会科学研究与管理领域的广泛应用，就在相当程度上解决了这个矛盾。这些软件大大提高了模糊数学、概率与数理统计、教育测量学、交互分类技术、结构方程模型以及其他定量分析技术、方法在学校管理甚至是整个教育管理领域内的可行性、可操作性和实用性，也使长期以来信息技术在教育领域的应用主要局限于计算机辅助教学、文字处理和电子表格处理辅助管理的现状得以改观。如果学校管理中能建立数字化的系统管理，对管理数据进行深度的分析，采用管理数学模型，将仿真、优化结合起来，那就能为学校管理的计划方案制定和决策提供大量的、极富参考价值的统计数据和分析结果，以此作为学校管理决策和管理行动的主要依据，从而使学校管理建立在科学化的基础上。

二、数字化管理系统在学校管理中的作用

（一）利用数字化系统协助制定教育计划方案和提供决策参考

在学校管理中，要制订一个具有可行性的规划、计划和方案，必须切合学校的现实条件并考虑到内在潜力，符合教育教学的内在规律；既要有前瞻性和创造性，又要有周密性和指导性，还要有可操作性和可评价性，方能使各项工作有条不紊地有序进行，最后顺利达成。首先要深入全面地了解学校方方面面的基本情况，即进行学校现状的分析。如判断学校发展的有利因素和不利因素，搞清学校当前的软件、硬件情况以及对学校整体工作中的各项工作进行分析，然后在此基础上，预测可能的资源与条件变化，对校内外与教育教学有关的各要素进行有效的组合和充分的利用，对管理举措和教育教学活动进行设计、组织与安排。因此，要拟定一个好的学校发展规划、年度计划和工作方案，其中的许多条件和资源、要求和标准、进度和结果必须要有量的规定性，因为实践证明，只建立在对现有条件和资源定性判定或大概认识基础上，对目标要求纯粹以模糊的、定性的文字描述为主的规划、计划和工作方案，往往会使人难以准确地了解学校现状水平和发展可能性，难以客观精细进行制定工作的要求和标准，也难以对实施过程进行检查和监控，其目标最终达成的质量和程度也不能进行准确的评估和判定。由于学校发展规划、年度计划和工作方案往往需要涵盖学校教育教学的各个方面，有时即使有量的规定性，如果只靠人工而不借助于数字化系统，管理起来也是相当困难的。数字化的系统管理平台可以帮助我们从学校实际出发，科学地设计和选择最佳的教育计划方案。如可以根据输入的学校在环境、资源和条件水平和师生的一些情况，系统会进行统计分析，求出指标数量的常态分布状况，然后提供各部门各项工作的合理指标以供选择。根据教育教学诸因素的各种要求和标准，系统会自动进行教学工作程序的安排、课程表的制定、实验室等功能性教室和专业的教学设备的使用分配等等。

如果在学校管理决策中，能以控制论、数学模型和数字化管理平台为基础，综合应用信息技术、网络技术、计划与控制技术和智能技术等手段，对各种问题进行预先分析，结合实时监视，这样，学校管理者就能在管理过程中从各种反馈信息中敏锐地感觉到可能出问题的苗头和某些教育教学问题的走向，从而及时修订行政决策和管理举措，对可能出现的问题防患于未然而不是亡羊补牢，或调控和改进教育教学的进程，以提高管理工作的效果、效率和适应性，达成最大化实现目标的管理目的，真正实现学校的目标管理由结果管理向过程管理转化。

（二）利用数字化系统储存、传递、交流和处理教育管理信息

从信息论的角度来讲，现代管理实际上就是信息的管理。而信息管理要控制信息流向，实现信息的效用与价值，除了人是主体外，还需要有强大的信息技术的支持。数字化管理系统就能够准确和快速地储存、传递、交流和处理信息。与网络相连接的数字化管理平台可以把来自外部社会的有关科技文化、教育教学发展信息和教育内部的各种文件、文献，教育教学的资料及时地进行收集整理、存贮归类、传递分发加工处理；如果能建立数字化的教学专家系统，还可以把学校优秀教师、特级教师在教育教学实践中许多珍贵的案例、课例和经验以视频、图像或文字的形式保留下来，这些知识和经验常常无法在传统的文献中获得。如果把这些知识通过一定的方式累积、保存在专家系统的知识库中，其在学校教育和帮助新教师或年轻教师解决问题的能力方面所产生的作用和意义是不言而喻的。作为信息处理和管理的工具，数字化管理系统又具有多项功能，如利用教务管理系统进行课程设置、教师调配、新生注册、活动安排、课表编制等；通过学籍管理系统实现对在校学生的档案、日常行为和毕业生信息进行管理；利用教职工管理系统对所有在职、离职教职工的人事、业务及变动情况进行管理。具有资料文献数据库功能的数字化管理平台，还能对收集到的资料和数据进行目录编制、数据校验、分类归档和信息公告，方便管理人员、教职员工甚至是校外有需要的人士检索查找，大大提高资料数据的共享性和利用率。

（三）利用数字化系统管理教育教学质量

提高学校的教育教学质量，既是学校管理的最终目的，也是其核心要务。而大多教育教学的质量水准可以利用测量的方式加以判定，以数字的方式进行表征。通过对学生进行考试，测验或其他的教学效果测量手段得到的评分进行分析，学校管理人员可以了解学生的学习效果和教师的教学质量，甚至可以检验考试或测验本身以及教材教法的科学性和准确性。过去学校管理人员往往只是简单地将各年级或班级学生的成绩输入电脑，计算出平均分进行年级间或班级间的比较，还不能运用概率和数理统计学、教育测量学、模糊数学对数据进行统计检验、相关判定、多元分析、模糊聚类等深入分析。借助与先进的数学分析软件相连接的数字化管理系统，学校可以更全面、客观、准确和科学地来进行教育教学质量管理工作。如在很多情况下，学校管理工作人员只要输入学生成绩或类似数据，系统就能自动地对每科、每次的测试或每个班级、年级的成绩进行统计分析，计算出标准差、离势系数和标准分，进行显著性检验以

利于不同班级间横向和纵向的比较，为学校管理人员分析不同年级、不同学科学生的学习效果，评定学生学习质量，判断教师的教学成效提供直观和量化的依据。

在教学过程中进行教学质量分析时，不但需要考虑如何获取教育教学中诸如学生的测试成绩以及平均分、标准差、标准分等数据，更重要的是要考虑如何分析和处理这些数据。而利用一些诸如 SP 表之类的教学质量分析软件，可以分析学生对测试问题中的是非问题、判断问题是否出现了随机性的推测，测试问题是否适宜，判分是否标准，学生对知识的理解和掌握是否充分，测试问题与教育目标的对应关系是否明确、恰当，进而了解学生学习能力是否稳定，是否具备回答测试中各种问题的基础知识，某个学生对问题的理解和掌握与其他学生是否有明显的差异等等。帮助教师在教学过程中掌握学生团体和个体的学习动态，为他们调整教学策略，改进教学，纠正教育教学中出现的偏差指明方向，从而更好地实现课程改革的目的——以最合理的程序、最科学的方法、最节省的时间获得更高的教育教学质量，促进学生的全面发展。

三、当前学校管理在应用信息技术方面存在的问题

近年来，我国学校教育取得了飞速的发展，但学校管理无论在观念上还是在手段上，还与信息时代的要求不相吻合。不少学校在信息化建设上投入不小，但实际效果则不甚理想，特别是在学校管理方面。大多数学校管理的信息化应用也只是停留在以简单文字处理和简便计算的表格应用水平上。信息技术应用并引入到学校管理中，虽然在一定程度上降低了学校管理工作的劳动强度，但还未能从简单的事务性应用过渡到全面的管理与教育教学质量的监控，特别是在为学校发展和教育教学管理的决策提供依据方面尚少应用。

（一）信息技术在学校管理中的应用尚处于低级阶段

目前，很多学校都为教职员工配备了电脑，大多数学校也建设了自己的校园网站，但是，信息技术在管理工作中的应用，大多只停留在用 Word 等文字处理软件保存或打印文件和文档，好一点的能应用 Excel 等电子表格制作一些报表，进行一些简单的统计分析。学校的校园网也只是一些上级文件、学校规定或活动要闻的上传或课件的下载，离真正应用于学校管理还有相当的距离。要进行系统和全面的信息管理，就必须建立以规范化、标准化业务流程为前提的数字化系统。规范化、标准化业务流程的构建，须对原来的管理工作流程进行梳理和再造。流程再造思想的引入，是学校信息化管理区别于以往传统的

管理信息系统的重要特征。它是实施学校信息化管理的基础和前提，从管理上理顺业务过程，从技术上提高流程的效率，在合理的业务流程基础上实现对学校整体资源的优化配置。

（二）管理数据基础不规范、不统一

信息在学校管理中的重要性毋庸置疑。学校各项管理涉及的信息量大、离散度高、范围广。要在数字化管理系统中实现数据的全局共享，前提之一是要相对全面地收集掌握管理需要的信息，但目前大部分学校对于信息的收集和整理还存在不足，缺乏科学的数据标准化体系。前提之二是数字化管理系统必须在规范化的数据基础上运行。但大多数学校的管理者只将信息技术简单加在原有的管理工作中，各部门各自为政，数据成为"诸侯割据"式占有，造成数据不能完善、统一，给整体的管理带来了严重的问题。学校数字化管理系统只有在对合乎要求的数据进行处理的基础上，才能提供学校所需的管理数据，供决策参考。如果没有规范统一的数据基础，开发出来的数字化管理系统就很难作进一步的扩展，也很难实现其可扩充性，也就没有了可持续发展和利用的可能。

（三）对数据的深度挖掘、分析与应用不够

数据的深度挖掘、分析是指从大量原始的、不完全的、模糊的、随机的实际数据中提取隐含在其中但又是潜在有用的信息和认识的过程。目前很多学校在管理中也收集了大量的数据信息，在教学管理、教务管理、学生管理、教工人事管理、图书管理方面也开始应用信息技术，有的学校也建立了一些数据管理系统，但是，数据挖掘和深度分析是数字化管理系统建设成败的关键，学校在通过信息化建设提高工作效率的同时，对数据深层次的利用方面做得还不够。数据处理及应用普遍处在低级水平，大量基础原始数据未能使用相关分析软件进行分析。比如，如何通过大量数据的分析为管理行为或决策提供依据；如何通过数据分析为学校发展规划提供有说服力的依据；如何通过数据分析指导学校进行组织机构优化，指导教师提高教育教学质量等等，都还是薄弱点。

之所以产生上述的问题，究其根源，除了部分学校是资金缺乏的原因外，主要有三：一是学校管理人员对信息技术在学校管理中的地位和作用认识不足，他们并未意识到，现代学校管理，特别是信息时代的学校管理不能再像过去那样，仅仅以管理者视域内了解的情况为依据，依靠管理者的经验判断来管理，而要实现由传统的行政管理转向为现代的信息管理。而信息的管理，特别是精细化的信息管理必须借助于数字化的管理系统。二是学校管理人员信息技术素质偏低，或者说信息技术水平不高。他们不了解数字化管理系统，不能有效地

运用信息技术手段获取、分析、处理和传送学校管理信息。这些情况自然导致学校管理活动中的各种信息技术设备等硬件及其相应的软件建设得不到发展。三是学校管理人员的系统理论水平、定量分析能力薄弱，甚至不了解统计分析常识。所谓系统理论水平，即能以系统论的观点为指导，将学校管理看成一个复合系统，能从整体到部分、从不同的结构层次到它们之间的联系、从管理的初始状态到变化发展过程等方面认识和掌握其规律性。所谓定量分析能力，指能够在学校管理上了解或应用一些数理统计的方法与技术。

四、学校管理中应用数字化管理系统的对策思路

（一）学校管理者要树立现代管理和信息管理的新理念

学校管理信息化涉及资源投入、系统建构、流程梳理、配合协调等方面，学校管理人员，特别是领导班子转变观念非常重要。要通过培训、观摩、调研、讨论和比较来开阔眼界，提高认识。首先要树立以系统论为指导的科学管理新理念。既从整体上，又从结构层次联系、状态变化过程等方面认识和掌握学校管理系统运作的规律性，把学校管理过程看作是管理信息的输入、输出和反馈的流动过程，转变传统的封闭式管理模式为开放性的管理模式，使学校管理通过信息交流和共享，优势互补；转变传统的"少数人说了算"的管理模式为高度民主化的管理模式，让教师与学生、社会与家庭更多地参与学校管理之中；转变传统的繁复的逐级传递信息的管理过程为"一步到位"的快捷的信息管理过程。

（二）全面提高学校管理队伍的数字化素质和能力

学校管理信息化建设的关键是学校管理队伍，具有一定数字化素质和能力，且比较稳定的管理队伍决定了学校管理信息化水平及信息化建设成效的高低。首先，学校管理人员要提高信息技术应用意识，即指对学校管理要有应用信息技术的敏感性和自觉性。其次，要培养学校管理人员的信息能力。这些信息能力不仅包括word等文字处理软件或excel等电子表格的应用，还要能应用信息技术提高收集有关管理信息的效率和质量；能应用各种信息技术途径或学校专门的管理平台检索、提取、吸收、存储信息；根据需要把管理信息输入相关系统或传递给其他相关部门或人员等等。此外，还应该了解一些统计学方面的知识，对统计学的方法与学校管理的具体问题相结合有初步概念，了解一些Excel、SPSS等常用统计工具的使用，能够对统计资料进行整理、综合，掌握

统计数据的抽样、参数估计、假设检验方法等等。

（三）明确需求，在可行性分析基础上建立适合校情的数字化学校管理平台

虽然引进数字化管理系统是学校管理现代化和科学化的发展方向，但目前还不能贪大求全或急于求成。毕竟，大多数学校管理层在理念、队伍的素质包括软件建设等诸方面尚有较大差距。在建立学校管理数字化系统或平台时，要坚持"总体规划、分步实施，量力而行、追求实效"的方针。所谓"总体规划，分步实施"就是学校管理信息化建设方面以近期和远期相兼顾为原则，充分考虑学校现代化发展的步骤和方向，在硬件配置和软件选用等信息化基础设施上既要满足学校现实要求，又要有较好的扩展性和兼容性；在学校管理信息化建设上要一步一步来，不追求一步到位，搞大系统，全面开花，贪大求新。所谓"量力而行，追求实效"就是在管理信息化建设上要从学校实际需求和能力出发，在软、硬件选用上以"适用"为原则，力求人、财、物等资源的有效运用不浪费；要找准学校管理数字化系统建设的突破口，从影响学校发展最突出的问题如教育教学质量管理、师生的人员管理、教育教学资源管理、学校的教务或财务管理等入手，确保开发一个，适用一个。

因此，学校在准备建立管理信息化系统之前，需要制订合理可行的目标，理智地进行分析，明确学校管理在现代化和科学化方面目前的发展可能及实践的需求：学校当前最迫切需要解决的问题是什么？系统到底能够解决哪些问题和达到哪些目标？管理人员的素质够不够高？学校领导层和管理队伍内部是否已经形成共识？现有的资源包括信息技术条件是否具备？是否本校教师有相应的开发能力？如果不具备能力，能否联系到较有资质的软件公司？数字化管理系统的开发方能否对管理人员进行培训、指导，以及随时依照不同的需求优化和改良系统？等等。

在学校管理中开发和应用数字化管理系统是信息技术辅助学校管理中的一个新领域，许多问题尚需深入研究，更好的更适用的软件尚待开发。目前，国内这方面工作相对于国外还处于较低水平，过去曾经有一些软件公司开发过一些学校管理系统，但由于种种原因，还不能达到通用化、标准化和规范化，只能算是初步的尝试，而且应用的学校也很少。随着教育信息化步伐的加快，学校管理在信息化方面的落后状况不能再持续下去了，我们应该要让学校管理人员了解信息化在学校管理中应用的趋势与进展，普及相关的知识和技术，并大力开展信息技术特别是数字化系统在学校管理中应用的探索，努力把学校管理现代化和科学化推向新的高度。

《厦门教育史话》序*

以史话的写法来全景式地展现一方地域的一个领域的过去，确实不太容易。因为，这至少需要对这一方地域和这一个领域的史实有较为深入的了解。翻阅向群送来的《厦门教育史话》书稿时，我却感到，《厦门教育史话》基本上做到了。

写教育的历史不容易，要写好、写清和写明白近现代教育的史和事，确实是件难事。这是因为近现代教育的社会背景的变化太多、太快，情况太复杂、外部环境纷纭变化、内部条件先天不足……种种困难都在考验作者的耐心。但从向群送来的书稿看，他尽力做到了聚拢四散的素材，梳理零散的史料，提出明确的思路，阐发独到的见解。

厦门教育的发展之路绝非坦途。百余年来，封建教育日趋式微，新式教育激浊扬清，抗战沦陷蒙受国难，三年内战风雨飘摇，行走于这样的路径之上，还要在一波三折的磨难中不断探寻发展、寻求教书育人的真谛所在，着实难能可贵。

厦门教育的发展之路令人称羡。百余年来，虽历尽沧桑，却业绩良多；虽坎坷艰辛，但建树频现。尤其是在近代社会向现代社会过渡的关键时期，厦门教育的许多事件、人物都为厦门、福建的近现代教育和社会发展留存了弥足珍贵的印迹，这也揭示了厦门近现代教育对厦门、对福建社会发展所起到的推波助澜的作用。

我与向群是多年老友、好友，与他交往三十余载，深深感到他是一位有心、有志、有智者。他是厦门人，有四十一年的工作经历，曾在厦门任教，在厦门市、区教育行政部门任职，其间不断读书、搜书和用书。《厦门教育史话》是他的有心、用心、倾心之作，就此一点，读者们可以从书中所搜集的大量史料和对史料的分析中，一一感知。

是为序。

---

* 选自《厦门教育史话》，厦门大学出版社2013年出版。

《厦门大学咖啡文化》序*

本书由厦门大学2013级新闻学双学位班的全体同学在厦大新闻传播学院刘伟老师的带领下,合理分工、分头撰写而成。主要勾勒了厦门大学校园内咖啡文化的总体概况以及各主要咖啡厅的发展历程、现状、特色等。值得肯定。

近年来,在校长朱崇实的推动下,厦门大学各学院逐渐开设咖啡馆,在各方齐心支持和努力下,校园内的咖啡文化逐渐浓厚,营造了浓郁的南国学术气氛,将学术氛围与怡人的环境相结合,使学术变成一种享受。

在校园内提倡咖啡文化的理念,是想让校园内的咖啡文化能助在校的师生们一臂之力,让他们有更多、更平等的机会和选择,让咖啡文化成为一种大众文化,让师生们在闲暇时都能够到环境舒适、气氛相宜的咖啡厅品一杯咖啡,看几行雅字。同时,咖啡文化作为一种自由文化,能够在一定程度上带动校园内的学术氛围演化为一种积极主动、自由开放的学术气氛,有利于全校师生各取所需,各扬所长。

这本书籍的出版,不但能使厦大校内的师生及外来者对于校内的咖啡文化有一个更为系统、全面的认识,并且能够在这本书的引导下找到最适合自己的咖啡厅,找到最适合自己的休闲亦或是治学的环境,我以为是富有其意义和价值的。而我更以为刘伟老师以厦大校园文化特色之一的咖啡文化为采访主题,以遍布美丽校园的16家咖啡厅为采访对象,以所教授的学生为采访记者,把新闻采访的基础理论与实践采访过程有机地结合起来。作为大学课程体系创新与教学模式改革的尝试与探索,其意义与价值更值得称道与期待。

在此我衷心地希望厦门大学校内咖啡文化能够日益激发出浓郁的芬芳,让咖啡文化与其作为一个高等学府所需具备的学术氛围结合得更自然、更紧密,让厦大的莘莘学子更舒适、更高效地探讨科研、交流洽谈、放松休闲。我更希望,高等学校的教学改革能从刘伟老师《新闻采访与写作》的教学实践与探索中得到启发与有所借鉴。

---

* 选自《厦门大学咖啡文化》,厦门大学出版社2013年出版。

《邮苑晚晴集》序 *

福建省老干老年集邮联谊会成立以来,坚持面向全体老年集邮爱好者,以邮票为载体,以精神文明建设为主题,以快乐集邮,老有所学、老有所为、老有所乐为主旋律,配合有关部门,协调各地老邮协,调动社会力量,开展了丰富多彩、生动活泼、健康有益的集邮活动,取得显著的成效。20年来,各地集邮活动从无到有,从分散集邮到有组织集邮,从形式单一到形式丰富多彩,协会团体会员也在不断增加,老年集邮爱好者队伍不断扩大,集邮活动层次逐步提高,目前全省老年集邮活动正朝着积极健康的方向稳步发展,老年集邮活动的社会效益日益显示出来。应当说,过去20年的工作成绩是值得充分肯定的。同时,我们也应当看到,老年集邮活动发展还不均衡,一些地方还没有足够重视。

一、要用特殊的视角来审视老年集邮活动的特殊意义

党的十八大是在我国进入全面建成小康社会决定性阶段召开的一次十分重要的大会。党的十八大报告指出:"要多谋民生之利,多解民生之忧,解决好人民最关心最直接最现实的利益问题,在学有所教、劳有所得、病有所医、老有所养、住有所居上持续取得新进展,努力让人民过上更好的生活";要"积极应对人口老龄化,大力发展老龄服务事业和产业";要"全面做好离退休干部工作"。这些论述充分体现了党中央对老龄化问题和离退休干部工作的高度重视,为在老龄化社会的大背景下,进一步做好新时期老年工作指明了方向。当前,我国已进入老龄化社会,据报道,中国是世界上唯一的老龄化人口过亿的国家(据第六次全国人口普查的数据显示,截至2010年我国60岁及以上人口达1.78亿,据预测在今后一个时期,我国60岁以上老年人将以每年3.28%的速度增长)每100个人中就有14位60岁以上的老年人。随着社会进步和

---

* 选自《邮苑晚晴集》(2013年)。

经济发展，老年人的生命在不断延长，老年人精神生活的需求也在不断增长。老年人退休后，由于不能适应环境和生活习惯的突然改变，容易出现心理障碍，尤其在当前经济转轨、社会转型和角色转换过程中，老年人在思想上和心理上往往产生焦虑和失落。如果不能很好地进行充实、调整，将影响到身体健康以致加速衰老。老年人的健康长寿，是家庭幸福和社会稳定的可靠保证，如何创新工作思路，加强老年集邮工作，充实老年人的精神生活，发挥老年人的作用，提高老年人的生活质量，是摆在我们面前必须认真思考和深入研究的新课题。

集邮活动是一项十分适合老年人参与的高雅的社会文化活动。首先，集邮有益于老年人身心健康，老年人可以通过参加集邮组织重新获得归属感，在丰富多彩的集邮活动中不断提出新的目标，获得新的需求与满足，使生活变得更加充实，从而将自己的不良情绪转移到有意义的方面去，用积极的自我调控的方法来缓解心理障碍，以充实精神生活。有专家指出：人的衰老往往是从大脑衰退和手脚衰退开始的。参加集邮活动需要手、脚、脑并用，脑力劳动和体力劳动相结合，因而可以推迟人体高级神经中枢的衰老，可以增强肌肉的力量和关节的灵活性，防止肌肉萎缩，使人体保持良好的健康状态。而大量事实也证实了集邮活动确实有益于促进老年人身心愉悦从而达到健康长寿。

集邮作为一种高雅的文化活动，无论是活动内容还是活动形式，都是老年人心理保健的最佳选择。首先，集邮是满足老年人自我实现需求的一种很好的方式，许多老年人希望从休闲中满足新的自我实现需求，而丰富多彩的集邮活动过程能够让老年人不断获得充实感和成就感。其次，集邮为老年人搭建了新的平台，开创了新的社会交往的大门。集邮活动与社会的交往，使老年人摆脱孤寂感和失落感，尤其是老少同乐集邮活动，通过和青少年的交往、更容易让老年人保持年轻的心态和产生一种社会责任感和成就感。

二、要积极开展有特色的集邮活动，使我省老年集邮活动迈上一个新台阶

广泛持久地开展基层的老年集邮活动，使老年集邮阵地不断得到巩固和发展，要不断丰富老年集邮活动的针对性和多样性，不断创造更多的适合老年人身心特点的、富有成效的活动形式，增强集邮活动的吸引力和凝聚力，做到以邮会友、以邮怡情、以邮益智、以邮健体。老年集邮活动中大手牵小手、老少同乐集邮是一项具有中国特色的集邮活动，值得大力提倡，长期坚持。牵手活动不仅对老年群体本身的好处很多，而且对于集邮事业的长远发展有重大作用和意义。实践证明，开展好老少同乐集邮活动对促进学校精神文明建设，提高实施素质教育的水准，丰富学校第二课堂，培养社会主义事业的合格建设者和可靠接班人都有着十分重要作用，是一种积极健康、富有成效的校园文化活动，是关系到集邮事业后继有人的战略性措施，也是创新老年集邮活动使之保持活力的重要内容。青少年是祖国的未来，他们的科学文化水平和思想道德素质如何直接关系着中华民族的前途和命运。在当前建立社会主义市场经济体制新形势下，加强学校德育工作，用青少年喜闻乐见的形式进行爱国主义、集体主义、社会主义教育不仅是教育部门和广大教育工作者一项义不容辞的责任，也是老一辈人应尽的义务。邮票除了作为邮资凭证外，对青少年还可起到潜移默化的宣传教育作用，有着鲜明的思想性和教育功能。因此，老年人通过邮票这一部百科全书使青少年学生通过集邮，不仅可以了解到祖国的名胜古迹、大好河山、灿烂文化，还可以了解到党的光辉历程、社会主义建设和改革开放的伟大成就，不断激发民族自豪感和热爱党、热爱社会主义情感。通过集邮这一载体，能够让学生在潜移默化中接受真、善、美熏陶，培养良好的审美情趣，增强品德修养，形成奋发向上精神风貌和高尚情趣，铸造气质素养，体现出集德育、智育、美育于一体的活动特点，使学生素质得到全面提高。因此要进一步创造条件，搭建平台，为老年人在弘扬中华传统美德、关心教育下一代、加强校园文化建设、促进教育改革发展等方面继续发挥作用，使老年人在有所作为中快乐生活，老年集邮组织在活动中得到充实和提高。

三、要重视老年集邮组织建设，不断壮大老年集邮队伍

提倡和发展老年集邮，只要创造一些必要的条件和很少的经费支持，就可以达到积极而有效的作用。

各级老龄委、老干局等涉老部门要充分认识老年人集邮工作的重要意义，切实把它当作老年工作的重要内容摆上议事日程，为老年集邮活动创造更广泛的条件，提供更有力的支持，要积极为老年集邮活动办实事、做好事、解难事，帮助老年集邮组织切实解决实际困难，让广大老年集邮爱好者更加感受到党和政府的温暖，共享改革发展成果。

各级邮政部门和集邮组织要大力支持老年集邮，将老年集邮活动作为重要工作内容抓好抓实，加强组织和引导。要千方百计为老年集邮活动创造条件，加强配合与协作。坚持以群众活动为主，普及与提高相结合，坚持以丰富精神生活为主，知识拓展与学术研究相结合，不断创新老年集邮活动方式，丰富内涵，实现老有所乐、老有所为、老有所成。

各级老年集邮组织要发扬艰苦奋斗精神，切实把建立、巩固、发展老年

集邮活动作为本职工作，积极争取各级老龄委（老干局）、邮政部门、老年大学、机关单位、学校、社区等有关部门、单位的支持和配合，形成各方协作、密切配合、和谐共赢的良好局面；要创新工作思路，广泛发动群众，扩大老年集邮爱好者队伍，将有一些集邮基础的老年集邮者吸收到老年集邮组织内，使他们有一个新的归属，为他们提供一个新的平台，在集邮组织里交到新的朋友，找到新的乐趣，发挥新的作用，获得新的成就，丰富退休生活；同时为老年集邮协会增添新鲜血液，改善老年集邮协会的年龄结构，不断壮大集邮队伍，使老年集邮充满生机。

　　做好老年集邮工作意义重大，影响深远。我们一定要认真贯彻党的十八大精神，要进一步深入贯彻落实科学发展观，突出以人为本的工作思路和理念，强化服务意识和责任意识，提高服务质量和水平，扎实开展好集邮活动，使我省老年集邮活动更上一个台阶，使老同志共享改革发展成果和全面建成小康社会的幸福美好生活，为构建和谐社会做出应有的贡献。

福建省基础教育课程改革的若干问题*

福建省基础教育课程改革走过了 14 个年头，在取得较好的成绩的同时还存在一些不容忽视的困难和问题。为推动课程改革的不断深化，需要对素质教育、区域推进、课程设置、教师素质、专业支撑等问题给予特别的理解和关注，找到切实有效的解决办法。2001 年，厦门市在福建省率先启动基础教育课程改革。2002 年至 2005 年，福建省各县（市、区）义务教育阶段学校分 3 批全面实施新课程改革。2006 年秋季，福建省普通高中起始年级全面实施新课程，新课程改革从义务教育阶段推进到普通高中。目前，福建省基础教育课程改革走过了 14 个年头，已经进入到总结经验、完善制度、突破难点、深入推进的新阶段。认真总结课程改革的成效与经验，深刻分析存在的困难和问题，深入探讨课程改革的思路与对策，对于进一步推进基础教育改革和发展，具有十分重要的意义。

一、福建省课程改革的成效

14 年来，在各级政府的高度重视和教育行政部门的大力推动下，广大教育工作者开拓进取、扎实工作，课改全面推进、不断深化，取得了较好的成绩，主要体现在四个方面。

体现素质教育的教材与课程资源不断丰富。当前，多数中小学教师都已经认识到，成功的教学活动，需要创造性地使用教材，需要充分利用教材以外的各种课程资源，要"用教材教"，而不是"教教材"。在课改工作中，现代教育优质资源被不断挖掘，并得到合理、充分应用，为课改工作注入新活力，不断引领课改工作向更高的层次迈进，向纵深的阶段发展。探索、研究、应用教育优质资源，已成为广大教师推行课改工作的首选方式，必经之路。

---

* 选自《福建省中小学课程改革研究》，上海人民出版社 2014 年出版。

体现以生为本的课堂教学模式逐步形成。各地中小学校都把课程改革的重点转到课堂教学上来，向课堂要质量，向课堂要效益。广大教师积极探索符合素质教育要求和新课程理念的教学方式，广泛应用启发式、探究式、合作学习、实验操作、社会实践等教学方式，充分调动学生学习的积极性、主动性，努力活跃课堂教学，推动形成新课程所倡导的自主、探究、合作的学习方式，课堂教学效率和质量得到显著提高。全省课堂教学改革活跃，呈现出了百花齐放的局面，形成多种多样的课堂教学改革模式，如"先学后教"课堂教学模式、"学导式"课堂教学模式等。

体现全面发展的考试评价制度更加健全。我省各级教育行政部门和各中小学校，都在新课程理念的指导下，努力探索建立促进学生全面发展的考试评价体系。一是实行学生综合素质评价制度，积极推进全科等级制记分法，建立健全中小学生成长记录档案，初步建立基础教育质量监测体系。二是建立学业水平考试制度，把学业水平考试与中招升学考试结合起来，减轻学生的学业负担，发挥其在素质教育实施中的导向作用。三是改革中招制度，推行初中毕业生学业考试与综合素质评价相结合的招生制度。四是大力推进高校招生考试制度改革，将重点放在考试内容改革上，推动高考改革与高中课改的有机衔接，真正落实"改革者受益"的原则，促进素质教育的实施。

体现特色发展的高中办学模式更加多样。普通高中新课程实验，增加了普通高中教育的选择性，构建了在共同基础上学生自主选择学习的育人模式，为每个学生提供适合教育，有力推进普通高中多样化和特色化发展。全省普通高中更加注重提高教育质量和形成办学特色，在内涵发展上下功夫，大胆探索试验，形成各自的办学特色和办学模式，如中外合作办学模式、普职融通办学模式、六年一贯制办学模式等。

二、福建省基础教育课程改革面临的困难与问题

在肯定成绩的同时，我们也应清醒地看到，福建省基础教育课程改革还存在不容忽视的困难和问题。主要有以下九个方面：

部分地区和学校对课程改革认识不到位。有的在课程改革中或瞻前顾后、等待观望，或放任自流、敷衍塞责，导致课程改革措施不力，工作停滞不前、流于形式。一些学校领导和教师由于对课改理念的把握和认识还不够，患得患失，停留在表象，以至于有形式无质量，课改的成效不明显，也影响了教师课改的信心；一些学校推进课改的过程中，走走停停，热情不够高，态度不够坚决，推进课改的有效机制没有建立，领导的作用没有很好发挥，阻碍了课改的步伐

和进度。

课程计划在一些学校尚未得到全面有效执行。音乐、美术、信息技术、综合实践等课程被挤占问题比较突出,特别是期末和复习备考期间被考试学科"侵占"的现象普遍存在,个别学校甚至出现"阴阳课表",一套应付检查,一套用于实际教学。

教学的有效性不够。有限的课时与教学内容的不断增加矛盾比较突出,难以把握教学内容的深度和广度。"繁、难、偏、旧"的状况在一些课程中不同程度存在着,课程结构比较单一,学科体系相对封闭,脱离学生生活实际和接受能力。

教师队伍整体素质与课改要求不相适应。部分教师仍然没有树立课程改革新理念,依然习惯于填鸭式知识灌输,自身素质跟不上课程改革的需要。农村教师年龄偏大、知识老化。教师结构性缺编现象严重。综合实践活动课和通用技术课教师普遍缺编,体育与健康课、信息技术课、艺术课教师也偏少。研究性学习课没有真正开展。

教师"教"与学生"学"的方式没有根本改变。教师讲得累,学生学得苦,事倍功半,效率低下。在课改课堂中,一些教师并无真正把握课改要求,有的为了追求课堂模式的变革,注重教学形式的变化,忽视了教学目标的实现,课堂教学出现了表演式的倾向;有的在学案的编制与使用上还有很多不足,学案的内容结构需要优化,体量需要斟酌,使用方法需要改进;有的在小组合作学习方面的有效性迫切需要提高,小组的建设与管理、评价与激励等方面都有待加强。

应试教育现象依然存在。少数学校开展课程评价时,过于强调学生考试成绩,将成绩作为评价教师、学生的唯一手段,分数承载了太多的希望。一些学校学生课程多、书本多、作业多、考试多、补习多的状况还没有得到根本转变,学生没有自由锻炼、休闲、阅读的时间和空间,承受了过重的学习和心理压力。

实验设施不达标、场地不足等问题突出。新课改要求有相应的理化实验室、实验设备、实验药品等,但有些学校或没有,或数量不足,或品种不全;大部分学校不能满足学生动手操作需要。农村学校设备设施、专业支持等保障服务体系有待加强,一些农村学校理化生实验室不齐,教学仪器设备陈旧、缺乏,教师"照本宣科"讲理论、学生"纸上谈兵"做实验的情况还普遍存在。

小学、初中、高中课改推进工作不平衡。总体来说,小学阶段课改推进时间长,受应试升学影响小,比初中、高中课改更深入、更实在,效果也更好。多数高中办学条件不能满足课改需要,学校的课程资源、走班教室、教学设施设备等还不能满足课改后的教学需要,教师的教育理念还没有转化为相应的教育教学行为，大部分教师参与课程开发和开设的意识和能力比较薄弱，课改推进滞后。

课改开放程度不高。很多学校未能很好开发学校、家庭及社会对学生发展有益的教育资源，社会力量在参与学校的课程开发、教研教改、质量监控等方面发挥的作用不够明显。作为全国率先进入课改的省份，福建省课改力度不够大、创新点还不够多，福建课改案例和经验在全国的影响力还不够广。

三、福建省深化课程改革需要探讨的几个问题

课改以来，教育观念、教学内容、课堂教学、学生学习、教师教学等都发生了许多令人可喜的转变，这些转变说明成绩是主导。但同时，课改中仍然存在并相继出现了这样那样的一些问题。这些问题，需要我们给予特别的关注和反思，找出切实有效的解决办法，以推动课程改革的不断深化。

关于素质教育问题。新课程改革纲要明确提出要改变课程内容"繁、难、偏、旧"的现状，减轻学生负担，推行素质教育。几十年来，各地的"减负令"多达上百项，可是学生的负担是越减越重。前不久，教育部针对其拟定的《小学生减负十条规定》正式面向全社会征求意见，实际上表达了教育部对这项工作情况的基本评价。出台减负令的初衷无疑是好的，有关减负的规定也符合教育的规律，但教育界仍然担心重复"一纸空文"的命运。我国中小学生的负担之所以长期无法真正减下来，根本原因有二：其一，义务教育不均衡，存在"幼升小"、"小升初"的择校热。在择校的压力之下，幼儿园小学化的趋势仍在继续，幼儿园竞争白热化的现象也已出现，0—3岁的早期教育也热闹登场，更别提小学生、中学生的学业压力了；其二，中高考制度改革没有实质性突破，考试升学基本上还是沿用传统单一的分数标准选拔评价学生。课改倡导发展性评价，突出评价促进发展的功能，突出多元化的评价指标，评价一个学生，在关注其学业成绩的同时，更要发现、发展其多方面潜能，使教育评价成为一种可持续发展的动力。考试作为一种教育方式是必需的，但考试不应是教育的唯一方式，更不应成为教育的全部。同样，考试成绩是素质教育的一个组成部分，但考试成绩不应是素质教育的唯一，更不是素质教育的全部。只有建立科学、多元的评价体系，才有可能把学校、教师、学生真正从应试教育中解放出来，还他们以自主发展的空间。

关于区域推进问题。当前，课程改革正从点到线、从线到面推进，如何增强改革的魄力、寻找改革的动力、破解改革的阻力，在一个县、一个市、甚至一个省整体推进课改，是值得研究的问题。课改是自上而下的政府行为，

它代表着国家的意志，体现着国家对未来人才发展培养的基本规划、基本设计。任何有意义的改革都不可能等到条件完全具备时再去推进，而它的最终完成与实践，要靠自下而上的个体、整体行为，体现着每个教师、每所学校、各级教育行政管理部门对未来人才培养的责任探索和责任实践，改革本身就是一个不断创造改革条件的过程。教改之路从无坦途，改革不进则退。随着课改从"浅水区"进入"深水区"，已经无法"摸着石头过河"，"草根课改典型"也难以复制。课程改革呼唤课程实施的顶层设计，呼唤对高效益的教学过程基本规范的设计，这方面需要各级政府和教育行政部门的大智大勇和积极作为，必须树立开放办学观念，调动家庭、社会的力量，共同推进课程改革。

关于课程设置问题。开足开齐课程是新课程改革的基本要求，也是实施素质教育的基础。目前一些农村学校和城镇薄弱学校仍然存在教师结构性失衡、专用教室不足、教育教学资源配置不合理的现象，制约了学校开齐开足开好课程。浙江省在深化高中课改中，一大批普通高中把目光投向校外，积极与高校、中职学校、行业协会、社会机构合作开发选修课，甚至直接引进校外课程资源。同时，建立省级课程资源库，重点向农村学校和城镇薄弱学校提供课程。不少农村学校利用农村特色资源开设了不少具有浓郁"乡土味"的选修课程。浙江省的做法值得我们借鉴。我们要更加注重综合实践课程、辅助活动课程的育人作用，根据不同地区和学生发展的需求，科学安排课程门类和课时比例；要更加注重学生的学习兴趣和经验，强化课程内容与学生生活、课程内容与现代社会、课程内容与科技发展的联系，努力提高学生阅读、书法、演讲、外语、体育、科技等方面的综合素质；要更加注重学生自主、合作、探究式学习，努力培养学生搜集处理新信息、获取习得新知识、分析解决问题、交流与合作的能力。更加注重健全国家、地方、学校三级课程体系，增强课程的社会适应性和学生学习的选择性。

关于教师素质问题。没有高水平的教师，就没有高质量的教育。教师的数量是否充足、质量是否稳定、结构是否合理直接影响着新课改的成败。深化课程改革对教师素质提出更高的要求。目前，教师在新课改过程中的问题主要表现在四个方面的不适应：一是对新教育观念的不适应；二是对教材的不适应；三是教学方法的不适应；四是条件保障的不适应。因此，必须把校长、教师培训工作放在更加重要的位置，把新课程作为培训工作核心内容，进一步加大培训力度，不断提高广大校长、教师实施新课程的能力与水平。教师素质的提升，关键在校长素质能力的提升，尤其是校长课程领导力的提升。校长要增强课改意识，把握课改理论，站在领导改革的最前沿，去研究，去思考，去策划，去总结，去提升，把丰富的教育实践提升到教育理论上来，把科学的教育提升到教育的科学上来；校长要激发全校教师的教育主动、教育热情和教育自觉，根据上级部署要求和学校实际情况，开足开齐课程，实施素质教育；校长要成为本学科的课改带头人，在个人专业学科中引领课程改革，并发现、培养、带领一批教学改革的生力军，以实践自己改革管理的理念和信念，创造良好的教改氛围。

关于专业支撑问题。教科研是联系课改理念和实践的桥梁，是解决课改实践问题的必要途径，是课改的重要支撑，从某种程度上说，教科研的深度决定着课改的高度。目前，我省设有省教育学院、省普教室、省教科所、福建师大基础教育课程研究中心等诸多教育培训研究机构，这些机构都开展各类培训教研、科研活动，做了大量的工作，也取得了一定的成效。但如要进一步提高各类培训、教研、科研效能与效益，加强培训机构与教研部门的协作、协调是重要的路径之一，并在实践中逐步实现资源整合的基础上，实现真正意义上的"研训一体"，为课程改革提供全方位、整体性的专业支持与指导。一要深入基层、深入学校教学第一线，研究课改、指导课改，了解课改新情况，研究课改新问题，总结课改新经验；二要认真总结各地在教学研究中创造的网络教研、联片教研、校本教研等教研模式，不断创新教研工作机制，提高教研工作的实际效果；三要充分发挥校本教研的优势，总结推广校本教研的典型经验，促进校本教研工作的规范化、制度化和网络化，使学校不仅成为学生学习的场所，同时也成为教师不断学习提高、成就事业的舞台。

《福建省著名中学校长丛书》序*

福建有许多著名的学校，这些学校一般都有着较为悠久的历史。虽然学校的类型不同、所处的地域不同、办学的规模也不尽相同，但它们的建设与发展无不凝聚着学校教职员工，特别是学校校长长期而又艰苦的努力，因此，也留下了极为丰富的精神财富和办学经验。这些办学有成的著名学校的校长，他们筚路蓝缕、披荆斩棘、呕心沥血、殚精竭智，通过对自己学校的辛苦经营，为福建基础教育的发展作出了不可磨灭的贡献，在福建中学办学史上树立起一块块丰碑。他们所辛苦经营的著名学校，是他们丰富精粹的教育思想、卓越高远的办学理念，以及泽惠后人的实践业绩的见证。因此，他们和他们的学校受到省内外教育界和社会公众的肯定与尊重。今天，我们让这些校长们回顾他们的办学历史，绝非单纯为了让人们与他们一起沉浸于旧日之情怀，更重要的是为更多的学校的现实发展提供智慧与借鉴，帮助更多的学校和校长更好地面向未来。

不积跬步，无以至千里。认真总结福建省那些著名学校发展的点滴经验，对于福建省今后基础教育的健康发展必将有所裨益。可以说，在这些校长的办学历程中，无论是成功抑或是失误，都给后续者留下了宝贵的精神财富。正因为如此，我们才应该铭记这些校长的业绩。编辑出版这套"福建省著名中学校长丛书"，正是为了继承这笔精神财富，认真总结他们的得与失，以将其获得的成就进一步发扬光大。

"福建省著名中学校长丛书"全景式地展现了当代福建著名学校中校长群体的风貌，一位位校长在书中，对办学中的艰辛和努力，以及自己与同行的工作都进行了透彻审视。让读者深切地感受到福建一所所名校发展的激动人心而又硕果累累的历史。应该说，在每一所学校的发展过程中，各位校长都倾注了

---

* 选自《福建省著名中学校长丛书》，上海人民出版社2014年出版。

全部的心血，付出了太多的情感，奉献了自己的聪明才智。也正因为如此，这套"福建省著名中学校长丛书"已远不止是这些校长个人的言行实录，而是一所所学校不断地开拓和创新历程的展现和描绘，是他们宝贵办学经验的总结和概括，是现代管理理念的实践和升华，是科学教育思想的凝练和阐释。

校长的个人文集一般包含以下部分的内容：学校精神的倡导和凝练；学校发展的宏观规划、微观计划、发展目标和工作方案；对学校发展成果、工作经验的概括和总结；关乎学校重大发展前途的请示和报告；在不同场合的致辞、讲话和述职报告；所撰写的论文和经验文章。总而言之，内容十分丰富，从宏观发展规划到一件件具体工作，从发展成果到学校精神，从师生工作、学习、生活到专业发展、个人修养，从关注学校发展到由此而关注社会进步，从学校事业到教职工生活，都有所反映。可以说，关乎学校工作的方方面面都在书中显现出来。尽管内容纷繁复杂，但校长们在汇编文集时仍然始终坚持一条原则，那就是以发展为主线，以超越为追求，以改革为信念，以和谐为理想。

阅读"福建省著名中学校长丛书"，虽然其中各位校长的具体经历不同，但我们能从中深深体会到各位校长管理实践中那些具有共性的明智之举和办学实践的闪光之处：

坚持理念指导。理念是指人们在认识办学规律过程中形成的一系列科学的基本观念，是支配校长们在办学过程中的思维和行动的意识形态与精神指导。现代学校的办学理念是校长的灵魂，是学校文化的积累，它是促使名校长这一群体向专业化迈进的总的指导思想。因此可以说，有什么样的办学理念，就决定了校长有什么样的思维方式。各位校长是教育的实践者，但他们更是教育的思想者，其办学理念、谋划决策关系着学校的发展走向，更难能可贵的是，这些先进的办学理念和科学的教育思想始终坚持贯穿在他们的办学实践的全过程。

优先确立办学目标。凡事预则立，不预则废。从各位校长的讲话和文稿中可以看出，他们始终坚持在明确办学目标的引领下开展工作，比如，殚精竭虑制订了学校发展长远规划目标，并且每个阶段都有发展规划，每个年度都有发展目标，每项工作都有一定的计划。这些发展目标、方案和计划既切合实际，又比较高远，在办学实践中经过努力或"跳一跳"都能一一实现。

不断开拓创新。革故鼎新、开拓创新是事物发展的不竭动力。各位校长在教育实践中，不断追求思想理念创新、体制机制创新和办学实践创新，以勇于改革的气魄、善于创新的能力不断创造出新的成果。在学校发展的每一个关键环节和重要的转折期，正是这些创新之举，始终助推学校沿着正确的方向不断前行。

注重人文治校。以人为本是各位校长始终坚持和不断发展的治校理念。透过字里行间，我们深深感受到在教育实践中，各位校长始终尊重每一位教师和学生，尊重他们的人格，尊重他们劳动和创造，尊重他们的完善和发展。这是非常可取的。

以个人魅力影响学风、教风与校风。校长们在一言一行中所体现的品格、作风，往往在悄然无声中对众多师生乃至学校整体产生某些影响。对于学生，形成学风；对于教师，形成教风；对于学校，则形成校风。这些学风、教风、校风的养成，有赖于校长的个性、品格和工作作风。

桃李不言，下自成蹊。正是凭借对学校发展的信念和对校长岗位的热爱，这些著名中学的校长们趟过泥泞，跨越坎坷，为福建省基础教育的发展开创了光明的前景。一段段艰苦奋斗的光辉历史和因此而创造的办学成就永远镌刻在福建中学办学历史的丰碑之上。当然，他们留下的也绝不仅止于这些，前赴后继的努力奋斗和薪火相传的学校精神都将永远定格于斯。

加强福建省中小学
校园文化建设的思考*

自从教育部2006年《关于大力加强中小学校园文化建设的通知》下达以来，特别是福建省《关于加强全省中小学校园文化建设的意见》颁布后，在各级政府的高度重视和教育行政部门的大力推动下，经过几年的探索和努力，当前，福建省不少中小学校园文化建设从逐步重视到扎实开展，取得了良好成效，但在建设过程中，也出现了认识的模糊性、建设的盲目性、雷同性、封闭性、功利性、形式化等问题。要解决这些问题，重点在于抓好五个"注重"（注重因地制宜、因校而异、因势利导、因利乘便、因时而进），才能进一步突破制约中小学校园文化科学发展的"瓶颈"，实现校园文化的大发展、大繁荣。

一、校园文化建设的成效

越来越多学校在校园文化建设上取得共识。校园文化建设是学校育人工作的重要一环，对学校发展和师生成长具有重大意义。近年来，各级教育行政部门和越来越多的校长逐步认识到校园文化建设的重要性，不仅把校园文化建设作为展现校长教育理念、学校特色的重要平台，更把校园文化建设作为规范办学的重要体现，作为学校教育的重要组成部分、全员育人的重要环节，不断加大校园文化建设投入的力度。教育行政部门加强了校园文化建设的统筹规划，积极向学校提出校园规划、文化活动等合理化建议。一些学校从一开始的自发自为地搞校园文化建设，发展到现在能够积极自觉地发动和引领师生共创共建校园文化。在各方的共同努力和不懈探索下，各地校园文化建设水平得到不断提高。

---

* 选自《福建省中小学校园文化建设研究》，上海人民出版社2015年出版。

越来越多学校在物质文化建设上成效显著。毋庸置疑，经过三十多年的建设，当前中小学，特别是农村中小学的物质文化建设发生了翻天覆地的变化。笔者走访福建省原贫困县东山 10 所学校，发现学校物质文化一应齐全，令人耳目一新。由于当前福建省大力推进义务教育均衡建设，各中小学校都很重视物质文化建设，从校园整体布局，到校园绿化、硬化、净化、美化，都有精心安排设计，并努力体现出学校独特的校园物质文化风格，校园呈现出焕然一新、生机勃勃的面貌。

越来越多学校日渐完善了规章制度。校园文化建设的一个重要保障就是形成了良好健全的制度文化。一些中小学校原来不太注重制度建设，管理、教学随意性大，缺乏规范性，推进校园文化建设以来，这种局面得到逐步改善。全省各中小学校加快了建章立制的步伐，进一步规范校园管理的各项规章制度。大部分学校实现了制度上墙，让学校管理的各校规章制度时刻清晰可见，做到了以人为本、赏罚分明，使得学校管理有章可依、有法可循，有效地提高了工作的科学性，为提高教学质量提供了制度保障。

越来越多学校在努力丰富校园文化的内容和形式。全省各中小学校广泛开展常规性德育活动、各种主题教育活动、社团活动。我们在东山县看到各校开展各种特色活动，如实验小学开展书法教育，宅山中心小学、二实小开展"大课间"活动，铜陵四小开展"七彩贝"系列文体兴趣活动，这些学校已经不再局限于朗诵、绘画、歌唱比赛等校园传统文化活动，而是向着创新性、特色性发展，内涵丰富、形式多样，寓教于乐。丰富多彩的文化活动提升了师生素质，活跃了校园氛围，使校园充满活力与生机。

越来越多学校日渐彰显精神文化的特点。校园精神文明建设是根据学校培养目标和社会发展要求等因素，因地制宜地建设各具特色的精神文化，如校风、校训、学风、班风等。不少中小学校根据办学历史、办学理念和时代要求，重新审视学校精神文化，以打造独特的精神文化为目标，纷纷开展学校精神、校训、校风、校歌等校园文化理念的创建、凝练和弘扬活动。东山县很多学校都注重开展校园文化理念的建设。比如，有的学校建设成"尚美"校园文化，有的建设"感恩"校园文化，有的则以"国学"浸润师生心灵等，校园精神文明建设特色开始彰显，并逐步向深化发展。

越来越多学校日渐注重校园文化的育人功能。校园文化以其丰富性和多样性而具有良好的德育、美育和实践教育等等多方面的育人功能。正是认识到校园文化具有如此丰富的育人功能，因而越来越多的中小学校更加自觉地培养良好的校风、学风。

二、当前校园文化建设出现的问题和思考

福建省中小学校园文化建设虽然取得了不少成效,但我们也要清醒地认识存在的问题,并予以改进、提高,增强校园文化建设的科学实效性。

克服校园文化建设的模糊性,注重因地制宜,增强校园文化建设的自觉性。至今仍有不少学校对校园文化的认识存在很大的模糊性,认为搞校园文化建设就是开展一些活动,无关乎学校发展大局。这种偏颇的认识导致校园文化建设处于边缘的位置,变得无足轻重,进而在校园文化建设上表现出某种盲目性,甚至为开展活动而开展活动。事实上,校园文化就其内涵来说,是学校环境文化、制度文化、精神文化、行为文化的总和,是学校办学历史积淀和凝练弘扬的精神结晶。校园文化打造的物质环境,处处都在影响师生的言行;校园文化营造的精神环境,时时都在陶冶着师生心灵,潜移默化地影响着他们的精神面貌;校园文化生成的规章制度,人人都在营造正确的集体舆论,规范引导着师生的行为,促进他们努力去实现工作目标;校园文化是为师生提供共同目标和价值的基础和基石。因此,我们要清晰地认识校园文化建设的内涵、功能和价值,增强因地制宜的自觉性。各地学校的校园文化都会受所在地区文化的影响。也就是说,建设校园文化要从本地实际出发,善于从本地地域文化中汲取营养,突出地域特色,这样的校园文化根植于历史和社会的土壤之中,既有深厚的历史底蕴和地域特色,对本地学生也天然地具有吸引力,也易于传承、践行和创新,便于内化成素质。福建省的自然地理差异性大,也使得福建省的区域文化多样性强,如闽文化之中仍保有各自不同特点的闽都文化、客家文化、闽南文化、妈祖文化等区域特色的文化。各地中小学都注意挖掘当地传统文化,纷纷开展富有特色的地方文化进校园活动。如:厦门实验小学集美分校从2006年成立之初就根据地域环境和文化传统,确定闽南文化作为校园文化发展特色。他们率先在全市开展闽南文化进校园活动,开展闽南文化月活动,走上特色发展之路。当然,对于一些地处农村的学校而言,其校园文化建设因为实际存在的城乡差别面临许多困难。但是,如果能因地制宜地开展工作,也会创出自己的特色,收到预期的效果。诚然,城市里的博物馆、科技馆、纪念馆、图书馆等公共设施为中小学生提供了丰富的德育资源。相比之下,不少农村学校学生还难以方便地享用这些资源。然而,随着交通状况日新月异的发展,为农村学校提供了共享的可能性。

避免校园文化建设的同一性,注重因校而异,发掘校园文化建设的多样性。当前一些学校校园文化建设主题与内容陈旧、雷同,既无创新又无特色。不少学校在办学理念上缺少反思、凝练与提升,在校园文化建设规划上缺乏系统性

和科学性，出现千校一面、千部一腔的雷同现象。在校园文化的四大构成中，精神文化是校园文化的核心，而校训校风则是重中之重。问题在于不同的办学条件、不同地域位置、不同的师生素质，校训却几乎雷同，大同小异，缺乏特色。例如很多学校校训"不谋而合"，如"团结、拼搏、勤奋、求实"等，既体现不出自己学校的特色，又难于形成核心的价值观。学校价值观是学校生存发展的精神支柱，但是这种照搬的口号式校训校风，往往只能停留在口头上、张贴在墙上或写在汇报材料上，很少落实到行动上，无法内化为向上发展的动力。另外，就校园文化建设主题而言，福建省一些学校在国学经典诵读或闽南文化继承、弘扬方面做出了一些有益的尝试，引起其他学校效仿，但这种效仿往往未能抓住本质，只是依葫芦画瓢，简单模仿，缺乏自身特色。为此，必须克服校园文化建设的雷同性，增强因校而异的自觉性。那么，如何做到因校而异呢？笔者认为，最关键的是要开展调研整合与系统规划，确定不同的校园文化建设的重点或者说切入点。具体来说，不同的学校在校园文化建设模式上和层次的选择上，必须因校而异。要把握好"三个有"：一是统一中有多元性。比如同样以弘扬国学经典为校园文化特色，不同的学校可以做得多样多元，同中有异，各具特色，有的专诵《弟子规》，有的大力倡导《论语》，有的则专抓传统礼仪教育。对同一个主题采取不同的切入点就显得丰富多彩。二是借鉴中有创新。在一些同样以南音文化为校园文化特色的学校，有的开设南音课程直接教授日常闽南语会话，有的通过为闽南童谣谱曲，通过音乐课用南音教学生传唱，寓教于乐，形式活泼，这就是借鉴中有创新。三是一致中有层次性。对于一些条件不够理想的学校来说，可以专做某个校园文化建设中的某一层次。对一些以美术熏陶为校园文化特色的学校来说，有的学校师资少，规模小，可以做基础层面但内涵丰富的艺术活动，比如做不了"高大上"的油画、国画，就专做漫画、涂鸦或者剪纸，有的农村学校甚至搞"丝网花"、布贴画等具有校本性质的美术活动。因校而异的另一层意思是，还要善于根据学校规模、建筑特点、地形地貌来考虑校园文化建设。占地面积小、规模小的学校，可以充分利用立体空间开展校园环境建设，如选择文化墙、电子墙等。占地较大的校园，环境建设也不能只考虑所谓的大气、规模，而应该更多考虑美观性、文化性和教育性，让校园环境成为促进学生学习的成长乐园。总之，要坚持因校而异，张扬个性，从广度和内涵建设上有所作为，让学生真正受到校园文化潜移默化的教育影响。

改善校园文化建设的封闭性，注重因势利导，增强校园文化建设的开放性。这里所谓的封闭性与开放性问题有两个方面。一是自我封闭，关起门来，拒绝外来影响，把负面的挡在校外，而同时，把正面的也挡在外面。二是对外开放，开起门来，吸纳外来的正面的东西，并同时对外传播自己的正面的校园文化。

从校园文化环境看，当前中小学校园文化建设相对比较封闭。尤其因为社会纷繁复杂，思想文化交流交融频繁尖锐，其中存在不少消极因素、腐朽思想，不利于中小学生的健康成长，许多学校担心发生意外，采取校门紧闭的办法，以求平安。丰富多元的社会文化，其实早已渗透在学校的方方面面。但有些学校在校园文化的建设中，总是按照僵化的思维，考虑所谓的安全等因素，企望构筑起一个封闭的校园文化体系，希冀以此能维护校园文化建设的纯洁性和学生活动的安全性。把校园人为地封闭起来扼杀了中小学生求真、求知、求实的天真与本性，使学生失去了经风雨、见世面、长本领、增能力的宝贵机会，与校园文化建设的本意是相悖的。著名教育家陶行知先生强调"以生活为中心的教育"，他指出"生活即教育，社会即学校"，致力于打破学校和社会的界限，让学生在社会中学习和历练。他创办的晓庄师范学校因此而闻名遐迩。封闭性的另一方面是陈旧固守，不能与时俱进，总是用老一套管理理念和办法，缺乏新鲜感和生活气息。这种自我封闭状态，与博大丰富、多元多彩、不断发展的社会文化形成明显的反差，显然不符合开放性的现代教育的要求。有鉴于此，学校应该将自己置身于广阔的社会环境，因势利导，与时俱进，不断适应社会对人才培养的要求。在这里，要正确地把握封闭与开放、守成与创新的问题。在这个意义上来说，因势利导有"因守成之势，行利导之便"的意思。也就是说，要将校园文化建设中传统的、固有的、好的经验做法一直顺势延续下去，逐渐变成师生共识，塑造优良的校风学风。因势利导的另一层意思就是不固守封闭，走出校园，在把握好基本原则、确保安全的前提下，走向社会，走向自然。比如，可以利用节假日社会教育机构开展活动的契机，加强与博物馆、科技馆等社会实践基地的联系，建构完善的社会教育体系。对老一套管理办法和经验改革，要采取"走出去引进来"的办法，到办学管理理念先进的学校走访学习，不断革新完善校园文化理念。另外，社区文化的一个重要部分就是校园文化，除共同特点外，校园文化还有其创新、先进、健康的特点，必然起着带头、带动引领社区文化，甚至起到改变社会陋习，推动社会进步的作用，促进公民文明素质的提升。校园文化向社会传播辐射，以此影响社区，改变社会。由此观之，开放性应是校园文化建设更深的文化反思和更高的境界追求。

避免校园环境文化建设的形式化，注重因利乘便，坚持校园文化建设的一致性。当前，校园环境文化建设还突出存在重形式、轻内涵，流于表面、缺乏深度的问题，校园文化整体上缺乏活力。其实，校园文化建设是无形的，但其许多载体又是有形的。如何消除校园文化建设中这种形式化问题，就要有一种大局的、整体的目光，因利乘便，坚持校园文化建设的一致性。所谓因利乘便，就是凭借有利地势、形势、时势来开展校园文化建设。一是凭借有利地势。

这里既包含宏观的地势又包含微观的地势。宏观的地势是指学校所处辖区的大地理位置，海岛，平原，丘陵，城市，农村，他们孕育了不同的地理文化。学校应适当吸收当地的地理文化的营养融入校园文化建设。微观的地势就是学校建设布局及其与周边建筑的地理关系。例如，东山一中的海洋生物馆，集几十年之努力而建成。小学校宜做丰富的、精致的校园文化，大学校要借重大气浑厚物质环境来育人。二要凭借有利形势。比如，学校校风浓厚，可以深入挖掘校风的意义和价值，通过校风潜移默化的教育价值影响人。很多中小学每周一升国旗，可以借这个有利形势开展爱国爱校教育，漳州一中的"朱子书院遗址"和"净众寺"把文保单位、文化遗产与校园规划有机结合起来，让学校更显得历史悠久，文化厚重。三要巧借有利时势。把握时代脉搏，开展中国梦和社会主义核心价值观系列教育活动。比如，泉州培元中学就是抓住了"南音"正式入选联合国"世界人类非物质文化及口头文化遗产代表"的契机，重点开展以传承南音文化、进行南音文化教育为特色校园文化建设，有南音活动社团、有南音校本教材，同时还让南音走出校园，走向世界，在境外开展交流活动，成效突出。总之，要注意因利乘便，借助一切有利的育人契机。

淡化校园文化建设的功利性，注重因时而进，突出校园文化活动的实效性。校园活动具有丰富的教育功能，是学校德育、智育、体育等重要载体。然而，一些学校的文化活动貌似开展得"轰轰烈烈"，其成效却备受质疑。这反映了不少学校重视课堂文化、忽视课外文化的问题。忽视课外活动文化建设不利于学生的个性成长和特长发展，使学生成为只会读书的机器，与素质教育的目标背道而驰。校园文化建设最根本的意义在于教育，而教育是一项事关未来的非功利性的公益事业，因此校园文化建设最忌讳的是功利性。为了获奖、为了表彰、为了出名、甚至为了赢利。由于受教育GDP思想的影响，少数学校的一些活动充满了功利色彩，这与校园文化建设的本质意义是极不一致的，甚至本质上削弱了校园文化建设成效。近来学生统一着装备受诟病，在于违背教育本义。穿着校服旨在体现学生蓬勃向上的精神风貌、清新纯净的童真童心，更体现在学校教育中不论民族、出身、不论贫富、贵贱，在学校中渗透平等思想，而在一些学校却是随意订制，甚至成为少数人敛财的路子，不仅玷污了校园文化建设的声誉，而且对学生心灵的侵蚀影响也是难以估量的。为此，就必须注意淡化校园文化建设的功利性，围绕其核心价值，开展一致性、一贯性的活动。同时，校园文化发展深受历史文化进程、社会经济发展影响，同样遵循着文化新陈代谢的规律。这意味着在校园文化建设中，要顺应时代发展潮流，对一切有利于新的时代、新的社会生活发展的文化内容和形式要大力提倡和弘扬，使之发扬光大。换言之，就是在校园文化建设中，要注重因时而进，坚持稳中求变，在传承中求创新，在创新中促积淀，在积淀中再延续。比如在德育方面，当社会主义荣辱观推进为社会主义核心价值观时，校园文化建设的内容也要有相应的调整，要突出社会主义核心价值观中的新提法、新内涵，与时俱进，感受社会和时代的脉搏，让学生始终保持新鲜感和时代感，从而有效地对学生进行社会主义道德教育。当然，校园文化建设是一项长期、持久、积淀式的工程，最忌那种临时、突击、集中性的运动，更不可能企望毕其功于一役，因此要避免临阵磨枪的应对，要避免狂飙突进的运动，还要避免因校长的变更而不断地变更建设内容和项目。

总之，校园文化建设是长期的系统工程，不可能一蹴而就，一步到位，一劳永逸。校园文化建设一定要坚持一致性、一贯性，一定要坚持历时性、延续性，一定要求真务实，不求全面展开，但求独具特色；不可急功近利，但求久久为功。唯此，我们就能在校园文化建设中从自发走向自觉，从自觉走向自由，校园文化建设才能在更高的层次上得以发展，校园文化建设的意义和功能才能在更高的层面得以发挥，校园文化建设的成果才能在更高的境界中得到发扬。

福建省中小学德育工作的成效、问题及对策*

德育是学校教育的灵魂,是学生健康成长和学校工作的保障。因此,学校必须把德育工作摆在重要位置,时刻树立教书育人、管理育人、服务育人的思想,确保学校德育工作的顺利实施。近年来,福建省教育系统认真贯彻落实中共中央、国务院《关于进一步加强和改进未成年人思想道德建设的若干意见》,积极探索培育和践行社会主义核心价值观的方法途径,积极探索具有福建特色的学校德育工作新路子,切实把社会主义核心价值观融入学校课堂教学、主题教育、文化建设和日常管理之中,涌现出了许多新做法,取得了明显成效。以下,我就福建省中小学校德育工作的主要成效、存在问题、对策措施与大家做一些探讨。

一、福建省中小学校德育工作的主要成效

(一)努力健全德育机制,制度建设日益完善

德育机制建设对德育工作具有全局性的影响,健全的德育机制是有效开展德育工作的重要保障。全省各级教育行政部门和各级学校都把德育工作作为一项事关全局的战略任务,列入重要议事日程,纳入教育教学总体规划,基本形成了校长全面负责、党组织发挥政治核心作用、党政工团齐抓共管的工作机制。近年来,福建省制定印发了《福建省中小学德育工作整体化意见》《福建省中小学实施素质教育工作督导评估指导方案》《福建省义务教育阶段学生发展性评价指导意见(试行)》《福建省初中毕业生综合素质评定指导意见(试行)》

---

* 选自《福建省中小学德育工作研究》,上海人民出版社2016年出版。

《福建省中等职业学校德育工作实施细则》《关于培育和践行社会主义核心价值观加强和改进中小学、中等职业学校德育工作的实施意见》等一系列指导文件，突出强调德育工作的重要性，增加德育内容在各种评估中的权重，有效加强了德育工作的制度保障。各地各学校结合实际，积极探索德育工作评价体系，厦门将中小学德育工作纳入教育教学评估体系，作为中小学督导的重要内容，作为对学校和校长的重要评价指标；三明制定了中小学德育工作评估细则；泉州、漳州组织开展了德育工作先进学校的考评和表彰。

（二）高度重视队伍建设，德育实践活动日益丰富

学校德育离不开一支热爱德育工作、思想品德好、业务能力强和专业水平高的德育骨干师资队伍。我省坚持把加强德育队伍建设作为提高德育实效性的基础，把德育工作列为校长和教师培训的重要内容，选配较高学历水平的教师从事德育工作。近年来，各级教育行政部门和各类学校充分利用各种重要节日和重大事件，抓住德育工作重点，积极组织开展形式多样、内容丰富的主题班团队会和德育实践活动，突出抓好爱国主义教育、社会主义荣辱观教育、社会主义核心价值体系教育、法制宣传教育、文明礼仪教育和心理健康教育，引导学生将个人的健康成长与祖国的繁荣富强、民族的伟大复兴紧密联系起来。如，省里依托各地各类德育基地举办丰富多彩的暑期德育夏令营，组织数十万中小学生参加社会实践，取得了很好的教育效果；各地各校还针对"留守儿童"、单亲儿童等特殊学生群体开展心理辅导；厦门市要求"每校专门设置1—2名心理健康教育教师编制、中小学职称评定专设心理健康教育学科的门类、把心理健康教育从学校教育延伸到社区教育"等做法深受师生欢迎。

（三）注重创新德育载体，校园文化氛围日益浓厚

传统上来说，德育工作的主要载体有德育课程、德育专项活动、校园文化等。然而，信息时代下，网络已成为德育创新的重要载体，有着传统载体无可比拟的超时空、资源、交互性等优势。为此，我省各地各校积极探索网络德育新载体，不断构建网络德育新平台，有效拓宽了德育渠道。如泉州市自2004年开通"泉州德育网"以来，积极开展"百万青少年健康上网"活动，通过"网上爱国主义电影展播"、"防震减灾知识阅读"、"心理健康咨询"、"网上祭英烈"、网上爱国主义读书征文、网上夏令营等各种德育活动，为全市教师、学生和家长创设学习与交流的互动平台，全市有100多所中小学依托该网站创建学校德育网页，实现了网上德育资源共享；福州市的数字青少年宫，以其鲜活的内容和海量信息，吸引了广大青少年主动参与，使网络成为未成年人思想道德建设

的新阵地。中央新闻媒体对我省学校德育借力网络的做法给予充分肯定。宁德市各中小学校积极组织开展艺术节、体育节、读书节等活动，建立文艺社、英语社，推荐好书好报，"创设一个会说话的楼道"，建一条"文化艺术长廊"等；厦门市推广普及新童谣，丰富师生校园文化生活，举办征集评选"厦门新童谣"、"厦门市小学生新童谣书法绘画展"和"厦门市小学生新童谣吟唱汇演"等活动。我省各地还充分发挥青少年德育基地、爱国主义教育基地、科普教育基地、国防教育基地、法制教育基地、学生社会实践基地的德育功能，开展德育实践活动，增强青少年学生的动手操作能力和综合素质，使每一个中小学生都有到一个教育基地接受教育的经历。

（四）积极构建大德育格局，"三位一体"日益紧密

青少年德育是一个社会化、系统化工程，需要学校、家庭、社会共同努力，形成全员德育的良好氛围。我省各地各校以"三位一体"建设为重点，积极构建学校、家庭、社会一体化的"大德育"格局，形成以学校教育为中心、家庭教育为基点、社会教育为依托的"三位一体"的德育管理网络。如，南平市各个学校都成立家长委员会，市里组织家长学校报告团开展安全教育、养成教育、法制教育、感恩教育、心理健康教育等"菜单式"家庭教育讲座，班主任通过电话、家访、互联网等多种形式及时和家长沟通情况，为学生成长提供帮助；厦门市开展"百名校长万名教师进社区进家庭"活动，每所学校分别与一个以上的社区（村）签订共建协议，进一步密切了学校与社区、家庭之间的沟通联系，构建起学校、家庭和社会"三位一体"的未成年人思想道德建设网络。

（五）深入开展德育探索，理论研究成果日益深入

德育研究是德育工作经验的反思、总结与理论升华，对学校德育具有重要的引领、指导作用。我省高度重视中小学德育研究工作，2011年省教育厅思政处成立省学校德育研究与指导中心，加强德育工作研究与指导，努力以高质量的德育研究提升德育工作的有效性。除每年面向全省发布学校德育重点课题和一般课题外，2014年，围绕新阶段德育工作重点任务，省委教育工委、省教育厅确定了首批学校德育重点改革示范项目，包括课堂育人、实践育人、文化育人、心理健康、家校协作等五类共15个项目，旨在通过推动示范项目建设，把社会主义核心价值观融入中小学、中职学校的教育教学和管理服务各个环节，形成以学校为依托，课程、活动、基地为载体，项目有力助推，网络有效支持的育人平台，通过示范引领，推动全省中小学德育工作的改革发展。项目申报工作启动以来，全省各市县、省属学校共提交了89个项目（课题）参与申报。

经专家严格评审，厦门市教育科学研究院的"构建融入社会主义核心价值观的学科教育课堂"等15个单位申报的德育项目获批。通过首批重点示范项目引领学校育人模式改革，进一步推动我省中小学德育工作上新台阶。各地各校除积极申报省、市各级德育课题外，也纷纷加强校本德育研究工作。各校通过开展教学研讨、教学竞赛等，深入探索德育课程的教学规律，加强课堂观察研究，优化课堂教学方式，引领德育课程教师坚持教书育人，致力于培养学生核心素质，全面促进学生在知识、能力和情感态度价值观等方面的全面发展。同时，坚持把德育主题活动纳入学校校本课程，并进行整体设计。将各项活动跟重大节日、重大事件相结合，跟学生实际紧密结合，立足学生生活实际问题的解决，及时总结德育经验，并使之理论化、系统化，取得了丰硕成果。如，厦门双十中学价值观系统教育案例、福鼎一中"体验式"思想工作案例、惠安一中"爱的教育"案例、宁德市华侨小学"国民语文应用能力实验"案例等，都是其中具有代表性的优秀成果，值得我们观摩、学习和推广。

总的来说，近年来我省中小学德育工作实效性比较明显，积累了一些好的经验：第一，各级党委、政府和教育行政部门加强对中职中小学德育工作的领导，是全面贯彻党的教育方针，坚持社会主义办学方向的根本保证；第二，始终坚持用"三个代表"重要思想和党的十八大精神教育和引导广大教职工和青少年学生，是学校德育工作的首要任务；第三，紧紧围绕素质教育的中心工作，把培养社会主义事业建设者和接班人作为根本目标，是学校德育工作的核心；第四，坚持解放思想、实事求是、与时俱进，在继承的基础上锐意改革，开拓创新，是保持学校德育工作强大生命力的关键。

同时，我们也清醒地认识到，面对新形势、新任务和新要求，我省学校德育工作还存在着许多薄弱环节。首先，全社会关心青少年德育成长与学校专注应试教育相冲突。学校理论上把德育工作列为首要地位，但是当德育遭遇应试教育时便被忽视、几乎变得不重要，重知识、轻德育成为学校普遍现象。其次，教师队伍特别是德育工作者队伍的建设任务的政治要求与队伍自身对待遇方面的要求相矛盾，直接影响了思政教师的工作积极性及队伍稳定性。再次，学校德育课程灌输式、理论式、知识性教学与学生德育养成的实践性、体验性、个体性相碰撞，学校德育课程教学形式单一、内容空洞，主渠道作用发挥不够，德育功能的渗透性不强，青少年学生社会实践、德育体验较为薄弱。还有，网络德育的超时空性、便利性、交互性与未成年人网络使用的现实负面性相抵触。现代学校教育越来越离不开网络环境，网络教育具有巨大优越性，然而学校对中小学生引导乏力，使其对网络德育兴趣不高，反而沉溺于游戏、色情、暴力等不良信息中，这对其身心健康成长十分不利……这些问题必须引起我们的高度重视，并采取有效措施切实加以解决。

二、进一步增强福建省未成年人德育实效性的对策与措施

随着我国改革的不断深入，对外开放的不断推进，中国特色社会主义的各项建设事业不断发展，中小学思想政治教育的环境变化日趋加快，其面临的问题复杂，应对的挑战日趋严峻。我们要正确认识和把握中小学生思想政治教育工作的发展趋势，正确认识和把握中小学生思想的规律和形势，坚持以学生为本，传承与创新并举，注重教育实效。同时，要根据党的十八大后，习近平总书记提出的实现"中国梦"和加强"社会主义核心价值观"教育，不断地推进、完善和实现、完成中小学生思想政治教育工作理念、视角、路径、对象等内在特征和方法、模式、着力点的转变，紧跟时代步伐，立足工作实际，主动更新思维方式，创新工作方法，优化工作模式，开创新的局面。

（一）从教育理念看，应从以能力为导向教育向以价值观为导向教育转变

现代教育理念已经完成了从知识教育导向到能力教育导向的历史进化，如今正转向价值观教育。青少年价值观教育的真正目的是培养他们价值行为能力，使他们能够不断提高价值认识、价值辨别、价值选择以及价值实现的综合能力，在社会不断的发展过程中根据自己的需要和社会需要不断调整自己的自我价值观念系统，完善自我价值观念和推进社会价值观念转型和发展。对于中小学生而言，在社会主义核心价值观教育中，爱国主义教育应该成为最重要的主体内核，这不仅因为爱国主义情感是一种极为深沉的民族情感，而且源于中小学生的成长规律和要求。正如习近平同志所强调的，青少年的价值取向决定了未来整个社会的价值取向，而青少年又处在价值观形成和确立的时期，抓好这一时期的价值观养成十分重要。这就像穿衣服扣扣子一样，如果第一粒扣子扣错了，剩余的扣子都会扣错。人生的扣子从一开始就要扣好。青少年是祖国的未来，民族的期望，我们用"扣扣子"来比喻青年价值取向的重要性。为此，要采取切实有力的措施，进一步加强和改进青少年思想道德建设，加强思想品德课的价值观教育作用，强化育人实践。一方面，学校要重视中小学课程的渗透教育，使课堂成为社会主义核心价值观教育的主要阵地。要紧密结合基础教育课程改革，把社会主义核心价值观的基本内容有机融入小学《品德与生活》《品德与社会》、初中《思想品德》和高中《思想政治》德育课程体系之中。另一方面，要借鉴优秀的传统教学方式，不断创新教学手段和授课方式，让学生在体验式、分享式学习中了解和掌握社会主义核心价值观"三个倡导"的丰富内涵，

让广大青少年在课堂教学中自觉接受社会主义核心价值观的熏陶，完善实现自我价值和社会价值。还要坚持日常教育与主题教育相结合、校内教育与校外教育相结合、外部教育与自我教育相结合，利用节假日、纪念日，开展各种学生喜闻乐见的活动。从爱学校的一草一木到爱身边的同学老师，通过潜移默化、习惯养成，扩大、深化、升华为强烈的、深刻的爱国情怀，引导他们对社会充满好奇之心，在社会变化中为之拨散迷惘；引导他们积极向上之时，在个人成长中学会担当责任；引导他们对中国梦憧憬向往之际，在现实生活中培养其不拒绝做小事、一步一个脚印的扎实作风。

（二）从教育视角看，应从要求学生做到什么到了解学生想什么和需要什么转变

传统的教育观认为教育（体制化的）是人类经济社会发展到一定阶段的产物，教育必须满足和适应社会发展的需要和要求，因而教育目的就在于培养各类人才满足社会发展的需要，要求人按照现实社会主流价值标准、人才素质规格和角色要求来塑造自己，从而在人与社会之间建立起一种适应性关系和认同性关系。在这里，学生的身心特点和发展需要被忽视，社会发展需要成为绝对主宰，人的内在发展需要则处于从属地位。学校要求学生根据社会的标准、规范和教师的要求去服从、去做、去完成某种学习行为，整个教育变成一部人才规模化生产的大型机器，学生在教育的流水线上被组装成整齐划一、统一标准的一个个符合社会规格要求的"产品"，这种按照一定模式和框架要求学生应成为什么人的"大生产"，把教育目的绝对化，不仅使教育的针对性越来越弱，思想政治教育工作越来越受到学生的抵制和消极对待，而且学生生动鲜活的个性、自主性和创造性等被修剪甚至被抹杀。而事实上，思想政治教育工作是做人的工作，更是做人的思想的工作，受教育者的思想状况是整个实践活动的主体。当代的中小学生，由于学生家庭、人口、周边社会及社会结构、社会生活方式的巨大变化、经济全球化和信息网络化的巨大影响，他们已改变过去"萧规曹随"的思维定式，更多地注重自身的兴趣爱好，更多地显示强烈的自立意识、竞争意识、个性发挥，开始作出自己的判断、选择和行为。人是一切社会关系的总和，学生思想状况是现实的真实反映，每一个人都是一个不一样的世界，更何况每一个人也都是不断变化着的世界。在教育过程中，学生是主人，是知识的主动探索者，要想达到教育目标，就必须准确把握受教育者的思想发展趋势，明确受教育者的思想处于什么状态，这是我们开展思想政治教育工作的重要前提。要使我们的工作有的放矢，取得事半功倍的效果，就必须以学生的发展为中心，以尊重、信任和发挥学生的能动性为前提，根据学生的内在需求和渴望，用学生的语言和学生容易接受的方式进行教育教学。只有这样，学生才会积极、主动、独立地发现问题，并在教师的引导下，去寻找解决问题的方法。从侧重教育目的转变为侧重了解学生思想实际，这一转变过程不仅符合教育教学规律，增强了思想政治教育的针对性，提高了有效性，而且体现了教育思想路线向马克思主义思想路线精髓的"回归"，实现教育目标。

（三）从教育路径看，应从单纯的理论教育、实践教育向立体式时空教育转变

当前教育存在两种倾向：一是以学生安全为由，坚持传统的、单一的课堂理论教育。思想政治教育依然枯燥无味，死气沉沉，学生不愿学、学不好的现象依旧，教师不用心、教不好的窘况依然存在；二是片面强调教育改革为由，为活动而活动。放松、放弃课堂理论教育，往往矫枉过正，导致一些社会活动、实践教育，表面上展轰轰烈烈、热热闹闹，而实际上学生获知有限、甚至所获偏颇的尴尬局面。我以为，正确的选择应该是，在加强理论教育的基础上，有效结合课堂教学、结合学生的具体情况，注重社会实践活动的针对性和有效性，加强实践教育、实践锻炼。就社会实践的体验式教育而言，不仅要精心设计实践目的、目标和实践环节，还要精心实施，尤其要注意加强"体验"过程中和"实践"经历后的教育与引导，避免导致社会实践活动收效甚微甚至产生反效、负效情况的出现。比如说，许多县以下中小学从学校实际条件出发，开发诸如"农事一日"、"新农村调查"等的实践与活动，普遍反映取得较好的效果。实际上，仅就教育活动本身对学生产生的影响而言，正负面情况都可能发生着、存在着。同样的农事活动，同样的农民调查，有的学生可能看到本质的一面、向前进步的一面，而产生传承的、推进的愿望；有的可能看到守旧的一面、艰辛生活的一面而产生奋斗和变革的动力；而有的则可能看到的是落后的一面，痛苦、悲伤的一面而产生畏惧、胆怯和逃离的心理。因此，活动之后的适时适当的教育引导是必需的。通过引导，让学生对农业耕作的辛苦、农民生活的艰苦有更深刻的体会、更深沉的爱恋，才会更加懂得珍惜粮食、养成勤俭节约的习惯，更加懂得热爱家乡、敬重父老乡亲的感情，并可能立下改变家乡面貌的志向。恰如让学生在播种浇水之后想象作物的生长与丰收，让其体验劳动后的成就感。套用目前时兴的"互联网+"句式，我想可称之为"体验+教育"，这或许才是体验式教育应有的内涵。事实上，既不能实施单纯的理论教育，也不可一味地开展所谓实践教育、活动教育，要实现向主体式时空教育转变，这就意味着，既把学生当做学校学习的主体，努力激发其学习的积极性、主动性和创造性，又能结合课内课外、校内校外、家庭、社会等教育教学资源，开展知识与实践

并重、校内与校外结合的主体式时空教育。由于道德本身具有强烈的社会属性，处处都在影响着社会个体和群体，这样客观上让学生能够打破学习的时间和空间界限，让学生时时可学习，处处可学习，并能选择性地利用他们所偏好的方式（比如有人擅长逻辑思维，有人却擅长形象思维，有人则倾向于二者结合思维）进行学习。要实现主体式时空教育的转变，还意味着要充分利用互联网、微信、微博中海量德育资源引导学生学习，有效拓展时间和空间开展德育和社会教育。不论你承认与否、拒绝与否，都无法避免、阻拦微信、微博的传播及其在中小学生群体学习、生活、思想以及道德观念上的影响。"封堵"显然不是最有效的措施，唯一正确的选择是因势利导，摒弃传统思政教育工作中教育者单方面思想灌输和受教育者单方面接受灌输的被动模式。按照微信、微博主动、平等、开放的互动交流模式，主动利用这种信息传播方式，进行合理规范和管理。不仅让学生随时随地把眼中所见、耳中所闻、心中所思及时发布在微信群中，将其思想、情趣、爱好、追求和苦闷等信息展示出来。而且，教师也可以秉承平等、真诚、民主参与的精神与理念，用生动形象、学生喜闻乐见的新媒体语言风格的表达方式参与讨论，进行正确引导。福建德育网、泉州德育网、莆田绿色网等省内知名德育网站积极构建绿色网络、健康网络的示范平台，在建立学校主导、家长配合、社会支持的"三结合"教育网络，探索家校联系新途径，发挥学生家长作用。利用所在社区、社会组织等各种社会性的青少年教育组织和其他社会机构，给学生提供德育活动资源等，都进行了有益的尝试和积极的探索。他们通过采取爱国主义、感动中国等视频展播及图文并茂的形式，通过大量的丰富的案例引导学生建立正确的价值观，引导其在信息时代正确运用信息网络，增长知识、开阔视野、促进身心健康发展等方面取得良好的效果，值得总结和推广。

（四）从教学模式看，应从课堂授受教学向课堂探究教学转变

中小学德育教育是为大学思政教育以及未来个人长远发展打基础的教育。由于中小学生年纪小、见识少，身心发育尚未成熟，坚持授受教学的主要课堂模式当然是无可厚非的，它是对中小学生进行政治思想教育最基本的途径，从而是中小学生初步掌握系统的科学知识、感悟一些基本政治理论和道德规范、提高学生的思想认识和习惯养成中不可或缺、必不可少的。而传统的授受式课堂教学之所以长期以来受到人们的抨击，除了一些教学内容陈旧、浅薄、枯燥、无法全部解释当前复杂的社会现象，一些阐述解释脱离实际，苍白乏力，难以服人。学生不爱学、不愿听、不相信，效果不显著、作用影响不大，一个主要原因就是把疏导性教育原则变成了"灌输式"、概念式、说教式、填鸭式的德育课堂教学方法。这种教学把学生当做被动吸收知识的容器和机器，而忽略了学生的主体性、自主性和创造性，从而让学习这种主体性活动变成了一种异化性的活动。而探究式课堂教学，正是基于指导启发、自主探究的基础上形成的教学模式。探究式课堂教学，具体来说，是指在教师的启发诱导下，以学生独立自主学习和合作讨论为前提，以现行教材为基本探究内容，以学生周围世界和社会实际，学生内心世界和真实生活为参照对象，为学生提供充分自主表达、质疑、探究、讨论问题的机会，让学生通过个人、小组、集体等多种解难释疑尝试活动，将自己所学知识应用于解决实际问题的一种教学形式。探究式课堂教学特别重视开发学生的智力，发展学生的创造性思维，培养自学能力，力图通过自我探究引导学生学会学习和掌握科学方法，为终身学习和工作奠定基础。教师作为探究式课堂教学的导师，其任务是调动学生的积极性，促使他们自己去获取知识、发展能力，做到自己能发现问题、提出问题、分析问题、解决问题；与此同时，教师还要为学生的学习设置探究的情境，建立探究的氛围，促进探究的开展，把握探究的深度，评价探究的成败。学生作为探究式课堂教学的主人，要根据教师提供的条件，明确探究的目标，思考探究的问题，掌握探究的方法，打开探究的思路，交流探究的内容，总结探究的结果。由此可知，探究式课堂教学是教师和学生双方平等参与的活动，他们都将以导师和主人的双重身份进入探究式课堂。把爱国主义教育和中华民族优秀文化传统、社会主义核心价值观和良好的道德品质，把各种抽象的理论、枯燥的说教，通过新颖、形象的案例、生动鲜活的讨论，动之以情、晓之以理，启发学生思考，拓宽学生思维，引导学生思想，由表入里，由浅入深，由此及彼，由兴趣到爱好，由朦胧到明朗，由感性到理性，逐步达到由外观到内化，学会分析、判断、选择，从而形成正确的情感观念、品格。这种真诚、平等、互动的课堂探究是现代教育的重要标志，是值得我们在教学与教育改革实践中努力探索、大胆实践和认真总结推广的。

（五）从教育方法看，应从单一性教育向多维度教育转变

如前所述，无疑，思政课和时事课在塑造社会主义核心价值观，对中小学生进行思政教育承担着主渠道职责。思政课老师当然是中小学生思政教育的主力军，实践证明，没有这样一支教师队伍，缺乏这样一个渠道是不行的；实践也证明，加强对中小学生思政教育仅有这样一支队伍、仅靠这样一个渠道是不够的。在今天改革开放日益深入、经济社会日益复杂，价值取向日益多元、国家要求日益提高的情况下，中小学生思想政治教育单一性向多维度转变的必要性和紧迫性日益凸显。

中小学各年段的学科教学也是思政教育的重要渠道。各学科教师都应该

也可以在教学中，充分挖掘教材中内在的思想因素，根据学科特点和教材实际，找准文化知识和德育教育的有机契合点，找准课堂教学德育教育的切入点，有意识又不失时机、不漏痕迹地把思政教育融入学科教学中。如历史、语文教学可以通过讲述悠久历史、优秀文化、优良传统、优美文学，有助于学生树立民族自豪感、民族自尊心、民族自信心，帮助学生增强国家认同、民族认同、情感认同、思想认同和政治认同。如物理化学教学可以通过自然现象、科学定律，有助于学生树立科学观念、科学思维、科学意识、科学创新。即便是生物、地理教学，也可以通过生死枯荣、人类演化、沧海桑田、星空日月，有助于学生学会理解生命、热爱生活、注重生态。从某种意义上说，正是这些学科的长期渗透、长期影响、相互衔接和相互作用，使中小学生在日积月累的渐进教育中获得启蒙和成长。

要进一步树立全员育人、全程育人、全方位育人的意识，进一步明确学校各行政部门和全体教职员工传道、授业、解惑人人有责，都应为了实现育人目标，在从事本职工作的过程中，以各种形式，促进学生综合素质提高努力进行直接或间接的教育。特别是班主任教育是全员育人体系的重要排头兵。就总体而言，不论学生今后环境、工作、岗位发生什么变化，中小学时期，学校的教育，老师的影响，特别是班主任给学生留下的印记是深刻的，而且是深远的。对一部分人来说，甚至是伴随终生的，不仅在思想、品质、特征上乃至举手投足，谈吐神情都"形影相随"。因此，班主任在开展工作时，不仅要引导学生有理想，有道德，有文化，有纪律，有爱国之心，有成才之志，有渊博之学；不仅要求学生做到什么，做好什么，更要以身作则，以自己的真去引导学生的真，以自己的善去影响学生的善，以自己的美去教化学生的美，知识育人、榜样育人、言传身教。每一个教职工也都应如此，从而形成学校文化育人、教学育人、活动育人、管理育人、服务育人等全员育人、全面育人的良好育人氛围。

家庭教育在中小学生思想政治教育中有着特殊的作用，这不仅因为中小学生对家庭有很强的依赖性，而且因为家庭对尚未完全形成科学人生认识的中小学生具有很强的影响力，因此，建立健全校内校外、学校家庭社会相结合的中小学生思想政治教育体系，不断提高家长参与思想品德教育的主动性、自觉性，不断提高其对子女教育的能力与技巧，不断加强与学校的沟通和配合，从而实现学校家庭社会对中小学生思政教育的一致性、协调性、实效性。

（六）从教育着力点看，应从宏观培养什么人向微观回归生活转变

应试教育和素质教育作为对立式的教育观念、思想，在各自的轨道上相互冲突又渐行渐远。二者之争其根本问题在于培养什么样的人。但培养什么样的人，

跟生活有着密切的关系。应试教育是教育脱离生活之根的一种表现。主要表现在：教育倾向于过早、过强和过度地将学生引入课堂、引入书本和引入名目繁多的考试；与此同时，也倾向于过早、过强和过度地使人脱离自然、脱离社会和脱离活生生的生活。这样一来，那种扎根于生活深处的人的创造力似乎不仅没有随着知识的增长而增长，反而不同程度地遭到某种压抑，甚至扼杀。让教育回归生活，"回归"本身只是手段，并不是目的。回归的目的在于，一是以生活推进教育，从空洞抽象的知识教育到个体置身其间的文化教育再到生活；二是以教育引领生活，让教育的理想回归并融于生活的理想，从而使教育能够真正引领现实的生活和创造理想的生活。如果说，让教育回归并深深地扎根于现实的生活是形而下层面的回归，那么，让教育的理想回归并融于生活的理想则是形而上层面的回归。生活的理想是个体自身能够得到全面的发展，并能获得自由、解放和幸福。对人所生活的世界来说，它是美好的、富足的并且是和谐的；对人的生活实践来说，它充满着创造性，能满足人们不断增长的物质生活和精神生活的需要。诚如毛泽东同志在其著名的哲学文章中说，"人的正确思想是从哪里来的？是从天上掉下来的吗？不是。是自己头脑里固有的吗？不是。人的正确思想，只能从社会实践中来。"既如此，我们德育的着力点，就应实现向回归生活转变。"空洞抽象的调头必须少唱，教条主义必须休息，而代之以新鲜活泼的、为中国老百姓所喜闻乐见的中国作风和中国气派"（毛泽东语），尤其是青少年思想政治教育，更应该摒弃抽象的概念、僵化的教条、枯燥的背诵、纯粹的记忆和无味的考试，转而向看得见、摸得着、听得懂、做得到的具体的、形象的、生动的、鲜活的、真实的生活回归。让真实的生活，真实的细节深入到学生情感、行动、能力、判断、选择的实际状态中去，改变现在德育教育中不少地方存在的光说不做，会考不为，知行不一，理论与实践脱节、律己与律他相悖的双重标准、双重行为、双重人格的状况。当然，归根结底，其核心还是人自身能够真正获得全面的发展，并且获得自由、解放和幸福。教育的所有目的和理念就是要落细、落小、落实在广阔的生活之中，就像现代著名教育家陶行知先生所倡导的生活教育一样。陶行知先生积极践行其终身笃信的"以生活为中心"的教育思想，他认为，生活教育是"生活所原有，生活所自营，生活所必须的教育"。教育的根本意义是生活之变化，生活无时不变，即生活无时不含有教育的意义。陶先生的提出生活即教育，社会即学校，"教、学、做"合一的论述，至今仍回荡着真理的声音。最世俗的也许是最纯真的，最平常的一定是最真实的，融于生活本身的教育将获得最真诚的成效。教育回归生活就是回归教育的本源，思想教育着力点向回归生活的转变将成为教育改革的必然选择，也将成为教育发展的大趋势，对于我们今天教育的改革和探索具有重要的意义，值得我们每一个教育工作者认真思考和积极践行。

（七）从队伍建设看，应从事务性队伍建设向研究型队伍建设转变

中小学德育工作离不开一支热爱教育教学、思想觉悟高、业务能力优、专业水平强的师资队伍。当前中小学德育师资队伍相当一部分精力集中在事务性工作上，即处理一些日常性的、事务性的德育工作。如班级日常管理、班队团会课、主题活动（班团活动）、德育活动的策划与组织、日常的校园文明建设等。这当然是必需的，但陷于事务主义不能自拔则是必须避免也是完全可能避免的。所谓事务主义，是指缺乏目标计划，不辨主次因果，不分轻重缓急，不注意研究教育的方针、政策和政治思想教育的规律特点，而只埋头于日常琐碎事务的工作方式和工作作风，不注意在日常工作中发现问题、研究问题，创新经验、总结经验。满足于知道了、做完了、做过了，疲于应对、应付、应急。应该承认，学校有些工作有其日常性和重复性，然而，作为一种教育科学，德育工作更有其科学性、艺术性和创造性，为此必须加强理论探索，加强德育科研工作，建设研究型德育队伍，将德育科研工作落到实处，除了选拔思想政治素质过硬、师德师风高尚、业务能力强的德育工作者和研究者进入思政教师队伍、德育教研队伍，加强德育骨干队伍培训，指导思政教师专业化发展外，重要的是思政教师要真正热爱自己的工作，明确指导思想，不断更新教育理念，创新工作方法，从自发做工作向自觉做好工作提升，进一步加强理论武装，理论概括，理论探索，理论总结，理论提升。深入学生思政工作实际，摸清学生德育现状，探讨提高中小学德育工作针对性和实效性等方面的理论和实践问题，探索新时期中小学德育的新特点、新规律和新途径，不断提升自己的工作能力和理论素养，从而能根据不同时期的年龄特征，不同区域的学生习俗，不同家庭背景的学生状态和不同环境成长的学生认知，以及中小学生思想品德形成发展的规律开展有针对性的思想教育活动，而更重要的是思政教师要坚持和履行言传身教的一致性，孔子曰"其身正，不令而行；其身不正，虽令不从"。思政教师要让学生相信自己所教的教材内容，则自己要真信，教师要让学生崇敬自己所宣传的英雄人物，则自己要崇敬；教师要求学生去做的，则教师自己要做到，让学生体味到教师的真心、真诚与真理，如果思政教师言不由衷或者言行不一，甚至说归说，做归做，课堂说一套，课后做一套，则可能产生的结果只能是教师说得越多，学生不满情绪越大，学生对教师的不信任、对教学的不信任度越大，逆反心理越强，其对学生的负面影响越深，对学生思想心理伤害越深。我们要求学生信教师，其重要基础就是教师要能让学生信、值得学生信。一名成功的教师是一道学生永远感念的风景。当思政教师以自己的学识、人品、人格拉近与学生心理距离时，不仅使学生对教师上升到感情需要，也使思政教师自己的工作由职业上升到职责的需要。对中小学生是如此，对中小学思政教师尤其如此。

目前，我省已形成一个多育并举的大好局面，在今后的工作中，应不断创新学校德育思路，将增强转型期的德育实效性作为学校德育工作的重点来抓，努力营造一个良好的育人环境，让学生得到更健康、更全面的发展！

福建省中小学班主任工作
现状、问题及对策研究[*]

2015 年底，福建省教育学会确定 2016 年的工作重心是围绕我省中小学班主任工作开展调查研究，并形成相关研究成果，为我省基础教育改革发展献计献策。一年来，笔者带领学会秘书处同志，赴南平、漳州、福州三地市召开十余场班主任工作调研座谈会，并下校实地走访；同时，分析了全省各地市报送的有关班主任工作论文 430 多篇。由此，就福建省中小学班主任工作情况，及如何进一步改进班主任工作，增强班主任工作的针对性和实效性提出对策。

一、班主任工作的地位和作用

（一）班主任工作是最基础最基本的工作

学校的教育工作是以班级的教育教学工作为基础而进行的。班级是一所学校最基本的组织单位。班主任是班级的直接管理者，是一个班集体的组织者、领导者和教育者，是学校开展教育教学工作的基础性力量，是德智体美全面要求的最直接负责人，也是最全面负责人，肩负着学校最基础、最基本的组织管理和教育教学工作。同时，班主任还承担着学校、家庭与社会各方面发展的联络责任，是促进各方形成教育合力、共同育人的沟通者和联络人，担负着全面提高教学质量、全面提高学生综合素质以及全面促进学生各方面发展的重要责任。

（二）班主任工作是责任最大、难度最大的工作

班主任肩负着教书和育人的双重责任，责任最大，难度也最大。班主任

---

[*] 选自《福建省中小学班主任工作研究》，上海人民出版社 2017 年出版。

工作繁重艰巨，扮演着各种角色，是学生人生的导师、学习的向导、生活中的保姆，是父母，是医生，是安全员，其工作关系到学生的成长，关系到国家前途和民族命运。与其他的教师相比，班主任还要在整个教书育人体系当中起到辐射、示范、带动的作用，在个人形象上，在人格魅力上，在专业学识上，都要全方位地做出表率。

（三）班主任工作是对学生影响最深刻、最深远的工作

教师被誉为人类灵魂的工程师，班主任更是"首席灵魂工程师"，对学生的影响最深刻、最深远。教育家加里宁说："教师的世界观，他的生活，他的品行，他对每一现象的态度都这样或那样地影响着全体学生。"班主任和学生的关系密切，对学生的影响显得更为深刻。中小学生正处于身心不断发展不断走向成熟的过程，其道德品质、素质修养、人生价值观、知识结构、思维方式等都在各学习成长阶段中慢慢成形，班主任作为直接的教育者和组织管理者，其知识结构、道德素质、仪表风度、处事方式等都会在潜移默化中对学生的成长发展产生深刻、深远的影响。

（四）班主任工作是最能体现成果体现价值的工作

班主任承担着学校教书育人的具体执行工作，工作面广，责任重大，难度最大，也正因此，也最容易出成果。班主任工作的成果体现在学生的成长，体现在学生工作的研究；班主任工作的价值体现在学生的变化，体现在学生的成才。在教育教学上，班主任有教学随笔、教学反思、教学故事、教学论文、教案设计、教学课件等；在班级管理上，班主任有班级的各种奖状、学生的成绩册、家校联系卡、家长座谈材料、各种活动照片、各种主题班会材料、班主任经验材料等；在学生成长上，班主任会收获学生的点滴成长与进步，一张张习字集，一本本读书笔记，一张张学生获奖证书，学生对班主任的感谢，学生对班主任一生的记忆，家长对班主任的赞赏等，那都是班主任工作成果和工作价值的最好体现。

（五）班主任工作是最具研究空间、最具研究意义的课题，是永不枯竭、永无止境的课题

随着班主任工作意义的日益凸显，班主任工作研究越来越被重视。近年来各省教育学会纷纷成立班主任专业委员会，不断推进和深化班主任工作专业化的研究。由于班主任承担的是未成年个体的育人工作和班级集体的管理工作，这种工作的特殊性和重要性，使班主任工作的研究最具空间、最具意义。例如，

班主任思想道德建设、班主任专业精神、班主任文化建设、班级管理规律、班主任管理艺术等，一直以来都是班主任工作研究的重点问题。由于班主任工作新问题、新现象不断出现，班主任专业化研究也不断出现新的热点，如班级的性别文化、和谐班级建设、学生教育本土化等，因此可以说，班主任工作研究是永不枯竭、永无止境的课题。特别是当前，存在班主任岗位身份难以确认、一岗多职、班主任专业理论水平较低、班主任专业自主意识不强、专业化管理距离专业化水平有较大差距、班主任工作信息化水平不高等问题，是班主任工作研究需要进一步深入推进、挖掘拓展的课题。

二、我省中小学班主任工作的主要经验和体会

近年来，在省委、省政府的重视和关心下，我省各级教育行政部门和中小学校高度重视班主任工作，认真贯彻落实教育部《中小学班主任工作规定》，努力建设班主任队伍，积极探索班主任工作管理机制，完善班主任工作激励机制，充分调动班主任工作积极性，为班主任工作顺利开展提供了有力保障。

（一）教育行政部门、各中小学普遍重视班主任工作

1. 健全组织机构，加强班主任工作指导

为了更好地抓好班主任队伍建设，学校普遍建立了校长、分管副校长宏观领导、政教保卫处系统管理、年段具体安排落实的三层管理机制和学校、社会、家长"三位一体"的管理模式。大家普遍认识到班主任对学校管理、建设、办学质量都事关重大，举足轻重，把班主任工作作为学校最主要工作安排，对班主任人事安排精挑细选。并在建立班主任准入门槛、班主任工作量化考核管理、班主任素质能力培训提高、班主任工作激励机制、班主任工作理论研究探索以及班主任工作方法交流等方面做了一系列有益有效的工作。学校、年段领导对班主任予以理解与尊重，做到思想上关心、工作上点拨、感情上交流，实事求是地听取不同意见，根据实际情况采取工作措施。班主任则依据学校、年级的具体目标，结合班级实际，制定教育工作计划，拟定班级管理方案，从而保障德育工作的顺利进行。如南平市武夷中学，专门成立德育工作领导小组贯彻落实三层管理机制，加强指导班主任的日常管理和工作的开展，每周召开班主任工作例会，每学年开展班主任经验交流会，加强经验分享与案例分析。

2. 不断改善班主任工作待遇

班主任除教学本职工作外，还涉及复杂的学生管理及各种琐事杂事，责任大，工作量大，然而岗位津贴较低，不少教师不愿意担任班主任，一些学校甚至出现"班主任荒"。为增加班主任岗位吸引力，不少中小学加大力度改善

班主任工作待遇，提高班主任岗位津贴，在评先评优、职称评聘等方面给予倾斜。如光泽一中多次出台提高班主任津贴的制度，并把班主任津贴与班主任任职年限挂钩，鼓励优秀教师担任班主任。该校还在评先评优、职称评聘时适当向班主任倾斜，在优秀教师的评选办法中明确规定，班主任任现职以来，每任一年（学年考核合格）加5分；在推选职称参评对象和确定聘任对象的评分中，班主任任职占2分，相当于行政二层副职的得分。有的县和学校更是把班主任工作提升到人才培养的极端重要的高度，从班主任工作责任大、压力大、事务繁、事情难的实际出发，通过教代会取得共识，把班主任津贴奖励提高到1300多元每人每月。厦门市人民政府近期还专门发放每人5000元给全市班主任予以一次性奖励。

3. 着力创造班主任工作条件

工作减负是提质增效、调动班主任工作积极性的重要手段。减轻工作负担首要的是配备足够的班主任专兼职教师，通过比较合理的生师比来分担和减轻工作负担。不少学校通过培养和补充德育骨干力量、培养学生干部、利用家校通讯联系平台等，切实帮助减轻班主任负担，避免班主任陷入过于繁杂的琐事中。减轻负担的另一个思路是尽可能发展学生的习惯自觉能力、自我管理能力和自我教育能力。不少学校鼓励班主任教师集思广益制定班规班训、规章制度、班级奖惩激励制度，大力开展常规教育、养成教育和习惯教育，通过抓好学生学习生活的日常规、周常规和月常规，让班级管理自主化、自觉化，让学生学习生活形成自觉自在的习惯，从而客观上减少班主任时时在、处处盯的全天候盯守的沉重的工作负担。

4. 积极营造班主任工作氛围

良好的班主任工作氛围，会大大增强班主任工作的认同感和归属感，激励班主任更好地投入育人工作。不少学校在建设校园文化上下工夫，通过校园文化带动班主任文化建设。如东山实验小学每年9月开学初举办班主任宣誓活动，以增加班主任工作的自豪感和责任感；福州第十六中学，自2014年起设立"班主任节"，在节日期间开展一系列庆祝活动，表彰班主任的突出贡献，歌颂班主任的工作业绩，弘扬班主任的奉献精神，以此激励班主任的工作热情，在整个校园中逐渐形成尊重班主任、理解班主任、热爱班主任、争做班主任的良好氛围，在师生家长中形成了良好的影响，有效提升了班主任的职业幸福感。

（二）教育行政部门、各中小学都认真做好班主任队伍建设

班主任队伍建设是推进中小学德育工作发展的重要保障。近年来，我省教育行政部门、各中小学高度重视并扎实做好班主任队伍建设工作。

1. 加强班主任队伍配备工作

各中小学充分认识到班主任工作关系到学校教育实施、班级有序管理和学生全面发展，因此都注意精心选拔教育教学经验足、能力责任心强的教师担任班主任。特别是年轻教师，是学校挑选班主任的重要对象，他们是学校最具活力的群体，学校将来的发展要靠他们挑大梁，培养他们担任班主任有利于他们在实践中得到锻炼，尽快成长。同时，在配备班主任时力求以老带新、以新促老、老少共进，形成比较合理的班主任队伍结构。如光泽一中，为年轻的班主任配备师傅，签订《班主任师徒协定》，师傅对徒弟全方位指导，使年轻的班主任能迅速适应班级管理工作，顺利成长。

2. 重视班主任的培训和班主任专业发展

为有效促进我省班主任队伍建设的科学化、规范化、专业化，提高德育的实效性，近年来，省教育厅多次举办省级中小学班主任岗位培训、骨干班主任培训、农村班主任培训，各级各地教育行政部门也纷纷开展岗位培训、岗位练兵、跟岗培训、影子培训等多种形式班主任培训。2015年9月，省教育厅组织开展中小学班主任"我的教育故事"征集活动，吸引了全省各地近千名班主任参加，引起了较大的反响，拓展了班主任工作经验交流的深度和广度。各中小学也常年开展班主任经验交流、互访互学等校本培训活动。召开班主任工作周例会、班主任工作沙龙、班主任工作述职大会、优秀经验总结大会、优秀班主任工作报告会等，已经成为不少学校班主任管理的规定动作。这些举措，有效提高了班主任的责任心和担当意识，推动了班主任专业发展。如漳州第二职校，以"追求职业的幸福"为主题，举办班主任工作沙龙，为班主任提供一个良好的平台，交流管理方法，探讨工作思路，破解工作难题，推动学校班主任工作水平不断提升。

（三）班主任都在认真做好实践工作，积极探索班主任工作规律

中小学生德育的成效最终落实于行动和实践中，也体现在实践中。因此班主任必须做好实践工作，在实践中探索班主任工作规律，提高德育的科学性和实效性。

1. 准确把握班主任工作的方向性

从根本上来讲，我们的教育目的是培养德、智、体、美都能得到和谐发展的人才，任何教育活动，都要以此为基本要求，不能有所偏离，这也是班主任工作方向性的前提和依据。我省中小学校班主任能够坚持"立德树人"的根本原则，遵循培养学生德、智、体、美和谐发展的总要求，学习先进的现代教育管理理念，努力探索班主任工作规律，开展形式多样的教育活动，以达到预期的目的。各中小学普遍鼓励班主任积极开展班级文化布置、班集体组建与管理、班级活动课程开发、班干部的培养等活动，推动家校协作、班主任与科任教师协作，努力把握班主任工作方向，探索班主任工作规律，提升班主任业务水平。

2. 坚持班级管理的实践性

各中小学班主任把开展活动作为了解学生、教育学生和引导学生自我教育的重要手段，充分利用班会、学校活动、重要节日等契机，组织开展集体实践活动。如开展志愿服务活动，让学生了解社会所倡导的服务人民、服务社会的道德观并激励他们的社会责任感；开展各类主题教育活动，积极培育和践行社会主义核心价值观。如漳州市实验小学，以"追寻漳州发展足迹，弘扬爱国主义教育"为主题，策划开展系列教育实践活动，并在全校范围内开展评比活动。

3. 加强教育的协作性

各地各校积极探索家校良好沟通协作的联系形式，加强家校联络，实现协同育人。如成立家委会、开办家长学校、设立"家长开放周"、举办亲子运动会等，鼓励家长走进校园，走进课堂，和班主任进行零距离沟通，成为班主任的亲密合作者和教育者。如武夷山市余庆学校，以"一路一访"为载体创建家校互动活动，班主任利用放学时间，深入同一路段的学生家中进行家访，了解学生的思想状况和家教情况，拉近与家长之间的距离，形成家校合力。在多年的一路一访中，他们总结出"打电话比发短信有效果，家访比打电话有效果，一路一访比逐个家访有效果"的宝贵经验。

（四）中小学都在大力开展班主任工作科学研究

班主任工作是一项极其复杂、专业性很强的工作，不仅需要先进的教育理念引领和班主任人格力量的支撑，还需要班主任的教育智慧和专业能力。面对复杂的班主任工作问题，需要大力开展班主任工作科学研究。近几年来，我省不断推进开展班主任工作研究，省社科联、省教育厅、福建教育学院、省市教科所每年都发布班主任工作研究课题，通过课题项目引领带动班主任工作研究。2015年11月，福建省教育学会班主任专业委员会成立。专委会团结带领全省各地中小学校长、学校德育工作负责人以及一线班主任，开展班主任专业发展研究，从理论到实践多维度全面深入研究班主任专业化发展，推进全省班主任队伍建设。同时，各校也普遍开展班主任工作校本研究，不断提升班主任工作水平。

总的来说，我省中小学班主任工作成效比较明显，经验值得总结。这离不开我省各级教育行政部门对中小学班主任工作的关心和支持，更离不开每一所学校每一位班主任对班主任工作的重视和辛勤投入。同时，我们也清醒地认识到，面对新形势、新任务和新要求，我省中小学班主任工作还存在着许多薄弱环节，主要表现在：第一，班主任事多、事杂，除了承担正常的教育教学任务和班级管理之外，还要承担各部门下达的各种活动组织、评比评选，压力大、任务重；第二，班主任队伍建设要求与班主任津贴待遇、职称评定、评优评先等方面不相匹配，不少地方一方面表示重视班主任队伍建设，一方面却对关系班主任发展的职称待遇等切身利益未能采取有效措施落实到位，直接影响了班主任的工作积极性及队伍稳定性；第三，班主任工作面临德育环境复杂化问题，如家长素质参差不齐、家庭环境氛围差异、网络充斥暴力和黄色内容等不良信息等；第四，班主任工作面临教育对象价值多元化问题，新生代学生敢做、敢说，追求个性，日益形成复杂多元的价值观念，无疑给班主任工作增加了难度和不确定性；第五，班主任工作面临教育队伍协作困难问题，家庭教育在中小学阶段始终占据着重要地位，但家长关注的是成才而不是成人，家长把自己当成学校教育的监督者和旁观者，在某些做法上甚至与学校教育南辕北辙，以至于班主任工作出现5+2=0的无效甚至负效的教育尴尬局面。

三、进一步增强中小学班主任工作实效性的对策与措施

班主任工作是学校管理的基石和基础，是学校工作的一个重要着力点，学校的各项管理制度通过班主任工作落到实处，班主任工作好坏与学校教育事业发展息息相关。下面，笔者就进一步增强中小学班主任工作实效性提出一些对策与措施供大家参考。

（一）从抓好全局性工作着眼，从抓好班主任队伍着手

班主任工作的重要性和班主任工作在全校工作中的重要地位是不言而喻、毫无异议的，抓好班主任队伍建设是理所当然的。既然班主任工作如此重要，学校加强班主任队伍建设时，则应从学校实际出发，从年龄、学识、学养、性别等全盘统筹安排，制定好队伍建设和发展衔接规划。目前，大多数班主任主要由主课（或称大课程），如语数英教师担任，而所谓小科（或术科），如音体美教师担任者甚少。抓好班主任队伍建设，实际上应该从全校教师专业结构着手全盘考虑，或可适当增加术科教师担任班主任比例，既扩大班主任来源，又改变班主任教师学养结构，也给术科教师施展才华的平台，还可增加全校共识的基础。要精心做好顶层设计，着眼于抓好全局性工作。在认真贯彻实施

我省"十三五"教育规划发展目标任务，深化人才培养与教育教学改革、深化教师人事改革、深化资源保障改革中，都要把班主任工作纳入其中，成为各项改革目标、任务、政策、措施中的重要一环。并在工作内容、班级管理、队伍建设、培训学习、职称评聘、评价考核等方面加强政治领导，加强思想领导，加强业务指导，加强政策指导，不断落实和创造良好的工作环境，不断落实和提高合理的权益保障。

目前，我省中小学班主任工作津贴从每人每月100元到1000元不等，且其差别并非和经济发展差别一致，一些经济欠发达地区津贴反而大大高于发达地区。这说明，虽然所有人口头上都认同班主任工作量和工作价值，但在实际上的政策支撑上都显示出认识的差距，也就凸显了提高认识、统一认识的必要性和可检验性。我们应根据教育部《中小学班主任工作规定》，明确并执行"班主任工作量按当地教师标准课时工作量的一半计入教师基本工作量"的要求。同时，落实"在绩效工资分配中要向班主任倾斜。对于班主任承担超课时工作量的，以超课时补贴发放班主任津贴"，充分调动班主任工作的积极性，发挥班主任工作主动性，激励班主任工作的创造性。班主任兴则班级兴，班级兴则学校兴。各级教育行政部门和中小学校要依法履行职责，发挥指导、引领、保障和推动作用，特别是各级督导机构，应该在国家教育法律法规执行上，发挥应有的检查、培养、督促、奖罚职能。

（二）从抓好队伍建设着眼，从抓好班主任综合素质着手

要抓好班主任队伍建设，最根本的一条就是要抓好班主任综合素质，提高班主任思想政治水平和业务水平。一个有政治远见、教育卓识的教育行政领导、中小学校长一定会有责任担当，通过各种方法，采取各种措施，努力建设一支德才兼备、德艺双馨、专业化乃至职业化的高水平班主任队伍。

说学科教学是专业，谁也不会有异议，但说班主任工作是专业，有些人则会不以为然。而实际上，班主任工作确实是一门实实在在的专业，而且是需要多学科（如教育学、心理学、政治学）为基础、多学科（如文学、美学、科学）交叉的综合性、多科性的复杂专业，有了这些基础才有可能做一名真正优秀的班主任。为此，要抓好班主任队伍建设，就要从抓好班主任综合素质着手。综合素质至少应有以下几条：鉴于教育的特性和班主任工作的特质，中小学班主任应该具有很高的政治素质、很强的政治敏感，有坚定的理想、崇高的追求、坚定的信心，要爱党、爱国、爱人民，关心国家的前途，关注民族的命运，关爱人民的利益；应该具有高度的教育责任感，有敬业的精神、高尚的师德、

人格的魅力，要爱生、爱校、爱人民，关心学生的进步，呵护学生的成长；应该具有先进的教育理念、很强的管理能力、科学的行动力，以极大的热情投入到班级管理之中，以极优的态度潜心于学生教育之中；应该具有广博的科学知识，深厚的文化积淀，以严谨的治学态度鼓励学生热爱学习、刻苦学习，以精湛的学术专长影响学生热爱科学、钻研科学；应该具有健全的心理素质和健康的身体素质，有坚忍不拔的意志和拼搏竞争的意识，以乐观向上的心态适应劳心劳力的超量负荷，以应对纷繁复杂的心理挑战。这些素质的形成，既要靠培养，尤其是在师范本科学习应该成为其基本课程基础，也要靠培训，除省市县三级培训外，更多的靠校本培训，更要靠班主任自身的学习实践，不断探索，不断总结提升。一要加强思想政治和教育政策学习。班主任要从思想上、行动上跟上时代的步伐，要不断加强政治学习，了解党和国家最新的教育指导方针、教育发展动态和地方教育行政部门的教育政策实施等。二要提高教育理论和教育管理水平。要不断学习新的教育理论，不断总结班级管理经验，还可以借助他人的典型的、成功的班级管理经验来提高自己的业务水平。三要提高学科和专业知识水平。班主任作为教师队伍中的一员，除了努力提高思想政治素质和教育理论水平外，还需要不断提高学科和专业知识水平。尤其是在信息大数据、知识更新快、传播渠道多的今天，课堂已不再是学生获取知识的唯一途径，班主任要力争比学生占有更广阔的传播渠道，获取更新更快的知识信息，更强大的数据资讯，不断充实更新自己学科专业知识和学科基础，才能赢取学生的尊崇和信服，尊重和信任。唯此，才能真正做到以自己积极的做人态度去引导学生学会做人，以自己崇高的理想去激发学生的理想，以自己崇高的情操去陶冶学生的情操，以自己美好的心灵去塑造学生的心灵，以自己良好的品德去形成学生的品德。

（三）从抓班主任素质着眼，从抓好班主任责任心自觉性着手

班主任工作做得如何，与其能力水平密切相关。要提升班主任工作能力，需从班主任责任心、自觉性抓起。事业心、责任心直接关系到班主任工作质量和班级精神风貌，必须抱着高度的责任心，细心、耐心做好对学生的管理，从细处着手、从小处着眼，抓纪律、抓学风、抓良好的班风的养成。有了高度的责任心，班主任工作才会有良好的自觉性。自觉性是一种意志品质，"不用扬鞭自奋蹄"。自觉，就是不需校长、教师和家长各方的督促，努力做好自己应该做的事。要加强班主任工作责任心，提高班主任工作自觉性，加强班主任工作的科学研究是重要的途径。尤其在当前教育面临着发展的新形势、新情况和新状态下，更是给班主任工作研究提出了紧迫性的时间要求和改革性的空间要求。班主任研究工作天地广阔，大有作为，如开展探索班主任岗位准入制度研究，试行从制度和体制层面加强班主任队伍建设，走和谐、自主、滚动的专业化发展路径；探索班主任岗位培训制度，试行从岗前到岗后的一体化培训，走班主任队伍人员素质提高、工作质量提升的职业发展之路；探索班主任考评激励机制，试行职级晋升激励、进修学习激励、荣誉津贴激励等方式方法，促进管理效益最优化；探索班主任专题研究机制，试行有关教育专家、学校有关处室和优秀班主任组成班主任工作专题研究小组，聚焦改革重点，破解改革难点，总结改革经验，为班主任工作更具有科学性、自觉性提供理论支撑、政策支援和智力支持。还可以探索班主任工作模式的改革，试行主副班主任制乃至班级组形式的班主任组，以语数外教师为组长，辅之以其他学科教师共同组成人人参与学生发展的班主任共同体，形成智慧集群，全方位多角度共同培养学生成长。当然更多的是每个班主任都可以从自己工作对象出发，从总结自己的工作经验着手，一个班、一个小组、一个学生甚至是一件工作都可以是我们的研究对象，因为，每个班级小组都是一个独立的单元，每个学生都是一个完整的世界，而每一件工作也都是一件单独的事件，没有重复，也不可能雷同。当然，即便对同一个班级，同一个学生，同一件单纯的事件，不同的人，因为各自的认识角度和思维方式的不同，会得到不同的研究成果，这是正常的，是值得鼓励的，这也许正是科学研究的魅力所在。很多教师正是在责任心的激励下，在班主任岗位上一干就是五年十年二十年三十年，对班主任工作从被动接受到主动承担，从自发工作到自觉努力，从感性认识到理性提升，从个案成功向规律总结，也就实现了从科学的班主任管理，向班主任管理的科学提升。许多班主任的平凡业绩，感动了学生，感动了家长，感动的社会，也感动了自我，当然也成就了自我。相信在这种高度责任心事业心的驱使下，在这种能自觉主动地研究班级管理问题、改进班级管理方法的过程中，班主任不仅能排除工作的烦恼，清除职业的倦怠，还会增长职业的荣誉感、成就感，享受职业的幸福感，自觉调整自身的教育教学，自觉解决教育管理中遇到的各种困难，自觉评价工作行为和教育教学管理目标要求之间的差距，不断改进和提高班主任工作专业化水平。

（四）从培养学生核心素养着眼，从抓好学生管理过程着手

中小学校有一句脍炙人口的口号：一切为了学生，为了学生一切，为了一切学生。这不仅表达了教育以人为本的指导思想和面向全体学生、全面育人、全员育人的"三全"意识，也是对教育、学校的宗旨、目标的要求，也应是班主任工作的指导思想、目标要求和工作方法。习近平总书记在多个场合反复强调：像穿衣服扣扣子一样，如果第一个扣子扣错了，剩余的扣子都全扣错了，人生的扣子从一开始就要扣好。我们从事教育工作和思想政治工作的教师，都是在做扣第一个扣子的工作。而笔者以为，中小学班主任，则是做扣第一个扣子工作的第一人，是为培养学生健全人格、良好个性、优秀品格、进取精神、创新意识打基础的第一人，也是传人类文明之道、授人文科学之业、解人生成长之惑的第一人，是为学生树立正确的世界观、人生观、价值观奠定基础的第一人。由于中小学班主任的工作性质和工作特点，他们与学生朝夕相处，共同生活，联系最多，接触最多，了解最多，扮演着学生成长过程中至关重要的一个特殊角色，或称良师、益友、家长、兄长、大哥哥、大姐姐、保姆、警察，或称保育员、侦查员、警卫员，是学生核心素养形成过程中不可缺失的、不可替代的引路人。因此每个班主任都要在自己的实际工作中紧紧抓住核心素养这一主要工作，负起全面责任。

　　班主任要带好班级教好学生，就要从学生成长的过程着手，抓好管理。既要遵循教育的基本规律，坚持工作的基本要求和班主任工作的基本任务，抓好班级的组织建设和管理制度建设，全面介入班级的初建、成长、更新、提升的发展过程，指导参与班级的少先队共青团建设、班集体建设、班风班级文化建设，做好班干部的培养以及召开家长会、定期家访等工作，抓好学生的思想教育，深入学生的课堂、宿舍、食堂，尊重学生的意见选择，了解学生的喜怒哀乐，关爱学生的身心健康，鼓励学生的成长进步，在引导帮助学生成长的过程中建立新型的师生关系，播撒情感的种子，收获成长的果实。同时，还要抓好过程管理，根据不同年段、不同年级、不同地域、不同性别的学生，根据学生不同性格、不同爱好、不同特点、不同基础来开展工作，提供不同的指导和服务。毋庸讳言，时代的发展已使当今中小学生的成长与发展由标准化单一化向多样化个性化转变，中小学生的理想追求兴趣爱好情感意志等各方面都更多地根据自己的愿望特点和需求，去寻觅有别于他人的独特个性的发展，父母压制性的要求正被冲破，学校强制性的约束也常常显得苍白无力，甚至是要求愈严厉、反抗心理愈强烈，那种你说什么我反对什么、你要这样我偏那样的硬性反弹，以及那种你说你的我做我的，你说什么我不反对，但我行我素的"柔性反应"，让许多班主任感到束手无策。这就更是要求班主任把绝大部分时间花费在学生成长的管理过程，甚至是浸泡在管理全过程，了解掌握每一个学生书内书外、课内课外、校内校外、家里家外的活动情况、交友情况，把握其行为动态、精神世界、思想脉搏，从而对症下药、有的放矢，引导帮助学生健康成长。

（五）从教育发展未来着眼，从抓好当下学生的良好习惯着手

　　我国教育的目标是培养现代国家公民，培养社会主义伟大事业的接班人，

推动实现伟大复兴的中国梦。诚如马斯洛需要层次理论一样，人的思想道德文化的生成也同样是一种层次理论。人的全面发展是思想政治教育的最高要求，也是班主任工作的出发点和最终目标。而思想道德水平的养成和提高，则是人的全面发展的基础和前提。与此相对应人的全面发展的培养过程，应该也是一种层次过程，从生发、生长到生成，正是从中小学到大学到社会工作实践的过程。中小学班主任则是做帮助中小学学生生发和养成的基础和前提工作。如果放弃了我们的培养目标和最高要求，班主任工作就没有方向，也就没有意义没有价值。而如果我们的工作脱离了现实社会情况，同样也就没有意义没有价值。唯一正确的选择和路径则是从社会实际出发，从学生的实际需要出发，在培养学生的过程中，逐步达到从学生生发的诱导、生长的培养到生成的实现。而生长和生发的关键在于对中小学生的不同层次和特点开展诱导和养成教育，从中小学生开始养成良好的学习生活，甚至是读书、写字、待人接物等习惯。

要实现以上培养目标，应从抓好当下学生的良好习惯着手，加强常规训练，强化学生习惯养成教育。一要加强文明礼仪教育。二要加强常规训练。三要强化习惯养成教育。在加强规范训练的同时，要强化习惯养成教育，让学校成为学生学习、掌握社会行为规范、养成良好习惯的重要场所。习惯养成是个长期的过程，班主任要做耐心细致的工作，宽严结合，指导学生规范自己的行为，渐渐养成良好习惯。

（六）从塑造班风着眼，从抓好学生干部队伍着手

一个奋发向上、团结友爱、具有优良班风的班集体，能让学生更乐于学，更乐于不断地提高自己。我们要求班主任要参加引导管理学生全过程，并不是要求班主任事必躬亲、事无巨细包揽班级的全部工作。"埏埴以为器，当其无，有器之用。凿户牖以为室，当其无，有室之用。"非常形象辩证地说明一个真理，无论是碗，还是房子，必须是空心的，才能盛东西，才能让人居住，如果是实心的，碗装不了东西，房子也住不了人。一个学生的成长，一个班级的工作，同样要结合其成长和发展的空间。一个好的班主任，一定会在加强管理的同时，尽可能去掉显性的痕迹，减少以居高临下领导者的形象出现，尽可能以隐性管理的方式来让学生以一种更愿意接受、更主动参与的方式加入班级管理教育的过程中去，从而达到班级教育管理的最高境界，学生自己要求自己，自己管理自己，自己发现自己，自己约束自己，自己教育自己，自己锻炼自己，自己提高自己。因而，一个好的班主任一定会管好班级，一定会重视班风的建设，一定会拥有一批围绕在班主任身边的积极分子组成的班集体核心，建立一支优良的学生干部队伍，由他们分别担任班长、团支书或中队长、学习生活委员、

课代表等，并共同带动全班学生开展各项活动，实现班集体目标。这不仅可以减轻班主任的工作负担，更重要的是可以发挥每一位学生的潜能和特长，培养和训练学生的创新能力、组织能力、领导能力，更可以促成学生之间相互关心、相互尊重、相互理解、相互支持、相互配合的关系，凝聚班级力量，争取班级荣誉，形成良好班风、学风。因为，一般而言，同辈群体对青少年成长和发展具有重要影响，尤其是处于同一个班集体的同龄人，其行为举止和观点舆论，会对彼此形成潜移默化的影响，特别直接又特别有效。特别是学生干部队伍，作为班级重要群体，他们的言行举止对班风学风建设，对良好的班集体形成更是具有强大的重要的影响力。所以，班主任要从抓好学生干部队伍着手，推动塑造良好的班风。一要建设精干的班干部队伍。二要加强班干部的培养教育。三要发挥班干部模范带头作用。四要对所有的学生一视同仁。要为学生提供一个公平公正、积极向上的班级氛围，注意发掘每一个学生的能力专长，发现每一个学生的潜能和才干，创造每一个学生的适合的机会和空间，让学生去判断、去选择、去体验，让所有的学生都参与到班级管理上来。

（七）从抓好学生人格教育着眼，从抓好教师人格影响着手

人的全面发展理论是马克思主义的内容，其实质是人的本质的发展。人的全面发展就是"作为一个完整的人，占有自己的全面的本质"。教育的本质就是要把学生培养成全面发展的人，也就是陶行知先生所说的，千教万教教人求真，千学万学学做真人。学生人格的教育对其终身发展具有至关重要的作用，而要达到这样的教育目标，班主任必须抓好学生人格教育。

至今为止，全部班主任的工作经验都告诉我们，学生人格的发展深受教师人格的影响，正如教育家申比廖夫曾说："没有教师对学生直接的人格影响，就不可能有真正的教育工作。"又如俄国教育家乌申斯基所说："教师的人格对于年轻的心灵来说，是任何东西都不能代替的有益于发展的阳光，教育者的人格是教育的一切。"班主任的人格对于学生的影响尤甚，不仅会影响学生的人生观、世界观、价值观，也会影响到学生专业的爱好、职业的选择、生活的态度，还会影响到学生的审美观念、生活习惯、待人接物，甚至会影响到学生的言谈举止、表情神态、说话声音、写字姿势、写字特点等点滴细节，"什么样的班主任就有什么样的学生"，说得一点也不夸张。为此，要抓好学生人格教育，必须从抓好教师人格影响着手。这就意味着作为班主任，一定要自尊、自爱、自信、自强，为人师表；一定要充分认识教师的人格魅力是班主任教育管理过程中、学生思想教育过程中最为重要的一种教育资源和最为强大的一种教育力量，不断塑造班主任崇高的职业形象；一定要努力塑造自己具有优良素质的形象。深奥的理论或许能震撼学生的思想，但真实的生活则更易感动学生的心灵，教师的言传或许能启迪学生的思想，而教师的身教则更能引导学生的行动。要让自己的高尚的品质和高贵的气质令学生敬仰，让自己渊博的知识儒雅的风采使学生钦佩。相信以人格影响人格、人格陶冶人格、人格培养人格，终将达到人格造就人格。当然我们的班主任在抓好学生人格教育的过程中，同时自身的人格也在不断升华完善，正是这种无法以金钱计价的精神财富令我们众多的班主任，虽倍感倦怠，却始终对工作难以割舍，虽然偶发喷言，却始终对学生不离不弃。

我们常说，"一个好校长就是一所好学校"，实践证明，一个好的班主任同样就是一个好班级，一批好的班主任就能塑造一所品牌学校。班主任是学校工作的骨干，是班级教育管理的核心，是组织和协调校内外各种教育力量、形成育人合力、发挥整体教育作用的关键。要不断创新班主任工作思路，将增强工作实效性作为班主任工作的重点来抓，努力营造一个良好的育人环境，让学生得到更健康、更全面的发展！

福建省中小学校党建工作现状、问题及对策研究*

2016年6月，中共中央组织部、中共教育部党组印发《关于加强中小学党的建设工作的意见》，指出加强中小学校党的建设，对于全面贯彻党的教育方针、保证社会主义办学方向、落实立德树人根本任务、办好人民满意的教育，具有重要意义；要求各级党委和有关部门要推进中小学校党组织和党的工作全覆盖，增强党组织政治功能，充分发挥政治核心作用。

当前，福建省共有公办中小学校（含中职）、幼儿园6665所，在职教职工354741人，其中党员119523人，占比达34%；已建党组织4502个，其中单独组建3552个，联合组建738个，党组织覆盖率98.9%。认真总结福建省中小学党建工作的成效与经验，深入探讨新形势下加强中小学党建工作实效性的对策与措施，对于进一步改进我省中小学党建工作，增强中小学校党建工作的针对性和实效性，具有十分重要的意义。

一、我省中小学党建工作的主要经验和体会

党的十八大报告指出，要全面加强党的思想建设、组织建设、作风建设、反腐倡廉建设、制度建设，增强自我净化、自我完善、自我革新、自我提高能力。党的十九大报告进一步统揽伟大斗争、伟大工程、伟大事业和伟大梦想，立足不忘初心、牢记使命，高屋建瓴地提出"坚持和加强党的全面领导"的总要求。在中央和省委的领导下，我省各级教育行政部门、各地各中小学校不断加强党建工作，结合各地各校实际，不仅进行了努力的实践探索，进行了有益的经验总结，而且取得了较好的成效、较好的影响，也涌现了一批先进的单位、先进

---

* 选自《福建省中小学党建工作研究》，海峡文艺出版社2018年出版。

的党员。如，龙岩市在全市中小学推行"158"党建模式，围绕"办好人民满意教育"这一目标，推行"五联工作法"，提高党员队伍的整体素质，提升基层党建工作水平；泉州市深入推进"156"党建工作机制，在全市学校广泛推行目标管理，通过确定目标引领发展，把党组织工作融入学校教育教学各项工作中，构建高效有序的管理模式和运作机制，强化提升学校党组织作用，促进教育教学更好更快发展；莆田城厢区区委组织部、区教育系统党委联合开展创建"一批党建工作示范点、一批民办学校党建工作基地、一批党员名师工作室、一批党员标兵示范岗、一批党员师带徒典型"等"五个一"活动，积累了良好经验，取得了良好效果。

（一）健全机构，完善组织，完善了中小学党的组织体系

党的七大不仅制定了沿用至今的党章框架，并且对党支部的战斗堡垒作用做了专门的阐述，"是党全部工作和战斗力的基础，是落实党的路线方针政策和各项工作任务的战斗堡垒。"为此，龙岩市上杭县加强组织建设、管理，将各乡镇学校党组织和党员接转到县教育系统党委统一管理，已经按照中组部、教育部党组的通知要求逐步实现对乡镇学校党建工作进行同部署、同落实、同检查、同考评，党组织在学校管理中的政治核心作用得到有效发挥。各地各校不断加强学校领导班子和干部队伍建设，提升党员教师队伍业务引领和师德引领能力，做好党支部建设和党员发展工作，推进学校党建品牌建设，充分发挥党组织在推进教育改革、做好教书育人、加强教师队伍建设、培养青少年学生理想信念和道德情操中的领导核心作用，促进学校各项工作健康发展。

一是加强学校领导班子和干部队伍建设。不少地区实施干部全员轮训工程，选派优秀干部赴国外学习，参加国家、省市举办的导师班、提高班和培训班。福建教育学院引领全省中小学名校长培养，推进名校长培养工程，深化"名校长工作室"活动，开展教育理论学习和教育管理研究，促使名优校长向教育专家、教育家迈进，促使中青年干部尽快成长。泉州市突出抓好学校党组织带头人队伍建设，每年定期组织校长、书记到厦门、江苏、吉林等地先进学校考察学习，开设校长高级研修班和学校领导干部培训班，邀请省内外名师开展系列主题讲座，推行校长、书记"深入课堂，研究课程"活动，倡导校长、书记参与教学活动全过程，在了解教育教学现状中提升引领水平，以打造具有当地特色的干部领导文化。

二是提升党员教师队伍业务引领和师德引领能力。党员教师发挥先锋模范作用，既是共产党员先进性的集中体现，又是教师这一崇高、神圣职业的要求。各地各校注意提升党员教师的业务引领和师德引领能力，发挥其模范作用。

在一些县区，党员教师在县区级优秀教师、教学能手、骨干教师、学科带头人中所占比例达到30%以上，较好地发挥了引领示范作用。南平七中党支部开展"五个一"活动，要求每位党员教师读一本好书、参与一项课题研究、提供一篇优秀的教学设计、上一节优质公开课、撰写一篇教学反思，促进年轻党员教师的快速成长。上杭职业中专学校党支部每学期都安排学科带头人、教学能手、党员同志开设示范课，加大名师工程的推动力度，使他们成为不同年龄段、不同学科、不同层次的标杆。在师德方面，各地各校坚持主题教育，创新师德实践载体，开展撰写"学生成长日记"、签定"师德承诺书"、建立"义务辅导站"等活动，引导广大教师敬业爱生、为人师表，在育人中育己、在育己中育人，树为师正气、养从教底气。泉州市拍摄党员教师"微电影"。从教学一线推选"有说服力、有感染力、有影响力"的党员教师，将他们的先进事迹拍摄成党员教师"微电影"，并到各学校进行展播，传播党风师德"正能量"。各地各校还加强"教师师德档案"建设，将师德师风与岗位聘用、评先表彰、培训学习等结合起来，实行一票否决。

三是做好党支部建设和党员发展工作。各地实现公立、民办学校党的工作全覆盖，并进一步改革深化党组织建设。泉州市丰泽区公办学校现有党员1000余人，成立党组织31个，党组织覆盖率100%；民办学校现有党员93人，成立党组织15个，覆盖民办学校31家，党组织覆盖率达到60.8%，通过选派指导员挂钩指导的方式，实现党的工作覆盖100%。在党员发展方面，各地实行发展党员推荐制，扩大党员群众的参与程度；实行发展党员预审制，严把入党程序关；实行发展党员公示制，加大党员群众的监督力度。有的区县每年发展中小学教师党员100多名。各地均重视高中阶段学生党员的发展工作，加强高中业余党校建设和日常管理，落实"推优"制度，以党建带团建，每年都发展优秀高中学生入党。龙岩卫生学校党支部强化党团联动育人，一名党员结对一名非党员教职工，挂钩一个团支部，党员在学校各项德育活动及重大节日活动中积极融入团支部学生，指导和辅助班主任做好班级工作，促进文明班级创建，进一步发挥了党、团在学生德育工作中的影响力和引领作用，汇聚成德育合力，提高了德育成效。

四是推进学校党建品牌建设。按照党建工作项目化、党建成果品牌化的要求，各地各校努力创新党建工作机制，打造党建特色品牌。各校发挥自身优势，重点选择基层组织建设、师资人才队伍建设、青少年思想道德建设、校园文化建设等某方面工作进行立项，拓展思路，大胆创新，打造特色，努力做到"一校一策、一校一特"，积极创建"一支部一品牌"活动。闽西职业技术学院管理系总支部在学生宿舍推行"6S管理"，强化学生养成教育，破解宿舍管理难题,党群共建"温馨之家"。晋江市第三实验小学着力打造"一支部一品牌——1+N党员教师发展共同体"特色党建工作,注重通过系统的思想教育和探索"三格"教师成长培育模式与搭建多层级的培养平台,发挥党员骨干教师与青年教师结对,形成"帮、联、带、促"关系,促进青年教师专业成长,全面提升师资水平,为办好学校打下坚实的基础。上杭县各学校党组织坚持"围绕教育抓党建,抓好党建促教育",牢固树立"质量立校"意识,认真探索党建工作带动教育发展的最佳结合点,学校党的建设取得一定的成绩,全县共有5个党建品牌被龙岩市教工委评定为2016年度市级党建品牌。特别是上杭一中党支部着力打造的党建品牌"忠诚党的教育事业,倾心打造智慧课堂",提出"强师促优课,课改出成效"的党建思路,结合"两学一做"学习教育,以"强师·优课"为抓手,深刻理解和把握课改精神,以促进教师专业化发展为最终目标,围绕"年青教师培养工程、名优教师培养工程、导师专家培养工程"三大培养工程,分类搭台,分层发展,搭建不同的成长发展平台。

(二)加强学习,注重研讨,巩固了中小学意识形态阵地

各地各校充分发挥党员教师的先锋模范作用,抓好学校党的思想建设,巩固学校思想文化和意识形态阵地。

一是加强理论武装。每年年初和学期伊始,各地市教育局党委及时制定干部中心组理论学习计划,规范教育局和学校两级中心组的理论学习,结合党的群众路线教育实践、"三严三实"、"两学一做"等活动,拓展学习领域,丰富学习内容,创新学习方式,不断增强教育行政部门和学校领导班子与党员教师的思想政治素质。如上杭县教育局党委全面落实"三会一课"制度,建立局党组成员到挂钩学校上党课制度,扎实推进"两学一做"学习教育常态化、制度化。

二是开设教育论坛。福州等地教育系统每年安排多场报告会,邀请高校知名教授、党校知名专家为全系统作专题辅导,帮助干部、教师开阔眼界、启迪智慧;通过开设"创学习型党组织,做学习型党员"和"今天,我们怎样当书记"等主题的书记论坛,开展"初中校长论坛"等活动,帮助党员干部解放思想,更新观念,逐步树立正确的教育观,努力把学生的全面发展作为学校一切工作的出发点和归宿,把办人民满意的教育作为最根本的价值取向。

三是打造党员学习共同体。为促进党员教师的成长,不少地区和学校着力打造党员教师学习共同体,注重对党员教师的思想引领、专业引领,结合互联网时代特点,构建立体化、人性化的政治学习环境。福州三中党支部以教师"党建工作坊"为基础,构建党员学习共同体。工作坊围绕"书香党支部·创新工作坊"党建工作目标，抓好"卓越"课程体系设计、"幸福德育"课题研究、德育校本教材《幸福养成》编撰、信息化智慧校园建设等重点项目，增强了学校党组织的凝聚力、向心力。

四是组织党建研讨。不少地市每年都召开地区教育系统党建与思想政治工作研究会议，立足"立德树人"宗旨，紧紧围绕"办人民满意的教育"这一目标，每年确定一个主题，结合实际征集论文、交流研讨，为学校党建工作的开展提供了理论支撑和思想引领。

（三）落实活动，拓展思路，创新了中小学党的工作机制

制度建设是学校党的建设重要组成部分，带有全局性、稳定性和日常性等特点，是学校党的建设各项任务顺利实现的重要保障。各地各校结合学校基层党建工作实际和学校特点，进一步规范制度建设行为，创新制度建设思路，强化党员的制度意识。宁德民族中学在党建"168"机制建设中，结合学校民族教育工作实际，推进目标管理、设岗定责、亮岗履职等制度建设，加强党员的制度执行力。上杭县实验小学执行党建工作"五制度"规范，支部健全完善并严格执行"党建工作责任落实制度"、"'两学一做'学习教育落实制度"、"'三会一课'落实制度"、"党员日常学习工作管理制度"、"党员问题整改跟踪汇报制度"等，以此加强党员管理，完善党建工作，真正发挥党支部的战斗堡垒作用。

一是推行党务公开制度。各地各校为推进学校党组织决策民主化、科学化，不断加强党务工作的透明度，促进党务公开工作规范深入开展，坚持信息公开"实事求是，面向基层、面向群众"的原则，不回避矛盾、避重就轻，内容真实、全面、具体。特别是凡需要党组织班子集体研究决定的重大问题、涉及群众切身利益的问题、群众关心的热点问题、容易出现以权谋私、滋生腐败、引发不公的事项，都最大限度地向学校教职工公开、向社会公开。只适宜在党内公开的，通过党内有关会议、文件、通报等形式进行公开；需向全社会公开的，在党务公开栏、校务公开栏上公开。大部分学校还在学校网站上建立"党务公开"网页，内容包括"党支部概况"、"党员风采"、"三会一课"、"精神文明建设"、"党风廉政建设"等。上传信息经严格审核，以保证信息公开的准确性和严肃性。

二是创新党课制度。党的十八大以来，各地教育系统深入学习习近平总书记系列重要讲话精神，组织开展上课、说课、听课、评课系列活动，不断规范党课教育制度。每位书记在学校上一堂党课，每一片区推出2－3位书记上一堂党课研讨课，最后全系统推出一节党课展示课。党课受到基层党员干部的好评，"党课是课，党课姓党"的观念深入人心。漳州一中党支部组织党员教师通过手机视频 APP、微信公众号、党员教师微信群、QQ 群等平台积极参与党课的学习讨论和交流，党员教师积极撰写观后感和心得体会并上传共享，取得良好效果。

三是推进党支部工作创新考评机制。不少地方启动党支部工作考评机制，推进党支部工作创新。考评工作坚持定性与定量相结合，主要考评基本组织、基本队伍、基本活动、基本制度与基本保障等五个方面的落实情况。上杭实验小学党支部开展党员"五评"行动，即"教师评议、学生评议、家长评议、党员互评、领导点评"行动，要求党员教师们不怕亮丑，敢于揭短，通过设置意见箱、召开座谈会、进行调查问卷和网上投票等方式，接受服务对象即时和阶段评价，及时反馈群众意见，整改存在问题。一些学校通过创新机制、考评提升，党建工作亮点纷呈。如泉州盲聋哑学校党支部，把"基层一线好支部"建设成全省先进基层党组织；泉师附属小学把《培育党建文化，强化组织育人》提炼成"党建创新好案例"，学校党建工作亮点凸显。

（四）提高素质，提升能力，发挥了中小学党的核心作用

党的作风关系党的形象，关系人心向背，关系党的兴衰成败。对一所学校来说，党的作风建设关系到学校各项职能、任务能否圆满完成。近年来，各地各校持之以恒地加强党员教师的思想教育，筑牢思想防线，强化作风建设。

一是坚持思想教育。各地各校坚持以"加强作风建设，促进廉洁从政"为主题，以党政一把手为重点，举行集中学习教育活动，要求领导干部自觉加强党性修养，严守党的纪律，做到时刻警醒不松懈。

二是突出主题实践。不少县区教育局把干部作风、教师教风和学生学风建设（"三风"建设）作为激发教育活力、促进教育和谐、提升教育服务效能的基础工程来抓，坚持一年一个重点，一年一个主题，在全系统深入、持久地开展，让党的优良作风扎根于教师心中，扎根于教师生活实践。上杭三中党支部发挥红色资源的育人作用，在全体党员教师中开展"传承红色基因，争当育人楷模"的敬业乐教活动，充分利用古田会议精神、毛泽东才溪乡调查精神等红色资源，建立特色鲜明、形式多样、富有实效又相对稳定的传承红色基因模式，引导广大党员教师讲政治、有信念，讲规矩、有纪律，讲道德、有品行，讲奉献、有作为，为广大党员干部的精神家园建设提供源源不断的精神养分。

三是强化日常管理。当前，我省各县区教育局普遍制定了与学校干部谈心制度，了解思想工作状况，提醒强调相关问题，遇有不良倾向及时打招呼。同时成立党风巡查组，对学校干部的工作生活、党风廉政、服务师生等情况进行巡查，加强监管，确保教师遵纪守法。

（五）强化监督，改进作风，增强了中小学党员先模作为

各地学校坚持标本兼治、重在治本的原则，深入探索新时期学校党风廉政建设的工作机制，进一步建立反腐倡廉、依法治校、依法执教的长效机制，努力使其成为维护学校稳定、促进学校繁荣的根本保障。

一是健全领导责任机制。首先，确立校长和书记是党风廉政建设主要责任人的地位，校长、书记全面负责学校的党风廉政建设工作，当好表率，把好方向，管好事，用好人，领好路；其次，确立学校党员领导干部的管理者地位，党员领导干部必须严格按党风廉政建设的要求行事，必须深入广泛听取师生意见，必须定期检查各处室的党风廉政情况，必须认真落实重大责任的追究，以此来确保学校党风廉政建设责任制的落实，形成齐抓共管的良好局面。

二是健全监督机制。首先是加强民主监督。各地各校以教代会为载体，深化校务公开工作，及时将学校的财务状况、基建工程、评优晋级名单等进行公开。同时，认真听取教职工的意见和建议，做好述廉和评廉工作，自觉接受群众的监督，增加学校管理的透明度，真正做到民主治校。其次是加强班子内部监督。学校要求班子成员充分运用党内批评与自我批评的武器，对群众反映的问题和发现的苗头，及时打招呼，早提醒帮助，认真开展批评与自我批评。再次是加强对中层干部组织监督。每学期末不少学校都召开一次干部工作总结会，会上各中层干部必须就如何落实党风廉政各项制度的情况进行汇报、总结。对出现的问题认真分析，制定措施限期整改。对不能严以律己、群众反映问题大的干部实行诫勉谈话。学校还不定期地对学校财务、总务进行检查，不断规范其行为。上杭一中采取党员教师由党支部和年级"双轨管理"的新途径，一方面党组织积极关心党员同志在思想、工作、生活等各方面情况，为其提供必要的服务和帮助，另一方面党组织向党员教师所在年级调查了解其工作情况，使党组织及时了解党员在一线教育教学的具体表现。这种"双轨管理"为学校提高教育教学质量提供了有力保证。

总的来说，我省中小学党建工作实效性比较明显，经验值得总结，这离不开我省各级党委、政府和教育行政部门对中小学党建工作的领导和支持，这种来自上层的力量是党建工作全面顺利开展、取得实效的根本保证。同时，我们也清醒地认识到，面对新形势、新任务和新要求，我省学校党建工作还存在着许多薄弱环节，主要表现在：学校党组织管理体制不顺，权责不明；政强党弱现象普遍存在，以政代党表现明显，党组织的政治核心作用弱化；党员身份意识淡化，先锋模范作用不够明显；部分学校发展党员步伐缓慢，青年教师入党积极性不高；专职党务干部少，党务干部工作积极性、主动性不高；农村学校、

民办学校党组织设置不健全,管理难度大;校长、书记关系疏离;等等。这些问题是当前制约我省中小学党建工作科学化发展的瓶颈。我们要客观分析当前我省中小学校党建工作面临的形势与任务,进一步解放思想、把握规律、明确目标,以改革创新的精神不断解决我省中小学校党建工作中存在的问题。

二、中小学校党建工作的地位、作用以及新时代对党建工作提出的新要求

党的十八大以来,以习近平同志为核心的党中央把党要管党、从严治党上升到前所未有的战略高度。党的十九大再次强调:"坚持和加强党的全面领导,坚持党要管党、全面从严治党,以加强党的长期执政能力建设、先进性和纯洁性建设为主线,以党的政治建设为统领,以坚定理想信念宗旨为根基,以调动全党积极性、主动性、创造性为着力点,全面推进党的建设。"作为"四个全面"战略布局之一,党建工作不断向基层延伸、向纵深发展,任务越来越重,难度越来越大,标准越来越高,要求越来越严,加强中小学校党建工作成为基础教育工作的重要组成部分。2016年6月29日,中央组织部、教育部党组联合印发《关于加强中小学校党的建设工作的意见》,明确指出"党组织是党在学校的战斗堡垒,在学校发挥政治核心作用"。为此,在中小学校加强党建,首先要明确中小学校党组织功能定位。主要体现在四个方面:

(一)党建工作保证学校办学方向

学校党组织充分发挥"政治核心作用",能保证学校全面贯彻落实党的教育方针,保证国家法令、法规和教育政策在学校工作中的执行,保证社会主义办学方向,培养中国特色社会主义事业建设者和接班人。

(二)党建工作服务学校中心任务

学校党组织和党员处于教育教学第一线,肩负着把党的教育方针政策贯彻落实到学校各项工作中、团结带领全体教职员工建设和谐校园、推动学校科学发展、促进学生健康成长的重要职责,其工作必须从推进教育科学发展、提升教育质量出发,紧紧围绕教书育人这一中心任务来开展。

(三)党组织参与学校决策

当前,中小学校全面推行校长负责制,由校长集中精力指挥行政工作,统一使用学校人力、财力、教学设备资源,贯彻落实学校决策。党组织则主要

从事思想政治工作、干部培养教育、领导工会和团队等群众组织,形成党政分设、各司其职的工作协作模式,避免学校工作职责不清、分工不明、相互推诿的问题。同时,中小学校党组织又要积极参与学校重大问题决策,其间既要维护和支持校长对学校重大问题的统一决策权,又要保证党组织的意见在决策中得到尊重和体现。

(四)党建工作促进学校教师队伍建设

党建工作的持续推进,能够不断推动发挥党组织的战斗堡垒作用和党员的先锋模范作用,通过党建带动引领和党员率先垂范,团结和吸引全校的教职员工努力提高业务思想水平,从而逐步打造一支有理想信念、有道德情操、有扎实学识、有仁爱之心的教师队伍。

总体来说,加强中小学校党的建设工作,是贯彻党的教育方针、保证社会主义办学方向的基本要求,是推进中小学校全面发展的内在需要,也是办好人民满意教育的重要保证。在当前,中小学党建工作面临着新的时代要求:

一是大环境变化给党建奠定了新基础。当前,党执政的大环境与20世纪相比发生了重要变化,西方国家政治体制和行政改革给中国共产党的执政带来了巨大压力,改革进入深水区,促使中国共产党执政的重点放在以先进的执政理念、执政方式获得大众的信任和忠诚。这种大环境的变化,既是挑战,也是机遇,它为中小学党建奠定了新的基础。这是因为,政府作为党管理国家和社会的主要机构,大环境的发展变化要求其从传统管制型向现代服务型转变,意味着要求建设学校服务型党组织,服务学校内涵式科学发展,服务教师专业发展,服务学生成长成才。

二是基础教育的特点提出了党建新要求。中小学教育是国民教育体系的基础,关系到千千万万个家庭的切身利益和学生的健康成长,也关系到国家和民族的未来。《意见》指出:"加强中小学党的建设工作,对于全面贯彻党的教育方针、保证社会主义办学方向、落实立德树人的根本任务,办好人民满意教育,具有重要意义。"形象地说,中小学教育是"育苗",如果"苗"育得不好,势必影响未来祖国发展。中小学是地基,是基础设施。根是否正,苗是否红,地基是否牢固,基础设施质量是否保证,关键要看中小学党建。因此,加强中小学党建工作是教育全面改革发展的内在需要,在把握学校发展方向,推进教育改革发展中发挥着重要作用。

三是优良传统的恢复给党建注入了新的动力。党的优良传统与作风初步形成于新民主主义革命时期。在长期的革命实践中,形成了"理论联系实际"、

"密切联系群众"和"批评与自我批评"三大优良作风，形成了廉洁奉公、艰苦朴素、敢于牺牲、勇于担当、谦虚谨慎、独立自主、调查研究、努力学习、团结统一等许多优良传统。正是依靠这些优良传统与作风，中国共产党才能领导全国人民走向解放之路。党的十一届三中全会以来，在三十多年的改革开放事业推进过程中，中国共产党重新恢复了自己的优良传统，而且在新时期得到发扬光大。党的十八大以来，以习近平同志为核心的党中央高度重视党的优良传统和作风的弘扬，在密切联系群众方面，中央通过了中央政治局关于改进工作作风、密切联系群众的"八项规定"。习近平总书记多次指出，要用好批评和自我批评武器，让每个党员干部都能红红脸、出出汗。另外，其他好的优良传统也得到回归和弘扬。党的十九大既指出要"恢复和发扬我党我军光荣传统和优良作风"，又强调"全面推进党的政治建设、思想建设、组织建设、作风建设、纪律建设"。这意味着党的优良作风的回归，为党的建设注入了新的动力。站在新的历史起点上，我们要继承发扬党的优良传统，不断创新中小学党建工作，实现新的发展。

四是改革开放的深入对党建提出了新要求。改革开放以来，我们党始终大力弘扬求真务实、开拓创新的精神，不断研究解决党的建设出现的新情况新问题，党的建设取得瞩目成就。然而，党的建设是一个历久弥新的课题，不可能一蹴而就。不可否认，随着形势的变化，党的建设也出现了一些问题，如部分党员干部理想信念缺失、宗旨意识淡薄、党性观念发生偏移错位甚至是倒置的问题，不少领域"四风"现象日盛，腐败问题突出，致使一些地方党群关系由过去的鱼水关系演变成油水关系甚至是水火关系等。出现上述问题的根本原因就是一些党组织没有高度重视党的建设，党员干部放松了世界观、人生观、价值观的改造，以至于面对改革大潮中的利益调整心态失衡，进而造成信念失稳、行为失妥甚至失控。要解决好这些问题就必须正确认识新常态下全面加强党的建设的现实性和针对性，从生死存亡的高度把握在新常态下强化党的自身建设的重要性。

五是新的时代为党建提出了新的方向。明确方位才能找准方向，把握大势才能赢得未来。党的十九大报告指出，"中国特色社会主义进入了新时代，这是我国发展新的历史方位"。党的十九大在承前启后、继往开来的关键节点上，对我国发展所处历史方位作出了新的重大政治论断，为制定党和国家大政方针提供了理论依据，进一步指明了党和国家事业的前进方向，具有重大现实意义和深远历史意义。这也为中小学校党建工作提出了新的方向。我们要认真学习贯彻党的十九大精神，深刻领会"新时代"的丰富内涵，准确把握中小学校党建工作的科学规律，更好地肩负起新时代的历史使命。

三、新形势下加强中小学党建工作实效性的对策与措施

加强学校党建工作、持续推动学校党建创新与发展是一项长期的工作任务。我们要按照中央和省委部署,积极探索,大胆创新,不断增强学校党建工作活力,提升学校党建工作水平,为推进教育教学改革发展、办人民满意的教育提供坚强的政治保证。

(一)不忘初心,与时俱进,不断加强政治建设,增强时代性和政治性

1. 坚持以习近平新时代中国特色社会主义思想为指导

习近平总书记在党的十九大向全党发出"不忘初心、继续前进"的号召,对于我们学校党建工作来说,这个初心就是坚持马克思主义的指导地位,坚持把马克思主义基本原理同当代中国教育改革的具体实际和时代特点紧密结合起来,把马克思主义中国化与学校党建结合起来,坚持以习近平新时代中国特色社会主义思想为指导。

2. 强化学校党的政治建设

党的十九大报告部署了新时代党的建设任务,明确要求把党的政治建设摆在首位,强调要以党的政治建设为统领,要全面推进党的政治建设、组织建设、思想建设、作风建设、纪律建设和制度建设。党的政治建设是党的建设的纲,是根本,是灵魂,党的政治建设抓好了,才能纲举目张,才有可能把握好政治立场和政治方向、政治原则、政治道路,党的事业才能蓬勃发展。以习近平同志为核心的党中央突出强调党的政治建设,不断强化管党治党的政治责任,严明政治纪律和政治规矩,党的领导显著加强,党内政治生态好转。教育为执政党服务,这是学校党建工作的题中之义。这也就意味着,任何情况下,都不可淡化政治观念,任何轻视、忽视、漠视、淡化、弱化、边缘化学校党的政治建设,都有可能让学校党建失去坚实的根基,学校办学失去正确的方向,甚至从而失去党长远的执政根基。为此,首要任务就是要坚决维护以习近平同志为核心的党中央权威,坚决执行党的政治路线,严守政治纪律和政治规矩,在政治立场、政治方向、政治原则、政治道路上同以习近平同志为核心的党中央保持高度一致,特别是习近平同志提出了教育的"四个服务",教育的政治属性、教育的价值体系,与执政党政治属性、与执政党的价值体系的一致性则是顺理成章的。党在中小学校的基层组织保障这种一致性的顺利实施,则是理所当然、责无旁贷的。其次就是要加强政治学习,认真学习贯彻新党章,严格实行党内政治生活,加强党性锻炼,提高政治觉悟和政治能力,把对党忠诚、为党尽职作为根本的

政治担当。要持续开展社会主义核心价值观教育，全面推动社会主义核心价值观落细落小落实；要做好思想政治工作，积极引领全体教师全面贯彻党的教育方针，落实立德树人根本任务，发展素质教育，推进教育公平，培养德智体美劳全面发展的社会主义建设者和接班人。推动教育为人民服务，为中国共产党治国理政服务，为巩固和发展中国特色社会主义制度服务，为改革开放和社会主义现代化建设服务，在全面建成小康社会、实现中华民族伟大复兴中国梦的历史进程中充分发挥战斗堡垒和先锋模范作用。

（二）创新载体，强化意识，不断加强思想建设，注重针对性和实效性

首先要深刻领会和把握习近平新时代中国特色社会主义思想的重大政治意义、理论意义、实践意义，深刻领会和把握习近平新时代中国特色社会主义思想的时代背景、科学体系、精神实质，深刻领会习近平新时代中国特色社会主义思想对教育提出的新任务、新目标、新要求，推动城乡义务教育一体化、高度重视农村义务教育，使绝大多数城乡新增劳动力接受高中阶段教育，接受高等教育。这就从供给侧方面对教育数量、教育质量、人均受教育年限，国民素质教育上提出了更高的要求，中小学校党员教师不仅要做共产主义远大理想和中国特色社会主义共同理想的坚定信仰者、忠实实践者，还要做虔诚研学者和热心传播者，按照新时代教育目标任务要求，全面贯彻党的教育方针，全面提高教育质量。

1. 开展"五亮"活动

学校党组织要积极开展党员人人"五亮"（亮标准、亮身份、亮职位、亮承诺、亮电话）行动，全面开展党员佩戴党徽、亮身份、树形象活动；要科学设立党员责任区、党员先锋岗、示范岗，设置展示栏，公布党员承诺内容和践行情况，接受师生和群众监督，让党员教师时时处处提醒自己不忘党员身份，不忘初心。

2. 开展"争先创优"活动

学校党组织要积极探索开展党员教师"五比五争"（比学习，争当读书表率行动；比立德，争当师德标兵；比敬业，争当教育模范；比创新，争当教改先锋；比成绩，争当奉献楷模）活动，提振广大党员教师干事创业的精气神。对于在"五比五争"中表现优秀的党员教师，优先评选为学校"优秀共产党员""优秀党务工作者"，并作为推荐中央、省、市"优秀共产党员""优秀党务工作者"候选人，激励党员教师争做时代先锋和楷模。

3. 开展"五评"活动。

学校党组织要增强全面从严治党的主体责任意识，加强党员教育管理，激发广大教职工和学生热爱党、拥护党、靠拢党的政治热情；要进一步约束和规范党员言行，解决部分教职工不求上进和个别党员纪律涣散问题。在这方面，可学习效仿上杭县广泛开展的党员民主评议"五评"活动，通过五种不同方面的评议，对表现优秀的党员，加大表扬奖励力度，弘扬正气，激发党员队伍的工作热情；对评议中落后的党员，要及时进行批评教育，秉承"惩前毖后，治病救人"的方针，帮助他们解决思想上存在的突出问题。

4. 开展调研活动。

要切实解决党员三观不正、三信不坚的问题，永葆共产党员的政治本色。推进"群众路线教育实践""两学一做""三严三实"，教育常态化制度化，同时开展"不忘初心、牢记使命"的主题学习。如开展"五亮"活动、争先创优活动、"五评"活动，广泛开展深入细致的调查研究。同时要继承发扬党内各种政治活动、优良传统，结合时代发展，积极创设各种活动载体的形式。如何在新时代、新形势下提升学校基层党组织的创造力、凝聚力、战斗力，服务于科学发展，是我们党建工作研究、探讨的重要课题。一如上杭县教育系统党委针对该县学校党建和教师队伍管理中出现的突出问题做了非常扎实的专题调研工作，并形成了一份有血有骨有肉的丰富、生动有力的党建工作决策咨询报告。我们应该学习上杭县教工委这种善于分析问题、积极解决问题的调研精神，深入基层学校调研，总结经验教训，做到心中有数，即对成绩有数、问题有数、对策有数，从而推动学校党建工作科学发展。

（三）优化组织，推进落实，不断加强组织建设，夯实基础性和保障性

按照党的十九大的要求，加强基层组织建设的重点是提升组织力：

1. 调整和优化学校党的组织

党员是党的肌体的细胞和党的活动的主体，中小学校党组织要强化党员日常管理，保证发展党员质量。特别是随着教育改革的较快发展，学校党组织也要随着学校工作的调整而调整，随着学校规模的壮大、党员人数的增多而优化设置。（1）健全中小学校党组织。对符合组建党组织条件的中小学校，特别是民办中小学和民办幼儿园要力争做到全覆盖。加大单独建立党组织力度，进一步提高党组织的覆盖率。（2）及时调整优化中小学校党组织。对党员较多的中小学校党组织，根据党员数量及时调整党组织设置形式，相应设置党委、党总支和党支部。（3）规范党组织设置。要按期召开党员大会或党员代表大会，选举产生支部委员会或总支委员会或基层委员会。（4）理顺党组织隶属关系。结合中小学校实际，采取属地管理和教育部门管理两种方式，一些地方探索

县市区教育部门和乡镇（街道）党委"双重管理"模式也是值得学习的。

2. 加强党组织阵地建设，夯实党建工作基础

犹如中小学要做好"双基"一样，党的组织建设要切实做好抓基层、打基础的"双基"工作。这个基层就是党支部，这个基础就是阵地，要建立党支部、健全党支部、建强党支部。结合实际制定中小学校党组织活动阵地和宣传阵地标准，建好党员活动室，配备必要的活动设施，不断健全完善中小学党建工作基础保障。

福建省有一大批历史悠久、内涵丰富的老校、名校，如福州过去中学有老八所的说法，各地市、区县也有一中、二中、实验学校、实验小学等等，大部分是有较好办学传统的优质校，它们大都具有富于生命力和感召力的办学思想和办学理念，这些都是学校党建工作重要的思想基础。不仅在转变教育观念，提高管理水平，提高教学质量要创造经验，率先垂范，还应在宣传党的主张、贯彻党的决定、领导基层治理、团结动员群众、推动改革发展发挥引领作用，带领其他中小学校一起，把握规律性、体现时代性、富于创造性，在继承的基础上，不断推进学校党建工作的改革创新，让党的基层组织尤其是党支部成为坚强的战斗堡垒。

（四）围绕教学，服务教师，不断加强作风建设，增强凝聚力和战斗力

加强作风建设的核心是保持党和人民群众的血肉关系，办好中小学，教师是根本，德智体美劳全系于教师言传身教。

1. 关心青年教师成长

要把骨干教师、优秀青年教师培养发展成为党员列入基层组织建设的重中之重，加强思想引导，健全关爱机制，让骨干教师、优秀青年教师从思想上主动要求入党，为党组织不断注入新鲜血液，永葆生机活力。一是建立"双培养"工作机制。支部委员负责联系非党员的业务骨干、学科带头人，组织他们学习党的理论，提高他们的思想政治与师德修养，争取把他们吸纳、培养成为共产党员。学校通过压担子、参加培训、负责课题研究等方式，为优秀共产党员创造条件，提供机会，营造氛围，搭建平台，将优秀共产党员培养成业务骨干、学科带头人。二是热情关怀每位青年教师，在组织党员学习时，邀请他们中的积极分子参加，经常找他们谈心，并开展"一帮一"活动，即以一名优秀的老党员教师传、帮、带一名要求进步的青年教师，在平时工作学习生活中，对他们进行业务及党的知识的教育帮扶，帮助他们加深对党的认识，引导其积极向党组织靠拢。

2. 营造和谐环境

学校党组织承担着团结群众、动员群众、组织群众的重要职责，要切实发挥密切联系群众的优势，把一切积极因素调动和凝聚到推动学校和谐发展上来；要支持学校工会按照章程履行职责，关心教师身心健康，丰富教师文化生活，帮助教师调节工作节奏，舒缓心理压力，消除职业倦怠，始终保持良好的工作状态。

（五）健全机制，激发活力，不断加强制度建设，发挥核心影响力和决策力

依照我国相关法律规定，中小学的制度设计与高校不同，实行的是校长负责制，党支部如何发挥战斗堡垒作用？校长是学校法人，支部怎样实现政治领导？毫无疑问，校长负责制，校长对学校的全面工作承担法人责任，履行管理学校的全部责任。根据权利与义务相一致的原则，其在整个工作中处于领导地位，对学校教学、教研、学生成长、后勤保障等负全面责任。党组织（党委、总支或支部）起保障监督作用，主要对学校办学方向、办学宗旨、办学目标以及学校的改革、建设、发展起保证、监督作用，保障学校的社会主义办学方向，保证学校各项任务的顺利完成。就中小学而言，笔者以为有两项制度与党的建设息息相关，需要认真研究探索。

1. 健全工作运行机制

学校党组织参与学校重大问题决策是确立党组织地位的重要标志，是党组织发挥政治核心作用的重要途径。要树立"不参与学校重大问题决策是失职""决策不到位也是失职"的观念，着重在方向性、全局性、原则性问题上把好关，扭转党建工作与行政工作"两张皮"现象，真正做到党政一盘棋，分工不分家。一方面健全重要事项决策机制。建立健全学校领导班子工作制度和议事规则，对于学校"三重一大"事项，都应由党政联席会议或校务会议研究决定，对属于党内事项及党管事项，必须由学校党组织作出决定，发挥参与决策的作用。另一方面完善监督协调机制。全面推行党务公开、校务公开，学校党政领导班子定期公开述职并接受评议，充分发挥教职工代表和党员的监督作用，确保广大党员教师的知情权、参与权和监督权。

2. 健全干部任职机制

推进"支部书记进行政班子、校长进支部班子"的交叉任职试点工作。通过交叉任职，促使校长牢固树立"党管"意识（即主动融入党组织，服从党组织的管理），引导支部书记切实增强"四个意识"，强化政治责任，牢固树立

"管党"意识（即切实履行党建第一责任人责任，把党组织、党员管好），坚持党建和行政工作目标同向、步调一致，做到"职责上分、思想上合，制度上分、关系上合，工作上分、目标上合"，推动"中心"与"核心"形成工作合力，切实解决党建与行政工作"两张皮"的问题的办法就是两心变一心，变成"同心圆"。

3.发挥协调疏导的作用

学校运行中产生的矛盾大多集中在校长身上。党组织要树立起"行政工作的难点就是党组织工作的重点"的意识，充分发挥思想政治工作优势，不畏惧困难、不回避矛盾，深入到教职员工中间，理顺情绪，化解矛盾，主动分担，保证学校的集体决策顺利贯彻落实。

4.发挥保证监督的作用

要建立和完善党内监督和群众监督机制，全面推行校务公开、党务公开，充分发挥教代会的作用，确保学校重大事项阳光、透明操作，促进党员干部自觉依法行政、依法治教。

（六）党政沟通，密切关系，不断加强党性锻炼，增强主动性和自觉性

1.书记应该做到四个主动

中小学校书记、校长在关系处理上，要加强沟通联系的主动性和自觉性。首先是书记应该做到四个主动。一是主动关心校长。书记是校长的合作伙伴，应主动去关心校长，了解校长的工作情况。比如对学校的重大发展，书记要主动去关心，不要说"跟我没关系，我也不过问"，要主动去了解，主动去沟通，最近有什么重大的事情，或者"有什么困难，我能帮上什么忙"。有时候可能校长工作很忙，一时还回答不了，先别急，再找个时间关心关心了解了解，以诚待人，为了同一个目标一起努力。二是主动支持校长依法独立开展工作。学校实行校长负责制，书记就不要什么都干预。书记要支持校长，毕竟校长担主要的担子、负主要责任，一个学校搞不好，首当其冲受追究的是校长。三是主动参与学校的改革和发展。在学校改革和发展问题上，书记不应隔岸观火，而应亲临一线，有些工作还可以承担，比如解决教职工的思想统一认识问题，共同把学校的工作做好，把改革的事情做好。书记与校长会有些看法不一样，这可以保留，但要支持，而且支持校长把工作做好，党委书记应该有这样的心胸。四是主动做好党的工作。做好党的工作是书记的本职工作，同时要主动关心校长个人的工作生活和困难。校长也有困难的时候，同志之间的相互帮助，本来就是党组织应有之义，更何况是一个重要搭档，书记要像关心其他同志一样关心校长，这是党的工作，也是传统。

2. 校长应该做到四个主动

一是主动多跟书记沟通。现代社会没有一个单枪匹马的英雄，只有一个战斗的团队才能获得成功，搞科研、搞教学也是如此。校长主动与书记沟通，让书记心里有数，让书记懂得和了解可以在哪些地方提供支持和帮助。二是主动支持书记开展党的建设和党的工作。书记和校长只是分工不同，校长应该看到党组织建设对行政工作的重大促进作用。支持党的建设，支持组织建设，就是支持自己的行政工作，校长可以通过组织的整体力量来做好自己的行政工作。三是主动接受党的领导。校长负责制的体系下没有提及党的领导，但并不等于校长不需要党的领导，作为一个党员，接受党的领导天经地义。服从组织的领导，征求组织的意见，目的是完善自己的改革方案、改革意见，以提升工作水平，校长应该有这样的觉悟和要求。校长接受党组织的领导，包括从政治思想的领导到具体决议的执行，作为党员执行党的决议，这是应该的。做到主动就能够让自己在思想境界和党性锻炼上，提高到一个新的水平和新的高度。四是主动接受党组织的监督。校长要自觉进行自我修养，自我锻炼和自我要求，自觉在党组织的监督下做好行政工作。

四个彼此的主动，能使我们的党政一把手在各自处理好、完成好自己工作责任的同时，支持好相应的工作伙伴，更好地促进学校事业的发展，也更能够达到党和政府对我们工作安排时所提出的要求。长期的办学实践表明，任何一所学校成绩的取得，都离不开党政一把手的齐心协力。

以上是校长书记分设的情况，还有一种情况是校长书记一肩挑，也许有人认为此类状况可减少摩擦，减少矛盾，笔者却以为双肩挑于一身者，遇到问题、安排工作、作出决定需要挑起两个岗位的职责。同时综合考虑两方面的工作，从两个角度出发，负起两个岗位责任，履行两个角色的职责。从表面上看，一肩挑似乎比分设更好操作，但在实际上往往容易有所偏颇和侧重，有时会有所丢失和遗漏，工作不周之处在所难免，这需要两副担子一肩挑、一岗双责的同志进行全盘考虑，必要时还应履行党委职责，对行使两个系统的程序予以研定。毕竟底下有两套班子，这就要求其有更强的党性，有更全面的能力素质和更高超的领导艺术。毕竟要有更高的自我要求，因为所有的矛盾、困难、问题都可能集中在校长一个人身上，要缕分出更精准的关系和科学地选择、合理地安排。校长要付出更多的劳动，要有更强的心理承受能力。总之，要认真处理好校长书记之间的关系，双方要形成良性互动，才能共同推进学校的更好更快发展。

党建工作是学校的基础性工作，一定要高度重视和认真抓好，要做到

"围绕教学抓党建，抓好党建为教学"，还要结合每个学校的校园文化和办学实际开展党建工作。在党建工作中，应不断创新工作思路，增强工作实效，努力营造一个良好的育人环境，让学生得到更健康、更全面的发展！

福建省中小学提高教学质量
工作经验、影响因素及改进对策研究*

百年大计，教育为本。习近平同志在党的十九大报告中提出，要"努力让每个孩子都能享有公平而有质量的教育"。"有质量"三字，醒目突出，重如千钧，清晰指明了未来教育发展的一大着力点。教学工作是学校的基础性工作，是学校工作的核心与中心。教学质量是学校的生命线，是教育的生命线，关系着学校的生存和教育的发展，提高教学质量应当是每所学校永恒的追求。

为贯彻落实党的十九大和全国教育大会精神，贯彻落实省委、省政府《关于加快教育事业发展的实施意见》和《福建省"十三五"教育发展专项规划》，福建省教育学会确定2018年的工作重心为围绕提高我省中小学教学质量开展调查研究，并形成相关的研究成果，为我省基础教育改革发展献计献策。一年来，我带领学会秘书处同志，赴莆田、龙岩、漳州、泉州等地召开十余场提高教学质量工作调研座谈会，并下校实地走访。同时，这次年会全省各地也报送提高教学质量工作论文300多篇。现在，根据调研情况和各地报送的论文，我向各位分享我们的调研感悟和体会，介绍一下福建省中小学教学质量工作情况，并和大家一起探讨新考试背景下如何进一步改进我省中小学教学工作，增强中小学教学工作的针对性和实效性。

一、我省中小学提高教学质量工作的主要经验

党的十八大以来，全省教育系统始终牢记习近平总书记"福建没有理由不把教育办好"的殷切嘱托，始终坚持党对教育工作的领导，始终坚持社会主义办学方向，始终坚持立德树人，着力推进教育改革发展，基本解决"有学上"

---

* 选自《福建省中小学提高教学质量研究》，海峡文艺出版社2019年出版。

的问题，不断满足人民群众"上好学"的热切期盼，凝练"福建经验"、打造教育品牌的格局逐步形成。

（一）抓好常规管理，确保教学质量

教学常规永远是提高教学质量的重要保障。各地各校都在不断强化完善各项教学常规制度，抓严抓实抓细各项教学常规管理，为提高教学质量打下了坚实的基础。如漳州五中针对常规管理工作，制定相应的细致化、条款化、分值化考核方案或标准，便于检查和操作，让每一位教师的工作都能得到客观、公正的衡量。永定城关中心小学的课堂教学管理规定内容详细，包括学生如何准备文具，课堂礼仪师生怎样问好、怎样告别，学生的坐姿、读写的姿势，如何举手发言等，还包括老师的仪表：不坐着上课、不接手机、不擅自离开教室等。其中，还规定教师讲话的时间不得超过20分钟，问题要少、提问要准，杜绝满堂问、满堂灌等。泉州丰泽区实验小学不断强化完善各项教学常规制度，抓严抓实抓细各项教学常规工作管理，特别是细抓教师"六认真"（包括教师的备课、上课、作业布置与批改、后进生的辅导、学生成绩的检测）工作的监督与检查。晋江市梅岭街道双沟小学抓常规管理，树立向过程要质量的意识，认真落实备、教、批、辅、考、评等各环节，特别注重平时的督办检查、评比、总结等环节。

（二）推进教学改革，打造高效课堂

各地各校结合实际，集思广益，努力推进教学改革，构建高效课堂模式。如莆田五中，围绕课堂教学转型需求，引领教师变革课堂教学方式，探索"三学三研"课堂教学模式，构建优质高效课堂。"三学三研"课堂教学模式的内涵可以概括为"一个中心"（以学生发展为中心）、"两个抓手"（导学案和小组建设）、"四个环节"（自主学习、合作探究、展示质疑和拓展延伸）。"三学三研"课堂教学模式追求的是"点燃火焰"，即在课堂教学中，教师的角色是"导学、助学、督学"，学生在教师"三学"指导下经过"自学自研、互学互研、深学深研"的"三研"获取知识，提升能力，学会创新。泉州市马甲中学每年4月开展"课堂有效教学研讨月"活动，以"有效教学"为目标，强化"在备课上下功夫，在课堂上显本领，在作业上出效益"的教学模式，以集体备课为抓手，构建适合校情的课堂教学模式，打造有效课堂，深化教学改革。仙游县南方中学推行"八步教学法"，实施"自学—讨论—展示—强化—作业—改错—小结—小测"等八个环节，与人工智能技术有机结合，构建高效课堂模式。该校79岁高龄的王庆昉老师参与"八步教学法"课堂教学改革，坚持一线教学，

教学效果良好。

（三）认真规划课程，建设科学体系

各地各校都能认真规划学校课程，按照国家课程设置要求，结合学校实际，建设科学的课程体系。如莆田五中，基于"以人为本，特色兴学，和谐发展，追求卓越"的办学理念、学生多样化发展需求和高考综合改革需要，科学规划学校课程，努力做到国家课程校本化、拓展型课程多元化、研究型课程课题化，构建"三层·五类"的课程体系（"三层"即基础型课程、拓展型课程、研究型课程，分别面向全体、面向分层和面向个体；"五类"即人文素养、科技素养、体艺健康、社会交往、国际理解与交流），力求做到"保住底线"——打牢学生共同发展的基础，"发展差异"——发展学生不同的基础，"鼓励冒尖"——培养学生的个性特长。

（四）严抓师德师风，提升师德师范

教师是人类灵魂的工程师，是人类文明的传承者，承载着传播知识、传播思想、传播真理、塑造灵魂、塑造生命、塑造新人的时代重任，教师不仅要有过硬的政治素养、扎实的真才实学，还要有良好的师德师范。各地各校都十分重视师德师风教育，如泉州一中，不断完善多渠道对教师进行师德培训的制度，要求每一位在岗教师都能以高尚的人格去感染学生、以丰富的知识去引导学生、以和蔼的态度对待学生、以整洁的仪表去影响学生、以博大的胸怀去爱护学生，树立"以德立教、率先垂范、严于律己、无私奉献"的形象。漳州第一中学分校把贯彻落实《教师职业道德规范》作为师德建设的重要内容，经常组织教师学习《教育法》《教师法》《未成年人保护法》等，不断提高教师的思想素质、道德修养和敬业精神。

（五）搭建发展平台，提高师资水平

各地各校都积极搭建各种平台，促进教师专业成长。如泉州一中，搭建校本培训平台、青年教师发展平台、名师成长平台等，努力提高教师业务理论素质、专业素养和职业道德，以保障教学质量提升。晋江市金井镇毓英中心小学推行七种课堂（"名师课堂""新教师见面课""约课""推门课""课题验证课""青年教师成长课""骨干教师示范课"），为老师们创设更多的展示平台，做到每学年"一师一优课"，并开通网络空间开展"晒课"工作。永定培丰中学制定学校教师专业发展规划与实施方案，明确提出学校教师专业发展工作指导思想，以名师和学科教研组长等骨干教师为核心，成立全区首个"校级名师工作室"，

以"读书活动"和"课例研修"为抓手，全面组织开展校本研修活动，努力加强教师队伍建设。

（六）强化学生教育，推动全面发展

全面的教育质量观倡导面向全体学生，追求全面发展，充分激发学生学习的积极性和主动性，推动提高教学质量。如泉州东湖中学，面向全体学生抓教学质量，提出每一位学生不求一样的发展，但都要发展，每一位学生不是同步提高，但都要提高，每一位学生不一定达到相同的规格，但都要合格；促进学生全面发展抓教学质量，提出不仅要抓好智育，更要重视德育，还要加强体育、美育、劳动技术教育和社会实践，使诸方面教育相互渗透、协调发展、促进学生的全面发展和健康成长；强化学生养成教育以抓教学质量，规定开学第一周为常规养成教育宣传周，第一节课为养成教育课，由班主任向学生宣读或解读《中学生守则》《中学生日常行为规范》等校纪校规，提出新学期目标等。永定二实小认真做好培优补差、师徒结对工作，对后进生除了让老师们加强辅导、因材施教外，还要求每个班学生之间结对帮扶，每个班各科的前五名分别和后五名结对帮扶，通过学生的视角，以学生间的平等关系进行辅导，有效地提高后进生的成绩。

（七）借助信息技术，实施精准教学

当前，以大数据、云计算、人工智能为代表的信息技术加快发展，为改革教学方式、提高教学质量提供了新的契机，各地各校纷纷借助信息技术，实施精准教学。如泉州一中，将智学网大数据的运用渗透到教学、学习、备课等各个环节。学校统一要求所有的考试都要使用智学网阅卷系统进行阅卷，然后利用该网络的大数据进行分析，教师不仅可以及时了解本班学生的考试及学习情况，也可以清楚自己任教班级与其他兄弟班级的具体差异情况，有意识地补缺补漏，实现精准教学，从而实现整体教学质量的提高。同时，由于每次考试的数据都进入智学网系统，通过大数据对学生的分析，可以发现每一个学生在学习上的具体问题，从而可以利用智学网组卷系统生成符合该生需要的个性练习。利用智学网的大数据平台，学校管理层能及时地了解各学科、各年段、各班级、各个教师的教学情况及学生的学习情况，从而实现有的放矢，精准监督，将可能产生的问题扼杀在萌芽阶段。莆田市第二实验小学借力信息技术，建设基于校本特色的教研模式——网络教研"五步曲"，推进课堂教学优质高效。莆田白塘中心小学，教学组织做到"四个结合"，一是自学教材与教导梳理相结合，二是自主学习与合作互助相结合，三是练习展示与评议交流相结合，四是课内

学习与课外拓展相结合，教师在课堂各环节充分发挥主导、协助、合作、点拨的作用，构建当堂导学、当堂过关、当堂提炼拓展的"堂堂清"高效教学模式。

（八）加强教学监测，不断提高质量

如泉州市实验小学，建立教师、教研（年级）组、教导处三级监控网络。教导处是监控执行的中心，重点实施教学质量的保障和评价工作，定期检查教师上课、作业布置与批改、考试等情况，发现不足及时纠正反馈、总结；每学期举行一次教学质量分析会，分析、发现问题，诊断教学，并提出改进教学的具体意见和措施；每学期期末举行复习论坛，从如何优化各主题领域的复习课教学、提纲编拟以及试卷讲评方法等方面进行"期末复习—优教减负"的专题论坛交流，提高期末复习的科学性与实效性。漳州第一中学分校制定《教学目标管理办法》《初中毕业班目标管理及奖惩办法》，学校给年段定教学目标，年段给备课组定教学目标，备课组给科任教师定教学目标，并落实奖惩，取得较好的效果。永定城关中学为引导教师注重提高教学质量、积极参与教研活动，不断优化学校绩效制度，突出教学教研实绩，有效激励了老师提高教学质量和参与教研的积极性。

二、当前我省中小学教学质量的现状及其原因

近年来，我省对全面提高中小学教学质量的呼声越来越高。这一方面是在现行的教育体系中，中小学教育至关重要，因为它是影响国民教育体系持续高水平发展的基础，是影响一代又一代学生个体生存与发展质量的基础，是影响社会人力资本、经济、社会发展的基础，更是影响国民素质、中华民族伟大复兴的基础。另一方面，随着社会经济的发展，人民生活水平的日益提高，对提高中小学教学质量的要求也日益迫切、日益提高，也就是大家通常所说的要求从"有学上"向"上好学"转变。

而当前，对于我省中小学教学质量的各种议论都有，但笔者以为还是要全面客观准确地加以分析。在实地调查和走访座谈的基础上，笔者认为就全省总体而言，各地教学硬件建设都取得明显的改善和提高，区域学校在校舍建设、环境建设上都有大幅提高，教学质量是不断提高的。由于在教师结构配置和教师水平能力、教学设施的配套完善和经费保障、学校管理能力和管理水平三个方面，都存在较大差距，致使教学质量也存在三大差异。

（一）学校间教学质量的差异

城市与乡镇学校之间、大校与小校之间、老校与新校之间、一二三级与未达标学校之间，教学质量的差异是客观存在的。不论是传统的重点学校，抑或是一级二级三级达标校，在目前400多所高中学校中，"文革"前的重点中学和改革开放初期确定的首批办好的26所重点学校，依然是今天的一级达标校的主力，占据无可动摇的第一方阵地位。各县一中和实验小学仍然是各县的龙头老大，学位难求，学区房难求。

（二）学科间教学质量的差异

中学的语、数、外、物、化和小学的语文、数学，普遍受到重视，成绩也都较好，是不争的事实。而其他小门学科，如史、地、生、体、音、美的课时往往难以得到保障，成绩偏弱也是可以理解的。不久前，笔者走访了一所120多名学生的小学，6个年级无一专职体育、音乐、美术老师。

（三）学生间学习质量的差异

笔者翻阅了2017年、2018两年省普通高考学科评价报告，总体感觉近两年来，高中教学质量逐年提高，除反映在学校间的差异、区域间的差异、学科间的差异外，如大家关心的平均分，前10%、20%、60%的占比数，绝大多数集中在一级达标校和福州、厦门、泉州三市，其表达为"明显突出"或"遥遥领先"。同时也反映出学生差距，如2018年，0—20分考生总数1350人，130—150分考生总数为3294人，高分考生2018年较2017年有较大增加，而低分段考生并没有明显减少，虽然差异是一种客观存在，而提高薄弱学生的任务仍然艰巨。

为此，我以为，对我省中小学而言，大幅度提高教学质量是当务之需，大面积提高教学质量是当务之重，全方位提高教育质量则是当务之本。所谓全方位，指的是从小学、初中到高中教育，从农村乡镇到城市学校，从贫困生、学困生到尖子生、优秀生以及中等生、平常生等每一位学生，从学习成绩到德智体美劳各方面。

当然，提高教学质量建设优质学校，缩小上述三大差异绝非一日之功，更不要期望一蹴而就。犹如高等学校的专业建设一样，需要经历长期积累，需要坚持不懈，认真抓好。厦门科技中学、厦门外国语学校在短短时间内跻身全省中学第一方阵，正是因为近十几年来历任教育局长、校长锲而不舍、始终如一、认认真真、扎扎实实、一步一个脚印地长期抓好、建好的，如今其水平口碑与厦门一中、八中齐名，大家也争相入学。一些民办学校的崛起，虽有名校办民校的溢出效应，更多的还是十年磨一剑、锲而不舍努力拼搏的结果。人民心中的口碑，并没有那么复杂的一套评估体系，最根本的还是教学质量。也许一年生九子，个个都属龙是可能的，但那种一年生九子，个个都成龙则是需要经历艰苦奋斗的，毕竟办学校不是办企业、种庄稼，一年一季就可见成效的，但一定是可以做到的。

三、新形势下提高中小学教学质量的对策与措施

在新形势下，我们要全面贯彻落实党的十九大和全国教育大会精神，贯彻落实省委、省政府《关于加快教育事业发展的实施意见》和《福建省"十三五"教育发展专项规划》，落实"立德树人"根本任务，坚持科学的教学质量观，围绕"调结构、优环境、强队伍、重内涵、提质量"总体思路，把"提高质量"作为教育改革发展的核心任务，努力推动全省中小学教学质量迈上新的台阶。

（一）提高教育质量的基础是提高教学质量，要确立以教学为中心，行政、学校、教师"三位一体"共识共为的教育理念

教学工作是学校的基础性工作，是学校工作的核心与中心，只有不断提高学校的教学质量，才能培养出德智体美劳全面发展的社会主义建设者和接班人。党的十九大报告指出，当前我国社会的主要矛盾已经转化为人民日益增长的美好生活需要和不平衡不充分的发展之间的矛盾。这个矛盾，体现在中小学教育上，就是人民群众迫切要求享受高质量教育与优质教育资源供给短缺且发展不均衡的矛盾。高质量的教学，也是优质教育资源的一种。因而，我们要充分认识到，努力提高中小学教学质量，是解决当前社会主要矛盾的一项重要工作，任务艰巨，意义重大。在教育厅有关中小学处室的设置中，曾出现过普教处、中教处、初教处以及如今的基础教育处等称谓，笔者以为现今的称谓最贴近中小学教育的本质。因为中小学教育是提高学生国民素质的基础：一是生命成长的基础，包括思想品德、智力、体力、身心健康、行为习惯等基础；二是生存发展的基础，包括就业、创业、能力、个性等的基础；三是生活提高的基础，包括生活品质、生活质量、文化品位乃至终身学习的基础。简言之，基础教育就是抓好教育基础，而基础教育的基础则是教学质量。为此，牢固树立质量意识，始终把提质量、促发展摆在教学质量提升的重要位置，凝聚工作合力，推动教育持续发展、教学质量不断提升，本身就是基础教育最基础的工作。

也许有人会说，教学质量高，学习成绩好，未必就是教育质量高，也可能

成为政治方向不正的危险品，或身心不健的等外品。也许。即便有，也只是少数。如果教学质量不高，学习成绩不好，何以称为教育质量高？"文革"期间，除大量失学青少年外，虽然毛主席一再强调，在校学生以学为主，却因为五二二学制和以工基、农基代替了基本的数理化课程和各种社会活动的冲击，导致学校放松、甚至放弃了教学活动，整整耽误了一代青少年的成长，也致使国家一个历史时期人才青黄不接。"文革"距今已经50年，对一个人来说，五十年很长，对历史而言，五十年很短，历史的经验教训不能忘记。

（二）提高教学质量的根本是抓好课堂教学，要落实备课、上课、作业、辅导及考试等紧密链连的五环教学系统

毋庸讳言，课堂教学是中小学校教学实践活动最重要的组织形式，是全面提高教学质量最根本最主要渠道。科学运用课堂教学阵地，充分实现课堂教学整体优化，完成教学目标、教学任务，关键是依照教学规律，把思想教育、知识传授、能力培养、身心塑造、习惯养成贯穿于教学的全过程，备课、上课、作业、辅导、考试五个环节缺一不可。这是我国长期教育教学经验科学总结的常规工作，虽然是人人都认可，天天都在做，但在一些学校一些教师实际施行中却常失之偏颇，或缺链少环。从现实情况看，一般而言，学校、教师对备课、上课比较关注重视，抓得较紧，而对作业批改、个别辅导重视不够，甚至不认为是自己教学中应尽的职责，以致出现要求家长批改作业，社会培训（实则补习）机构大行其道的现象。我以为，让家长为孩子改作业，实在是一种不负责任（或推卸责任）的所谓改革。且不说家长文化程度、知识水平不一，即便是改得很好，教师不改作业，如何知晓每个学生的学习情况，掌握分析不同学班不同学生总体的难点、疑点、重点，进行有区别的、有针对性的课业辅导？又如何对整体教学进行反馈、矫正、改进、提高，清晰了解学生现有的学习程度以及找到新的起点？笔者对一些培训补习机构进行过实地考察，发现"1对1"的培训教学辅导，正在成为竞争热点。虽然辅导者大多是青年教师甚至是在校大学生，其学识、学养和教学经验、能力水平应远不如我们的许多教师，尤其是一级达标校或重点校教师。之所以让学生趋之若鹜，争相前往，并能取得相应成绩，除社会市场运作的因素外，最根本一条就是这种个性化辅导适应学生的要求，耐心、细致、有针对性，让学生听得进去、学有所悟，当然也就学有所得。而这，正是我们许多学校在教学五环中丢失的一环——辅导，从某种意义上也可以说是我们的失职。这正是我们要完善和加强的课堂教学全过程的两个重要环节。在课前精心备课、认真细致钻研教材、正确解读和把握教材、撰写合理教案、设计教学环节、选择教学方法、根据教学大纲认真施教的同时，加强作业批改和个别辅导(包括学困生和学优生,尤其是学困生)显得尤为重要。

良好的师生关系在整个教学过程中发挥着非常重要的作用,能拉近教师和学生心灵间的距离。教师要热爱学生,尊重学生,和学生形成一种亲密的朋友关系,才能和学生心灵相通。当学生喜欢教师、信任教师、效仿教师的言行时,学生就会逐渐把学习当成一种乐趣,从"要我学"变成"我要学"进而"我爱学",课堂教学效率自然会提高。

作为学生学习的指导者与参与者,教师不但要时时关注学生的学习情况,更要适时地对学生的学习进度进行调控,对学生的学习情况做到心中有数。教师要以与学生平等的合作者的身份参与到学生的学习中,认真倾听学生的声音,给学生提供必要的帮助,引导学生解决一些他们无法解决的难题,帮助学生进行有意义的学习。批改作业和个别辅导恰恰是实现师生互动的必不可少且有益和有效的载体。一些补习机构教师对学生进行"1对1"的辅导时,不是面对面,而是并肩而坐的,这个小小的细节也是耐人寻味的。

(三)抓好课堂教学的前提是研深吃透教材,要创新以校本研究为重点,教纲、教材、教法与考试"四位一体"的教研模式

教研科研是教学的"源头活水",如果没有教研科研做支撑,课堂教学就会失去"灵魂"。著名科学家钱伟长曾指出:"教学没有科研做底蕴,就是一种没有观点的教育。"对学校而言,中小学教研科研不是学校发展的锦上添"花",而是学校发展过程中的内在需求。中小学教研科研应该从学校教育教学改革实践出发,针对教育教学改革中遇到的问题,特别是关系全局性的重大问题,以科学的理论为指导,运用科学的研究方法去探索和解决。这些问题的解决过程就是学校探索发展规律的过程,就是学校寻求发展道路的过程。

面对时代的发展、科技的进步以及教育教学改革的深化,从提高教学质量的要求出发,除了加强中小学校教育目标、功能、结构、内容及评价的校本研究,还要加强以课堂教学为重点的校本研究,加强教师把握教学大纲的研究,把握教材和教学设计能力和水平的研究,运用先进科学教学方法的研究,加强开发和应用现代化教学手段的研究等。

比如,教学大纲,尤其是义务教育阶段的教学大纲,是国家政治、意志、历史文化传统和价值观的体现,培养人才目标、任务的根本要求和质量标准;教材则是国家政府编审批准的标准的具体要求;教师则是达成这些目标的实施者,按照大纲和教材的要求,通过教学、教育将这些应知应懂应会的变成学生已知已懂已会的,保证每一个学生达到教学大纲的质量要求。

又如,实施新课改以后,多种教学方式诸如启发式、探究式、讨论式、

体验式、研究性学习等在中小学教学中得到了前所未有的关注。这些教学方式也许都有成功的例证，但不可否认的是，这种成功都是在特定的老师、特定的条件、特定的学生状态下运用的案例。针对这些教法总结得失，笔者都表示理解、赞赏与支持。但即便如此，不能忘记教学最根本的原则——启发式，不仅因其已写入了《义务教育法》，还因为其是我国教育历史经验的科学总结，更因为这是符合教育教学最基本的规律的，而所谓规律是不可违背的。但是，我们不少学校，在现代技术的语境下，依然沿袭传统陈旧的教学模式，满堂灌、填鸭式、题海战术，虽然板书变成PPT，黑板换成白板，题海战术改成题库刷题，但是照本宣科、满堂灌、填鸭式、高强度反复训练、三犁三耙等本质依然如故，只不过是在新技术语境下换了个马甲，披上了多媒体的外衣罢了。

还有，考试学，当然是一门无可争议的科学。命题、组卷，按照教学大纲、考生正态分布区域差异确定难度系数，按照招生计划、招生分类，把握信度、区分度，无疑同样是应试录取未获根本改变状态下，需要认真加以研究的课题。反过来，也可更合理地组织教学，开展因材施教，让教师有更大的空间，提供适合学生的教育，从这个角度来说，社会上高考1对1补习班的教学法，似有可借鉴之处。

目前的高考改革牵一发而动全身，更需要加强研究，提出解决方案和对策。首先是教师编制问题，因教师学科结构现状和文理偏科与学生选科不可预测，并且年年不一样，至少会形成26—35种课程组合，师生比将达1：8。其次是教学设施问题，由于课堂组合增加，班级大小不一，教室也需大量增加，多的可能增加一倍。第三是学生管理问题，因学生走班选课，班主任难以全面深入掌握学生状态，如何加强思想政治教育和集体主义意识培养？如再增设技术课程，一般普高学校几无教师，且也只能是教室里种庄稼、黑板上开机器的工科农科基础知识，如何保证技术课程的教学质量？

校长是学校的法人代表，是提高教学质量的第一责任人，自然也应该是校本研究的第一责任人。从我省的经验看，许多优质学校的校长还是学科带头人，带头上课、带头教研，带领学科开展教学改革，带领教师进行校本研究（当然，也有一些校长长期脱离教学第一线），是学校教学高质量的根本原因。

（四）深化校本研究的动力关键是增强教师的责任意识，要探索建立以激励为重点，教学检查、教学督导及教学评估三轮驱动的教学质量监控体系

中小学教学质量监测与考试评价，要重视人的发展质量和教学过程质量，要牢牢把握质量监控的"全要素""全过程""全员性""全方位"特点，重视对教师教学效果的专业化分析，通过教学质量监控帮助教师获得足够的信息与有用的建议，真正实现中小学教学质量监控从"监"向"控"的过渡，体现教学质量监控的服务性，满足教师改进教学所需的条件，焕发教师对教学的高度热情。对教师个体而言，教育科研不是脱离教师教学实践的额外负担，而是教师探索和把握教育教学规律，改进自身教育教学实践的必然需求。中小学教师要想在专业上寻求长足发展，改变被动教书匠的职业形象，开展基于内在需求的教研科研是一条必经之路，也是可行之道。这有赖于教师自身的责任意识和自觉行为，教学督导和评估也是必不可少的重要外力。教育督导制度对中小学教育的发展无疑起着非常重要的作用。

23年前，在全省中小学督导工作会上，笔者提出了督导工作在做好督学督教的同时，要大力加强督政工作。因为当时百废待兴，教育面临"普九"重任，学生剧增，学校学位极缺，扩校建校任务繁重，经济又处于极度不足之状。政府作为建校主体，非加强督政不能完成法律提出的"普九"任务。而今天，督政已成为督导的主要常态工作。面对新时代的教育新任务、新要求，特别是广大人民群众对优质教学质量的需求日益增长，督导的内涵也应与时俱进调整深化，在继续做好督政的同时要逐步向督学督教深化，如，对教育经费在教学中的保证使用，学校教师配置聘任人数，学科结构及聘任教师的编制、学历、学识、学养；对校长抓教学、教研及个人任课质量效果；对教师教学管理及教学质量监控等。笔者曾考察过英国的督学制度，全英国500名皇家督学，人人都是教育教学专家，对学校教学质量和学校管理拥有至高无上的权力，甚至对校长可以就地罢免，当然必定是有充分的理由，而非个人意气用事，或权力滥用，因为他们同时也受到相应的严格监督。

第三方教学评估可以有效解决教学评估准确性、可行性和针对性的问题，服务教学发展，提高教学质量。全省中小学教育评估已进行多年，所谓达标评估就是其中一种，一二三级各有标准，并取得了较好的成效。但对教学质量的评估，似应有更加精细化的标准和科学化的体系，实施全省义务教育质量监测，建立学生学业质量监测分析、比较、反馈机制，科学分析影响教育质量的主要因素，准确把握区域、学校教育质量状况，准确诊断存在的问题和原因，为教育决策、改进教学提供科学依据。

更重要的是各中小学校也应逐步依照标准建立起各自的内部教学质量监控评价体系，因为学校才是提高教学质量的主体。要建立学校的数据平台，采集学校办学能力、经费使用、师资结构、课程改革、教师教学、社会评价等有关数据，构建学校内部评估体系，并以常规教学检查为抓手，规范教学，规范管理，使评估工作规范化、常态化、科学化，逐步建立起全面质量自觉，把学校的提高教学质量的工作上升到自我认同和自觉追求的高度，特别是学校和每位教师在教学过程中的教育理念、教学态度、教学方法、教学手段、教学内容等的自觉。

（五）激发教师责任意识的核心是建设德艺双馨的教师队伍，要构建以提高教师素质为核心，准入、培训、考核与退出机制健全的教师队伍职业建设体系

中小学教育改革关键在于对每一所学校、每一个学生、每一个教师、每一节课堂做深入的研究与探索，中小学教育质量的提高根本在于对每一所学校、每一个学生、每一个教师、每一节课堂的思考与沉淀，而提高中小学教育质量的关键核心在教师，在每一位教师的基本理论、基本责任、基础知识、基础能力的增强。2018年9月，省委省政府印发《关于全面深化新时代教师队伍建设改革的实施意见》，为我们加强教师队伍建设指明了方向。教师是教育发展的第一资源，是国家富强、民族振兴、人民幸福的重要基石。要遵循教育规律和教师成长发展规律，坚持问题导向，坚持高标准、严要求，突出师德师风，创新体制机制，全力推进新时代教师队伍建设改革。

在莆田调研中，笔者随机听了八年级的一节几何课。平平常常的教室里，一位七十八岁的平平凡凡的老师讲了一道数学题的一解之后，三四个学生相继提出了三四个解题方案，教师在肯定同学积极思维的同时，逐一做了点评，没有大声说教，没有豪言壮语，没有时髦的现代词汇，平平淡淡的谈吐中闪现了教师一辈子的教育的激情。教室里砌的是传统的黑板，不是白板，黑板上写的是粉笔字，没有PPT。然而，毫无疑问，这是真正的启发式，凝聚了老教师一辈子教育智慧的启发式，谁都会被他的朴实无华的教育激情所感染，所感动。什么是激情，激情是对挚爱的一声呐喊，激情是忘我的一种奉献，激情是对追求的一生无悔！

也许，我们当不了教育家，也当不了教育大师，但我们应该努力当好习近平总书记提出的又红又专的"四有"好老师。也许有人认为这是一个老口号，笔者却认为这是一个新命题，是基于新时代党中央对人民教师的新的要求。所谓"红"，是政治要求，其基本点就是要坚持党的领导，坚持中国特色社会主义，坚持党的教育方针，坚持教书育人、德育为先。简言之，就是爱党、爱国、爱民、爱教。所谓"专"，是业务要求，其实质就是知识面要宽阔，基础底子要厚实，课堂教学要生动，说到底就是要求教师政治强、思想好、知识精、作风优。

我们要切实加强教师队伍建设，不断提升教师队伍专业化水平，在达到《教师法》规定的学历要求的基础上，向更高学历层次提升，高中要多一些有硕士、博士学位的教师。很高兴，我省从十几年前第一个博士进入中学开始，到现在已有了一批硕、博士在中学、小学乃至幼儿园任教。当然，还要不断增加。同时，要大力加强对现有教师的培养和培训工作，要充分发挥我省保留的完善的以师大和教育学院为龙头、以各级教师进修院校为骨干的教师培训体系和省市县三级教研机构的作用，推进市县教师进修院校标准化建设和教学教材教法研究，不断推动教师的基础知识结构、能力结构和素质结构随着时代的进步同步提高。而硕、博士教师也要加快教育实践积累，加快成长步伐，最终以其大师风范、工匠精神的风貌屹立在新时代的中小学教坛上。

几年前，李迅副厅长提出了一个非常有前瞻性的命题：中小学教育"实现小康之后"该怎么办？这是摆在我们每一位中小学校长教师面前的必须回答和努力作答的问题。希望大家在不断提高教学质量的同时，不断提高教育质量，提高大面积乃至于全体学生的质量。近年，我们相应成立了班主任、舞蹈两个专业委员会，也算是对该问题的一种应答。

为此，我们初步设想，明年研究的专题二者选一：或是深化提高教学质量的内涵、教材教法的专题研究；或是促进提高教学质量的外力、教学评价的专题研究。会后征求意见后书面下达通知，并拟成立教材教法研究专业委员会和教学评估专业委员会。

"十年之计，莫如树木；终身之计，莫如树人"。在十九大报告制定的教育发展蓝图指引下，教育正从"广覆盖"向"有质量"迈进，这既是百姓的新期待，也是建设社会主义现代化强国的必然要求。我们一定要高度重视，千方百计认真抓好教学质量，让孩子们能通过"有质量"的教育而成为更好的自己，让国家社会能通过"有质量"的教育培养合格的社会主义建设者和接班人，为实现"两个一百年"的伟大奋斗目标提供坚实助力。

福建省基础教育评估工作现状及进一步推进对策研究*

全国教育大会以来，中央先后印发了《关于学前教育深化改革规范发展的若干意见》《关于深化教育教学改革全面提高义务教育质量的意见》《关于新时代推进普通高中育人方式改革的指导意见》等重要文件，提出要以创造人民美好生活为根本，以教育振兴发展为统领，以改革规范发展为主线，全面深化教育改革，大力发展素质教育，努力提高教学质量，全面推进教育公平。为贯彻落实党的十九大和全国教育大会精神，贯彻落实省委、省政府《关于加快教育事业发展的实施意见》和《福建省"十三五"教育发展专项规划》，福建省教育学会确定2019年的工作重心为：围绕提高我省基础教育督导评估开展调查研究，并形成相关的研究成果，为我省基础教育改革发展献计献策。

福建省认真贯彻习近平总书记"福建没有理由不把教育办好"的指示，加强省级统筹，强化教育评估。开展基础教育评估，是落实规划纲要、推进管办评分离、完善教育治理体系的具体体现；是坚持立德树人、实现管理育人、提升教育质量的重要举措；是规范办学行为、促进均衡发展、提高管理水平的现实需要。一年来，我们赴三明、泉州等地市开展基础教育评估工作调研，下校实地走访，广泛召开座谈会。根据调研情况，我向各位分享我们的调研感悟和体会，一是总结福建省基础教育评估工作情况和经验，二是探讨新形势下进一步推进我省基础教育评估工作的对策和思路。

一、我省基础教育评估工作的主要成效

对于"第三方评估"，当然有许多归纳、阐述，我也有个基本界定。犹如

---

* 选自《福建省基础教育评估研究》，海峡文艺出版社2020年出版。

高等教育有诸多的评估，纷争不息，我以为比较认可的是深圳武书连的评估排名。不仅因为其是我国最先从事评估工作的，而且因为：一是其与受评估者没有直接的经济利益关系，不收费用，以防拿人的手短；二是其为独立法人单位，且自身不参加评估，或者说其所附属的单位不参加评估，没有间接的利益关系，跳出五行外，不参评；三是其所依据的资料均系各高校法定公布的数据或公开发表的资料，不另索要或收取寄送材料，不与受评单位发生直接间接的通信往来。对其指标体系的确定，虽有不同看法，但避免了向某院校参评单位做倾斜之嫌，尤其是指标体系建立及结构加权系数调整相对而言可能更为客观与公正。

我以为，我国改革开放四十多年来基础教育的发展，无不与评估相伴而行，无不通过评估而促进。从"一无二有"验收到"普九"、扫盲"二基"验收，从危房改造到双高"普九"，虽然不一定叫评估，但本质上都是一种评估。而评估工作本身也是在事业发展中不断科学完善提高的，直到今天第三方评估体制机制的建立健全，我省基础教育评估在探索、实践、创新中不断完善，也取得了许多值得总结的成效，主要有：

（一）明确了基础教育评估的目标、目的

之所以提出这个问题，是我认为评估的目标和目的还是有较大区别的，不仅在于远期要求和任务的区别，还在于教育目标的确立与调整的全部与全局实施和实现教育目的的确立与调整的具体实践的差别。作为评估，要着眼于实现教育目标的全部与全局，也应该有针对性地选择需要大力推进的某些阶段性的具体要求。如近几年来我省相继开展了"义务教育标准化学校创建评估""省级达标高中复评""县级教师进修学校标准化评估"等均属于前者。而"幼儿园办园行为督导评估""省十三五中小学名师名校长培养工程中期评估"则属于针对幼儿园办园的规范化行为和中小学名师名校长培养所进行的专项评估，不仅评估目标目的完全一致，而且目标目的十分明确，因而也都取得了良好的效果。比如县级教师进修学校标准化评估，2018年和2019年，在县级教师进修学校标准化评估中，认定思明区、湖里区、海沧区、集美区、建瓯市、台江区、连江县、南安市、德化县、霞浦县、福鼎市等11所教师进修学校为"福建省示范性县级教师进修学校"，鼓楼区等5所教师进修学校为"福建省标准化县级教师进修学校"。通过评估的16所教师进修学校牢固树立新发展理念，明确县级进修学校功能定位，以适应素质教育和教育现代化发展为总要求，以全面提升教师整体素质和基础教育质量为总目标，以服务中小学教师专业发展为落脚点，全面改善办学条件，强化培训师资队伍建设，深化培训模式改革，把县级教师进修学校建设成为教科研训一体化的教师专业发展新型机构，

为推动全省教科研工作、推进县域基础教育改革与发展提供有力支撑。又比如义务教育标准化学校建设评估，就是要通过评估进一步缩小办学条件的校际差距，解决中小学校舍场地、教学设备、信息化水平等不均衡、不配套的问题。促进按照小学就近入学、初中相对集中原则，合理布局中小学，与城镇发展同步规划、同步建设，逐步解决大班额问题。应该说评估目标准确、目的明确。经过评估，我省"全面改薄"五年规划总投资95.13亿元，建设校舍面积301.73万平方米，设备购置总金额27.78亿元，规划覆盖除厦门外的全部市、县（区）。截至2018年10月底，全省已开工校舍面积347.47万平方米，五年规划校舍建设开工率115.16%；竣工面积305.45万平方米，五年规划校舍建设竣工率101.24%；完成设备购置36.48亿元，五年规划设施设备采购完成率131.32%，提前完成到2018年底校舍建设和设备采购任务"过九成"及五年规划总任务的工作目标。泉州市还专门制定《泉州市"十三五"教育事业发展专项规划》，优化调整教育结构。目前，泉州市中小学生均校舍面积全部达标、生均运动场地面积基本达标，市中心新城区规划建设东海学园、城东学园，分别由片区建设指挥部代建，实施"交钥匙"工程，泉州一中东海校区、晋光小学东海校区、温陵幼儿园东海校区及泉州五中城东校区等4所学校已竣工投用。大田县均溪中心小学通过评估，建设了洗衣房、洗澡房、开水房和心理健康咨询室、卫生室、活动室、阅览室、亲情室"三房五室"和标准化食堂，扩大了学校的保障设施，改善了办学条件。许多学校评估后整改中，把专家的意见转化为自己的认识和行动，把整改工作落到实处，评估取得结果，整改取得效果。

（二）抓住了基础教育评估的重点、难点

义务教育是教育的重中之重、难中之难，义务教育管理标准化评估是基础教育评估最重要的工作。开展义务教育管理标准化学校评估，无疑是抓住了义务教育建设和发展中的重点和难点问题，教师队伍建设是学校建设的重中之重、难中之难，教师进修学校标准化建设评估是完善教研培训机制，提高教师整体素质的最重要的工作，开展县级教师进修校学校标准化建设评估，同样是抓住了中小学教师队伍建设和发展的重点和难点问题，重点抓得准，难点促得动，有力地促进了基础教育的发展，也有效地彰显了教育评估的价值和作用。据统计，通过2016—2019三年评估，全省6890所义务教育学校中，累计已有2762所学校通过评估，其中2018年申报学校725所，总体通过698所，通过率96.28%。2019年申报学校1188所，总体通过1113所，通过率93.69%。义务教育管理标准化学校完成率为40.1%。同时,伴随着评估工作的进展,对市、县、校三级义务教育学校坚持依法办学、加强科学管理、完善治理体系、推进教育

公平、提高教育质量、加快义务教育优质均衡发展具有十分重要的促进作用。而从2018年开始的对县级教师进修学校开展的评估，不仅评出了整体基础条件好、教科研设施设备先进、管理水平高、功能发挥好的厦门市思明区、湖里区、海沧区、集美区等4所我省教师进修学校典型代表，而且有力推动了各县（市、区）政府将县级教师进修学校标准化建设纳入当地教育改革与发展，统筹规划，加大投入，加快标准化建设进程，并进一步明确县级教师进修学校功能定位，整合县级教研、电教等相关部门资源，强化研训一体化功能，将县级教师进修学校建成县域中小学教师专业发展中心。

（三）完善了基础教育评估的方式、方法

在总结近几年来我省开展的基础教育专项评估的实践，借鉴我省高校办学质量评估的经验和学习兄弟省市的做法，围绕基础教育评估标准、监测体系、评估平台、专家库、评估组织、评估报告撰写、评估结果运用、整改跟踪等一系列问题，逐步建立和完善学前教育、义务教育、普通高中教育、特殊教育和进修学校建设等评估系统的同时，我们加强了基础教育评估支撑体系的建设，开展各种数据的二次采集、整理、分析等基础工作，探索和完善了基础教育评估的方式方法。开发建设了"义务教育管理标准化评估管理系统"，一校一户头，学校申报材料、县和市级评估意见统一导入评估系统，省级专家评审、实地抽查意见、情况汇总网上评估系统，确定了评估指标和评分标准；规范了校长陈述答辩、查阅资料、座谈访谈、问卷调查、现场查看、随堂听课、抽查抽测、反馈会等明确的操作流程和细则以及评估纪律；规范了省、市、县、校四级搭配，行政、教研、学校三部门协作等专家组结构组成和随机分配学校分组分工的原则；规范了评估实施细则与集体讨论、匿名评审、严把尺度、慎重打分，确保程序公正，结果可信；同时还规范了评估情况和评估结果，向当地教育行政主管部门和学校进行现场反馈，提出整改要求，并由各设区市教育局负责对整改情况进行评估跟踪。

今年上半年，教育厅组织专家组对79所学校进行了一级达标高中复评。有47所学校总体较好，予以通过复评，继续确认为"福建省一级达标高中"。有18所学校，薄弱环节较为明显，予以暂缓确认并限期一年整改。有两所学校因整体搬迁工程尚未完成，继续整改一年，届时教育厅组织专项复评。复评通过的确认为省一级达标高中，仍未通过的视情况降为二级达标及以下或取消达标高中称号。有一所学校因生均公用均费有缺口，今年秋季学期安排专项复评。还有11所学校，在条件配置和管理使用、课程实施和教学改革、常规管理和内涵建设、发展规划和制度建设等方面均有显著差距，调整为省二级达标高中，经两年整改后方可重新申报晋级省一级达标、省级高中课改基地等。由于标准规范、程序规范，评估公正、公平、公开，不论是继续确认达标或是整改有待复评，还是调整达标降级的学校都不持异议地对待。曾与一位降级学校领导交谈，其表示这是给一直自我感觉良好的学校一剂良药，使其更加清醒、警醒，并将更加努力把学校办得更好，为进一步深化高中达标建设，组织做好评估的整改提升工作。教育厅还梳理了评估发现的主要问题，以问题清单形式分发各地校，供对标整改，以求真正做到以评促改、以评促建。

（四）初显了基础教育评估的结果、效果

不论是评估者还是被评估者，最常谈的一句话就是"以评促建，以评促管，以评促改，评建结合，重在建设"。作为比较严格的第三方评估，我省基础教育评估时间不算长，但结果丰硕，效果显著，市、县、校三级普遍认识到，评估工作对于促进义务教育学校依法办学、科学管理，进一步完善治理体系、推进教育公平、提高教育质量、加快义务教育优质均衡发展具有十分重要的促进作用。近4年就有3000多所学校申报接受评估，反映出义务教育管理标准化评估已经得到县、市教育行政部门及学校重视。虽然说有行政的客观需求，但也反映出学校借助评估，以福建评估新模式为指导，以省评估标准为标准，更新办学观念，加强质量保障，提高教学质量的愿望。同时，借此解决了不少学校管理老大难的问题：如网络德育工作，开展网络论坛、投票签名活动；美育工作，结合社区、助残日开展送温暖活动，通过校园经典歌曲、装饰画、地方特色木偶戏等课程开展美育活动；心理健康教育方面，施行模块教学，设置心理健康功能室，建立特殊生档案，开展"爱心姐姐"热线等，推进科学有效的学生心理健康辅导。

许多学校在评估后整改中，把专家的意见转化为自己的认识和行动，把整改工作落到实处，评估取得结果，整改取得效果。如宁化县城东幼儿园围绕"爱心智慧园客家童乐乐"的办园宗旨和"以爱启智 以德润心"的办园理念，制定《宁化城东幼儿园"精细化管理"活动实施方案》，细化园务管理、师资建设、德育工作、保教工作、综合安全、卫生保健、后勤服务、家园社区、文化建设等各块工作目标和管理细则。大田县石牌中学坚定不移地把德育摆在工作的首位，建立分管领导、政教处、团委、班主任、家长和学生"六位一体"的教育模式，以"社会认可、家长满意、学生成才、教师成长"为办学目标，形成家庭、学校、社会三结合的德育教育网络，把思想品质和道德教育贯穿于教育的全过程。又如，对幼儿园办园行为的评估中，各地薄弱园、民办园和扶贫攻坚重点县幼儿园等经过评估，大多数幼儿园都能基本落实规范办园行为、完善办园标准，

每班配备2位老师，每园配备持证保安。宁德市还实现幼儿园园长均有岗位培训合格证，有教师资格证，且大多具备大专以上学历。

二、进一步推进基础教育评估的对策思考

我省把基础教育评估作为一种诊断，我以为还是比较确切的，既体现了我省教育评估的一个特色，又创新了我省教育评估的一种模式。所谓评估，既要评价，又要预估；所谓诊断，既要诊辨，又要判断，表象是什么、症结何在，方能对症下药，既不能误诊，乱开处方，也不可一副方子治百病。在今天教育变革的大背景下，教育评估工作应该如一些研究学者所倡导的，逐步实现从"对教育的评估"到"促进教育的评估"，促进受评估者在以下几个方面都得到提升、发展和完善，我们所进行的教学评估同样如此。

（一）基础教育评估要进一步促进教学观念的转变

要全面贯彻党的教育方针，落实立德树人根本任务，发展素质教育，推进教育公平，培养德智体美劳全面发展的社会主义建设者和接班人。要推动城乡义务教育一体化发展，高度重视农村义务教育，办好学前教育、特殊教育和网络教育，普及高中阶段教育，努力让每个孩子都能享有公平而有质量的教育。要完善义务教育均衡优质发展的体制机制，建立以学生发展为本的新型教学关系，改进教学方式和学习方式，变革教学组织形式，创新教学手段，改革学生评价方式。要提高课堂教学质量，严格按照课程标准开展教学，合理设计学生作业内容与时间，提高作业的有效性。要构建各学段纵向衔接、校内校外横向融通、梯次推进的大中小学社会主义核心价值观教育一体化格局，培养新时代中国特色社会主义德智体美劳综合发展的合格建设者和可靠接班人。按照国务院《中国教育现代化2035》的规划要求，基础教育当前最重要的任务就是要树立科学的教育观念，即德育为先、全面发展、面向全体、知行合一的十六字方针，通过补齐教育教学短板，深化教育教学改革，建立科学评估体系，加强教师队伍建设，规范基本教育秩序等，促进教育事业的发展，促进教学质量的提高。2019年12月15日，在山东济南召开的中国教育学会第32次学术年会上，我省厦门市教科院所开设的论坛，以傅兴春副院长牵头的评估及评估研究团队，以"面向2035：学生发展质量评价与改进行动"为题，展望2035的世界发展，对人才特质与质量要求提出预研，为未来人才的培养，尤其是小学生的基础教育教学，从小学思想品德发展、小学语文知识能力、小学数学认知能力、小学英语语言思维，到小学体育体质健康、小学音乐感知表现、小学美术欣赏

表现……逐门逐科进行了发展水平评价监测标准体系和框架的构建。不同测评方法和工具的选择，个体实验和尝试的探索，规模测试实践和理论的总结。有改革、有观点、有方案、有标准、有路径、有措施、可操作，实际上形成了一组学科评价体系与学科监测模式，深受参会者的好评，我也深受启发。以评价为杠杆为引导，不仅体现评估教育观念的更新，也促进了教育教学观念的转变。

（二）基础教育评估要进一步促进学校管理的完善

我省当前学校管理方面比较集中的问题有：教学常规管理方面，集体备课、教研的过程性材料不够翔实，每学期开展一次校园开放日不够落实。综合实践活动、校本课程管理方面，每学期组织一次以上综合实践活动成果交流展示没有做到，校本课程开发能力偏弱，无法满足学生选择学习需求。人员配备方面，整体结构性缺编严重，尤其是心理健康专职教师、医务室人员、法律顾问等缺口较大。教师专业成长方面，缺乏教师专业发展规划，相关档案材料不完善。学生发展方面，学生综合素质评价执行不力，相关管理的过程性材料不完善，帮助学生至少具有两项体育运动技能方面计划、措施不落实，体育及格率的统计不明确，对特殊生关爱帮扶的计划、管理等材料不健全。图书、专用设备使用和管理方面，图书借阅流通数据登记不完整，专用设备使用和管理不到位。总而言之，就是制度不健全、不完善，实施不落实、不扎实，材料不详实、不真实。当然，各地各校情况不一，在迎评前夕显得特别慌乱紧张，又是找材料、拼材料、编材料，把迎评变成了应评，把整理对应材料变成编制应对材料。因为失管，因而失序，因而失实，因而失信，因而失效。评估成了认认真真走过场的一场"秀"。虽然，当今社会许多部门，不少地方领导，已经习惯于为此认认真真地进行着"走过场"的"秀"，其实是光说不练，说了就是做了，说了就是经验的"秀"，但我以为教育界尤其不应该这么做，从本质上说，如此作秀与学生作弊是一样的，又如何去制止学生作弊？实事求是地说，不仅不该，而且不必，因为客观地说评估中的所有指标体系，其所涵盖的内容几乎都在学校全部的日常工作中，其所需要的材料也全都可在学校全部的日常工作中形成，只要基础管理执行到位，基本工作落实到位，包括每年的文书档案整理归档，全部的迎评工作就剩下按图索骥、规范整理罢了。我们要通过评估诊断管理问题，指导学校补齐短板，加强整改，提升学校管理水平和效益。

（三）基础教育评估要进一步促进课程资源的开发

我国新课程标准、各学科课程教学的总目标是提升学生的核心素养，真正基于学生需求，明确校本课程目标、目的，大力拓展课程资源，以学校和地区大文化环境为载体，根据各地区中小学校本课程模式特点，建构一个高效合理的课程体系，是基础教育教学评估要努力促进和推动的一个重要方面。而包含科学、技术、工程、数学以及人文艺术课程的STEAM课程极大地丰富和拓展了课程体系的内容与范围，不仅实现了跨学科的交叉，而且可以达到资源的融合，更可能透过这些学科间的相互渗透进一步拓展社会资源、生活资源、媒体资源、信息资源的开发和利用，让学生在多类资源的辅助教学中包括参观、劳动、服务、实践中获得更深切的体验和感悟，促进科学与人文素养的共同提升。当然，要说明的是校本课程资源的开发，不能也不该代替国家规定的教学大纲，以及依照大纲编写的国家统一教材，不论是高考改革，还是中考改革，其趋势都是走向全国统一命题和全省统一命题，其重点都是推动学业水平的提高，推动教学改革的深化，依照国家标准大纲要求教学，按照国家教学大纲要求，以学定考，取消考纲设置，取消重点范围，确保学生接受完全的义务教育的权利，确保学生学习质量的内容标准，提高学生思维创新能力、分析问题解决问题的能力。据说，学生发展评价、学生学业标准已初步建立即将公开征求意见，这也是我国第一部由国家制定的学生学业评价标准，无疑将成为我国基础教育评估史上重要的里程碑式的标志。

（四）基础教育评估要进一步促进课堂教学质量的提高

教师的主导作用在于点拨和引导，创设教学情境，营造教学氛围，激发学生主动去探究知识、学会学习，进而学会创造。因此，教师的教学要坚持导放结合，体现出"开放"的特点，只有在"开放"的课堂中，学生才能主动地在教师引导下展开学习。教师精讲、学生多练，在时间分配上，尽量留给学生充足的时间，让学生充分发挥求知的主动性。要通过各种方式让学生"动"起来，即让学生动手、动脑、动口，提高学生的思维、操作、语言、观察等能力。要完善教学手段，激活学生思维，恰当地使用电教手段，使课堂教学更加生动活泼、直观、有效，即提高兴趣、调动思维，激发学生学习的主动性、创造性。要引导教学民主氛围，使学生"亲其师"，在课堂上师生关系和谐融洽，学生能直言不讳地提出不同的观点，并展开讨论，教师以温和、商量的语气向学生提出"建议"，使学生从教师那里得到的是"动力""助力"，而不是"压力""阻力"。尤其要加强课堂教学改革，精准分析学生学业，关注差异性教学，引导基本规范，重视科学教学，增强阅读能力，拓展实践教育，特别是劳动教育；而我国北京、上海、江苏、浙江四省参加OECD（世界经济与发展合作组织）研发实施的大型跨国、多元教育测评PISA（阅读、数学、科学＋问卷）项目，均取得优异成绩，虽然众说纷纭，莫衷一是，但从客观上看，四省市的教育教学改革诸多的经验值得我们学习和借鉴则是毫无异议的,尽管我们有时也以基础教育强省自诩。

(五)基础教育评估要进一步促进现代学校制度建设

建设现代学校制度是教育改革与发展的要求。学校是教育的基本单元,学校治理能力的提升是提高学校教育质量的重要途径。要把提高质量作为教育改革发展的核心任务,树立并坚持科学的教育质量观,以素质教育为导向,更新办学理念、改进办学思路、完善内部治理结构,把促进人的全面发展和适应社会需要,培养新时代中国特色社会主义合格建设者和可靠接班人作为衡量教育质量的根本标准,促进学生德智体美劳全面发展和生动活泼主动发展,不断提升学生的社会责任感、创新精神和实践能力,释放办学活力,努力办出特色、办出水平,为每位学生提供个性化教育。要突出依法办学,提升依法科学管理能力,建立健全民主管理制度,构建和谐的家庭、学校、社区合作关系。针对全省义务教育学校家长委员会制度建设和"校园开放日"开展方面的问题,各地各校要提高对建立家长委员会重要意义的认识。学校普遍建立家长委员会,是全面深化教育综合改革、推进现代学校制度建设的必然要求,是尊重和发挥家长在教育改革中的积极作用、提高学校育人工作水平的客观需要,是构建学校、家庭、社会合力育人体系、优化育人环境的重要举措。全省公办和民办中小学,都应建立家长委员会,并推动建立年级、班级家长委员会;明确家长委员会的职责与任务。发挥家长的专业优势,为学校教育教学活动提供支持。发挥家长的资源优势,为学生开展校外活动提供教育资源和志愿服务。发挥家长自我教育的优势,交流宣传正确的教育理念和科学的教育方法。

(六)基础教育评估要进一步促进评估体系的建设

有人把教育评估的发展划分为四个时期,称今天的教育评估为"第四代评估";有人把教育评估的演进归结为四种隐喻,总结今天的教育评估显现出测量、反思、探究、研究四种隐喻。我以为,我国教育评估起步于1985年,虽然晚于欧美国家,但发展到今天,与欧美各国发展大体同步,这在客观上要求我们评估体系建设有更清醒的认识,对评估体系的建构有更急迫的要求。教育评估的高度专业化,要求我们的评估者具备包含教育学、统计学、管理学、控制论、系统论、方法论等多学科的复合型知识体系。基于第三方教育评估公平、公正、科学、客观的基础是真、善、美、实的特点,则要求我们的评估者比被评估者对中小学教育教学有更深刻、更深入、更理性、更现实、更真实的理解和理念。也有人对明日的教育作出了诸多的设计,特别是网络技术、区块链技术的高速发展为基于证据的教育评估提供了强大的支撑,更使其对明日教育模式产生无限假想、假设的描绘空间。无教室的教学，无教材的教育也许终将成为可能，这也要求我们的评估者对未来，也许是为时不远的未来的教育评估尽早地有所思考，有所准备。

我以为，一个完整的基础教育评估体系的建设，至少应该包括第三方"他评估"和中小学校"自评估"两个组成部分。如此，就"他评估"而言，要求我们今天要尽快构建适切实际的基础教育省、市、县三级联动监测评估体系，实施常态化质量监测，逐步建立和完善学前教育、义务教育、普通高中教育、特殊教育和进修学校建设等评估系统，做好数据的二次采集、清理、分析等工作，用数据支撑基础教育评估，努力提高监测报告的水平和质量，实现数据共享、步调一致，分工明确、各负其责。同时，要优化专家结构，加强专家团队的专业化建设，专家库要覆盖学前教育、义务教育、高中教育三个学段，既有相关学程的专家，也有高校从事基础教育研究的专家，以及部分社会热心人士。

就"自评估"而言，则要求作为教育教学主体的基础教育的所有学校（包括学前教育、义务教育、高中教育）要全面构建符合各校特点的"自评估"为基础的校内质量保障体系，建立长效性的质量监控，确立评估的类型，制定评估指标，建设数据分析系统。要不断提升教育自觉，提高教学自觉，把教育、教学"自评估"视为学校治理的重要组成部分，视为学校教务管理部门经常性的工作内容，视为学校教学常规管理，规范管理科学管理的基础性、基本性的制度。参照省制定的体系结构，从宏观教育目标、师资队伍建设、教学管理、质量保障、学生发展等一级指标到微观学科教学、课程体系、课堂教学（方法与手段，环节与效果）、实践教学等二级指标，构建符合本校实际的教育教学"自评估"体系。各地各校要以高度的教育自觉，主动作为，在认真迎接第三方评估、做好评估问题检视、整改提高的同时，积极开展自评估，深入学校实际、全面发动师生、覆盖各项工作，做到人人可为、科科可做、节节可评，事事可加强，处处可完善。希望全面动员、全员参与，切实通过自我评估，不断完善工作，促进发展。学校的发展、教学质量的提高永远在路上。

总之，做好基础教育评估工作，对基础教育改革发展意义重大，影响深远。坚持以习近平新时代中国特色社会主义思想为指导，贯彻落实党的十九大精神，健全教育评价制度，建立标准健全、目标分层、多级评价、多元参与、学段完整的教育质量监测评估体系，充分发挥教育评估的导向作用，加快推进基础教育现代化、建设教育强省、办好人民满意的教育应该成为每一个教育工作者不懈的追求。

关于福建省基础教育建设高质量新课程新教材新教法体系的工作与建议[*]

为深入贯彻党的十九大精神，落实立德树人根本任务，统筹做好新课程新教材的实施工作，2018年8月，教育部出台了《关于做好普通高中新课程新教材实施工作的指导意见》，提出要统筹考虑新课程新教材实施和高考综合改革等多维改革推进的复杂性，按照实事求是、积极稳妥、分步实施、自主申请的原则，从2019年秋季学期起，全国各省（区、市）分步实施新课程、使用新教材。2019年6月，国务院办公厅出台了《关于新时代推进普通高中育人方式改革的指导意见》，提出2022年前要全面实施新课程、使用新教材。

根据教育部办公厅《关于做好普通高中新课程新教材实施国家级示范区和示范校建设工作的通知》要求，2020年7月，教育部在全国遴选出32个普通高中新课程新教材实施国家级示范区、96所国家级示范校，围绕重点任务开展探索实践，形成有效经验、强化示范引领。目前，已率先在实施新课程新教材的19个省份启动了示范区示范校建设工作，指导各区校认真研究制定了三年建设规划和2020年工作方案，并将对口帮扶工作作为示范建设和工作评估重点内容，积极带动提高农村学校教育质量。

在上述教育改革发展背景下，福建省教育学会确定2020年的工作重心为：围绕提高我省基础教育适应新课程新教材的水平，开展新教材新教法研究，并形成相关的研究成果，为我省基础教育改革发展献计献策。一年来，我带领学会秘书处同志，赴福州、厦门、漳州等地市召开多场提高新课程新教材适应水平的调研座谈会，并下校实地走访。同时，也阅看了这次年会全省各地市报送的基础教育教材教法研究论文500多篇。现在，根据调研情况和各地市报送

---

[*] 选自《福建省基础教育教材教法研究》，海峡文艺出版社2021年出版。

的论文，我向各位分享我们的调研感悟和体会，介绍一下福建省中小学新课程新教材推动情况，并和大家一起探讨新课程新教材改革背景下如何进一步改进我省基础教育教学工作，增强基础教育尤其是高中教育教学工作的针对性和实效性。

一、我省推动新课程新教材实施的主要工作

（一）出台配套文件，提高政策保障

为落实《关于新时代推进普通高中育人方式改革的指导意见》精神，2020年7月，省教育厅发布《福建省普通高中新课程实施方案》，明确自2020年秋季起，我省普通高中起始年级全面实施新课程改革，使用新教材，到2022年实现高中所有年级全覆盖。同时，省教育厅先后制定实施三份重要的文件，做好政策保障。制定实施《普通高中课程设置与管理的指导意见》，推动统筹做好全省普通高中新课程新教材实施工作，推进高中课程教学改革，规范高中课程设置与管理行为；制定实施《福建省普通高中学业水平考试实施办法》和《福建省普通高中学生综合素质评价实施办法》，推动贯彻落实国务院、教育部和省政府有关深化考试招生制度改革部署，推进实施普通高中新课程。

（二）做好省级培训，统一思想认识

为贯彻落实《国务院办公厅关于新时代推进普通高中育人方式改革的指导意见》，解读学习《福建省普通高中新课程实施方案》《福建省教育厅关于普通高中课程设置与管理的指导意见》《福建省普通高中学业水平考试实施办法》《福建省普通高中学生综合素质评价实施办法》"1+3"新课程实施系列文件，准确把握高中育人方式改革和新课程实施政策举措，确保我省普通高中新课程顺利实施，加快构建"五育"并举的育人新机制，省教育厅先后组织举办新课程局长科长和高中校教务管理培训班，以及各学科骨干教师省级培训班，培训人数达2100多人，为今年秋季顺利启动实施新课程新教材奠定了坚实的基础。

（三）遴选省级示范区，做好示范培养

11月17日，我省三明市入选国家级示范区，三明一中、三明九中、大田一中入选国家级示范校。为更好地对接国家级示范区建设目标任务，深入推进我省普通高中新课程新教材实施，省教育厅在各地推荐和专家审核基础上，确定漳州龙海市、泉州南安市、南平建阳区、龙岩武平县、宁德福安市等5个县(市、区)

为省级普通高中新课程新教材实施示范区，建设周期为3年。通过示范区建设，开展新课程新教材实施重点难点问题研究，积极探索普通高中课程建设、教学改革、考试评价等关键领域改革，力求在开发选修课程、推进选课走班、加强学生发展指导、实施综合素质评价、健全学分认定管理办法和完善办学质量评价、劳动教育方式等方面有所突破，形成新课程新教材实施的有效经验，发挥示范引领作用，辐射带动其他地区做好新课程新教材实施工作，为全面推动普通高中课程改革奠定良好基础。

（四）各地各校积极实施，努力探索，推进教研教法改革创新

各市的教师进修学校普教室领头，组织开展新教材二级培训工作，组织并指导学校开展新教材教法研究工作，各类学校也都以积极的态度努力探索新教材新教法等。

福州一中数学教研组经过长期的积淀，总结出了"趣、联、实、严、活"的数学课堂方针。趣，即如何让数学课堂更有趣？如何激发学生学习数学的兴趣？联，即注重知识的关联性，注重数学知识的发生、发展过程；实，即数学课堂应该扎实，充实，丰实，平实，真实。严，即数学课堂是严肃、严谨的课堂。活，即在打好基础后，教师应该思考如何让课堂学习气氛活跃，如何让学生的数学思维活跃，让思维的火花在碰撞中出彩。

福州一中历史教研组不断推进校本教研，主要从学科教育教学资源库的建设、教研制度建设、教育教学质量监控体系和教研文化建设四个方面进行，促进教师专业化水平的提高。

厦门市海沧中学实施学习共同体，开展"六项行动"，分别为培训带动、阅读推动、课堂行动、研修发动、课题驱动、辐射带动、整校拉动，聚焦课堂，以推进课堂转型为核心，整体推进学校发展。从教教材到用教材教，教材转化为学材。

厦门海沧延奎实验小学着力构建唯美课程体系，打造五维度、三层次课程，五维度即品德发展、人文科学、身心健康、艺术审美和劳动创造，三层次即基础类课程、拓展类课程、研究类课程。通过唯美课程的引领，有效发展学生的核心素养和关键能力，促进学生德、智、体、美、劳全面发展。

闽南师大附中突出立德树人根本任务，立足学校发展现状，结合校本特色，坚持问题导向，进行"四不三问"靶向教学下的教材教法探究与实践，聚焦核心素养，引导深度学习，助力减负增效，推动学生全面发展。

漳州市华侨中学在教法上采用"目标导学，七步八问"教学模式。该模式以"目标导学"为前提，按"创设情境、出示目标、自学指导、自学展示、精讲点拨、总结提高、练习提升"等七个步骤展开教学，规范教学过程和备课、反思流程，推动提高教学效率。

印象特别深刻的是海沧洪塘小学，一个村级小学，100多老师，1000多学生，为每个老师配置了三个年级3套教材，以利于教师整体把握教材体系，以理清脉络，形成结构，形成教法，走进课堂，把教材教法研究落到实处。

二、进一步推进建设高质量新课程新教材实施体系的建议

教材既是国家意志、民族精神、传统文化和学科发展水平的体现，也是实现培养目标的基本手段，是教学、考试的重要依据。课程教材体系是高质量教育体系中的重要内容，是加快推进教育现代化、建设教育强国的关键支撑。我们要进一步提高政治站位，增强政治自觉，以党的十九届五中全会精神为指引，凝心聚力、乘势而上，加快推进高质量教材体系建设。

（一）以标立标（以纲为纲），深刻领会新课标的精髓

国家课程标准，也可称为"教学大纲"，是各学科教材编写、课程实施和课程评价的灵魂，也是整个基础教育课程的灵魂，是国家对学生在某个方面或领域的基本素质要求，对教材编写、课程实施、课程评价和课程管理具有重要的指导意义和规范作用。"教纲"、"课标"对各学科、各年段课程标准的框架和思路，对该学科、年段的课程目标、内容标准、学习主题作出明确规定，并对相关的教学设计、评价，特别是教材的编写提出具体的分析和要求，是教材编写者及编写时的依据和遵循，也是我们深刻认识教纲，理解教材、运用教法的有力、有效、有益的重要途径和明确指导。自1902年《钦定学堂章程》颁行以来，教学大纲大体经历了三个阶段。1952年以前称为"课程标准"，1954年至2000年期间称之为"教学大纲"，此后又以"课程标准"冠之。不论何种称谓，它始终是一个统揽全局、高屋建瓴的"纲"，一个提纲挈领，引航前行的"标"，具有确定的，不可违背的宏观指导意义，是纲领性、指令性的文件，是课程改革的领航和依循。作为新一轮的教学改革后的第一个纲领性的课程文件，除了仍包括课程目标、目的、内容标准、教学评价等大纲各方面应有的内容，改述了评价的作用、目标、意义、原则和形式；总体上也发生了许多根本性的变革，尤其在评价体系中，体现学生在评价中的主体地位，注重形成评价对立德树人根本任务的新要求。

首先，课程标准规定了学科的课程性质，确定了课程基本理念与课程设计思路；其次，课程标准提出了学科的课程目标，指明在本学科的教学中应使

学生在情感态度价值观、知识与能力三个维度上获得怎样的发展；再次，课程标准划定了学科的核心课程内容，本学科应帮助学生了解何种知识，掌握何种技能，树立何种情感态度与价值观念，皆由课程标准做出了界定；最后，课程标准为学科的实施提出了建议，在教学、评价、教材编写、课程资源开发与利用等方面都提出了相应的建议，全方位指导着本学科的教学实践与发展。广大教育工作者应该努力提升自身的课程标准"纲"和"标"的意识，深入学习与理解课程标准，对比各学段的课程标准以及本学科与其他学科的课程标准，发现本学科课程标准的特点与独特意义，在教学设计时充分尊重课程标准的指导地位，切实做到以纲为纲，以标立标，用新课程标准更好地指导教学，使教材在使用中落实课程标准的要求，使得本学科的育人功能得以实现，促进学生健康全面发展。

（二）以本为本，全面掌握新教材的体系内容

教材，俗称课本。不论什么时期，也不论什么时代，教材，尤其是中小学教材，思想性、时代性、科学性都会在其中得到充分的彰显。民国时期的教材如此，改革开放前都是如此。思想性、政治性方面体现了当时执政者的思想政治观点和愿景。由此选编上体现了当时社会环境下的要求和特点，科学知识性方面则体现了当时的科学研究成果和社会认知的程度，是当时编撰机构根据执政者当局的执政要求所制订的教育大纲，进行教材选编工作，并进行各方面的把关。包括政治的、思想的以及专业技术的把关。只有经过编写、选用、审定等一系列的工作流程，教材才能进入教师教学环节。教材的编写要考虑中小学的整体规划和系统设计，考虑不同学段间的有效衔接和相互呼应，但更重要的是党和国家对教材建设编写上的总体要求，充分反映教纲的政治思想要求、价值取向要求、学段年龄成长要求和社会发展、科学进步要求。传统的教材注意体现了知识点、知识面，表达了关联点、关联面，也注意拓展点、拓展面；体现了编者去伪存真、去芜存精的判断选择，还体现了编者由表及里、由此及彼的逻辑思维，但大多展示的是一些具有权威性、学术性的知识，传统教学就是把这些知识教授给学生，学生的学习只是对这些知识的获取和积累，教学过程是单向传输的过程。改革开放四十年的进程中，尤其是在一纲多本的教材编写模式下，教材出现了多样化的景象。但由于市场的影响、经济利益的冲击，企业资助下的各类教材编写组应运而生，不仅编写队伍参差不齐，水平高低不一，对教材编写国之重任的认识不足，对大纲的理解不深，以及受各种社会思潮影响的编写人总在编写过程中有意无意地得到体现，更重要的是受市场规律的推动，组织编写的企业主体的出发点和落脚点，都客观上存在难以逾越的发行冲动和

利润门槛，以致于偏离大纲要求。某套教材某门课程教科书在编写数年之后，刚一使用不足满月即被叫停，就是一个典型的例子。在国际斗争日趋复杂尖锐，国内客观上意识形态多元存在的当下，各种社会思潮激荡，并在学校教师中均有反映，甚至一个教师多种思想矛盾交杂的教育界，一纲多本的选择也许不是最佳模式，统一国编则是更加可行的现实与历史要求，也可避免台、港教育之误的覆蹈。而新教材不仅传承了传授知识的功能，而且强化了正确的政治方向和正确的价值导向；强化了学生对学习过程的理解、学习方法的掌握，以及态度、情感和价值观的培养和熏陶。当然，教材再新，也是相对的"死"；教师才是"活"的。教师是最重要的课程资源，制约课堂教学效果的主要因素并非教材，而是教师。教师应激发学生学习兴趣，激活教材，激活思维。只要教师拥有创新和求变的情感，教材便隐退为一种载体，新课程需要教师教学观念和教学方法的更新，需要对学生进行发展性的评价，创设一种"发现闪光点"、"鼓励自信心"的激励性评价机制。因而，新课程新教材更需要教师树立新理念，在实践中探索新方法，改变教学思想，将知识教学思想转变为能力教学思想，在教学中注意培养学生的技能。要想达到这一要求，教师必须从根本上实现五个转变。第一，在研究焦点上要从教什么到如何教转变，从学什么到如何学转变；第二，在教学观念上要从重知识传授到知识与技能并重转变；第三，在操作方法上要从单纯的机械操练和知识点讲解到注重培养、训练学生的能力转变；第四，在教学模式上要从以教师为中心的教学模式到以学生为主体、教师为指导的模式转变；第五，在教学手段上要从注重传统教学手段到注重运用计算机和多媒体等现代化技术手段的转变。由此可见，教师应根据新课程标准的要求对新教材进行分析，对学生的需求和水平进行分析，并根据自身的教学条件和教学环境补充和调整教材的内容，研究如何用教材教，而不仅仅是教教材，这样才能有效地实现和完成新课程标准所提出的目标和任务。

新课程改革的深度和广度已远远超过了以往的课程内容增删修补式的课程改革，是教育领域内的一场深层变革。就其深度而言，它涉及课程理念、教师的观念等方面；就其广度而言，它涉及课程结构、课程内容、学习方式等方面。对于规模如此大的课程改革，教师必然对其存在理解上的差异。教师对课程教材的理解包括两个层次，首先是文本复原和意义生成，犹如"一剧之本"的"剧本"。作为教学最直接、最直观、最基础、最基本的"一课之本"的"课本"，教师理应在最大程度上理解教材编写者的意图，领会其思想。在理解课程的过程中，按照课程设计者的本来意图来全面把握课程教材的体系和内容。其次，教师对课程的理解是一种意义的创造和不断生成的过程。就不同的教师个人而言，由于个人的学识、学养不同，经历、经验不同，思维、思辨不同，教师的课程理念、课程开发能力以及课程实施取向产生不同,从而对课程的理解存在很大的差异。要正视教师与设计者之间关于课程理解的差异,正视不同教师之间关于课程理解的差异。但只要坚持"以人为本",就可以做到尊重差异,缩小差异。实现这个目标,需要我们加强培训和引导,通过国家级示范培训、省级骨干培训、市级培训、校本研修等方式完成全省各级教育行政部门相关人员、各级教研部门负责人和普通高中各学科教研员、普通高中学校校长和各学科教师的全员培训,帮助教师进一步形成新的教育理念、掌握新的教材体系。

(三)以法变法,灵活应用新教材教学方法

教学法,就本意义而言,或望文生义,应为教法和学法。我们通常所言的教学法,更主要说的也是广大教师努力探索和实践的,是教师的教法。不久前与全国人大教科文卫副主任、博士生导师王佐书同志有一次交谈,听了他在全国民办高校厦门南洋职业学院提高教学质量现场会上的演讲,其以三个简单生动的现场即兴演示诠释了其对教材教法的深刻理解、熟稔把握和灵活运用。一杯水,一张纸,其翻转之后流水不会倾泻倒出,说明大气压力的原理;一个杯子,一个乒乓球,使劲吹气而球不会弹出,同样证明大气的原理;而两个支撑物之间平放一张薄薄的折叠之后皱齿状的纸,平放手机而不会掉下,说明纸张变形之后受压改变的力学原理,都是最简单不过的实验,给了所有参会听众以深刻的启示:好的教法可以如此深刻吸引受众;好的教法可以如此方便、简单可操作;好的教法可以如此表达复杂的基础理论。当然在其专著《教学论》中有更多生动案例。而这一切,我相信我们绝大部分老师不论是在设备齐全的达标学校,还是在边远地区的困难学校,不论是从教几十年的教坛老将,还是刚走出校门的初生之犊,都是可以做得到的。只要你热爱学生,热爱学科,热爱教育,热心教学,下足功夫,认真备课,都可以做得到的。而我们的学生不论他是一中的学生,还是十一中、二十一中、三十一中的学生,不论他是学霸生、普通生、还是学困生,都会从中引发兴趣,产生思考,从而激发学习热情,激发探究精神。诚然,也许这是生活实验教法体现的一种魅力。在我们日常生活中,数理化生存在这些生动的案例,即使是文史哲地,同样丰富多彩。如大众哲学、生活经济学、国学中的精华名言,也都充满辩证法。学而优则仕,仕而优则学;莫道君行早,更有早行人;等等。还有因人施教,教学相长,更是辩证法的活用。

"授人以鱼,不如授人以渔",新课程新教材要求教师教给学生的不仅仅是知识,更重要的是要教给学生"打开知识宝库的钥匙"。在教学过程中学生是主体,教师是主导,教师要充分发挥主导的作用,更要注意发挥学生的主体作用,引导学生学会学习,引导学生从被动接受转变为主动探索,变"教"师

为"导"师。学生都希望获得荣誉和鼓励，教师要利用学生的这一心理特点，多给学生提供一些成功的机会，逐步提高学生学习的兴趣，并在此基础上引导学生自主学习、合作学习和探究学习；教师在教学中要积极创设问题的情景，注意充分调动学生的积极性，引导学生对事物进行分析比较，培养判断推理、综合分析的能力和自学的能力。

新课程新教材要求严格按课程标准和教学计划顺序渐进开展教学，探索建立培养核心素养的教学方式和评价方式。我们说教有定律，中国教法上传统的有教无类、因材施教、教学相长之说和"启发式"教学原则，始终没有过时。我们又认为教无定法。从管理的角度讲，大数据或许可能取代一切，但从目前的课堂教学看，大数据或许只能引导。而实际的教学，还是要靠每一个教师、每一节课、每一个班级的不同状态，而发生的不同教学的效果，同没有两粒沙子是一样的，没有两片叶子是一样的，没有两节课的教学是一样的，其效果更不待言，更没有一个班级的45个学生，在听完一节课后，所取得的效果是一样的。据围棋大师樊先生说，在棋子可数，棋盘可视的方格内，"围棋"的变化是无穷无尽的，更何况如此巨大数据的教师、班级和学生。

很欣慰地看到，在2018年学会年会上所提出的论文中，有许多老师都不约而同地谈到提高中小学教学质量中关键、重要的因素——提高课堂教学质量，提高45分钟的教学效益问题。并且纷纷以自己的学校、自己的学科教学实践为例，进行概括、总结、凝练与提升，如：积极探索基于真实情境、问题导向的互动式、启发式、体验式等教学方式，加强跨学科综合性教学，推进基于大数据的精准教学，提高课堂教学效率，促进信息技术与教育教学的深度融合；利用线上教学跨时空、多资源、可重复等特点，充分发挥线上教学对促进优质教育资源共享、推进个别化教学等，要进一步凝练、总结、提升这些行之有效的教学法，进一步推动、推进、推广这些教学法的实施。

当前，要特别注重加强各学科与思政教育有机融合的问题。就是在各学科教学中都要坚持把价值观培养放在重要位置，把思政目标有机融入课程目标体系中，在课程体系教学中发掘体验和应用相关相适的思政内容。不仅各学科有各自独特的思政教育内容，而且各学科也都可以从其他学科找到共同的思政教育内容。以文科为例，当我们学习《史记》中历史时，不也是在赞赏其中优美的文学？当我们学习《论语》时，难道不也是在探索历史、探索文学，甚至探索哲学吗？当我们满怀激情地解读毛泽东《星星之火可以燎原》中，描绘中国革命之潮快要到来时写道的"它是站在海岸遥望海中已经看得见桅杆尖头了的一只航船，它是立于高山之巅远看东方光芒四射喷薄欲出的一轮朝阳，它是躁动于母腹中快要成熟了的一个婴儿"充满激情，充满希望的大气磅礴的文字，怎能不被毛泽东气吞山河的豪迈所征服？怎能不被解放战争的宏大战役所吸引？怎能不被自然辩证法和历史辩证法的哲学思辨规律所折服？充满着文学的优雅色彩，充满着历史的隆隆脚步，更充满着无可辩驳的辩证哲学。我们的教研，难道不能从哲学、历史、文学多个角度深入展开，给学生以美的享受、美的引导和美的欣赏，从而树立学生的价值观、人生观、世界观？从某种意义上说，人生观就是观人生，价值观就是观价值，世界观就是观世界，为新中国诞生而奋斗的人生是伟大的人生。现代的科学基础更是一脉相承，甚至数学、科学、哲学、文学也是彼此关联，相互映衬的。不久前，中央电视台播放的辽宁铁岭一个农村中学物理老师的事迹就给了我们生动的范例。

一如当今大学正在推行的课程思政，是始终存在于各科教学之中的。不论你承认与否，意识与否，如你的教课内容的选择上，选什么不选什么，教什么不教什么，讲什么怎么讲，都充分展示了教师的知识与能力，也表达了教师的情感态度、价值观乃至于政治立场、思想、情趣观念，流露出教师的性格特点，兴趣爱好。长期以来，其实大家都在做，只不过是自发和自觉的问题。做得好做得不好的问题。当然也有正面做、负面做的问题。今天课程思政的要求，我以为更重要的是把这种客观存在的自发行为，提升到必须施行的自觉行为，把一种无意识行为提升为下意识的行为，以纠正无意识行为（当然有的人并非如此）负能量的过错，以激扬无意识行为中正能量的自觉。要自觉地去做，主动地去做，认真地去做，以适应新时代教育立德树人的新要求。加快构建德智体美劳全面培养的教育体系，探索建立新教材以发展素质教育为导向的学科教学模式，进一步健全立德树人落实机制。

当然，在研究教法的同时，要认真研究学法，即吃透学生的另一头。要了解学生的基本情况，包括家庭背景、个人学习经历、学业基础、学科兴趣、学习能力。了解学生的智力情况，包括认知能力、理解能力、分析能力、思辨能力、动手能力。更要了解学生的非智力因素，包括情趣、性格、意志、爱好、品德等。在启发式的教学原则下，以此来组织不同学科、不同年龄、不同学生状况的不同的教学活动形式。

（四）以研促研，深入开展提高新教材的教研活动

教学工作是学校工作的中心，教学改革是学校教育改革的主导，是一切工作中最核心最关键也是最难的一项工作。因为，教学是一个复杂的系统，涉及教学理念、教学目标、教学模式、教学内容、教学评价等多个组成部分。而教学理论和教材教法研究则是完成教学任务的基础和支持。新课标的颁行、新教材的实施，更对我们教学工作提出了新的要求，新的挑战。从新教材要求出发，

结合所面对的学生，教材教法的深入研究更是紧迫而艰巨的工作。省市教研机构加强研究培训，无疑是必要的。但真正作为教学一线的广大教师，更是教材教法研究的主力军。而作为学校最基层的教学研究单位，学校日常教研活动的组织者，实施者，专业教研室应义不容辞地挑起此等重担。除了承担教师培养、晋级、解读教学理论、教学活动团队建设外，更要把主要时间和精力放在加强教学理论和教材教法研究上来。

树立教师"课比天大"的观念，落实公正对待每一个学生，认真上好每一节课的教学任务，把提高课堂教学质量落实到从备课、上课、作业、辅导、考试等5大环节。养成教师教学的自觉习惯，即培养目标自觉、知识与才能自觉，包括教学态度、教学方法、教学手段、教学内容在内的教学过程自觉。

要花大气力深入研究教学大纲，更要花大气力深入研究教材、教法。作为教纲的编撰者，他可以不研究教材，也可以不研究教法。但作为中小学校最基层的教学组织，他不仅要用心研究教纲，领会教纲精神，他还要精心研究教材，吃透教材内容，他更要潜心研究教法，要以马克思辩证唯物主义、历史唯物主义和自然辩证法，以马克思主义所揭示的教育规律、教育科学的教育理论，以不断发展的马克思主义和社会、经济、文化的科学与真理为指导，指引和指向来研究教材、教法，才有可能把对教纲、教材的内容、要求，通过最有效的教法，教授给学生。因为即便是不变的教材，但社会环境、经济环境、人文环境每年都是在变化着的。而每一届学生的基础、结构组成也都是变化的。有人说，20年为一代，有代沟问题。也有人说，代沟现象已接近三五年一代，或许有些夸大其词，但无论如何，每一年学生的变化是一个客观存在的事实，也需要我们对教材有新的理解，对教法有新的把握。我是读师范的，我的老师告诉我，对于教材、教法，其至少要备三次课，暑期备全年课程，开学前备全学期课程，直至上课的头天晚上，还要根据不同班级学生的不同特点，备第三次课。我省高考有三犁三耙的经验，我以为三轮备课也是一条经验，也许是更重要的经验。我以为，教学模式的最佳选择是在对课本、学生、课堂深度了解的基础上的有机融合。从笔尖自我流出的写作与讲授，犹如小说之写作与即兴演讲，是一种情感、情境、情绪的自然流露，并非刻意于"的、地、得"、定状补的编撰，这种写作或许可以说是"写的、说的比想的更快"。

要定期组织开展新课标的分析研究，新教材的教学法研究，集体备课、教学分析、示范听课等活动；定期组织开展对教材教法探索与实践的归纳、总结，凝练与提升的讨论、研究活动；定期组织开展对学生学习基础、学习特点、学习态度、提高能力的分析，以便有针对性地开展教学、辅导活动。只有当专业教研室成为最强有力的教学、研究的基本单位，当每一个专任专业教师成为教育自觉之士，才能保证教师素质与业务水平不断提高，保证教学质量和教学水平不断提高。省市培训、外出学习是需要的，但归根结底要靠各学校各教研室的深耕努力，要靠各学科各位教师的不懈追求与积累。

现有的研究成果及以往课程改革的经验告诉我们，课程改革和教材教法研究，要摒弃功利化的倾向，要避免工业化设计的误区，那种为教改而教改，为教研而教研，为论文而论文，为课题而课题，为发表而发表，设计一种教学模式，举办一场教学论坛，招呼几个媒体记者（含自媒体），发表几篇文章报道，获取一些奖项奖金，从此再无下文，既不见应用，更不见推广，那种分工分人分篇摘抄，集中合并统编教案，再共享讲稿，同一宣讲的所谓集体备课，把千姿百态、各显其能的同课异构变成了千篇一律、千人一面的同课同构，都是浮躁、浮夸、浮华的一种表现，都是不可取的。

已有的研究成果及以往课程改革的经验告诉我们，课程改革的成功与否很大程度上取决于是否采取了切实有效的措施。当前，我们尤其必须重视课程实施，加强课程实施研究。课程实施过程不是简单的执行过程，而是一个受众多因素影响的复杂过程，它涉及新课程方案的特性、人的因素、物的因素和背景因素等诸多方面。要积极探索基础教育课程建设、教学改革、考试评价等关键领域改革，力求在开发选修课程、推进选课走班、加强学生发展指导、实施综合素质评价、健全学分认定管理办法和完善办学质量评价、劳动教育方式等方面有所突破，形成新课程新教材实施的有效经验，推进育人方式改革。要组织开展新课程新教材实施重点、难点问题研究，充分发挥教研专业支撑作用，切实加强对学校的工作指导，解决新课程新教材实施的重难点问题。

已有的研究成果及以往课程改革的经验告诉我们，在加强课程改革和教材教法研究的同时，要下力气去研究学生的学法，尤其是从受教学生（不同年龄段、不同区域、不同社会背景和不同学业基础）出发，去研究与指导学生的学法。其实教法与学法是密切相关联的，只有研究好学生接受的思维方法，才能更好地制订教师的教授方法。要克服"师之惰"，根据实际情况，认真切实地加强教材教法研究，把各学科教材真正教好，就像一级一级学生年年进校，一级一级学生年年毕业，永远没有尽头一样，教材教法的研究也永远不会休止。那种一套教材使几代人，一份教案教一辈子，一篇讲义讲遍天下的现象应该永远下课，方为正道。当然，反之亦同。更好的教授方法，才能使学生有更好的学习效果。

2020年是"十三五"规划的收官之年，也是新教材全面启动的关键之年，我们要认真学习领会习近平总书记在湖南考察时提出的"要准确识变、科学应变、主动求变，更加重视激活高质量发展的动力活力，更加重视催生高质量发展的新动能新优势"的深刻内涵；要按照林和平厅长关于基础教育必须"尊重规律、回归基础、保持定力"的指示要求，主动顺应教育改革发展形势变化和要求，不忘育人初心，勇于开拓创新，扎实推进新课程新教材的实施，领会课标精髓，掌握教材体系，加强教研，创新教法，为加快提升我省基础教育的质量和水平，为造就大批高素质劳动者、专门人才和创新型人才做出应有的贡献。

传初：福建省加快学前教育发展的回顾、反思与前瞻*

教育部陈宝生部长在2021年全国教育大会上提出：要加快建设高质量教育体系，要研究实施第四期学前教育行动计划，补齐农村地区、边远贫困地区和城市新增人口集中地区学前教育资源，加大学前教育财政投入，完善学前教育保障机制，增加普惠性学位超过400万个。

为深入学习贯彻陈宝生部长讲话精神和《福建省教育厅关于落实〈福建省学前教育深化改革规范发展的实施方案〉十条措施的通知》要求，进一步完善学前教育公共服务体系，推进我省学前教育普及普惠安全优质发展，实现幼有所育，福建省教育学会开展了学前教育专题调研并形成了相关研究成果，为我省学前教育改革发展献计献策。

一、关于2010—2020年福建省学前教育发展情况

十二年前的2009年，我在省人大教科文卫委员会时，曾组织开展了一年多全省幼儿教育的专题调研，并于2010年上半年向省人民政府提交了《关于福建省学前教育发展情况的调研报告》，针对当时幼儿教育发展中"政府角色定位模糊、公办园大幅减少；学前教育公益性质受到很大程度削弱；多数民办园规模小、水平低、隐患多，优质民办园收费高，普通老百姓上不起；农村学前教育总体水平和质量比较低，学前班、学前一年教育占较大比例；学前教育发展在全省整个教育事业发展中处于相对滞后的位置等突出问题"，向省人民政府提出了强化政府主导，明确政府承担学前教育发展主要责任；大力发展公办幼儿园，要求城区每个街道、农村每个乡镇至少建设一所独立设置的公办

---

* 选自《福建幼儿教育新探究》，福建教育出版社2022年出版。

幼儿园；重点实施农村学前教育推进工程，提高农村学前三年教育比例；以及制定公办幼儿园生均公用经费标准，建立有效的学前教育经费保障机制；配足幼儿园教职工，加强师资培养培训，积极扶持民办幼儿园等促进我省学前教育又好又快发展的六条建议。当年下半年，省人民政府认真研究，充分吸纳了有关建议，并下发了《福建省人民政府关于加快学前教育发展的意见》。从2010—2020年间，我省多措并举，各地认真落实省委省政府的决策部署，先后组织实施了三期学前教育三年行动计划，学前教育投入持续增加，普惠性资源建设持续加强，保教改革持续推进，制约学前教育发展的瓶颈问题得到缓解。

（一）学前教育资源持续扩大，入园率居全国领先水平

2010—2020年间，全省新增园所1527所，增长了21.4%，其中普惠性幼儿园覆盖率达到85%。在园幼儿数由1077218人增加到1695859人，增长了57.43%。截至2020年，全省学前教育三年毛入园率达到98.8%，高出全国平均值13.6个百分点。早在2014年，福建省学前教育三年毛入园率就达到96.8%，提前7年实现了《福建省中长期教育改革和发展规划纲要（2010—2020）》中提出的"到2020年，学前三年毛入园率达到96%以上"的目标。

（二）学前教师队伍不断壮大，师幼比趋于合理

2010—2020年间，幼儿园专任教师得到有力补充，全省专任教师数量从36750人增长到了97910人，增长了近1.52倍，超过入园幼儿增长率94.18个百分点。城乡学前专任教师数量实现均衡增长，镇区教师数量增幅更为明显，至2020年，城区专任教师数量达48183人，与2010年相比增长1.48倍；镇区和乡村专任教师数量分别达到37372人和12355人，与2010年相比，分别增长了1.59和1.46倍。全省幼儿园师幼比从2010年的1：29.31提高到了2020年的1：17.32，高于全国师幼比平均水平（1：18）。"十二五"期间，各设区市学前教育规模急剧扩张，教师数量增速难以跟上新建园所和新增学位的变化，设区市之间师幼比差异较大的现象在"十三五"期间得到较大缓解，各设区市的教师数量持续快速增长，各设区市师幼比差异缩小，且师幼比渐趋合理。

（三）学前教师学历水平稳步提升，城乡差距进一步缩小

学前教师队伍专业化水平在一定程度上能反映幼儿园保教过程性质量，2010—2020年间，我省学前师资队伍的学历层次与结构得到优化。2020年，我省幼儿园园长专科以上学历占比87.8%，其中专科学历占55.11%，本科学历

占 32.38%，研究生学历占 0.31%。相比 2010 年，全省园长专科以上学历比例提升了 25.2 个百分点。幼儿园专任教师专科以上学历占比 77.02%，其中专科学历占 52.96%，本科学历占 23.98%，研究生学历占 0.08%。相比 2010 年，专任教师专科以上学历增长 28.49%，本科以上学历占比首次超过全国平均水平。

我省城乡幼儿园专任教师学历持续提升，城乡之间幼儿园专任教师的学历水平差距逐渐缩小。2020 年，幼儿园专任教师具有专科以上学历者城区占 74.56%、镇区占 68.31%、乡村占 57.49%，相比 2010 年，城区幼儿园专任教师学历提升者增幅 19.94 个百分点，镇区和乡村增幅更为明显，分别为 21.02 和 29.18 个百分点。

（四）学前师资队伍培训增量提质，教师培训体系基本形成

2020 年，全省幼儿园专任教师培训总量达到 1751288 人次，与 2011 年相比增幅 8.76 倍。我省已形成以园本研训为主体，省市县三级培训以县区级为主的格局，"十三五"期间县区级培训人次较"十二五"增长了 4.32 倍，尤其是"十三五"期间，省级幼儿园师资队伍培训投入经费逐年增加，2020 年专项经费较 2016 年相比增幅达 135.32%，有效保障全省骨干师资队伍的壮大及其专业化建设。不仅在量上加大投入，我省在学前教育师资培训的质上也取得了提升。主要体现在：第一，建立了省级培训管理与评估制度。"十三五"期间，我省制定并实施了省级培训管理与评估制度。规范了省级培训项目申报、中期评估与项目考核验收，初步探索了培训绩效评估标准与方法，还建立了省级培训调训机制与培训年度绩效报告制度，有效地规范了培训项目管理，促进了省级培训基地建设。第二，启动幼儿教师培训者培训，提高研训质量。"十三五"期间，我省实施学前教育培训者、教研引领者培训计划，幼教教研员培训首次纳入省师资队伍建设规划，开设幼教教研员培训专项。据调研，目前我省共有专兼职幼教教研员 216 人，其中专职教研员 125 人，兼职教研员 91 人，而有 181 名幼教教研员（占比 83.8%）参加了培训研修，其中参加国培 30 人次，参加省级教研员专项培训 113 人次，参加市级培训 80 人次，参加县（区）培训 59 人次。

二、关于我省又快又好发展学前教育的两点思考

今年，是严复先生逝世 100 周年，谁都知道出生于福建的严复先生是中国睁眼看世界的第一人，也都知道他是中国最高学府北京大学的第一任校长。我们福建的老师们还都知道其出生于福州，名体乾，字传初。人们常说"字"如其人，

而我说,严复先生不仅字如其人,而且人如其"字"。严复先生译著《天演论》《富国论》等,把当时西方文明传给了大梦初醒的国人,可谓"传初"是也;在这里,我试藉"传初"二字,演用为我的幼儿教育之说,谓之为:传初,传于初之人,传予人之初。以此解幼儿教育之惑,或许有牵强之感,但无妨为我一用。

(一)幼儿园教育当"传于初之人"

当一个孩子哇哇坠地时,他即已成人(当然也有人认为其在母腹时已经成人),我想称之为"初之人"。中国的语词是极为丰富且极为准确的。人一生,按其年龄,基本上可以分为婴儿、幼儿、少儿和少年、青年、中年、壮年、老年乃至耄耋之年,也都有大致相应的年龄配置。幼儿大致指 3—6 岁;3 岁以下一般称之为婴儿,及襁褓之人。从这个角度讲,幼儿教育较之于学前教育,或许从学术上讲,没有那么科学规范,然而从字义上而言,可能更明确、更贴切,也更通俗,更有中国味,所以,我有时也更倾向于应用中国教育的传统,冠名"幼儿教育",或称之为幼儿园教育。当然,在我的正式表述中,仍然以国家正式称谓进行。

1. 发展普惠性学前教育的必要性

自 2010 年 11 月国务院《关于当前发展学前教育的若干意见》首次提出发展普惠性学前教育以来,普惠性学前教育进入人们的日常生活,并日益成为人民群众关注的话题和学术界研究的课题。

普惠性学前教育之所以会引起我国政府高度重视和大力倡导,我以为主要基于以下五个原因。一是基于学前教育的基本属性。作为当今世界普遍视学前教育为公益性或准公益性公共事业的共识,确保学前教育公平性,就要实现普惠性的要求。坚持普惠性发展,努力打造具备普遍性、互惠性、非歧视性的学前教育,不仅贯彻了我国的教育改革方针,也有助于加快我国教育普及性的实施。通过完善体制,努力使每一个儿童获得最基本的受教育权利,进而达到教育资源共享的目的,实现教育最基本的价值追求。二是基于学前教育对幼儿未来终身成长的影响的规律性。幼儿虽是"初之人",却是人生、人才成长的基础。谁不是从小长大的?而学前教育是基础教育的基础教育。普惠性学前教育意味着所有性质不同的幼儿园和所有的适龄儿童都应得到国家政策的支持,这种方式不仅最大限度地推动着教育资源的公平分配与共享,也将最大限度地促进受教育儿童健康的成长和长远的发展。三是基于今天新一代幼儿的健康成长对于民族、国家和家庭、社会的繁衍、振兴、进步的重要性。人口素质、民族质量、国家进步,全都系于新生一代。普惠性学前教育面向全体适龄幼儿,保障其教育公平、机会均等的受教育权的实现，不仅强调普惠众人，让一代人都能受到最基本的基础教育的基础教育，而且还能促进社会差距的缩小。四是基于社会文明，人人享有平等受教育权的必然性。要克服人民日益增长的美好生活需求和不平衡不充分的发展之间的矛盾，普惠性学前教育的推行与实施成为全国上下的共同选择。普惠性学前教育提出的本质，在于我国当前教育制度的转型发展，通过实施普惠性学前教育，从根本上解决学前教育"入园难"、"入园贵"的问题。五是基于现实社会发展，文明进步，为实施普惠性学前教育提供了政治经济、社会制度的可行性。四十多年的改革开放积累的经济成果，近十余年普惠性学前教育的建设，奠定了发展普惠性学前教育的坚实基础。

普惠性学前教育是教育公平发展的重要体现，在坚持和贯彻普惠性学前教育体制的时代背景下，我们要把握好历史变革和现实发展的趋势，保障普惠性学前教育在实践中的运行和发展，积极推动学前教育变革，努力促进国家教育制度的转型。

2. 普惠性学前教育的内涵蕴义

全面建设普惠性学前教育公共服务体系是我国近中期关于学前教育事业的重要战略规划和部署，发展普惠性学前教育关乎民生，厘清普惠性学前教育的内涵，是发展普惠性学前教育的前提。但是对于"何谓普惠性学前教育"，目前人们的认识还未完全统一，由政府政策、学术研究、社会公众表达的三种话语形态对"普惠性学前教育"的解读存在较大的分歧，各地在普惠性学前教育事业发展中也尚未达成一致共识，这显然对普惠性学前教育公共服务体系建设的推进造成了观念与认识上的阻碍，不利于普惠性学前教育事业发展过程中缩小地域差距，促进均等化这一教育公平的基本目标实现。因此，我们必须从中国学前教育的现实要求和发展现状出发，进一步明晰"普惠性"的内涵和外延，把握普惠性学前教育公共服务体系的重要特征。

要坚持把实现好、维护好、发展好最广大人民根本利益作为推进改革的出发点和落脚点，让发展成果更多更公平惠及全体人民。所以我们必须站在科学的立场上，追求学前教育公平，并基于中国国情来理解"普惠性"。教育机会平等既是教育公平的基本前提，也是教育公平的实践起点。它是指获取教育资源机会的平等，包含教育起点平等和教育过程平等，强调幼儿受教育机会权的保障。在教育机会平等的诉求下，我们认为只有满足了经济上"付得起"、时空上"达得到"、质量上"配得齐"、受众上"顾得广"这四大特征才真正体现学前教育的普惠性，它们之间环环相扣，缺一不可。同时，普惠性学前教育公共服务体系的建设必须与我国现阶段国情相适应，普惠性学前教育的实现必须与我国政治、经济、社会发展进度相适应，因此我们提出了"普惠性"的第五个重要特征——实施上"适得度"。它不仅是发展普惠性学前教育应遵循的基本原则，还是普惠性学前教育可持续发展的基础保障，贯穿着普惠性学前教育公共服务体系的整体内涵建设。

（1）"付得起"——幼儿园是否普惠的先决条件

"付得起"，是从经济角度而言，指对于不同收入群体来说收费合理，可以接受。学前教育的参与行为与家庭经济情况密切相关，家长在学前教育成本分担结构中所占比重制约着其投资意愿，从而影响儿童受教育机会权的保障。目前，我国学前教育领域内家长负担比重较高。尽管我国仍处在社会主义发展初级阶段，底子薄、基础弱，目前难以完全实现免费的学前教育，但在收费上一定要做到适度、合理，对各个群体而言则应当在其可接受、付得起的范围内。在这里，"收费高低"要有一定限度，既不是越高越好，也不是越低越好，而是家长普遍能够接受。学前教育成本要以政府分担为主，家庭分担宜在20%—30%区间内，不同地市区县间适度调整，逐步向双方乃至包含政府、家庭、幼儿园和社会在内的四方共担性过渡。对于经济基础较好的市、县区适当提升社会分担和幼儿园分担比例，对于经济较落后的市、县区政府则宜承担更大分担比例，以缓解幼儿家庭的经济负担。

（2）"达得到"——普惠是否落到实处的核心体现

"达得到"，这是从空间的角度而言，即"可达性""就近性""便利性"等，是指拥有相应需求的人群，通过某种交通方式，从某一区位到达园所的便捷程度，包括出行的难易程度和花费的成本。除了"入园难""入园贵"外，"入园远"也是一些地方学前教育建设中存在的突出问题。合理规划学前教育资源分布，保证其空间上的"可达性"，对幼儿学前教育机会平等的保障至关重要。我认为，普惠性学前教育公共服务的"可达性"应包含以下五个方面：一是"地点可达性"，即幼儿园距离儿童居住的地方要在有限的里程之内；二是"效用可达性"，即儿童和家长能以安全、方便、便捷的交通方式到达目的地；三是"时间可达性"，即儿童出入园的时间与家长接送的时间是否匹配；四是"个体属性可达性"，即影响儿童出入园或接送家长的出行因素的个人因素；五是"机会可达性"，即幼儿园的吸引力大小。通常，我们更为关心的是"地点可达性"，各地在规划幼儿园布局时一般都会考虑，然而，当前在"效用可达性"、"时间可达性"、"个体属性可达性"、"机会可达性"等方面还缺乏足够的关注与重视。

（3）"配得齐"——普惠是否有质量的评价标准

"配得齐"，这是从装备的角度而言，它是指幼儿园配备的设施数量与质量有保证。各地在贯彻、落实《国务院关于当前发展学前教育的若干意见》第一期（2011~2013年）行动计划、第二期（2014~2016年）行动计划时，相对更加关注如何改扩建幼儿园、扩大学前教育资源。因此，短期内兴办幼儿园，利用闲散的中小学校舍改扩建幼儿园，成为当时的建设重点。但随着幼儿园数量迅速增加，面对如何吸引和打造优秀的师资，如何配备适宜的玩教具、图书和其他辅助资源，如何提升健康、营养、安全和卫生等软环境的质量建设，如何编写或选择适宜幼儿的游戏、学习与发展的课程等问题，"配得齐"就成为当前亟待攻破的课题。"国十条"重点强调，要"加强对幼儿园玩教具、幼儿图书的配备与指导，为儿童创设丰富多彩的教育环境"。《中共中央国务院关于学前教育深化改革规范发展的若干意见》的第二十六条也明确规定了"幼儿园园舍条件、玩教具和幼儿园图书配备应达到规定要求"。因此，各地政府和教育主管部门须就"普惠性"幼儿园应达到什么样的质量标准提出切实可行、易于操作、便于改进的"配得齐"框架标准，并制定相应的质量保障措施与激励机制，确保每一所普惠性幼儿园都是有质量保证的教育机构。

（4）"顾得广"——普惠是否实现的重要标杆

"顾得广"，这是从服务对象的角度而言，即"广覆盖"，面向大众，面向所有儿童，尤其是要优先惠顾贫困和弱势家庭，以特惠为着力点来实现学前教育的普及普惠。"通过普惠奖金、普惠园和普惠师资等普惠性资源建设，并以特惠作为普惠战略的前提和必要补充"。相关研究表明，不同家庭背景的幼儿获得学前教育资源的机会有显著差异，城镇家庭相比民工家庭来说学前教育机会分布更公平，农村地区家庭收入对儿童入学机会的影响相比城市地区更大，处境不佳社会阶层的幼儿是教育不公平最大的受损者。地方政府或教育主管部门应该扩大学前教育资源受益面，真正关心"广覆盖、保基本"的普惠性幼儿园建设与质量提升。

（5）"适得度"——普惠是否可持续的保障基础

基于我国特定的社会主义初级阶段现实国情，目前还无法做到学前教育完全由国家财政包办，尚只能是一种有限的教育福利。与西方经济发达国家相比，特别是北欧高福利国家，我们在经济发展水平上仍有巨大差距。我们要依照生产关系的发展水平确定学前教育公共服务体系的建构水平，将普遍性原则和差异化原则辩证统一起来，通过阶梯性路径，坚持"适度普惠"的基本原则，分层次、有重点地推进普惠性学前教育公共服务体系建设。"适得度"主要表现在四个方面：一是经济来源上的"适度"，即跟随经济的增长不断推进"适度"

投入比例，普惠性学前教育的投入比例要随着经济发展逐步提高。二是内容推进上的"适度"，即回应人民群众的呼声，不断推进"适度"覆盖，普惠性学前教育的项目和内容要逐步涵盖学前教育公共服务体系的各个方面。三是服务对象上的"适度"，即首先要将公共财政投入经费用于解决"弱势家庭"的入园需求。在当前我国社会经济发展水平整体不高，学前教育资源有限的阶段，要基于普惠性原则分层次、分对象、选择性供给，优先满足弱势群体对学前教育资源的基本需求。四是教育质量上的"适度"，即普惠性幼儿园一定是有质量的，但这个"有质量"不一定也不可能全部马上都达到示范园或优秀园的标准，但是，都必须向这个方向努力。

3. 普惠性学前教育的发展路径

2020—2035年将成为我国学前教育事业发展与繁荣进步的关键阶段。在这15年内，我国学前教育不仅要承接过去未完成的历史重任，解决好学前教育改革与发展中面临的突出矛盾，更需要在新的经济社会发展背景下，对2020—2035年学前教育的未来发展进行科学谋划和布局，通过制定2035年学前教育发展的总目标和总规划，努力推进学前教育在10～15年的关键期内实现从"量"到"质"，从"保底"到"突破"，从"不平衡不充分"到逐步"平衡充分"的跨越式发展。为此，我们需要把普惠性学前教育纳入"十四五"规划基本公共服务体系，从财政投入、管理方式、师资质量等方面系统设计。

（1）确实强化政府主导，县级政府切实承担起学前教育发展的主要责任

改革开放40多年来，教育改革难度最大，且教育改革成就最大的莫过于普及九年义务教育制度的实施与实现，这为我们积累了丰富的经验，也为今天普惠性学前教育的推行提供了宝贵的可供借鉴之策。县级政府负总责是最重要也是最主要的一条。根据"政府主导、社会参与、公办民办并举的办园体制"的要求，政府要全面负责辖区内幼儿园的规划建设，负责公办幼儿园的举办、经费、师资、办学条件的保障，并大力扶持和促进民办幼儿园健康发展。要持续抓好第四个"三年建设计划"的实施，逐一开工，逐一建设，逐一核实，确保每一所新建园保质保量，按时完工。要采取多种措施，制定政策，创造条件，增加投入，扩展普惠性幼儿园的比例。综合考虑当地人口分布和经济社会发展状况，做好普惠性民办幼儿园布局规划，合理布点，积极鼓励机关、企事业单位、城镇街道和个人举办不同体制的幼儿园，实行属地化管理，通过地方政府接收、与当地优质公办园合并、政府购买服务等多种形式，大力扩充面向社会提供普惠性学前教育的资源。

但是，在新建幼儿园时，要避免小学附属幼儿园的设置与建设，因其极易

一成不变，原封不动地因袭小学管教模式，助长小学化倾向，还可能混淆与小学义务教育的财务及方式等收费界限，滋生腐败的土壤条件。要鼓励有政治远见、教育情怀的企业家创办普惠性民办园；制订地方普惠性扶持政策的细化规定，切实落实各级政府在发展普惠性民办幼儿园的投入、扶持、监督和保障公平等方面的责任，明确相关职能部门的职责，加大对民办幼儿园的扶持力度，完善并落实普惠性民办幼儿园在综合奖补、土地出让、规费减免、教师发展、租金、税收优惠等方面的扶持政策，以避免"硬挂两块牌"等不好的现象，真正落实普惠性民办幼儿园的优惠权益，助力普惠性学前教育保存量、扩增量。要避免有的地方为了尽快完成普惠幼儿园的指标比例而采取的速成法，不出经费、不增编制、不费气力，以授匾的形式，让民办幼儿园"自愿"申请，一个幼儿园挂两块牌子，并要求民办幼儿园的收费先缴交到教育局，再回拨给幼儿园，就成了政府拨款的普惠幼儿园，纳入普惠性幼儿园统计之中。一些给幼儿园少量补贴的或许还有一些说得过去的理由，有的没有补贴，还要从中扣除一定比例的管理费，不仅完成了任务，出了成绩，还多了一条生财之道，而幼儿园拮据的经费上更是雪上加霜，实在不应该。那可是从孩子嘴中抠出来的啊。照这种以申报，挂牌而实现普惠幼儿教育的做法，表现了某些地方的某些人足够的应对能力和明目张胆的弄虚作假，貌似对上级负责，实则是缺乏足够的政治意识、政治觉悟，缺乏对党足够的忠诚，也缺乏对人民足够的爱。人们可以理解政府的困难，可以节衣缩食送子孙到高价昂贵的幼儿园和各类培训机构接受"早教"、"开智"，却难以原谅换个马甲，授个牌子而一切如故的口惠而实不至的普惠幼儿园。也许（或者可以肯定地说）在部门年度工作报告（总结）上增加了亮丽的政绩，可观的数字，却给其脸上蒙上了不被信任的粉尘，更可怕的是将会直接或间接地在孩子的幼小心灵，刻下难以抹掉的阴影，而这种阴影或将影响伴随其一生。

（2）认真落实财政扶持方式和监管方式，健全合理的学前教育成本分担机制

地方政府及物价、教育等有关职能部门要按照统一、规范的标准对普惠性幼儿园的成本进行科学核算，确定幼儿园的合理成本，在此基础上，以当地经济发展情况为基础，进一步研究确定政府、家庭在学前教育成本中的分担比例；同时要明确各级政府发展普惠性幼儿园的财政责任，完善中央政府与地方政府的公共财政投入分担机制，加强中央政府、省政府对贫困地区、贫困群体的财政支持。另外，要加大各级政府对普惠性幼儿园的财政扶持力度，逐年增加财政投入，合理分配和使用普惠性学前教育经费，要避免投入缺位，也要避免重复投入，有效平衡区域、城乡的幼儿园经费投入，完善财政扶持方式，支持

普惠性幼儿园改善办园条件，积极扩充普惠性资源，提高保教质量。充分发挥资金效益，做到学前教育的县（市、区）域内教育质量均衡。要进一步完善普惠性幼儿园财政扶持资金的监管机制，明确规定投入经费使用的原则、范围、内容，对普惠性幼儿园进行年度财务和资产审计，出具审计报告，将有关信息通过网络、报纸等媒体公示，接受社会监督，确保规范使用。

在当前一些地方财政仍显不足的情况下，为鼓励民办普惠性幼儿园的发展，应制订普惠性民办幼儿园的扶持标准，以同县同区为基础，以至少不低于同级同类公办幼儿园生均拨款1/3的实际补助为购买民办幼儿园的学位费的补贴，并随着经济发展，逐步提高。

当然，普惠学前教育需要雄厚的财力、人力、物力的支持，经济社会发展水平达到一定程度才能全面实现。我国在发展九年义务教育的过程中就遵循了先强制、再普及、最后免费的步骤逐步推进。综观已实行免费学前教育的国家的政策与实践发展历程可以发现，这些国家大多也是先免学前一年再下移年龄范围、先处境不利的特殊群体再推广扩大到全部幼儿、先免学费（教育费或保育费）再免教材费（文教具费）的顺序逐步增加免费项目、扩大受益对象范围、提高公共财政投入力度，循序渐进地发展学前免费教育。根据我国经济社会发展的实际水平，结合各地区儿童人口基数等现实情况，由县人民政府承担主要责任，因地制宜、循序渐进，分年龄、分群体、分项目逐步推进免费学前教育。有条件的地区先面向农村儿童实行学前一年免费教育再扩大到城市，先学前一年再逐步延伸至学前三年，最终与九年义务教育衔接，走向从幼儿教育开始的十二年义务教育体系。这应是一种应该努力的追求，也是实践可行的明智的路径选择。对于当前国家的人口政策，也必然产生积极的影响。

（3）夯实学前教育基石，着力提高师资队伍素质

当前，我们在关注学前教育规模扩大、数量增长的同时，还要关注学前教育质量提升，尤其要注重包括师资队伍在内的内涵建设。首先要坚持城乡一体化的理念。要按照国家编制标准配足配齐幼儿园教师职工，通过招聘高校专业毕业生和社会招聘政策等办法，尽快解决幼儿园教师缺编的情况。其次，要维护幼儿园教师的合法权益，切实改善包括民办园在内的幼儿教师待遇。各地政府要调整财政投入的方向结构，建立严格、切实的制度体系，保障幼儿园教师基本权益和发展机会。再次，要创新培养培训机制，提高幼儿园教师专业素质。牢固树立"育人为本，实践取向，终身学习"的基本理念，进一步推进幼儿教师教育见习、实习课程改革，增强幼儿园教师开展立德树人启蒙教育的意识与能力，帮助幼儿园教师成为优秀的"四有"好老师。当然，师资培养培训的方式方法同样需要如实考虑我国区域经济、社会和教育发展水平的差异，从实际

出发，分阶段、分区域、分层次，对幼儿园教师培养和培训体系进行科学的规划和调整，有序、有效、有力地逐步推进幼儿园教师培养培训体系的创建。

当今社会，许多区、县政府都喜欢以建设"首善之区"自诩，甚好。但我以为，首善之区（县）的首善之举是办好教育和卫生事业。不仅不与百姓争利，不向上级钓誉，不向社会沽名，而应施以更多更好更实的惠民之政，真心实意地创办更多更优的公益性幼儿园，让我们的下一代能真正受到幼儿教育之惠，受到幼儿教育之好，乃是当下首善之举的最优选择和最佳表现。从这个意义上说，泉州市台商开发区为我们的政府创新做出了表率。一个由四个乡镇整合而成、人口中等、水、路、电、气、学校、医院等基础设施薄弱，经济财政一般的泉州台商开发区，仅去年一年就拨款1.88亿元投资新建5所公办幼儿园，公办幼儿园增至15所，而且充分发挥政府主导作用，不仅优先安排资金兴办教育，建立起稳定的、可持续的制度，不断增加幼儿园教师编制，不断提高当地幼儿教师的工资收入，即便是招聘编外教师，也实行编制内编制外同工同酬，同岗同薪，而且对民办幼儿园教师与公办幼儿园教师在业务培训、职务评聘、教龄和工龄计算、表彰奖励、社会活动等方面享有同等权利、同等待遇，去年还为受疫情影响、经济陷入困难的民办幼儿园教职工发放全额工资。这些做法不仅令人称道，也值得各地学习与借鉴。

（二）幼儿园教育当"传予人之初"

关于幼儿教育研究的重点从来就不在要不要教、要不要育的问题，而是教什么、怎么教，育什么、怎么育的问题，教什么才合适，育什么才科学，怎么教才恰当，怎么育才健康。近期北京电视台正在热播的电视剧《啊，摇篮》，讲的正是延安时期保育院的故事。在那战火纷飞的年代，在那艰苦卓绝的岁月，一大批革命者的子女在保育院茁壮成长，他们中的许多人甚至成了我们党和国家的领导人。昨天晚上正在播放的一集，讲的是首批撤出延安保育院的孩子们，在以儿歌和实际演练的形式进行撤离前的情景教学，特别是躲避敌机轰炸和敌机释放毒气时的自我安全防护训练。那个时候，没有精美的教材、精致的教具，甚至也许没有详细的幼儿教育教学大纲，没有教学计划，但在简陋的窑洞和窑洞前的小院子所贯穿其中的教育教学活动中，许多的教育思想、教育理念、教学方法却是仍然值得我们今天认真总结、学习和借鉴的，不是吗？

1. 幼儿园教育"小学化"的涵义与历史溯源

何谓幼儿园教育"小学化"？一般认为幼儿园教育"小学化"是指在幼儿园的教育中没有按照幼儿阶段的身心发展规律进行教育，人为地拔高了幼儿教育的层次，将小学教育的模式（包括教育内容、教学方式、评价方式）运用到幼儿园教育中的一种教育现象。我认为就是超越幼儿的体能基础、认知基础、身心成长基础乃至于语言、思维、眼耳鼻喉手脚等心智和生理器官的基本技能成熟程度的行为，违背幼儿身心发展的基本规律。以小学教育的管理、内容、方式、课程、评价等进行的不恰当的学前教育教学活动，也包括满大街四处开张经营，一时流行甚广的所谓0—3岁的教育。但是，我不仅不反对在有条件的幼儿园尽快开办2-3岁的一年托育班，反而认为这对当前完善人口结构，鼓励适龄青年生育二胎显得尤为必需。当年，我们的孩子许多都是2岁时进托儿所的，不少还是全托的（即星期一进所，星期六返家）。40年前国家尚属经济困难时期都能做到，今天却无法开设，于情于理都是说不过去的，什么理由都不充分。当然，她应该是真正意义上的托育，而不是挂着托育之名的"早早教"之类或0-3岁的倍悠教育。

"小学化"也是一种语喻，是通俗用语，让大家都能简要明白的形象表达。实质要解决的是幼、小教之间如何科学区分，如何有效衔接的问题。幼儿或学前教育仍然是一种教育问题，是教育什么、如何教育的问题。在我省幼儿教育的发展过程中，曾经很长一段时间行政划归妇联管理，直至1980年后才划归教育行政管理。原因之一就是幼儿教育就其大概念、大范畴而言，仍属教育。

自从有现代幼儿教育以来，"小学化"就一直存在并为人们所关注。我国学界对幼儿教育小学化的讨论，可以追溯到二十世纪二三十年代幼儿园的识字教育讨论，当时的幼教专家陈鹤琴、张宗麟等都曾发表过对幼儿园开展识字教育的文章。而关于对小学化问题的正式研究却是在二十世纪八十年代以后。随着我国学前教育事业逐渐纳入教育体系，学前教育中"小学化"问题日渐显现，学术界开始了小学化问题的研究。1981年至1983年，《广东教育》《山西教育》《幼儿教育》等期刊陆续发表《幼儿教育要克服小学化的倾向》等文章，引起了学界对幼教"小学化"问题的重新关注。

然而，令人不解和遗憾的是，随着幼儿教育划归教育行政部门管理，伴着"去小学化"研究的日益深入与广泛，"去小学化"政策的多次出台，反复强调，"去小学化"与小学化的矛盾与斗争非但没有缓解，没有消除，反而是"园中园"、"园外园"、"线下园"、"线上园"，各种专项、补习、培训花样翻新、层出不穷、愈演愈烈。随着教育改革不断深入过程中产生的一些负面影响，特别是考试制度竞争日益激烈的波及、影响与触发，并且随着城市化进程加快，市场化程度加深的进一步推动与加剧，几十年来已成顽疾，虽说未到不治之时，确实也是难治之症。因为其所反映出的是家长的焦虑、社会的功利和教育的浮躁；反映出的是家长的病急投医，社会的乱药泛滥和教育的不知所措；反映出的是家长缺乏定力，社会缺少定心，教育缺失定向。个中深层次的原因与缘由，值得我们实事求是、深入、全面、认真地思索与探究。其中，固然有传统文化观念上"学而优则仕"、"业精于勤荒于嬉"等传统的儿童观、教育观和人才观对中华民族价值取向的深远影响；有家长的观念上，片面看待幼儿园教育的价值，在小学学业负担不断加重的状况下，主动、被动地对孩子不断加压；有师资水平上，队伍人员结构、专业知识结构参差不齐，自觉、不自觉地应用"小学化"之捷径，当作解决难题的选择；有政府部门管理的虚化，尽管不断下文要求禁止、严厉禁止、绝对禁止等"十二道金牌"喊声震天，却不见具体的指导、具体的意见和具体的行动。我以为，除了教育被资本绑架、被市场裹挟，以及部分教育工作者违背良心、违反职责，为分一杯羹而推波助澜外，当年有人提出的"不让孩子输在起跑线上"的伪命题，在这场激烈的理论争论与实际争斗中起到的作用也是负面的。

2.幼儿园教育"去小学化"的理性思考与措施建议

经过三期学前教育三年行动计划，我省幼儿园"去小学化"的现象正在努力改进。就总体而言，去小学化教育，公办幼儿园比民办园做得好；规模幼儿园比中小幼儿园做得好；城市幼儿园比农村幼儿园做得好；独立设置幼儿园比小学附设幼儿园做得好，但要真正做到去小学化还有许多工作要做。

（1）去小学化，要实现幼儿教育观念的变革

办幼儿园是干什么的？用电视剧《啊，摇篮》中央托儿所所长丑子岗的话说：办托儿所幼儿园不是给别人看的。当然更不该是用来牟利的。政府要真正担负起兴办幼儿园的职责，加大投入，合理布局，满足需要，并不断扩大中小学九年义务教育数量和质量的均衡发展，为幼小衔接提供人们普遍可以预期接受的办学物质基础和教学质量基础条件。当前，要继续加大对于民众购买力低的偏远农村地区和欠发达的城市地区的支持，应构建持续、稳定的财力投入与保障制度，切实保证对经济薄弱地区普惠、有质量但办学条件较差、发展薄弱的公办园的支持，着力解决薄弱幼儿园的教师工资待遇以及日常办公经费等问题，确保薄弱园具备开展科学保教活动，创造去小学化教育的基本条件。

据有关学者对我省农村幼儿园的调查显示，农村小学附设幼儿园的比例还较大，对此，我以为尚可理解，甚至应该谅解，因为其巨大的社会经济落差，要鼓励、肯定其办园的积极性，可能这是其无奈的选择。而在一些经济较发达，甚至居全省前列的县市区也采用附设幼儿园的模式，却是大可质疑的。因为不论从经费、教师、生活各方面而言，都不存在解决不了的困难和问题，其中症结，要么确实是对教育的茫然无知，要么是对教育重视的口是心非，应景而已，

甚至可能还有其他只有决策者自己知道的原因。

（2）去小学化，要加快幼儿教学观念的变革

我国幼儿教育界的同行们普遍认可日本的幼儿教育居世界幼儿教育前列。我未做过实地调研，但从现有研究介绍的经验看，其幼儿教育更多地都是培养人们日常生活和孩子正常成长时期所需的常理、常识。如培养孩子良好习惯的养成（包括生活习惯、学习习惯、行为习惯），培养孩子基本的生存、生活能力（从穿衣戴帽、自己动手；整理书包、自我服务；出行上街、自背行装；一日三餐、自食其力到饭前便后，清洁卫生等），激发孩子的童真童趣、求知欲，为孩子打造追求自然、追求简朴却又丰富多彩的生活。我以为，归根到底对于"初之人"，应教给其"人之初"必备的知识与技能。生命原始本能的教育、生活世俗本真的引导和生产初始本领的训练，应是幼儿园教育最根本最基础的教育内容，并辅之与其相适的教学方法。千百年来，人类生存发展的历史和我们每个人的生活经历与经验告诉我们，即使没有人教婴儿如何看待世界，但其滴溜转动的双眼和晃动不休的手脚，观察世界、探索世界的天真与无邪一刻也不曾停息过，当婴儿长到2—3岁时，也能够对世界拥有基本的最初认知和表达。因此，我以为，婴幼儿教育尤其应该注重保护其天真，释放其天性，尊崇其天然，激发其天才，引导其天成，尤其应该注意避免从小就开始对其施行把"人"变成"机器人"的教育。

鉴于婴幼儿和少儿不同的生长期，婴幼儿尚在本能期，无意识、具天性、稍判断、少选择、喜怒哀乐自控性弱的特点，与少年非纯本性，有意识、下意识、懂判断、愿选择、探规律不同，幼儿园教育与小学教有着明显的差异。这些就是去小学化的根本理由。而幼儿园则应是去小学化教育的主要担当者。很高兴看到许多幼儿园正在努力的变革，在教育内容上，注意纠正过于偏重智力，克服片面追求知识数量和难度的做法；在教学形式上，认真改变教师对幼儿进行单纯知识传授，以课堂教学取代游戏生硬手段的现象；在每日生活上，努力废弃用小学方式方法的制度来管理幼儿的行为；在教育评价上，大胆创新评价体系，增强过程评价。一些幼儿园还注意融入了地方文化，打造特色教育活动，大胆地开展了工业、农业、服务业等生产性（如木工、钳工、泥工、陶艺、雕刻、种植等）、生活性（如搞卫生、倒垃圾、洗手绢、包饺子等）技能的动手尝试，以及攀爬、远足等户外锻炼拓展活动。有的幼儿园以彩泥为材料，特制竹刻刀教授孩子传统泥塑、石雕工艺；有的幼儿园在做好安全防护的前提下，极具勇气地把钳工、木工、陶工的基础工艺技术在幼儿园大班中模拟训导等，都是难能可贵的尝试，这都还原于教育之起源：教育源于生活，教育源于劳动。教育是为提高劳动效率、劳动效益、降低劳动成本、降低劳动强度、增强劳动成果，

因此而创造，而改进劳动工具、劳动技能的社会活动。

当然，我们要清楚地看到，幼儿园教育"去小学化"是要纠正不合理、不规范的课程内容及教学组织方式，明确哪些课程知识和教学方式在幼儿园教育中是"合法"的、科学的，而不是简单地武断地去消除某种课程的表现形式或某类教育内容。幼儿教育仍然是教育，去小学化不是去教育，一个母亲是不会在孩子刚出生时就要求其喊妈妈的，但作为一个母亲，又一定会在孩子成长到某个时候教其喊妈妈的，幼儿教育就是如此，既不应拔苗助长，也不该因噎废食。要正确认识"去小学化"，避免概念泛化和矫枉过正，要努力办好幼儿教育，帮助孩子健康成长。同时，我们还要清醒地看到，由于城乡差别的客观存在，由于社会分化的明显加剧，以及各地经济、文化的不平衡现象短期内难以填平补齐，从教育公平上来说，对于幼儿教育"小学化"现象不能简单地一切了事，特别对于农村边远地区来说，弄不好，可能会令这些地方的幼儿园陷入一种"放羊式教育"，或者无所适从的彷徨、停顿、不知所措，导致原本处境不利的儿童成长更是艰难。而我们的学前教育，除了为儿童提供保育以及促进其发展之外，还承担着另一项非常重要的职能——为处境不利的儿童提供补偿教育的机会，弥补他们成长环境中的缺失。许多研究表明，这些处境不佳的儿童普遍存在着营养健康不良、情感交流障碍和早期智力发展受阻的问题，心理健康方面的问题也较为突出。有鉴于此，必须坚持具体情况具体分析，不同情况区别对待的原则，正确引导农村园、薄弱园，帮助这些处境不利儿童做好入学准备，继而更好地融入主流社会。

3. 去小学化，要加快幼儿教育政策的变革

首先，根据国家颁布的学前教育相关指导性文件，进一步强化对幼儿园培养目标、课程标准、教学内容等方面的规范性、强制性和可行性方面的要求，确保幼儿园教育"去小学化"具有明确、可操作的相关举措。可以从幼儿园培养目标、课程体系建设与实施、办学条件等方面，完善现有的幼儿园等级评定制度，将幼儿园办学目标的科学性和合理性、课程实施质量纳入幼儿园等级评定的核心内容，细化质量评价的标准与程序，并建立相应的公示、监督与举报机制，不定期对幼儿园办学质量进行抽检，并将幼儿园等级评定的标准、结果等相关情况定期公示，接受社会的广泛监督。

其次，建立幼儿园课程开发与教材编制审查制度，在鼓励各地开发地方性课程和园本课程的同时，对幼儿园课程教材、教师用书等的编制进行严格审查和管理，如通过对课程研发、出版机构及相关人员提出更为细致和严格的资质要求，实行课程不定期抽检和定期评审等措施，以保证幼儿园课程编制的规范性

和科学性。

再次，要认真总结那些完整落实国家的教育政策、不搞小学化教育的学前教育机构的做法和经验，并将其作为典范进行广泛宣传，激励各学前教育机构向其学习，摒弃自身小学化的教育形式和内容等。以政府的评价导向引导学前教育机构，影响社会舆论的变化，让人人都开始关心、了解、理解幼儿和学前教育，让社会、学校、家长、教师都能树立正确的幼儿教育理念，让幼儿得到真正的解放，获得童年的快乐。

最后，各级教育部门还要加强对幼儿教师培养院校的幼儿教师培养方案以及幼儿教师培训机构办学质量的评价与监管，实施幼儿教师教育机构资质认证和准入、退出机制，以《幼儿园教师专业标准》为指引，督促各类幼儿教师教育机构主动根据幼儿园教育的现实需求，不断调整培养方案，提升培养质量。在幼儿教师职业准入方面，要基于幼儿教师专业标准，对当前幼儿教师资格认证制度进行完善和规范，提升幼儿教师准入的专业性，特别是基于幼儿园教育的实际需求，对认证考核的标准、内容、程序等进行科学设计，在确保幼儿教师准入的规范性和科学性的同时，为幼儿教师职前培养和职后培训的目标定位与质量评价提供参照。

建设高质量的学前教育体系，是建设高质量教育体系的重要组成部分。我们要认真学习贯彻全国、全省教育大会精神，学习贯彻中共中央国务院《关于学前教育深化改革若干意见》《福建省教育厅关于落实＜福建省学前教育深化改革规范发展的实施方案＞十条措施的通知》精神，进一步完善学前教育公共服务体系，推进我省学前教育普及普惠安全优质发展，为构建高质量教育体系，全方位推进高质量发展超越、推进新时代新福建建设做出我们应有的贡献。

新情势下福建省县域中小学高品质发展对策研究*

2019年2月，中共中央、国务院印发《中国教育现代化2035》，明确提出面向教育现代化的十大战略任务，要求"发展中国特色世界先进水平的优质教育"，"推动各级教育高水平高质量普及"，指出我国教育需要从高速增长迈向高质量发展，努力实现以高质量发展为时代特征的教育内涵发展战略转型。2021年全国教育大会提出，全面落实教育优先发展战略，要坚持改革创新，坚持教育公平，推动教育从规模增长向质量提升转变，促进区域、城乡和各级各类教育均衡发展，构建高质量教育体系，以教育现代化支撑国家现代化。县域教育承担了福建省基础教育70%—80%学龄人口的教育任务，其教育转向高质量发展关系到福建省基础教育发展的全局。如何构建科学完善的立德树人教育体系，探索高质量发展之道，加快教育现代化，是摆在县域教育行政部门和中小学校面前的一个重大课题。由此可见，创造高品质教育，是转型时代交付我们这一代人的使命。

在上述教育改革发展背景下，福建省教育学会确定2021年的工作重心为：围绕高品质发展主题，开展县域教育发展研究，并形成相关的研究成果，为我省县域基础教育改革发展献计献策。一年来，我带领学会秘书处同志，赴福州、厦门、漳州、泉州等地市召开多场关于县域教育高品质发展的调研座谈会，并下校实地走访。同时，这次年会全省各地市也报送了相关研究论文300多篇。现在，根据调研情况和各地市报送的论文，我向各位分享我们的调研感悟和体会，说明一下福建省县域教育在新情势下产生的新问题，研究探讨新要求下的新任务，并就如何进一步推进我省县域教育高品质发展，提出一些对策。

---

* 选自《福建省县域高品质教育发展研究》，海峡文艺出版社2023年出版。

一、新情势下的新问题

近年来,我省县域教育坚持以立德树人为根本任务,积极探索新思路、新举措,扎实推进基础教育综合改革,取得了显著成效。同时,也遇到一些新的现实问题。

一是城市化进程加快,城乡学校两端不均衡问题凸显。随着经济社会发展,城市化进程不断加快,人口大规模从乡村流向城市,流向经济产业发达地区,导致乡村学校学生日益流失,城区学校学生迅速增加,乡村学校不断合并减少,城区学校不断新建增多。城乡教师队伍的数量也呈两极化发展,城区学校的教师队伍日益庞大,乡村教师队伍却在不断减少。特别是在经济较落后的县域,师生流失现象严重,尤其是学生流失现象严重。以我省人口最多的县域晋江为例,2000年、2010年、2015年、2020年在校生分别为76548人、79302人、126912人、149567人,在校教师分别为4027人、6029人、5024人、5177人,学校在校生人数因外来人口的增加而不断膨胀,但是教师的总量变化不大,生师比明显失调;再以我省人口最少的县域清流县为例,2000年、2010年、2015年、2020年在校生分别为13872人、9887人、8311人、6385人,在校教师人数分别为947人、785人、747人、744人,面临着学生和教师的双重流失。由此可见,在这种严峻形势下更需要均衡教育,更需要做优做强县域教育。

二是县域学校办学境界相对偏低,课程特色不够鲜明。受多方面的条件限制,县域学校发展规划普遍不够科学精细,教育治理水平与效能还不高,与推进教育现代化的要求有较大差距。县域学校在教育资源配置方面还不够优质均衡,特别是农村小规模学校办学条件相对薄弱。学校"五育并举"的教育体系还不完善,课程建设还不能充分展示办学优势和学校特色,精品课程数量较少。县域学校组织变革明显滞后于城市教育改革形势,能设置学术性教研组织的相对较少,教研团队建设乏力。

三是县域学校课堂教学改革缺少深度,应试倾向明显。从总体上看,县域学校课堂转型还需强力推进,学科育人价值未能深度挖掘与充分转化;课堂教学设计仍以讲授式为主,学习评价标准模糊,重视应试的功利性评价气息浓厚;在线教学处于初期探索阶段,信息技术与学科教学融合还没能达到较深层次;教学诊断忽视实证,以学论教的理念还不能很好地落实到县域教师教学行为中;学科教研的针对性、实效性、科学性有待提高,教研员对县域薄弱学校的教学指导缺少系统性、持续性。

四是县域教师专业发展较为迟缓,队伍管理有待改进。就大部分县域而言,教师专业素质普遍不高,核心教学技能有待提升,在师德建设、师魂塑造、师能提升方面还缺少系统的培训体系，教师资源配套不够优化。就县域个别学校看，党的建设、意识形态教育注重形式，实效不明显；就个别教师看，职业道德有待加强，干事创业的积极性、主动性未能充分激发。

以上问题的产生，有其具体原因。从教育政策看，"高质量发展"已成为我国基础教育的关键词，县域教育虽然改革成效显著，但县域教育发展战略仍以规模增长为主，推进县域教育高品质发展整体改革方案还未形成；随着教育现代化的稳步推进，学校建设、学生培养、教师管理、教育研究等机制还不够健全，需要根据新时代教育的政策要求作出调整。从现实情况看，我国义务教育强调从基本均衡转向优质均衡，但县域从整体上的城乡教育一体化发展到局部的农村小规模学校发展，都缺少清晰的路径和有效的策略；学校与家庭合作主要围绕学生学习成绩、学习能力的提升展开，家长、社会人士很少参与学校课程建设；学校建设、课堂改革、教师专业发展都存在"有岭无峰"的现象，缺少教育改革的代言者、领跑者。从发展趋势看，基础课程改革步入深水区，学生核心素养培养成为我国教育实践的重大命题；同时，人工智能时代的到来，信息技术对教育改革起到巨大的推动作用，引发了育人模式的深刻变革，面对未来的挑战，县域基础教育必然会显露出诸多深层次的问题。

二、新要求下的新任务

《中国教育现代化2035》提出我国面向教育现代化重大战略任务，描绘了建设高水平高质量大中小学及幼儿园教育愿景。2021年7月，中办、国办印发《关于进一步减轻义务教育阶段学生作业负担和校外培训负担的意见》，重拳出击违背教育规律、破坏教育生态的行为，并提出切实提升学校育人水平的要求。双减是减负，不是减质，其目标是要提质。鉴于县域在我国中小学教育实施中的基础性地位，城市要重视县域发展优质的中小学校。没有高品质的中小学校，就没有高品质的经济发展，也就没有高品质的城市。为此，新要求下县域教育面临着如下新任务：

一是构建更高质量教育体系。高质量的县域教育一定是各具特色、姹紫嫣红的教育，也一定是品牌众多、示范引领的教育。要以"全国义务教育优质均衡发展县（市）""福建省达标高中评估"等项目创建为抓手，推动县域义务教育、普通高中教育、职业教育向更高品质迈进，打造高质量发展呈现出满园春色的县域教育。

二是营造更高品质教育生态。"双减"政策下，需要进一步规范校内外教学行为，营造良好教育生态。"双减"政策的出台，倒逼我们在促进教育均衡的基础上，推动县域中小学校教育质量持续提升，打造"优质均衡""高质量发展"的更高品质教育新生态，从根本上推动"双减"工作落地落实。

三是追求更高水平教育质量。立德树人是教育的根本任务，也是教育的永恒主题。县域中小学应构建基于立德树人和核心素养的德智体美劳五育并举新模式，推动教育回归本真。同时，探索构建资优生、特长生的差异化培养体系，探索让每一个学生拥有适合自己的跑道。这是对更高水平教育质量的追求。

四是培育更高素质教师人才。教师是教育发展的第一资源，没有好教师，就没有好教育。建设更高素质教师人才队伍是县域教育高品质发展的前提。对基础薄弱特别是山区县域生态而言，这也是一项极为艰巨的任务。要加强优秀教师梯队建设，培养一批具有示范引领的县域教育领军人才，打造新时代"四有"好老师队伍，切实增强教师的成就感。同时，要加大对优秀教师的激励力度，强化并完善人才队伍经济待遇保障制度，推动更多惠师政策落地，不断增强教师的幸福感，让优秀教师能在县域扎根下来，真正留得住、用得好。

三、新目标下的新对策

人们对事物的认识过程是一个由低到高、由浅入深的过程，对教育改革的认识也是如此，从"规模增长"到"质量提升"再到"品质追求"，这是教育发展的必由之路也是必然之路。如何推进县域基础教育高品质发展，是新时代之问，也是县域领导、地方教育行政部门必须肩负起的时代使命。党的十九大报告提出"建设教育强国是中华民族伟大复兴的基础工程""教育强国建设，是促进以高质量发展为时代特征的教育内涵发展的过程"。国家逐次出台了《关于学前教育深化改革规范发展的若干意见》《关于深化教育教学改革全面提高义务教育质量的意见》《关于新时代推进普通高中育人方式改革的指导意见》等文件，标志着高质量发展已成为我国新时代基础教育的中心工作。这些教育政策文件的贯彻落实，都要求各级教育行政部门倾力打造高品质教育，满足人民群众对更高质量、更为多样、更具特色的教育需要。怎样的学校才是一所高品质的学校，或者说一个县域内怎么才能成就更多高品质的学校？

（一）县域领导要确立高纬度的政治意识

在我国现行的国家治理体系中，县域一级行政机构是基本单元，依照义务教育法承担着高中及以下教育发展的主要责任，当然也是主体责任，是最重要的主体责任，甚至我以为是不可替代也是不应替代的责任。城市化进程中人口流动加大规模（随着新农村建设的提速或许会有所回流，但目前尚未发生根本性转化），极大地改变了县域人口分布与社会经济的结构及其治理边界，极大地改变了县域教育的规模、布局与结构，农村空、城市挤，经济欠发达县域空、经济发达城市挤成为一种教育普遍状态，就福建省而言，据2021年福建统计年鉴，我省各地市人口流入流出的统计，厦门市常住人口516.4万人，户籍人口272.1万人，净流入244.39万人；福州市常住人口829.1万人，户籍人口715.4万人，净流入113.72万人；泉州市常住人口878.2万人，户籍人口766.1万人，净流入112.09万人；而漳州、三明、宁德、莆田、龙岩、南平六市净流出人口高达242.65万人，虽说净流入的未必都是六市的人口，净流出的也未必都到福、厦、泉三市，但不争的事实是，其流入流出的人口主体是九市之间的人口流动，同时历史的迁徙流动图告诉我们漳州、龙岩、三明流向厦门更多一些，而宁德、南平则更多流入福州，福、厦、泉流入人口的主体也大多来自六市。这其中有学生随父母进城打工同来的，还有一些学生则是为了寻找家庭出路，改变家庭生活状况，从下一代的子女教育做起，通过各种途径和办法"择校"入学而来的。为此，县域中小学校的萎缩和大中城市（尤其是大城市）的扩张就成为一种必然，县域内中小学（特别是乡初中校和村小）出现的1个老师带1—2个学生，大城市学校少则数千人多则上万人的现象也不鲜见，而且我以为在城市化进程加速，城市规模进一步加大的情势下（如福州将向千万人口级发展），人口集聚的力道也会进一步加强，在未来5—10年内，6市人口向福、厦、泉流入的流速和流量都会进一步加强而不会减缓。

如此，县域边界作为经济文化教育活动的边界可能日渐模糊，但县域行政机构仍应在地域边界内负起基础教育的全部责任，义务教育，绝不仅仅体现在地域边界内免费教育，更多的是体现在责任教育，即家长有责任送每一个子女上学，学校有责任教好每一个学生，县级政府则有责任提供每一个孩子享受到国家要求的教育条件和保障。谁没做到，谁就违反了应尽的法律责任，家长如此，学校如此，政府亦然。

为此，政府始终应把教育摆在优先发展的战略地位，从事关全局、事关未来、事关长远的角度，全力推动教育事业发展。要高度重视和支持县域中小学校高品质发展，通过遴选优秀的校长、组建好的学校班子、建设优质的教师队伍、营造优良的学风校风等，促进县域中小学教育向优质均衡发展。在"以县为主"的义务教育管理体制下，县域教育行政部门拥有集中的教育资源管理权，县委县政府要抓住战略重点，做好教育工作的领导和顶层设计；要形成县域教育高品质发展的整体思路，采取切实有效、科学合理的举措，着力构建县域教育高品质发展新体系。

要准确把握县域方方面面的情况，准确把握县情、乡情、校情，准确把握教育的背景、情境和环境，准确把握当前教育工作的任务、矛盾和要求，结合县域教育实际，做到工作有针对性、操作有可行性、执行有实效性。当前，我省一些县域正努力探索适合本县域学校发展的办学理念，促进县域教育向高水平、高品质发展。例如，新世纪初，集美灌口的经济飞速发展，企业急需引进大量人才。为使这些人才安心留下工作，基于对区情的把握，区政府制定教育发展战略，提出要在灌口镇重点打造优质学校。于是，2006年，在厦门市、集美区两级政府及教育主管部门的推动下，借助"高位嫁接"的合作模式，集美区教育局与厦门一中签约合作办学，将当时的薄弱校灌口中学确立为厦门一中集美分校。在厦门一中的大力支持下，灌口中学与厦门一中逐步在行政管理、教科研活动、德育工作、学校发展与规划等各个方面形成良好对接格局，并结合学校实际，实施"六个改变"（优化教师队伍建设、优化学生全面发展、优化课程改革、优化学校治理水平、优化学校教育效能、优化师生训练），学校实现了快速优质发展，于2015年通过"福建省一级达标高中"评估，成为城乡教育均衡发展的"厦门样本"。又如，南平政和县明确"深化教育教学改革，整体提高县域义务教育质量"发展思路，研究制定政和县县域教育质量提升工程，并把其纳入县"十四五"规划，实施教师坐班制度，班子交流轮岗学习制度，积极落实双减政策，着力架构政和县教育高质量发展新体系，多措并举组织实施，谋划新时代政和教育发展蓝图。

义务教育的均衡性，不仅表现在硬件建设上的标准统一，更表现在软件配置上的指标，教育的公平性不仅要体现在教育经费、教学设施的基本相同，还要体现在教师编制、老师结构的大体一致，保证学生都能得到大体相当的教育水准和完成大致相等的教学质量，确保国家教育教学大纲得到切实的落实，学生得到完整的教学。

2007年，本人任省委教育工委常务副书记期间，专门就加强中小学教师队伍建设进行了长达一年的调研，建议省委、省政府实行城乡一体化的编制政策，将县镇、农村义务教育学校教职工编制标准提高到城市学校水平，城市、县镇、农村初中学校按员生比1∶13.5配备教职工，小学在校生200人以上学校按员生比1∶19.5配备，在校生31—200人的学校按班师比1∶1.7配备教师，前三年先核增6500个编制，优先补充农村紧缺学科教师，让所有学校都能开齐、开足国家规定的课程，通过五年努力，基本实现教师结构合理，编制数、实有人数和财政供养人数相对应，省政府采纳了这个建议并以闽政文〔2008〕344号文件下达了《关于进一步加强中小学教师队伍建设的意见》予以实施，这个文件并未过时，更未废除，特别是学生数与编制相适应、编制数与财政供养人数相对应的政策要求。

1960年代经济困难时期，国家还保证每人每月12千克的基本口粮，虽然油水不足，面黄肌瘦，但还是保证了老师的生存和成长，如果一所学校连基本的教师编制都不能保障，就是有再多的表面功夫和努力，也只能是勉为其难，难掩学校纤弱的身子和教师倦乏疲惫的神情。

更何况，提高教育教学质量，发展高品质学校是缩小城乡学校差别、加强薄弱校建设、提高新建校水平、搞好区域均衡教育、实现公平教育的关键在教师、在优质教师，关键在增加优质教育总量，教师轮岗在目前情势下是一种或许是立竿见影的选项（但不可否认是影响了原教育结构的选项），也因此引发公交车现象，受到未登上车者的热烈欢迎，也遭到已上车者的强烈反对，其实也只能是权宜之策，如果连教师编制的基本条件和要求都达不到，则增加优质教师总量就是一句空话。就如一个足球队，如果就那么几个球员不停地来回组合，只是推高了球员的身价而不能提高球队的水平。倘若能像中国乒乓球运动成为全中国的国球，遍布全国城乡，满天繁星，当然就是人才滚滚，英雄辈出，只有不停地选拔，而无须不断地重新组合，因为有无尽的组合，硬是把一个国际大赛打成了国人大赛，如此，大批优质教师可能蜂拥而出，则是该县教育的幸事、百姓的幸事。

（二）校长要树立高品位的教育理念

要实现教育的高质量发展，关键取决于校长的管理，大家都认可一个校长就是一所学校的说法，那么，只有高品位教育理念的校长，才有可能建设高品质学校的提法也就顺理成章了。

一个高品位的校长，最重要的是"知书达理"：知书者乃是知党的教育路线、方针、政策，坚定正确的政治方向；依教育的目标目的，坚持立德为先的基本任务；循教育的规律规则、方式方法，坚守教书育人的中心工作；执教育的初心本意，坚决全心全意的履行职责。达理则是要有教育理想、教育理念、教育理论、教育理解之"四理"，教育理想即是教育追求，深刻认识教育在国民经济社会建设中的地位和作用，深刻认识教育对一个自然人到社会人成长过程中的影响和作用；教育理念，即是为实现自己的追求所施行的教育路径、方法和倡导的教育方案、教育理论作为理想、理念的基础和支撑，广泛学习兼容并蓄，形成自己的独到意见；教育理解实是理解教育、理解学校、理解教师、理解学生，知道、了解并运用教育规律、教学规律，热爱教育、从事教育，热爱学校、管理学校，热爱教师、服务教师，热爱学生、培养学生。为此，可从三个方面考察。

第一是事业追求。好的校长总是厚植教育情怀，将教育教学质量作为学校的生命。他们深知应该办什么样的教育，他们有自己的办学主张，他们深知支撑学校的根基不在于学生的数量，而是教育的质量。质量提升，毫无疑问应成为每所学校追求的目标，这是学校的生命力和竞争力所在。有事业追求的校长，会紧紧围绕质量提升这一核心，紧扣内涵发展这一主题，以教育教学管理为主线，以学校师资队伍建设为关键，把握学校教育发展方向，为师生提供良好的校园文化，提高学校师生的幸福感，办政府、人民、社会满意的教育。如泉州的苏伟毅校长，是经丰泽区面向全省引进人才的校长。他先后在泉州丰泽区创办的两所新校（丰泽区第三实验小学、丰泽区崇德实验小学）任校长。十年来，苏校长遵循"价值引领，品质育人"办学主张，在两所学校分别确立实施诗笛教育、兰质教育，分别获得福建省、泉州市基础教育教学成果奖，并已接受十多个省份一百多位校长的跟岗学习。

第二是职业精神。校长作为一个职业，既要有职业道德、职业伦理，又要具有职业领导力。好的校长往往锐意进取，勇于领导学校教学改革，能确立适切的办学目标，建好优质的教师队伍，推动正确的教学改革、探索科学的办学评价与反馈。校长的职业精神和伦理，让他们知道怎样育人，就是要坚持以爱心、耐心和智慧育人，育人过程要和风细雨、润物无声，做到"今天对学生的学习负责，明天为学生的成长奠基"。

第三是专业技术。好的校长往往在学科专业上也有突出的能力。不少校长坚持授课，在繁忙的管理之余仍坚守三尺讲台。没有授课的校长，往往也会听课评课、参与教研、指导教学、主持课题。好的校长，懂教学，会管理，他们是政治过硬、品德高尚、业务精湛、治校有方的高素质专业化校长队伍。

县级教育管理部门应重视遴选和培养一批优秀的校长，支持校长大胆实践，创新教育理念、教育模式、教育方法，营造优秀校长脱颖而出的制度环境，共同促进区域教育高品质发展。例如，南平顺昌县推行教育干部评价新办法，深化校长职级制改革，实施职级制管理，构建校长遴选、职级评定、绩效薪酬、任期交流等系统完备的制度体系。实施校长后备人才制度，破除论资排辈等思维藩篱，加大年轻教育干部的选拔力度，选拔6批次183名校长后备人才，培养遴选60多名优秀校长。

教育是一项专业性很强的事业，不仅需要专业性很强的人来办专业，还需要事业心很强的人来办事业，光有事业心而缺乏专业技术是不够的，而光有专业技术而缺乏事业心也是有缺憾的，然而，那种既缺乏专业技术又缺乏事业热情的人则是不合适的，尤其是其中一些人看中教育的"权力大"，以教育为跳板，勉从学校暂栖身，而又千方百计跳教门、进官场的则更是误人子弟、误国误才，有百害而无一利，在培养遴选时尤需慎思慎行。

(三)班子要坚持高素养的奋斗精神

加强学校的领导班子建设,是县域中小学的先导工程。"先"是学校领导身先士卒,"导"是指导全体教职员工。

长期以来,县域治理中的中小学校,包括职业中学、幼儿园实行的都是校(园)长负责制,校(园)长是学校法人,对学校的全面工作承担法人的全部责任,虽说取得了一定的成效和一定的经验,但也仍然存在一定的缺陷和矛盾,特别是在全面加强党的领导、全面贯彻党的教育方针存在着忽视与困难,我也曾在自己工作中,对非实行党委领导下的校长负责制的中等及以下的中小学校长负责制总结了党组织发挥"主心骨"作用,校长和书记之间互相做到"四个主动"的要求;对高校二级学院实行院长负责制的党总支(二级党委)发挥党组织主导、引导、指导、制导"四导"作用的要求,并建议省委对实行董事会领导下的校长负责制的民办高校实行党委书记派遣制度获采纳并施行至今,然而,实际运作中的体制性的受限和不足并未获得根本性的解决。近来,中央决定对中小学校实行党组织领导的校长负责制,顺应时代发展,把握时代要求,从体制机制上进一步明确并加强了党对中小学的领导,从思想政治上、组织制度上确保党的教育方针的全面贯彻落实以及县域教育事业健康发展。当然,随之而来,对我们一段时间来已经习惯于校长负责制的中小学校来说,提出了新的命题,也是更高的要求,不仅要深刻理解体制变革的目的意义,而且要尽快调整好各自的位置,适应新的要求,我想至少书记校长分设的学校要避免"两张皮"现象的出现;书记校长"双肩挑"的学校则要避免"一头沉"情况的发生,是否可以结合中小学校的实际,借鉴高等院校党委领导下的校长负责制的经验,形成党委(党组织)领导、校长负责、教授治学、师生参与的模式,在实践中创造出自己的做法和经验,理直气壮地发挥党组织的领导作用,大力推进中小学的政治建设、思想建设、组织建设、作风建设和纪律建设,义无反顾地带领全校教职员工凝心聚力,求真务实,勇于创新,团结奋斗,全力推进县域中小学高品质发展。要切实加强党对中小学校的全面领导,健全发挥中小学校党组织领导作用的体制机制,确保党组织履行好把方向、管大局、作决策、抓班子、带队伍、保落实的领导职责。要把党建工作作为办学治校的重要任务,发挥基层党组织作用,加强党员队伍建设,使基层党组织成为学校教书育人的坚强战斗堡垒。在党组织的领导下,学校领导之间的关系既是同志,又是同事,大家畅通言路,彰显个性,相互尊重,形成团结和谐的组织关系。学校领导班子建设要重点强化以下三种能力:

一是强化凝聚力。强化领导班子的凝聚力才能形成团队合力,凝聚师生力量,办好人民满意的教育。例如,厦门集美二小学校党支部书记、校长黄艺琼,在上级党组织领导下,团结学校领导班子,带领全体教职工凝心聚力、用心履职,秉承诚毅校训,打造"爱的教育"的学校办学特色,培养学生德智体美劳全面发展。在校领导班子的带领下,学校教育质量在集美区名列前茅,办学成效显著,社会评价高。

二是强化决策力。科学决策是学校管理当中一个极其关键的环节。学校事务,只有正确的决策才能发挥最佳效益。领导班子对学校全局性的、长远性的根本性的利益问题,在有所取舍、承担一定风险的情况下,要能够作出正确决策并贯彻落实到位。强化领导班子的决策能力,事关学校改革发展大局,意义重大。

三是强化执行力。学校领导班子的执行能力是学校管理的关键,要充分挖掘教师的潜能,充分激活教师的内驱力,变"要我做"为"我要做"。在执行教育行政决定,研究学校管理目标时,要充分考虑师生职工的共同利益;要制订计划,分层管理,分步实施,分段评价,分项改善;要优化资源配置,使执行决定的效率和效益不断提升,促进全校师生不断朝学校改革愿景前进。

随着教育的发展,学校师生、领导班子的结构变化,人员更替,学校的各项工作绝不可能也不应该是一成不变的,但办学的规律和办学传统以及办学的基本要求却不应是朝令夕改,或者是天上的月亮,初一十五不一样的,更不宜一个校长打左灯向左转,换一个校长打右灯向左转,再换一个校长打右灯向右转,又换一个校长打左灯向左转,尤其在某些学校因各种原因短期内校长更换比较频繁的学校,要尊重传统的形成和延续,要注重创新的融合与衔接,毕竟,学校教育是范围广、周期长、持续性强的特殊事业。五年间,灌口中学我去了三次,校长也换了三任,但全力加强灌口中学建设,加大投入、扩建校舍并与厦门一中扎扎实实的长期联办,大幅扩充学校教师编制,并进行了引进、扩大、调整、培训等全面的加强和建设,还聘任厦门一中老校长林安怀为灌口中学校长,给予充分信任和支持,此三大政策的十年来长期坚持不懈,学校完成了六大改变——六大建设——六大提升——六大发展的阔步迈进,实现了从一所不足千人农村初中校城乡接合部薄弱校向5000多人的省一级完中达标校和完美蜕变,这里不仅体现了区委政府对教育的高度重视和抓好教育的真正决心,而且体现历任学校领导班子始终坚持一个发展愿景的坚定信念,本着成事必定有我,事成未必在我的理想追求,终成硕果。

同时,而我还以为一个好的中小学校领导班子的每一位同志,除忠诚执行、认真履行行政职务的同时,还要认真做好两件事,一是教学,上好课,一是提升,撰论文。虽说现在一些规模大的学校5000-6000人之众,行政工作比较繁杂,还要兼课做科研，的确任务繁重压力山大，但我以为只要愿意去做，妥善安排，都还是可以两头兼顾、相得益彰的，而且一些学校班子配备的人员还比较多，我曾见过一个幼儿园配备园长为一正五副的，不可谓不足了，我们的高校现在一般都在万人以上，甚至数万人，我任农林大学及福大书记时，要求每一个校长都要去上课、开讲座，包括纪委书记、每个校领导每年都要给博士生讲课，我自己也不例外。因为我以为这是当校长的看家本领，吃饭的基本功，也是履职的基本任务，我也曾与一些校长聊过，他们说很忙，当上校领导后就不再上课了，这很不好。深化中小学校教育教学改革要落到实处，我以为不妨从校长做起，把校领导上课扎扎实实地做起。

毕竟，中小学的领导班子与政府官员的还是有区别的，区别在哪里？就在于中小学是一所基层单位，领导班子的主要任务就是领着全校师生带头干，即一是要干，二是要领着干，三是要带头干，象革命战争时期的人民军队指挥员那样，高喊着"同志们跟我冲啊"，带头冲出战壕，带头冲向敌营，而不能像敌军军官，挥着手枪，一个劲地叫着"弟兄们，给我上"，而自己却畏缩不前，而现在有些学校领导真的是忘却了我们党的优良传统，确实像个"官员"，成日里不是发号施令、指手画脚，就是迎来送往、督促检查，要么就是听听汇报，再向上作汇报，当然，许多也都是"成绩是主要的、困难是存在的、前途是光明的"八股做派，更有甚者，则是从网上下载一套模板，根据命题作文的要求，改头换面，再配上诸多的音像图表资料，形成自己的一套经验总结，完善了事。即便如此，仍然感觉终日加班加点，身心疲惫，既没心思完成分管的行政工作，也把兼课教学变为其他老师上岗代课，双肩挑变成了两头误，为此，一些人颇感委屈，而一些人则不以为然，甚至理直气壮地为此辩白，而在教师职务晋升、职称评审、评先评优、通报嘉奖等又往往捷足先登，当仁不让，这从近些年所公布的表彰名单中便可显见。不仅挫伤了一线教师、中青年教师的积极性、主动性，也影响了领导班子在全校师生员工中的形象和威信，更给我们培养的下一代孩子的心理和心灵产生极大的侵蚀和伤害。

（四）教师要坚守高标准的教育自觉

随着教育管理体制改革不断深化，教师队伍建设成为制约很多地方县域教育发展的短板。打造一支又红又专、爱岗敬业、结构合理、数量足够、素质优良、扎根农村的教师队伍，成为提高县域教育发展水平的关键。应始终把教师队伍建设作为县域教育改革和发展的关键环节，采取切实有效措施，扎实做好中小学教师队伍建设，增强县域教育发展的后劲和活力。

一是落实编制，解决好教师缺编问题。应用足用活政策，拓宽补充渠道，建立适宜的教师队伍总量。县域教育坚持"总量控制、动态调整"原则，充分利用国家和省里有关政策，大力实施教师定向培养计划，为县域学校引来源头活水。在公开招聘时，县域教育应向英语、音乐、美术、体育等缺额严重的学科倾斜，在增加教师总量的同时保障"进得来、用得上、留得住"。如漳州长泰区积极应对教师老化和学前教育扩容后出现的师资缺口，建立队伍补充机制，2019年以来共招聘103名教师和42名编外幼儿教师，及时补充到全区各所中小学、幼儿园，进一步优化全区教师队伍结构、学历和综合素质。厦门市集美区把教育工作纳入区社会事业民生工程战役项目，优先保障教育机构和教师编制，严格按省定编制标准核定并配足中小学教职工，整合全区事业单位机构和编制数用于招聘教师充实教师队伍，全区小学、初中、普高的专任教师配齐率均达100%，基本达到专任教师配齐，学科配套完整。

二是落实待遇，营造拴心留人环境。所谓"栽下梧桐树，引得凤凰来"，要切实提高农村教师的获得感和幸福指数，才能增强县域农村教师队伍的稳定性。一般而言，教师流失导致缺编的主要原因是经济问题。在一些县域的农村学校，教师收入不高、待遇不好。应积极落实激励政策，激发工作热情，增强教师队伍活力，在职称评聘、岗位设置等方面对农村教师倾斜。对农村学校新任教师工作成绩突出者尽可能"压担子""给位子"，让他们有实现自身价值的机会，才有可能留得住、能扎根。

教育工委曾于2007年提出了城乡一体化教师编制方案获得省政府同意批准施行；之后，又在此基础上，依照城乡学校规模，设定中小学校教师的基本职称编配意见，以图通过意见的实施，保障薄弱校的基本条件和质量，实现城乡中小学教师的合理配置与自然流动，最终促进均衡教育的实现，虽遗憾卡在了当时负责职称的相关部门意见不一而搁置，但给农村相应规模的中小学配置相应的中高职称职数，以保障农村学生受到相应质量的教育，促进农村中小学教学质量的提高，以吸引超职数学校中的中高职称教师前往应聘，仍不失为均衡教育可大力推行的长久之策。

三是强化研训，提高教师队伍整体素质。要建立教师培养培训机制，按规定从学校公用经费中提取一定比例用作教师培训经费，县域财政每年要安排比较宽裕的教师培训专项资金，由县教育局统筹安排用于实施教师全员培训，分期分批组织教师到县区内外参加各级各类培训学习。要采取顶岗置换、网络研修、送教下乡、专家指导、校本研修等多种形式，加强乡村教师培训，全面提升农村教师信息技术应用能力。要加强和完善教研制度，积极开展校本教研和校际的交流，进一步提升教师的教研水平，促进教师的专业成长。例如，厦门市集美区灌口中学着力加强教师队伍建设,优化校本教研,引进名师资源,加强新教师培训,服务优秀,帮扶薄弱,矫正弱后,提高教师整体素质。该校现有市区级以上骨干教师、学科带头人和专家型教师共93人,包括省学科带头人2名、市专家型教师4名、市学科带头人8名、市骨干教师59名,各个骨干教师在所在学科中起到了良好的示范带动作用。

四是交流轮岗,优化教师资源配置。要着眼于盘活教师资源、促进师资均衡配置、优化教师队伍结构,统筹调配县域内教师资源。要坚持因地制宜,探索符合实际的交流模式,重点引导优秀校长、骨干教师向农村学校、薄弱学校流动,超编学校教师向缺编学校流动,并让农村校、薄弱校通过交流从其他学校引进本校需求的学科骨干教师。例如,三明市三元区通过建立城乡学校联合办学体、城乡中学捆绑式小片区、"校对校"结对子对口支援等,在城区同类学校之间、农村同类学校之间、城乡学校之间三个层面进行交流,近三年有数百名教师参与交流,有效推动了师资均衡配制。厦门市、漳州市、泉州市等地积极探索名校集团化办学,通过名校联盟、名校办分校办校区、高校办附校等模式,推动区域优质教育资源的拓展增值,均衡师资和教育资源,提升乡村(薄弱)学校教育质量和水平,促进区域教育优质发展。南平浦城县制定教师流动专项政策,通过定期支教、工作轮岗等制度来协调县域内教师资源的均衡配置,推动县域中高水平的师资去援助乡镇薄弱学校,有效地改善了城乡学校师资不均衡的现象。

学校是教师的发展之基,学生是教师的成长之本,教书育人是教师的岗位之责,故教师要不断地提高自己的教学能力和教学水平,在教学改革中激发自己厚爱学生的感情,激发自己备好每一门课的热情,激发自己上好每一节课的激情,不断发现自己、发掘自己、充实自己、完善自己、提高自己,坚持在教书育人上专心致志,一丝不苟,精益求精,以自己的追求、精神、匠艺去哺育学生、培养学生、锻造学生,有人说解决校风的问题,根本的是解决学生为谁而学、为何而学的问题,我认同,其为一,还要解决教师为谁而教、为何而教的问题,或许这更为重要和关键。

要在加强教学质量上采取有效的办法和举措。包括推动教师队伍整体素质的提升,为教学质量提升打下基础;提高教师教育科研能力和水平,引领和推进教育教学质量的提升;进一步规范教学管理,形成良好的教学运行机制;不断深化"减负提质"、"高效课堂"、"新课程改革"等教学改革,有效提高教学质量等。如厦门集美区灌口中学狠抓教学、岗位练兵、学科竞赛辅导、教育科研等工作,对教师提出"解读课标与教材""教学设计""课堂教学"等十项教学能力的培养、指导和训练,层层签订教学质量目标管理责任书,致力于提升教育教学质量，推进品牌学校建设，促进学生核心素养和关键能力的发展。又如南安市致力于建立国家级优秀教学成果推广应用示范区，小学实施"'新优质学校'课程教学变革与支持系统"，初中开展"中小学学业质量评价——从 PISA 研究到'绿色指标'实践"，高中开展"普通高中育人模式创新与学校转型的实践研究"，努力促进科研成果的教学应用，让成果转化落地，推动高效能的教研活动等都是打造高素质的教师队伍的有力措施和有效途径。

（五）学校要营造高雅洁的优良校风

高雅洁的校风是我的一个杜撰之词，为高雅与高洁之合称，高雅者就是读书的好地方，从环境到建筑，从管理到培养，都是一致优雅向上的，高洁者乃质朴纯洁之意，接地气但不俗，尤其不市侩，重实践精神，而不实用主义，尤其不功利至上，虽说五天的校内传统教育，难以抵消放假回家两天的社会影响，学校也早已不是远离尘嚣的"一方净土""象牙塔"，浮躁、浮夸、功利、势利、虚假、虚伪等多种社会病灶、病理现象也早已侵蚀学校圣洁的肌体，严重影响良好教风、学风和校风的形成和传承，教师自身的职业道德、职业精神、职业规范、职业责任、职业基础、职业能力、职业追求、职业荣誉受到了冲击，引导学生明确学习目的、端正学习动机、坚定学习信心、摆正学习态度、遵守学习纪律、养成学习习惯、弘扬学习精神、掌握学习方法、提高学习成绩的积极性受到了影响。

良好的学风是学生学习的重要保障。学风建设影响着学生德智体美劳方方面面的发展，影响到基础教育高品质发展，影响到学校人才的培养。学校要通过良好的学风孕育办学精神，不断挖掘和充实学校精神，使之变成学校师生长期稳定的行为方式和精神风貌，成为学校前进和发展的一种精神文化、精神动力。善学者，风正为先。县域教育行政部门应积极引导学校开展学风变革，致力于形成优良的学习风气，对学校和老师提出目标、要求，但不要过多地指责我们的学校我们的老师，他们中许许多多人也曾满腔豪情投奔教育，投身学校；也曾任劳任怨任教任课，也曾满怀热情早出晚归，陪同学生早晨读晚自修，可今天怎么啦？一夜巨变是不可能的，当然，有其自身的问题，而作为他们的主管、主官，难道不应该认真地分析和深入地反思，还有没有其他的问题或者是深层次的问题需要帮助和解决的吗？也不要过分地呵斥我们的学生，尤其是那些农民工的子女。由于生活的负担，我们的许多农民工子女从小小年纪时就开始了农村留守儿童的生活或随父母过着四处漂泊不定的日子，既难以享受父母情感的陪伴，又难以获得均等的完整的幼儿及九年义务教育，诸多的生活、教育缺失在所难免，作为学校、作为老师，更应尽其所能弥补孩子受教育过程中的不足与缺陷。老师的善言善语、善行善为抑或是老师的恶言恶语、恶行恶举，都可能正面或负面影响学生一生，甚至于伴随学生一生的。

其实就像学生中的许多好习惯好传统来自老师一样，学生中的一些坏习惯坏传统同样复制拷贝于老师。学校要与孩子们共同建立良好的校风学风，有所中学对学生有九个要求：静、净、进、敬、尽、劲、竞、径、境。我们可以有诸多解读与诠释，尽可各自发挥，更重要的是以此帮助学生树立坚定的目标，以老师的"不抱怨，不放弃"努力奋斗的精神，教育学生"不抱怨，不放弃"努力奋斗。

首先，要抓学生良好的品行养成。要通过主题班会、国旗下讲话、十八岁成人宣誓、演讲征文比赛、法制教育、高一新生军事训练、家长学校等活动，让学生弘扬正气。其次，要注重对学生学习方法的指导，我们要教会学生四个字：听、记、思、论。听即要专心听，会倾听；记就是记笔记，会笔记；思就勤思考，善思考；论，就是善讨论，推进交流。再次，要培养诚信考风。建设良好学风必须抓好考风考纪，学校不论进行大考、小考，还是平时周练、月考，都要认真组织，规范操作，严格监考。还有，要建立激励机制。在平时教学中建立竞争机制，在评价体系中采用激励机制，促学生比学赶帮超，促良好学风的形成。另外，要发挥榜样作用。要大力表彰优秀学生，树立典型，以优促差。当然，学风建设必须要与教风一起抓，以教风带学风，以学风促教风，教学相长，促进师生共同发展。例如，漳州市龙师附小通过制定实施"龙娃321 N"学校课程体系，以"不计报酬，多做贡献"的"落花生"学校精神为旗帜，激发教师崇高的责任感和强烈的进取心，培育了以"龙的传人"为使命担当的人文精神和优良学风，营造了校园多元开放、文明共生的育人氛围，助力"龙娃"们增长知识、收获智慧、提升能力、成长心智、塑造品德，让每一个孩子绽放独特魅力，让每一个生命都有着不一样的精彩。总之，学风建设要着眼于促进全体学生全面发展，个体学生个性发展，在良好的学风引导、教育和熏陶下，学生不埋怨，教师不放弃，师生形成一种积极向上、充满朝气的力量和氛围。

基础教育寄托了千万家庭对美好生活的期盼。追求高质量、高品质发展，是新时代人民群众对基础教育改革发展提出的更高要求。2021年是中国共产党成立100周年，也是"十四五"规划开局之年，全省县域教育也站在了新的发展起点上，上述所言之"五高"，也许是一剂老药方，六味地黄丸或五味子；更是一篇老生常谈、放之四海而皆行，但我以为，这是福建省中小学校在全国扬名之所在，也是今天高品质发展中都在思考与探索的实践之所依。真诚期待大家：永葆初心，永葆一颗忠诚教育的"心"；积极作为，遵循教育规律"干"；落到实处，持之以恒地"为"。若此，则幸之；愿此，共勉之。